Sabine Thomas

Diese Dinge verschwinden nicht so leicht

Rediroma-Verlag

Bibliografische Information der Deutschen Nationalbibliothek:
Die Deutsche Nationalbibliothek verzeichnet diese Publikation in der Deutschen Nationalbibliografie; detaillierte bibliografische Daten sind im Internet über http://portal.dnb.de abrufbar.

ISBN 978-3-98527-330-0

Umschlagillustration: Hybrid_Graphics (shutterstock.com)

www.rediroma-verlag.de
13,50 Euro (D)

Was mich bewegt

Man muss den Dingen
Die eigene, stille,
ungestörte Entwicklung lassen,
die tief von innen kommt
und durch nichts gedrängt
oder beschleunigt werden kann;
alles ist austragen - und dann
gebären...
Reifen wie der Baum,
der seine Säfte nicht drängt
und getrost in den Stürmen des Frühlings steht,
ohne Angst,
dass dahinter kein Sommer kommen könnte.
Er kommt doch!
Aber er kommt nur zu den Geduldigen,
die da sind, als ob die Ewigkeit
vor ihnen läge,
so sorglos still und weit ...
Man muss Geduld haben
gegen das Ungelöste im Herzen
und versuchen, die Fragen selber lieb zu haben
wie verschlossene Stuben
und wie Bücher, die in einer sehr fremden Sprache
geschrieben sind.
Es handelt sich darum, alles zu leben.
Wenn man die Fragen lebt, lebt man vielleicht allmählich,
ohne es zu merken,
eines fremden Tages
in die Antwort hinein.

Rainer Maria Rilke, Viareggio bei Pisa, 1904

Für meine Schwester Angelika,
meine Wegbereiterin,
meinen Lebensmenschen

Inhalt

1.) Prolog

Als meine Mutter im Sterben lag, war ich nicht imstande, ihr beizustehen. Oder vielmehr, ich ließ sie allein und hoffte das Beste. Sie lag im Koma, und meiner Schwester Lilo hatte man – als sie nach der Operation auf der Intensivstation anrief – knapp mitteilen lassen, die Patientin wäre besser nicht zu besuchen. Sie würde durch einen Besuch nur verstört, und es sei damit zu rechnen, dass sie unruhig reagiere, was nicht gut für sie sei. Ich verließ mich nur zu bereitwillig darauf: Sie würde, wenn ich mich zu ihr setzte, wenn ich ihre Hand hielte und leise zu ihr spräche über uns, Mutter und Tochter, über ihr Leben und meins, nichts davon hören oder spüren. Ich würde den Heilungsprozess dadurch nur aufhalten, vielleicht verhängnisvoll umkehren. Doch wer konnte das schon wissen? Versucht habe ich es nicht.

Am Vorabend ihrer großen Operation hatte ich sie noch im Krankenhaus besucht, und sie hatte mich gebeten, sie in die Kapelle zu begleiten, wo sie ein letztes Mal um ihre Genesung beten wollte. Ich teilte ihren Gottesglauben nicht, dem sich ohnehin oft Zweifel beigesellten. Ich betete nicht mit ihr, setzte lieber darauf, dass sich irgendwie alles zum Guten wenden werde und dass Ärzte, die ihr Handwerk verstünden und wüssten, was sie taten, den Krebs aus ihrer Leber sauber herausschneiden würden. Als ich ihr das sagte, um sie zuversichtlicher zu stimmen, schaute sie mich stumm an. In ihrem Blick flackerte kurz Panik auf, die sie gleich wieder zu verbergen suchte, wohl um mich zu schonen, selbst jetzt, und sie griff nach meiner Hand.

„Weißt du, mein Leben ist oft schwer gewesen“, sagte sie, „und trotzdem war es auch reich. Ich brauchte lange, um das so zu sehen, aber ich brauchte dazu nicht viel. Bloß Geduld.“

„Ach, Mütterchen! Du redest, als ginge es ans Sterben. Du stirbst doch nicht. Du wirst doch bloß operiert.“

Dann schwiegen wir beide, saßen für ein paar Minuten nebeneinander, Hand in Hand, und schauten in einem kurzen, innigen Einvernehmen auf das Kreuz über dem Altar, sie vielleicht auf Gott vertrauend, ich auf die Ärzte, bis sie mich schließlich zum Ausgang der Kapelle begleitete.

Sie blieb in der Tür stehen und sah mir hinterher, während ich zum Parkplatz ging, schnellen Schrittes. Ich war froh, losgekommen zu sein. Erst als ich mein Auto erreicht hatte, drehte ich mich wieder zu ihr um. Sie stand noch immer an derselben Stelle. Bedürftig sah sie aus und sehr zart. Zum ersten Mal bemerkte ich, dass sie jetzt viel kleiner war als ich und dass ihre Haare ganz weiß waren. Sie hob die Hand zu einem flattrigen Winken, getragen noch von dem Moment der Nähe, den wir in der Kapelle geteilt hatten, und ließ den Blick nicht von mir. Selbst auf die Entfernung konnte ich ihren Kummer ausmachen, am leisen Krümmen ihres Körpers und in ihrem Gesicht. Und darin zugleich eine Andeutung, dass sie damit rechnete, mich nicht wiederzusehen. Ein letztes Festhalten ihrer Tochter mit den Augen, in denen etwas unbestimmt Forderndes lag. Abschiedsaugen in einem Unheilgesicht voller betont tapfer getragener Furcht.

Ihr Ausdruck erfüllte mich mit Widerwillen und war mir peinlich, vergeblich versuchte ich, das wegzuschieben. So ist sie, dachte ich, immer ein Hauch zu viel Pathos, zu viel Pose und viel zu viel Festhalten. Ich irrte mich. Da war nichts von Pathos und Pose, nur echtes Empfinden, und sie hatte jedes Recht auf Festhaltenwollen.

Nach der Operation erlangte sie das Bewusstsein nicht wieder. Die Ärzte sagten meiner Schwester, sie seien „nicht ohne Sorge“. Ich verbrachte die folgenden Tage und Nächte in würgender Angst, dem Grauen des Todes überantwortet, der vielleicht schon nach ihr griff und dem ich nicht gewachsen war. Ich schaute ihm nicht ins Gesicht. Ich duckte mich weg, ging meinen Alltagsverrichtungen nach, innerlich fliegend wie im Fieber, und sie starb nach wenigen Tagen, allein, einfach so, und ließ mich schuldbeladen und verstört zurück. Die Schuld überlagerte alle Trauer, und in den folgenden Jahren war ich damit beschäftigt, sie einzuhegen, damit sie nicht ganz die Herrschaft über mich gewann, während ich weiter lebte, einfach so.

Das Grab meiner Mutter wird von Gärtnern gepflegt und nie besucht außer von ihrem ältesten Enkel Konstantin, der zur Zeit ihres Todes neunzehn Jahre alt war. Es ist ein Doppelgrab, zuerst ist mein Vater hinein gekommen. Das letzte Foto von meiner Mutter, ein paar Tage vor der Operation aufgenommen von einer anderen Witwe, zeigt sie auf diesem Grab stehend, im Hintergrund ein Ungetüm von Grabdenkmal, eine fast über die gesamte Breite reichende, braun polierte Steintafel, die oben mit einem asymmetrischen, schwungvollen Bogen abschließt. Die rechte Seite des Steins ist unbeschrieben. Links ist der Name meines Vaters eingemeißelt, Rolf Gronewold, darunter Geburts- und Sterbejahr, 1916 – 1986. Davor bückt sich meine Mutter und bearbeitet die Erde der noch leeren Grabstelle, ihrer künftigen Liegestatt. Sie macht einen Katzenbuckel dabei, ihr Rücken ist rund geworden mit den Jahren.

Sie ist unter eben dieser Erde begraben, unter der Erde, die sie noch in Ordnung gebracht und bepflanzt hat, bevor sie für ihren Sarg wieder abgetragen wurde, und ihre Hälfte des Grabdenkmals trägt nun auch eine Inschrift:

„Elisabeth Gronewold, geb. Schnur, 1922 – 1993“.

TEIL 1 – Elisabeth

2.) Essen, Dezember 1986

Ein freundlicher, junger Arzt war vorgeschickt worden, um Elisabeth schonend zu vermitteln, was unmöglich schonend vermittelt werden konnte. Er stotterte täppisch. Dennoch hing Elisabeth an seinen Lippen, suchte in seinem Gesicht, das ihr allerdings eher hilflos vorkam, nach etwas, das Zuversicht vermitteln konnte, und hoffte auf erlösende Worte. Endlich eine Diagnose bedeutete endlich eine Behandlungsmöglichkeit.

Sechs Wochen war es her, dass sie Rolf in das Krankenhaus hatte bringen müssen, mit unklaren Symptomen. Er war einfach schwach gewesen, hatte sich kaum auf den Beinen halten können. Ihm war übel geworden, und er schwankte. Der Hausarzt hatte ihn schließlich zur Diagnostik einweisen lassen. Elisabeth war erst ungeduldig mit Rolfs Schwäche gewesen und schließlich doch froh, dass etwas geschah. Die Diagnose jedoch hatte auf sich warten lassen. Sechs Wochen lang. Besuche waren nur während der streng reglementierten Besuchszeiten möglich, zumeist in den Nachmittagsstunden.

Elisabeth kam täglich, natürlich. Manchmal mehrmals täglich.

Lilo, die ältere Tochter, kam, wann immer sie es einrichten konnte. Sie hatte vier Kinder zwischen drei Monaten und zwölf Jahren, und sie musste mit der Bahn aus Düsseldorf nach Essen anreisen.

Gundel, die jüngere, kam mittwochs und sonntags, da konnte sie ihrer Anwaltskanzlei fernbleiben.

Um sechs, wenn das Abendessen kam, musste man das Krankenzimmer verlassen haben.

Lilo hatte das zweite Gesicht. Nach ihrem ersten Besuch am Krankenbett hatte sie Elisabeth beiseite genommen und ihr gesagt: „Das ist das Ende. Ich kann das sehen. Hier kommt er nicht mehr lebend heraus. Es gibt keine Hoffnung."

Elisabeth hatte ihre Tochter nur befremdet angeschaut. Sie hoffte weiter, Hoffnung war selbstverständlich. Trost forderte sie nicht ein. Wozu auch? Rolf würde leben, wenn man erst einmal herausfand, woran er litt. Er war schließlich noch keine siebzig.

Die Ärzte entschlossen sich endlich, eine erst wenige Jahre zuvor entwickelte Diagnosemethode an Rolf zu erproben, die nannte sich Computertomografie. Eine einzige Untersuchung kostete 20.000 Mark. Die Klinik hatte den Apparat noch nicht lange, es war keine Universitätsklinik. Rolf ließ alles klaglos über sich ergehen. Das sinnlose Liegen unter Aufsicht, doch ohne jede Behandlung. Das quälende Abführen in Vorbereitung der Computertomografie, das nichts erbrachte. Der Darm lag brach und gab nichts her. Wieder quälendes Abführen. Und wieder. Nur einmal sagte Rolf im Ton deutlicher Ungeduld: „Was machen die hier eigentlich mit mir? Das muss doch bald mal funktionieren!"

Ansonsten badete er häufig im Gemeinschaftsbad der Etage. Baden tat ihm wohl, der Auftrieb entspannte seine überschweren, kraftlosen Glieder. Einmal empfing er Gundel während des Bades. In ihren einunddreißig Lebensjahren hatte sie ihn nie nackt gesehen, nicht ein Mal, und Elisabeth war entsetzt, als sie von diesem Besuch hörte.

„Ist doch egal, was liegt schon daran?", sagte Rolf.

„Was daran liegt? Alles. Alles! Wir können doch nicht jetzt, ausgerechnet jetzt ... Du kannst doch nicht jedes Schamgefühl vergessen in so einer Situation!"

„Was haben wir denn für eine Situation?"

Elisabeth kniff die Lippen zusammen.

Und nun wand sich dieser junge Arzt unbeholfen, verlegen, furchtsam, doch nicht ohne Wärme im Angesicht der Ehefrau, die bald Witwe sein sollte. Seine Gestalt schien sich plötzlich aufzulösen, Elisabeth hörte nur mehr seine Stimme, ein Klang wie von einem bösen Geist, der in ihre Gehörgänge und schließlich in ihre Seele eindrang und sein niederträchtiges Werk aufnahm.

Pankreas-Karzinom. Schwer darzustellen, da hinter dem Magen liegend und deshalb nur in der Computertomografie zu sehen. Doch zu spät. Leider inoperabel. Leider keine Behandlungsmöglichkeit. Leider letal. Man werde alles tun, um zu lindern. Ihr Mann werde keine Schmerzen ... Aber für eine Behandlung eben leider, leider zu spät.

Leider.

Elisabeth versuchte, in dem kalten Nebel, der unmerklich hinter ihre Stirn und um ihr Herz gekrochen war, irgendetwas Klares zu fassen.

„Wie lange noch?"

Die Frage ließ den Arzt sichtlich aufatmen, vielleicht weil sie etwas Handfestes hatte, diese Bitte um eine sachliche Auskunft. Statt Tränen. Statt Flehen.

„Schwer zu sagen, vielleicht drei Wochen. Länger keinesfalls. Der Krebs hat gestreut."

„Drei Wochen", echote Elisabeth.

Drei Wochen.

Heute in einer Woche, an Heiligabend, würde ihr Mann siebzig Jahre alt werden. Viel länger würde er nicht haben. Heute in drei Wochen sollte sie Witwe sein. Spätestens.

Heute vor zwei Wochen war ihre Mutter gestorben. Elisabeth kam gerade von ihrer Beerdigung.

3.) Meseritz, September 1943

„Den nimm du mal“, hatte ihre Mutter geraten, ohne um ihren Rat gebeten worden zu sein übrigens. „Lokomotivführer, das ist was Reelles, da hast du ausgesorgt.“

Sicher, ein Bahnbeamter, das war etwas auf Lebenszeit. Aber ...

„Wenn ich überhaupt mal heirate, Mutti, dann einen Schneider“, hatte Elisabeth erwidert. „Und außerdem mag ich den Erwin nicht so. Eigentlich dreist, mir hinterher zu laufen. Dieser Nazi. Der weiß ja nicht mal, wie man sich kleidet, der hat gar keinen Geschmack.“

„Geschmack ist nichts wert, wenn das Geld fehlt, Lies“, beharrte die Mutter. „Alle Schneider sind arm.“

„Ja, ja, im Märchen!“

„Im Leben auch, Lies. Die Ärmsten sind immer die Weber, klar. Aber gleich danach kommen die Schneider. Sowas ist doch nichts für dich.“

‚Und du, meine liebe Mutti‘, dachte Elisabeth, ‚du bist doch auch bloß mit einem Schnitter verheiratet. Nennst den Bauer, aber ein Bauer müsste ja wohl Land haben und einen Hof, oder? Wer sich verdingt, ist ein Knecht.‘

Das mit dem Schneider war übrigens nicht ihr Ernst gewesen, sie hatte ihre Mutter nur ein wenig auf den Arm nehmen wollen. Andererseits – jemanden zu haben, der jederzeit ein Kostüm, einen Mantel, ein Kleid nähen könnte, aus Stoffen, die immer im Haus wären, das hatte schon etwas für sich. Elisabeth hatte immer auf sich geachtet, und sie konnte selbst sehr gut nähen, sticken, stricken und häkeln. Geld für Kleidung, die man nähen ließ, war sowieso nicht da, und auch die Bekleidungsgeschäfte waren zu teuer, wenn sie in diesen Kriegszeiten überhaupt etwas anzubieten hatten. Aber Elisabeth hatte selbst ein besonderes Händchen für das Besondere und war auf Konfektionsware nicht angewiesen. Ihre selbst genähten und gestrickten Stücke hatten Pfiff, und so sah sie immer aus „wie aus dem Ei gepellt“, wie ihre Mutter es ausdrückte. Die Mutter war zwar auch immer ordentlich gekleidet, wirkte aber doch, so fand Elisabeth, mit ihren reizlosen Blusen und den darüber gezogenen, immer gleichen, ärmellosen, grauen Trägerröcken oder Kittelkleidern, die bis zur halben Wade reichten, eben wie eine typische Bäuerin. Alles sehr praktisch. Alles ohne Chic.

Sie wusste noch genau, wie sie in der Schule das Stricken, Häkeln und Sticken und von ihrer Mutter das Nähen an der Maschine gelernt hatte, als sie ungefähr zehn, elf Jahre alt gewesen war. Seitdem hatte es sie nicht mehr losgelassen. Wobei ihr selbst nicht ganz klar war, ob es um die Tätigkeit ging oder doch eher um das Herzeigen und Ausführen der fertigen Stücke.

Ihre Mutter hatte immer darauf geachtet, die Kinder gleich zu halten, besonders Elisabeth und deren drei Jahre jüngere Schwester Agnes. Es gab auch noch die jüngste Schwester, Rosemarie, genannt Röschen, die aber ein Nachzügler war und viel zu klein, um sich an den älteren Schwestern zu messen und zurückgesetzt zu fühlen. Elisabeth dagegen war vor allem in Fragen der Kleidung penibel darauf bedacht, niemals schlechter dazustehen als Agnes. Und so bekam jede der beiden, wann immer ein neues Kleid, eine Bluse, ein Rock anzufertigen war, die Gelegenheit, einen eigenen Schnitt und Stoff dazu auszusuchen. War dann das erste Kleidungsstück für Elisabeth fertig, zum Beispiel eine Bluse, genäht von ihr selbst unter Anleitung der Mutter, dann fiel ihr Blick unweigerlich begehrlich auf den Stoff, der schon darauf wartete, ein Bluse für Agnes zu werden. Und oft genug bettelte sie so lange, bis die Mutter nachgab und ihr auch den zweiten Stoff schenkte. Agnes war zum Glück von nachgiebigem, heiterem und unbekümmertem Wesen, dazu uneitel. Es machte ihr nichts aus, dass sie nun ein bisschen länger auf ein neues Stück zu warten hatte. Elisabeth dagegen fand, dass es kaum Wichtigeres gab, als in der Welt eine gute Figur abzugeben und sich erstklassig und abwechslungsreich zu kleiden, und so freute sie sich außerordentlich an den Früchten ihrer Überredungskünste, ungeachtet dessen, dass ihre Mutter dafür eben doch ungerecht zu Lasten ihrer jüngeren Schwester entschieden hatte. Das bereitete ihr außerdem, was sie aber vor sich nie zugab, ein vage hämisches Vergnügen und galt ihr als eine Art Entschädigung dafür, dass der drallen, blonden Jüngeren mit dem offenen Gesicht und den blauen Augen – strahlend blau, wie Kornblumen – alle Herzen zuflogen, ihr dagegen nicht. Und so gesehen war es im Ergebnis gar nicht so ungerecht, wenn sie über mehr Kleidung verfügen konnte als Agnes.

Doch solche Abwägungen gehörten der Vergangenheit an und hatten das Verhältnis der Schwestern zum Glück nicht getrübt. Die beiden waren längst keine Backfische mehr und verdienten ihr eigenes Geld. Elisabeth war nicht Näherin oder Modeverkäuferin geworden, wie alle geglaubt hatten, sondern Buchverkäuferin. Sie hatte das richtig gelernt mit allem, was dazugehörte. Sie konnte Buchhaltung und Stenografie und sie konnte sogar Schreibmaschine blind schreiben. Bücher waren ohnehin ihre zweite große Leidenschaft, sie las, wo sie ging und stand, und so hatte es nahegelegen, daraus einen Beruf zu machen.

Es verstand sich, dass sie ebenso wie Agnes ihren Lohn zuhause ablieferte, aber das Taschengeld, das sie bekam, war doch weitaus großzügiger als zuvor, und so hatte sie sich Stoffe, Wolle und neulich sogar ein gebrauchtes Fahrrad leisten können.

Elisabeth arbeitete schon mehr als drei Jahre lang als gelernte Verkäuferin in dem Buchladen, in dem sie auch ausgebildet worden war, als der Einberufungsbescheid zur Wehrmachthelferin kam. Der Krieg, den Hitler vom Zaum gebrochen hatte, dauerte nun schon vier Jahre, und sie hatte damit rechnen müssen, einberufen zu werden. Sie war nicht die erste, vor ihr hatte es schon ihre Freundin Elinor getroffen, die zum Landdienst gemusst hatte. Und sie wusste natürlich, dass es schon seit Längerem ein Gesetz gab, wonach auch sie im Falle eines Krieges eingezogen werden konnte. So stand es dann auch in dem Bescheid, den sie bekommen hatte. „Wehrgesetz“, war da zu lesen. Und dass „über die Wehrpflicht hinaus jeder deutsche Mann und jede deutsche Frau zur Dienstleistung für das Vaterland verpflichtet“ seien. Nun also war sie an der Reihe, kurz nach ihrem 21. Geburtstag. Den hatte sie am 12. August begangen und war jetzt volljährig, was ihr nichts einbrachte als eine ungeliebte Tätigkeit in einer Wehrmacht, für die sie nichts übrig hatte, wegen eines Krieges, dem sie nichts abgewinnen konnte. Binnen weniger Tage hatte sie ihre geliebte Stellung aufgeben müssen, schon am 1. September sollte sie ihren Dienst antreten. Dabei hatte sie noch Glück, denn sie konnte zu Hause wohnen bleiben. Andere kamen gleich nach Frankreich oder Gott weiß wohin, an Orte, von denen man noch nie gehört hatte. In ihrer Heimatstadt Meseritz aber war, kaum acht Kilometer entfernt, ein Militärlager gebaut worden, fünf Jahre war das jetzt her, in dem Soldaten ausgebildet wurden und von wo aus der Nachschub an Uniformen, Schuhen und Nahrung für die Front organisiert wurde. Es war allgemein als Regenwurmlager bekannt. Dort hatte sie sich, wie es im Einberufungsbescheid hieß, zu melden und weitere Anweisungen entgegenzunehmen. Wahrscheinlich würde sie als Sekretärin eingesetzt werden. Eine andere Verwendung konnte sie sich nicht vorstellen.

Sie würde ja wohl kaum Soldaten ausbilden oder mit einer Gulaschkanone an die Front fahren, dachte sie in sich hinein kichernd, als sie am frühen Morgen des 1. September 1943 auf das Lager zu radelte. Je näher sie dem Lager kam, desto mehr verging ihr jedoch die Heiterkeit, und als sie am Tor angelangt war und abstieg, war ihr schließlich ordentlich beklommen zumute. Man hatte merkwürdige Sachen gehört. Das Lager sollte auf einer Art unterirdischer Festung erbaut sein, einem höhlenartigen Tunnelsystem, wie ein Labyrinth verzweigt. Wer einmal da hinein geriete, käme nicht mehr heraus, hieß es. Niemand wusste genau, wozu dieses Höhlengeflecht gut sein sollte. Mal wurde behauptet, dort sei alles vermint, und wenn der Feind einfiele, könne man ihn auf diese Weise in die Luft jagen. Andere behaupteten, das System könne jederzeit mit dem Wasser aus dem Badesee geflutet werden, zu dem man das Flüsschen Regenwurm hinter dem Lager gestaut hatte. Dritte wiederum sagten, es würden dort neuartige Bomben gebaut, durch Spaltung kleinster radioaktiver Teilchen. Die Sprengkraft überträfe alles menschliche Vorstellungsvermögen, und wer der Strahlung ausgesetzt wäre, über Kilometer hinweg, würde verbrennen, zu Asche zerfallen oder langsam und qualvoll sterben.

Und nicht nur die unterirdische Tunnelanlage war den Meseritzern unheimlich. Da gab es auch noch das Gerücht, dass fremdartige Menschen, dunkelhäutig und mit Turbanen auf dem Kopf, auf dem Lagergelände herumspazieren sollten. Das freilich glaubte Elisabeth nicht. Dunkelhäutige Menschen, die sich frei in einem deutschen Militärlager bewegen? Wie sollte das zu Hitlers Rassentheorie passen? Unterirdische Tunnelsysteme, neuartige Bomben, fremdländische Menschen – wahrscheinlich war das alles doch nur dummes Gerede.

Elisabeth schüttelte das mulmige Gefühl ab, straffte sich und schaute sich um. Das Lager sah eigentlich gar nicht mal so abweisend aus. Es lag in einem lichten Wald. Die letzten Meter der Zufahrt waren jeweils rechts und links von zwei nicht sonderlich imposanten Mauern gesäumt, den Ausläufern der Lagereinfriedung, auf einer davon prangte eine Steinskulptur des Reichsadlers mit ausgebreiteten Schwingen in der für die Zeit typischen Form.

‚Bloß nichts Weiches, Natürliches‘, dachte Elisabeth, ‚überall Geraden und Kanten, so eckig wie möglich, bäh.‘

Den Eingang zum Lager bildete einfach der Raum zwischen den beiden Mauern, mit einem simplen Schlagbaum abgesperrt. Was man vom Lager dahinter erkennen konnte, sah nicht unfreundlich aus, eher wie eine Wohnsiedlung mit aufgelockerter Bebauung und individuellen Mietshäusern denn wie eine Kasernenanlage. Weit und breit keine Spur von Tunneleingängen, Labyrinthen und fremdartigen Menschen. Die Septembersonne schien aus Leibeskräften auf die großzügige Anlage mit viel freiem Platz, die sich jetzt menschenleer darbot. Mit gehörigem Abstand voneinander standen ganz unterschiedliche Gebäude, manche lang gestreckt, andere wie normale Mehrfamilienhäuser wirkend, alle hell verputzt oder gestrichen. Im Hintergrund konnte sie Bäume ausmachen, wohl schon wieder Teil des Waldes, dazwischen, soweit sie es erkennen konnte, weitere Häuser, manche größere sogar verziert mit einer Art Fachwerk, andere mit Giebeln aus längs vernutetem Holz, sodass sie wirkten wie Scheunen.

Elisabeth holte tief Luft und sprach einen der beiden Wachleute am Schlagbaum an: „Guten Morgen, ich soll hier ...“

„Heil Hitler!“, schnarrte der Angesprochene und schlug die Hacken zusammen. Er schaute sie streng, fast strafend und auch ein wenig erwartungsvoll an.

‚Dabei sieht der doch im Grunde ganz nett aus, so ein richtiges Milchgesicht noch‘, dachte Elisabeth.

„Ach so, ja, natürlich, auch das“, erwiderte sie. „Können Sie mir sagen, wohin ich mich wenden soll als neue Wehrmachthelferin?“

Der andere Soldat, älter als der erste, trat hinzu, murmelte etwas, das ebenfalls wie „Heil Hitler“ klang, schlug aber nicht die Hacken zusammen.

„Nu lassen Se ma sehen“, fuhr er fort.

Elisabeth wusste nicht sofort, was gemeint war, und zögerte.

„Na, den Einberufungsbescheid.“

„Oh, ja, natürlich, hier."
Der Soldat versuchte, während er das Papier studierte, vergeblich, ein Schmunzeln zu unterdrücken.
„Nu, Frolleinchen, besonders viele Wörters kenn wa wohl nich, wa? Außer ‚ja, natürlich' und dergleichen, wie?"
Elisabeth war nicht nach Scherzen zumute, schon gar nicht mit einem Mann. Sie scherzte nicht mit Männern, nie.
„Und wo soll ich mich denn nun melden?"
„Nu, geh'n Se ma paar Meter ssur Kommandantur da vorn, und da sacht Ihn Unteroff'zier Gronewold, wat er für ne Verwendung für sonn schönet Frollein hat."
„Aha. Verwendung, soso."
Elisabeth setzte ihre schnippischste Miene auf, warf den Kopf in den Nacken – das konnte sie richtig gut, sie hatte Übung darin –, bückte sich und schob das Rad unter dem Schlagbaum durch, sobald dieser halbwegs weit genug oben war.
„Ach, und einen guten Morgen wünsche ich Ihnen trotzdem, Heil hin, Heil her", rief sie noch über die Schulter zurück.
Mit dem Schwung des in der kurzen Begegnung wiedererlangten Selbstbewusstseins eilte Elisabeth die vier, fünf Stufen zur Kommandantur hinauf. Die Treppe führte zu einem kleinen, überdachten, halbhoch ummauerten Absatz vor der Eingangstür des Gebäudes. Das Ganze wirkte fast wie eine Terrasse, und Elisabeth begann sich zu fragen, ob sie hier in einer Art Ferienanlage gelandet war. Der Eindruck von Freizeit und Ferien wurde noch dadurch unterstrichen, dass ein junger Mann in Offiziersuniform, seitlich auf der Brüstung halb saß, halb stand, ein Bein ausgestreckt am Boden, das andere lässig schaukelnd, eine brennende Zigarette in der Hand. Das sah derartig nach Müßiggang aus, dass es ihr immer unwahrscheinlicher schien, dass es hier viel für sie zu tun geben würde.
„Verzeihung, guten Morgen, beziehungsweise Heil ... naja, ich ..."

Ihr wurde plötzlich klar, dass der Offizier sie die ganze Zeit im Blick gehabt haben musste. Wie sie auf das Gebäude zugegangen war. Wie sie das Rad an die Mauer gelehnt hatte. Wie sie die Treppe hinauf gelaufen war. Sie sah es an der Art, wie er sie musterte und dabei fein lächelte. Oder eigentlich doch nicht so fein, eher fast … frech. Unwillkürlich versuchte sie, im Geiste mit den Augen des Soldaten durchzugehen, welchen Anblick sie bot, und strich ihr Kleid glatt, besonders den knielangem Faltenrock aus einem zart gelben Material fast wie Seide schimmernd, er war schwer zu nähen gewesen, denn die Falten waren schmal, man musste sehr akkurat arbeiten, und dabei hatte der Stoff immer wegrutschen wollen. Das Oberteil lag eng an und schloss oben mit einem weißen Krägelchen ab. Auch die Puffärmel anzusetzen, fein gefältelt, hatte ihre ganze Kunst erfordert. Es war ihr passend erschienen, am ersten Arbeitstag etwas zu tragen, was ihre Sorgfalt herausstellte. Abgesehen von dem oben engen, aber nicht zu engen Schnitt (der freilich ihre runden, großen Brüste und die schmale Taille betonte, ein Erbteil ihrer Mutter) und den bloßen Unterarmen war ihre Aufmachung zudem recht sittsam, rechtfertigte jedenfalls wohl kaum den unverhohlen abschätzenden Blick des Soldaten.

„Ja?“, sagte der schließlich immer noch lächelnd und sprang von der Brüstung, an deren Rand er die Zigarette ausdrückte.

„Mein Name ist Schnur, und ich soll hier ...“

„Ach, Fräulein Schnur, was für eine Freude!“ Sine Stimme klang plötzlich hell und fröhlich.

Er streckte die Hand aus. „Ich bin Unteroffizier Gronewold, Ihr Vorgesetzter. Gott sei Dank, dass Sie da sind, in der Schreibstube geht es ja drunter und drüber, seit Ihre Vorgängerin krank geworden ist. Bitte kommen Sie, damit ich Ihnen alles zeigen kann.“

Und so nahm der Arbeitstag seinen Anfang. Elisabeth fand stapelweise liegen gebliebene Schreibarbeiten vor, also Akten, in denen vorn jeweils ein Stenogramm lag, das ihre Vorgängerin noch aufgenommen, aber nicht mehr abgetippt hatte. Das Entziffern der Stenogramme war mühselig. Und weitere kamen dazu, denn Unteroffizier Gronewold hatte im Laufe des Tages etliches zu diktieren und rief sie häufig zu sich. Man verwendete, um die Sekretärinnen aufzurufen, in diesem Büro eine Sprechanlage, das war ein zweiteiliges Gerät, dessen Mikrofon auf den Schreibtischen der Vorgesetzten stand, während der Lautsprecher in der Schreibstube angebracht war. Etwas Ähnliches hatte Elisabeth bislang nur beim örtlichen Arzt gesehen. Die Stimme ihres Vorgesetzten („Fräulein Schnur, bitte zum Diktat!"), verzerrt durch den Lautsprecher, war ihr ständiger Begleiter durch den Bürotag. Zwischendurch musste sie auch Telefonverbindungen herstellen. Das fiel ihr anfänglich am schwersten. Zuhause gab es kein Telefon, sie kannte das Telefonieren nur aus dem Buchgeschäft und wusste, wie man über das Fräulein vom Amt eine Verbindung herstellte. Aber hier war sie praktisch selbst das Fräulein vom Amt und musste nun lernen, wie man ein Telefonat durch Einstecken der richtige Stöpsel in die richtigen Buchsen weiterleitete, und das war nicht ganz einfach. Zu ihrer Erleichterung stellte sich ihre Kollegin Fräulein Oberländer, eine beleibte, nicht mehr ganz junge Person, mit der sie die Stube teilte, als hilfsbereit und geduldig heraus, und so beherrschte Elisabeth bald das Bedienen von Hörer und Wählscheibe und Stöpseln in der richtigen Reihenfolge.

Betrat sie das Dienstzimmer ihres Vorgesetzten zum Zwecke der Diktataufnahme, stellte sie immer wieder ein wenig befremdet fest, dass Gronewold so gut wie nie seinen Schreibtischstuhl nutzte, sondern meist – genau wie bei ihrer ersten Begegnung vor der Tür – mit einem Bein auf dem Boden, mit dem anderen in der Luft schaukelnd auf dem Schreibtisch halb saß, halb stehend an ihm lehnte.

Kurz vor Feierabend rief er sie noch einmal zu sich. „Fräulein Schnur, Sie haben sich ja so weit schon sehr gut eingearbeitet, das klappt ja alles ganz fabelhaft. Nun wollen wir aber doch die Förmlichkeiten lassen. Wenn Sie also bitte in Zukunft den Unteroffizier weglassen und nur Herr Gronewold sagen, das würde mich freuen. Einverstanden?“

Auf dem Weg zurück nach Meseritz dachte Elisabeth bei sich, dass es kein schlechter Anfang war, wenn man gleich am ersten Arbeitstag so freudig empfangen wurde und am Ende des Arbeitstages die Freude des Vorgesetzten noch mit auf den Heimweg bekam.

In der Küche saßen Mutti und Agnes und schwatzten, wie es ihre Gewohnheit war. Agnes war früher als Elisabeth zuhause eingetroffen, weil ihr Weg von der Arbeit – sie arbeitete als Bürogehilfin – nicht so weit war. Elisabeth versetzte es immer einen kleinen Stich, wenn sie ihre Mutter und ihre Schwester so traulich beieinander sitzen sah, die Köpfe zusammengesteckt, blond bei blond. Irgendetwas brutzelte dann meist auf dem sorgfältig geschwärzten, blank polierten Herd, und Mutter und jüngere Tochter saßen einander gegenüber am Küchentisch, vielmehr knieten sie auf den Küchenstühlen, das Gesäß auf die Fersen abgesenkt. Elisabeth erschien das immer als ein Bild vollkommener Nähe und Übereinstimmung.

„Ach, Lies, da bist du ja! Wie ist es dir denn ergangen heute? Wie war der erste Tag?“ Das war Agnes.

„Hm, geht so. Viel zu tun. Nette Kollegin.“

„Na, nu, Lies“, ließ sich die Mutter vernehmen, „das ist doch wohl nicht alles. Nu erzähl mal. Ist die Arbeit schwer? Und dein Dienstherr? Kommst du mit dem zurecht?“

„Komm, setz dich doch zu uns, ich mach dir rasch einen Kaffee“, rief Agnes und sprang auf.

‚Zu uns', dachte Elisabeth, ‚zu uns, das klingt so verschworen, als ob ich nur hinzu käme, aber eigentlich nicht dazugehöre.'

Sie griff nach einem Stuhl und hockte sich gleich ihrer Mutter und ihrer Schwester darauf. Agnes hatte mittlerweile den Kessel aufgesetzt, die Kaffeekanne heiß ausgespült, den Porzellanfilter darauf gesetzt, ihn mit einer Melitta-Filtertüte ausgekleidet und Kaffeepulver hineingegeben – was man in diesen Zeiten Kaffeepulver nannte. Seit fast vier Jahren gab es keine Konsumgüter aus Übersee mehr, also dörrte und röstete man Gerstenkörner und mahlte sie als Ersatz. Agnes' rasche, kleine, anmutige Bewegungen, die immer so leicht aussahen – Elisabeth fand sie stets aufs Neue anziehend, und sie verstand sehr wohl, warum es jedermann ebenso ging. Agnes war fülliger als sie und etwas kleiner, alles an ihr wirkte rundlich und niedlich, auch das Gesicht mit der Stupsnase, und dann immer dieses Fröhliche, Strahlende und zugleich Ungebärdige, das sogar ihr kinnlanges, krauses Haar, nur mühsam durch eine Spange an einer Seite zusammengehalten, ein wenig rechts und links vom Kopf abstehen ließ, all das zusammen war schlichtweg unwiderstehlich. Elisabeth war im Gegensatz zu Agnes gertenschlank, fast etwas knochig und staksig, und ihr Gesicht war lang, schmal und scharf geschnitten mit ausgeprägten Wangenknochen und Augen so tief braun, dass mancher, der zum ersten Mal hineinblickte und das Verträumte darin übersah, zusammenschrak. Ihre Haare allerdings, blauschwarz und schulterlang, ließen sich in dicke, volle Wellen legen und verliehen ihrem Gesicht einen Hauch von Weichheit und Extravaganz. Elisabeth galt allen als ernst, und das hatte sie so sehr verinnerlicht, dass es ihr nicht nur zum Wesenszug wurde, sondern sie es als eine Art Auszeichnung auffasste und bis hin zum Grüblerischen, ja Düsteren kultivierte.

„So, fertig!" Agnes stellte die Kaffeetasse und die Dose mit Kondensmilch vor Elisabeth ab und setzte sich.

„Danke, Aggi. Ja, also, das ist eigentlich ganz schön da. Sieht gar nicht streng und militärisch aus, und im Lager wohnen sogar ganze Familien, zum Beispiel ein Friseur und ein Lebensmittelhändler, die haben da eigene Häuser, privat, für sich und ihre Familien. Praktisch. Man kann auch mit dem Bus hin und zurück fahren, hat mir Fräulein Oberländer gesagt, es gibt extra einen für die Leute aus dem Lager, kostenlos, der pendelt mehrmals täglich nach Meseritz. Also, wenn es mal regnet, kann ich den auch nehmen."

„Wer ist Fräulein Oberländer?", fragte die Mutter.

„Meine Kollegin, ein richtiger Schatz, die zeigt mir alles und ist lieb, auch wenn ich viel frage oder was falsch mache. Mein Dienstherr, also Vorgesetzter, ist Unteroffizier Gronewold, der hat sich wie verrückt gefreut, dass ich die Schreibstube verstärke. Lehnt immer ganz locker so halb am Schreibtisch, wenn er was diktiert. Tja. Ich soll den Gronewold nennen. Ohne Unteroffizier."

Es war einen Moment still in der Küche.

„Wie alt?", fragte die Mutter.

„Hm, weiß ich gar nicht so genau. Mitte, Ende zwanzig, würde ich sagen."

In Aggis Gesicht breitete sich ein strahlendes Lächeln aus.

„Hör mal, der ist doch in dich verschossen, jede Wette!"

„Quatsch, der ist einfach lässig."

Nach einer weiteren kleinen Pause holte die Mutter tief Luft.

„Lies, nimm dich ja in acht. Man kann den Männern nicht trauen. Die wollen nur das Eine. Alle. Besonders Soldaten."

Elisabeth kaute auf ihrer Unterlippe. Was mochte das nur sein, das Eine, von dem so oft die Rede war und das angeblich alle Männer wollten? Sie wusste nur, dass man davon Kinder bekam und in größter Schande lebte, wenn man nicht verheiratet war. Undenkbar aber, danach zu fragen, was es denn bedeuten sollte, es war nie denkbar gewesen und war es jetzt erst recht nicht, nicht vor der Achtzehnjährigen.

„Und den Lokomotivführer, den soll ich nehmen, Mutti? Und der will nicht das Eine? Weil er Bahnbeamter ist? Du kannst ganz beruhigt sein. Gronewold ist sowieso Raucher. Und trägt Brille. Kommt nicht in Betracht. Wo ist eigentlich Röschen?"

„In eurem Zimmer und macht Schularbeiten. Was ist denn in dich gefahren?"

„Versucht, Schularbeiten zu machen", fiel Agnes ein.

Rosemarie, jetzt elf Jahre alt, war ein wenig zurückgeblieben und besuchte die Hilfsschule, ohne messbaren Erfolg. Die Mutter bezeichnete sie immer als „ein bisschen bedatscht", und Elisabeth zuckte jedes Mal zusammen, wenn sie das hörte. Manchmal sagte die Mutter auch: „Unser Röschen ist eben das dritte Kind, da war wohl nicht mehr so viel Gutes übrig", und auch daran konnte Elisabeth sich nie gewöhnen, obwohl sie versuchte, diese eigenartigen Aussagen als Ausdruck von gutmütigem Humor zu nehmen. Irgendwo in ihrem Innersten aber hatte sie die Mutter im Verdacht, die drei Töchter zwar gleich zu halten, aber nicht gleich zu lieben. Gleich halten – hieß das nicht im Grunde bloß: „Dir gebe ich das Stück Schokolade gern, weil ich dich liebe, und dir gebe ich ein gleich großes Stück, weil ich gerecht sein will"?

Sie selbst liebte ihre kleinste Schwester auch nicht mal besonders, Röschen war halt da und dazu meistens still, leicht zu übersehen und gar nicht zu hören. Auch heute, beim Heimkommen, im Nachhinein fiel es ihr plötzlich auf, hatte sie nicht gleich an Röschen gedacht. Nein, so nahe wie mit Aggi stand sie sich mit Röschen nicht.

„Sie kommt gleich zum Essen", sagte die Mutter gerade, als der Schlüssel in der Wohnungstür zu hören war. Elisabeth sprang auf. Da stand er in der Küchentür, ihr Stiefvater, eine drahtige Gestalt, kräftig, nicht sehr groß, mit schon ergrauendem

Haar und Augen wie Aggis Augen, blau wie Kornblumen. Die unbekümmerte, fröhliche Ausstrahlung seiner Tochter ging ihm aber ab. Wie immer, wenn er heimkam, legte sich sein Duft nach männlichem Schweiß und Erde über die Küchendünste, und Elisabeth wusste, dass sein Haar immer noch erdig riechen würde, wenn er sich umgezogen und gewaschen haben würde.

„Nu, Oskar, da bist du ja, das ist schön", sagte die Mutter. „Das Wasser ist schon heiß, nimmst du den Kessel dann mit ins Schlafzimmer zur Waschschüssel? Seifenlappen und Handtuch liegen schon bereit. Wir können dann auch gleich essen."

Agnes winkte unterdessen ihrem Vater von Küchentisch aus zur Begrüßung und warf ihm eine Kusshand zu, Elisabeth gab ihm einen Kuss auf die Wange, mit spitzen Lippen allerdings, denn auch sein Gesicht war schmutzig. Sie liebte ihren Stiefvater über die Maßen. An ein Leben mit ihrem eigenen Vater hatte sie dagegen keine Erinnerung. Oskar hatte Elisabeth wie ein eigenes Kind angenommen und sie ohne ein Wort der Klage oder Vorhaltung versorgt und großgezogen, während ihr leiblicher Vater die Mutter früh verlassen und sich danach weder um sie noch um seine Tochter gekümmert hatte. Einmal, da war sie noch ein kleines Kind gewesen, war ihr richtiger Vater auf der Straße vor ihrem Haus plötzlich aufgetaucht. Er hatte so finster und dunkel ausgesehen und war ihr vorgekommen wie der schwarze Mann aus dem Kinderlied, da hatte sie sich gefürchtet, hatte sich einfach umgedreht und war weggelaufen. Nur noch ein einziges Mal war sie ihm danach begegnet, da war er im Buchgeschäft erschienen, ein knochiger, schwarzhaariger Mensch mit schwarzen, tief liegenden Augen und ausgeprägter Nase, ihr Ebenbild in männlich, wie ihr schien.

„Elisabeth, ich bin ...", hatte er angesetzt, und „ich weiß, wer Sie sind, und ich habe nichts mit Ihnen zu schaffen", hatte sie erwidert, sich weggewandt und nur hinzugefügt: „Haben Sie noch einen Wunsch, dann schicke ich Ihnen eine Kollegin."

Da war es an ihm gewesen, sich umzudrehen, und er war grußlos gegangen. Sie hatte aber noch gehört, wie er über die Schulter rief: „Versteh doch, ich durfte ja nicht ..." Dann war die Ladentür zugefallen. Als er weg war, endlich verschwunden, hatte sie wirklich eine Kollegin in den Verkaufsraum schicken müssen, bis sie sich wieder unter Kontrolle hatte und das Zittern ihrer Beine und Hände endlich aufhörte.

Sie wusste nicht, ob sie richtig gehandelt oder einen verhängnisvollen Fehler gemacht hatte, bis heute nicht.

Doch da war Oskar, der zu jedermann freundliche, wenn auch wortkarge Stiefvater, den sie immer schon Vati genannt hatte, so lange sie denken konnte, und meistens dachte sie, so, wie es jetzt war, war es gut.

Im Ort schätzten sie Oskar, alle schätzten sie ihn und bewunderten ihn auch ein bisschen, weil er Frieda geheiratet hatte, die verlassene Frau mit Kind, und weil er die kleine Lies, die keinen Vater mehr hatte, wie sein eigen Kind großgezogen hatte. Den zugewandten, tatkräftigen Oskar, den Schnitter mit dem gutmütigen, hilfsbereiten Wesen, den mochte man, auch wenn er nicht viele Worte machte. Frieda hatte man lange Zeit nicht gemocht. Frieda, die Leichtfüßige, Leichtlebige, die mit dem offenen, runden Gesicht, die mit den tiefgründigen, seeblauen Augen und dem üppigen Leib; als sie noch jünger war, hatten die Frauen ihre Männer ins Haus gezogen, wenn sie auf der Straße erschien. So wie man die Wäsche abnahm, wenn die Zigeuner in der Stadt waren. Und wahrhaftig starrten die Männer Frieda nach, voller Verlangen und voller Verachtung. Dabei war Friedas Leben sowieso schon nicht leicht gewesen: Die Eltern waren sehr früh gestorben, da war Frieda noch keine achtzehn gewesen, und als Älteste hatte sie zusehen müssen, wie sie ihre beiden jüngeren Schwestern Martha und Trude durchbrachte. Sie war bei ihrem Nachbarn, dem örtlichen Oberförster, in Stellung gegangen, dazu der eigene Haushalt mit den jüngeren Schwestern – schon mit zwanzig hätte sie verhärmt und abgearbeitet sein können, hätten nicht ihr unerschütterlicher, froher Sinn und ihre Fürsorge für die Jüngeren sie immer weiter durchhalten lassen, bis die Schwestern verheiratet, also versorgt waren. Martha freilich war leider an einen Säufer geraten, mit dem sie mittlerweile sechs Kinder hatte. Doch damit fertig zu werden, lag nun bei ihr und nicht mehr bei Frieda. Andererseits war Martha ihre Lieblingsschwester, Frieda hatte Elisabeth sogar Marthas Namen als zweiten gegeben, und so half und tröstete sie, wann und wo es nur ging. Manchmal musste sie auch mit Geld aushelfen, der Schwager vertrank, was er in die Finger bekam, da konnte man nichts machen. Das mit dem Geld sah Oskar freilich nicht gern, seine Gutmütigkeit hatte Grenzen, und das war so eine. Da zweigte sie halt heimlich etwas vom Haushaltsgeld ab, wenigstens ab und zu, und wenn gar nichts übrig war, dann wenigstens etwas Mehl, Kartoffeln oder ein paar Eier und Milch, man konnte die Kinder ja nicht verhungern lassen.

Früher hatte es nicht einen Mann in der Nachbarschaft gegeben, der nicht neidisch auf Friedas Männer gewesen wäre, erst auf Lukaszczek, Elisabeths Vater, und dann auf Oskar. Zupacken konnte sie für zwei, die Frieda, und Begehren wecken dazu. Und weil sie so sinnlich war und weil die Männer sie nicht bekamen, spuckten sie aus, wenn sie sie sahen, die meisten aber heimlich. Oder nur vor den Augen ihrer Frauen.

Elisabeth griff sich den Topf mit den Pellkartoffeln und begann, sie zu schälen. Agnes deckte den Tisch, die Mutter begann, die bereitstehenden Speckwürfel langsam auszulassen, und holte den Quark aus der Kühlkammer, den sie schon am Nachmittag mit feinsten Zwiebelwürfeln und Kondensmilch verfeinert hatte, und rührte ihn noch einmal um. Nun kam auch Rosemarie in die Küche.

„Na, Kleine?“ Elisabeth fuhr ihr durchs Haar. „Bist du zurechtgekommen?“

Rosemarie nickte.

„Soll ich dir noch bei deinen Hausaufgaben helfen?“

Das Kind schüttelte den Kopf.

„Alles fertig?“, setzte die Mutter nach, und es klang wie immer ein bisschen streng.

Wortlos setzte sich Röschen an ihren Platz und schien zu überlegen.

„Will nicht mehr“, antwortete sie schließlich, und der Mutter reichte das offenbar als Erklärung, denn sie murmelte: „Kannst ja auch nicht den ganzen Tag lernen.“

Der Vater war nun gewaschen und umgezogen und nahm seinen Platz am Küchentisch ein. Elisabeth drückte ihm einen Kuss aufs Haar, das wie erwartet nach Erde roch. Die Mutter tat ihm auf, erst die geschälten Kartoffeln, dann den Quark und schließlich den Speck, alles, was da war. Die weiblichen Familienmitglieder gossen nur ein bisschen Leinöl über ihre Kartoffeln und den Quark, sie mussten nicht so harte körperliche Arbeit verrichten wie der Vater und brauchten kein Fleisch. Mit dem gemeinsamen Essen begann für Elisabeth der schönste Teil des Tages: Die Familie war um den Tisch versammelt, man schwatzte ein bisschen, wie jeden Abend, nur Röschen blieb still, wie jeden Abend, und auch der Vater sprach so knapp wie möglich. Man musste aufpassen, die Themen Hitler und Krieg zu vermeiden, denn Röschens Schweigen verleitete dazu, ihre Gegenwart zu vergessen, und man konnte nie wissen, was sie aufschnappte, und vor allem, was sie arglos in der Schule weitererzählen würde.

Der Vater berichtete nur vom Arbeitskräftemangel auf dem Feld, das war rasch gesagt und mochte noch angehen, es war ja allgemein bekannt.

Seine Arbeit als Schnitter war schwer, besonders in diesen letzten Wochen der Getreideernte, und drückte ihn schon jetzt ein wenig nieder. In Zeiten wie diesen musste er doppelt und dreifach arbeiten, weil die jüngeren Männer aufs Feld der Ehre geschickt worden waren und für die Ernte nicht zur Verfügung standen. Die Ernte musste also von immer weniger Händen eingefahren werden und zog sich länger hin als in den Sommern vor dem Krieg. Immerhin, so sagte er auch, war es jetzt für alle anders als beim Ersten Weltkrieg. Da hatte die Bevölkerung noch gehungert. Jetzt jedoch nicht, sah man davon ab, dass Lebensmittel legal nur auf Lebensmittelkarten erworben werden konnten und die Zuteilungen seit 1939 immer knapper ausgefallen waren. Aber es gab, besonders hier im ländlichen Osten, direkt an der Grenze zum annektierten Polen, etliche Möglichkeiten, zusätzlich an Lebensmittel zu kommen, zumeist auf Kosten der besetzten Gebiete. Die paar Gefangenen aus dem nahe gelegenen Arbeitslager, die zur Feldarbeit ausgeliehen wurden, waren dagegen immer hungrig, ausgemergelt und schwach. Dazu kam ihre Verzweiflung, und so war ihr Beitrag zur Ernte mäßig. Sie wurden angetrieben, angebrüllt, erniedrigt und geschlagen, und Oskar fühlte sich elend, wenn er das mitbekam, obgleich sicherlich nicht so elend wie sie. Mehr als einmal hatte auch Elisabeth gesehen, wie Gefangene aus Polen in langen Zügen durch Meseritz getrieben wurden, Männer, die noch nicht ausgehungert wirkten, doch niedergeschlagen und gebeugt, in schlechten Kleidern und zerfallenden Schuhen, die Gesichter stumpf und erloschen. Das Hungern stand ihnen noch bevor, und mit der Zeit würden sie mehr und mehr verfallen. Man durfte ihnen nichts zu essen geben, das war streng verboten, denn an erster Stelle musste der deutsche Volkskörper ernährt werden. Oskar steckte ihnen trotzdem manchmal heimlich etwas zu. Es waren Zivilisten, keine Kriegsgefangenen. Man trieb sie einfach in ihren Ortschaften in Polen zusammen, und wer zum Arbeitseinsatz nach Deutschland mit marschieren musste, hatte noch Glück, wie man hörte.

Elisabeth schüttelte sich, um den Kopf wieder freizubekommen von Empörung, Mitgefühl und Elend.

Die weiteren Gespräche waren heiter, sie drehten sich um Alltägliches. Vor allem die Mutter trug durch den neusten Klatsch aus der Nachbarschaft zur Abendunterhaltung bei, aufgeschnappt beim Einkaufen – die Nachbarsfrauen hatten sich mit ihrer Existenz ausgesöhnt, jetzt wo sie zweiundvierzig war –, und der Vater hörte kauend zu, ab und zu knurrend, nicht sonderlich interessiert.

Und schließlich unterrichtete Agnes den Vater, dass Lies sich bei der Wehrmacht offenbar schon am ersten Tag gut eingelebt hätte und demnächst ihren Vorgesetzten heiraten werde.

Elisabeth drohte ihr lachend mit der erhobenen Hand und beschrieb noch einmal für Oskar ihren ersten Tag in der Schreibstube der Kommandantur.

Man beendete die Mahlzeit bei bester Laune.

Als Elisabeth an diesem Abend im Bett lag, las sie nicht wie üblich, sondern starrte vor sich hin. War es ein guter Tag gewesen? Ja, es war ein guter Tag gewesen. Hatte sich etwas verändert? Natürlich hatte sich etwas verändert, sie hatte eine neue Stelle angetreten. Und sonst? Nein, nein, nichts Besonderes. Alles wie immer.

„Du, sag mal, Lies ...“, hörte sie Agnes von der gegenüberliegenden Wand her sagen, wo das zweite Klappbett stand.

„Gute Nacht, Aggi“, unterbrach sie sie und löschte das Licht. Nein. Alles wie immer.

4.) Magdeburg, Dezember 1986

Elisabeth hatte, um ihre Mutter noch einmal lebend zu sehen, in die DDR reisen müssen, nach Magdeburg, wo Aggi lebte. Die Mutter wohnte eigentlich in Sommersdorf direkt hinter der deutsch-deutschen Grenze, seit sie und ihr Mann Oskar nach dem Zweiten Weltkrieg aus dem ostpreußischen Meseritz weggezogen waren. Dieser Teil des zerschlagenen deutschen Reichs war nämlich an Polen gefallen, und Frieda und Oskar hatten nicht in Polen leben wollen. Sie hatten entscheiden müssen: als neue, eingebürgerte Polen in Meseritz bleiben oder umsiedeln und als Deutsche in den Westen gehen, in die sowjetisch besetzten Zone. Vorher hatten in Meseritz aus Polen und Deutschland stammende Menschen gemeinsam gelebt, aber das ging nun nicht mehr, man musste sich festlegen. Frieda und Oskar hatten lieber Deutsche sein wollen, waren nie etwas anderes gewesen als Deutsche. Die Entscheidung war klar gewesen, aber nicht leicht. Gar nicht leicht. Sie hatte den Verlust der Heimat bedeutet. So waren sie DDR-Bürger geworden.

Der Vater lebte seit fast zwanzig Jahren nicht mehr, und nun, da es auch für die Mutter zum Ende hin ging, hatte Aggi sie nach Magdeburg ins Krankenhaus geholt, um in ihrer Nähe sein zu können.

Der Besuch in der DDR verband sich für Elisabeth mit enervierendem Papierkram. Am schlimmsten war aber die Zwangsabgabe von 25 Mark pro Aufenthaltstag, die sie bei der Einreise zu zahlen hatte. Man erhielt dafür zwar 25 Ostmark, die konnte man aber nie im Leben ausgeben. Und man konnte sein Restgeld am Ende auch nicht von Ostmark in Westmark zurück tauschen. Rolf war seit ein paar Jahren Rentner, er bekam wenig mehr als eineinhalb tausend Mark im Monat, das musste für alle festen Kosten und den Lebensunterhalt für beide reichen. Viele endlose Jahre lang hatte Elisabeth deswegen keine Besuche bei ihrer

Mutter und ihren Schwestern machen können, nur ihre Mutter war, seit sie Rentnerin war, einmal im Jahr für ein paar Wochen zu Besuch gekommen.

Gundel hatte es ihr zu erklären versucht: Die DDR, deren Währung auf dem internationalen Finanzmarkt nichts wert war, was nach Gundels Meinung und der ihrer kommunistischen Spießgesellen an den imperialistischen Machenschaften der westlichen Staaten lag, brauchte westliche Devisen. Gundel war Kommunistin geworden, zum größten Kummer von Elisabeth und Rolf, und trat für diesen Unrechtsstaat ein, rechtfertigte alles, was der ihnen antat. Warum trennte dieser Staat Verwandte und Freunde? Warum durften nur Rentner in den Westen reisen? Warum mussten Westler pro Tag 25 Mark Eintrittsgeld zahlen, wenn sie im Osten ihre Verwandten besuchen wollten? Gundel rechtfertigte alles mit Angriffen des Westens auf das sozialistische System, speziell dessen Finanzsystem. So ein Unsinn! Faule Ausreden, nichts anders, Staatsversagen und Schikanen waren das, da waren sie sich sicher. Und Rolf hasste den Kommunismus, seit er die russische Kriegsgefangenschaft erlebt hatte. Vorher, vor dem Krieg, in seiner Heimatstadt Berlin, hatte er Sozialisten gekannt und heimlich mit dem Kommunismus geliebäugelt. Dann waren Krieg und russische Kriegsgefangenschaft gekommen. Nun, da seine jüngere Tochter sich den Kommunisten angeschlossen hatte und für alles, was der Ostblock anrichtete, Gründe anzuführen wusste, Gründe, die nur ihrer ideologischen Verblendung entspringen konnten, hatte er seine liebe Not, seinen Hass nicht so groß werden zu lassen, dass der sich auch noch auf sein eigenes Kind erstreckte.

„Wenn Stalin sagt, bring deinen Vater um, dann bringst du deinen Vater um. So ist der Kommunist. Die Partei steht über allem. Der Mensch spielt keine Rolle. Da erschießt man den eigenen Vater, wenn die Partei es befiehlt.“

„Niemand würde von mir verlangen, dich zu erschießen. Und Stalin lebt schon lange nicht mehr, und die Sowjetunion und die DDR haben den Stalinismus überwunden."

„Mein Gott, das denkst du auch nur. Was du da sagst, ändert doch im Grunde gar nichts. Da drüben zählt der Einzelne nicht, glaub mir, ich habe es ja erlebt, und Omi und Tante Aggi erleben es Tag für Tag."

Doch solche Worte bewirkten nichts.

Dieser kleine Dialog, den sie schweigend mitgehört hatte, trieb Elisabeth um, als sie ihre Reise nach Magdeburg vorbereitete. Dass ihr eigen Fleisch und Blut alles, was richtig war, alles Menschliche derartig mit Füßen trat, schnürte ihr die Kehle zu. Hatte Gundel denn nicht mehr im Sinn, wie es gewesen war damals, als Oskar gestorben war und Elisabeth das Telegramm von ihrer Mutter erhalten hatte? Dass es sie fast zerrissen hatte vor Schmerz, nicht nur weil sie ihn nun nie mehr wiedersehen würde, ihren Stiefvater, sondern auch weil sie ihn zuvor mehr als neun Jahre lang, seit 1958, nicht hatte sehen dürfen, lag doch Sommersdorf im streng überwachten Sperrgebiet gleich hinter der innerdeutschen Grenze? So streng überwacht, dass selbst Aggi einen Passierschein brauchte, wollte sie von Magdeburg nach Sommersdorf reisen, um ihre Eltern zu besuchen? Konnte Gundel all das wirklich unerheblich finden? Gründe dafür anführen, ernstlich?

„Die DDR braucht die Arbeitskräfte, die sie selbst teuer ausgebildet hat. Und wenn die nun gezielt vom Westen abgeworben werden, dann muss man sie eben hindern, in den Westen zu gehen."

Ja, Gundel wusste auch das zu erklären, die Ungeheuerlichkeit, dass man in der DDR für „Republikflucht" hinter Gitter kam oder beim Grenzübertritt gleich erschossen oder von Selbstschussanlagen zerfetzt wurde. Dass man vor dem Rentenalter praktisch nicht in die Bundesrepublik reisen konnte.

„Und der Mensch?“, hatte Elisabeth gefragt, ohne eine befriedigende Antwort zu erwarten. „Was ist mit dem Menschen?“

„Der Mensch profitiert doch vom real existierende Sozialismus, und den muss man schützen. Die allermeisten in der DDR wissen das auch ganz genau.“

„Und den anderen, die sich nicht fügen, wird es mit aller Gewalt beigebracht, dieses Wissen, wie?“

„Ach Mami, es hat wohl keinen Zweck.“

Elisabeth fand es wohltuend, sich wenigstens über ihre jüngere Tochter zu empören. Über ihre Tochter, die ihre Ideologie über das Individuum mit all seinen Empfindungen und Bedürfnissen stellte. Empört sein. Eine bessere Empfindung verglichen mit dem Kummer über Gundels Irrweg. Und viel, viel besser als die Sorge um Rolf.

Für die vielen auszufüllenden Formulare für die Einreise in die DDR hatte Elisabeth überhaupt keinen Sinn angesichts eines Mannes, der offenbar schwer krank, aber ohne klaren Befund im Krankenhaus lag. Die üblichen strengen, kunstvoll in die Länge gezogenen Grenzkontrollen durch unfreundliche, ja feindselige Grenzbeamte ließ sie reglos – reglos auch innerlich – über sich ergehen. Da musste man durch. Der für Aggi mitgeführte Kaffee und die Kekse wurden natürlich konfisziert, offenbar hatten die Beamten eigenen Bedarf.

Auch für ihre Mutter gab es keinen klaren Befund, so wenig wie für Rolf. Elisabeth hatte Mühe, sie wiederzuerkennen, als sie in Magdeburg in ihr Krankenzimmer trat. Die Mutter war immer fest und rundlich gewesen, auch das Gesicht und die Nase. Nun war das Gesicht eingefallen, die Nase dünn. Da, im Krankenhausbett, wirkte sie kleiner als sonst, winzig. Und noch etwas war fremd, etwas, das Elisabeth nicht ausmachen konnte.

„Sie konnte sich in letzter Zeit keine Dauerwelle mehr legen lassen“, erklärte Aggi, die unausgesprochene Frage erahnend, und nahm Elisabeth in den Arm. Ungeachtet der bitteren Umstände strahlte sie auch heute nicht nur Wärme und Herzlichkeit aus, sondern auch die ihr eigene Unbekümmertheit, und trotz ihrer Jahre, nun schon einundsechzig, und ihrer Formen – „so breit wie hoch", so beschrieb sie sich selbst – wirkte sie immer noch straff und agil, fast federnd. Ihre kräftig blauen Augen leuchteten. Die Augen der Mutter hingegen hatten sich nun in ein eher wässriges Blau zurückgezogen, und Elisabeth sollte nicht mehr lange Gelegenheit haben, hinein zu blicken. Aber jetzt war erst einmal Aggi da, Gottlob war Aggi sofort ins Krankenhaus gekommen.

Elisabeth hatte sich keine Zeit für den Umweg über Aggis Wohnung genommen, war gleich vom Bahnhof aus ans Bett der Mutter geeilt. Sie hatte Aggi auf der Arbeitsstelle erreicht, um ihre Ankunft zu melden, das hatte wegen der viel zu wenigen, deshalb ständig überlasteten Leitungen an die zehn Versuche gebraucht, und Elisabeth hatte sich zu fragen begonnen, ob sie in der Zeit nicht längst persönlich in Aggis Betrieb hätte sein können.

„Weiß man, was Mutti hat?", fragte sie Aggi auf dem Flur vor dem Krankenzimmer.

„Allgemeine Schwäche. Nichts Genaues. Vermutlich versagen die Organe nach und nach. Die Ärzte meinen, es bräuchte keine genaue Diagnose. Sie stirbt eben."

„Ach, Aggi ..."

Die Schwestern umarmten sich erneut wie bei der Begrüßung, jetzt inniger und länger. Sie teilten das Verlorensein, teilten die Angst, die sie beide in der Umarmung erfasste wie einen Körper und eine Seele, doch Linderung verschaffte ihnen das nicht.

„Wie geht es Rolf?", fragte Aggi schließlich.

„Man weiß nicht, was es ist. Er ist schwach, und der Darm funktioniert nicht. Vielleicht versuchen sie etwas Neues auszuprobieren, irgendein neues Gerät, mit dem man besser in die Organe gucken kann. Lilo meint, es wird nichts mehr mit ihm.

Keine Ahnung, woher sie das nimmt, ich will davon nichts wissen."

„Lilo ist schon mal ein bisschen verstiegen, das wissen wir ja. Wir müssen darauf bauen, dass die Ärzte das Richtige tun. Und dann wird er operiert, und alles wird gut. Du darfst die Hoffnung nicht aufgeben."

„Natürlich nicht. Aber ich habe Angst. Ich meine: was ist nur mit ihm? Dass sie es aber auch so gar nicht herausfinden ..."

Aggi streichelte Elisabeth tröstend über den Unterarm, und nun lösten sich doch erste Tränen, deren Versiegen Aggi schweigend abwartete.

„Ich soll euch übrigens von ihm grüßen." Elisabeth wischte sich mit einer raschen, entschlossenen Geste über das Gesicht, und dann gingen sie wieder ins Krankenzimmer. Vorhin hatte die Mutter Elisabeth noch erkannt und freudig begrüßt, auch hatte sie regelrecht entzückt reagiert, als Aggi hinzu getreten war, obwohl sie sie doch jeden Tag sah. Doch nun wurden die wachen Phasen immer kürzer, meist schlief sie weg. Einmal sagte sie, ganz deutlich: „Muss ich jetzt sterben? Warum ist es nur so schwer?"

Manchmal griff sie ziellos in die Luft, schien irgendetwas fangen zu wollen, man wusste nicht, was. Dann wieder murmelte sie Unverständliches. Es blieb auch unverständlich, wenn eine der Töchter ganz nah ein Ohr an ihren Mund brachte. Manchmal verstanden sie doch etwas. Fetzen. Unwirkliche Szenerien.

Als die Besuchszeit um war, mussten sie das Krankenhaus verlassen.

„Wir rufen an, wenn sich etwas Wesentliches ändert", sagte die Schwester, die sie wegschickte.

„Anrufen?", fragte Elisabeth.

Aggi und ihr Mann Paul hatten kein Telefon. Sie hatten zwar vor mehr als acht Jahren eines beantragt, aber der Antrag war noch nicht bearbeitet, und es hatte auch nichts geholfen, dass sie mehrfach nachgefragt hatten.

Aggi hatte außer ihrer Büronummer noch die Nummer der Nachbarin hinterlegt und hoffte, dass das Krankenhaus nicht ausgerechnet nachts dort durchklingeln müsste.

„Das ist aber nett, dass Frau Bruns sich dazu bereit erklärt hat."

„Och, hat sie genau genommen nicht. Ich hab denen die Nummer einfach so gegeben. Ist doch egal, sie haben sie ja sowieso."

„Wie bitte?"

„Na, glaubst du, die wüssten hier nicht selbst, wie man mich erreicht, auch nachts? Hier weiß doch der Staatsapparat alles über uns. Und das Krankenhaus gehört natürlich auch zum Apparat. Dass ich denen eine Nummer geben musste, ist doch bloß Theater. Außerdem ist Frau Bruns Parteimitglied. Sonst hätte sie kein Telefon. Also, so oder so, die haben die Nummer schon."

Elisabeth fühlte sich plötzlich, als sei ein Lastwagen über sie hinweg gerollt. Sie spürte jeden Knochen, während sie mit Aggis Unterstützung ihre Reisetasche schleppte, in die sie vorsorglich auch schon schwarze Kleidung gepackt hatte. Sie war erschöpft, kummervoll und voller Angst, aber sie freute sich trotzdem ein bisschen auf Paul, Aggis Mann, der sie zuhause empfangen würde. Er hatte vom volkseigenen Betrieb, in dem er arbeitete, nicht frei bekommen, um ins Krankenhaus zu kommen und seiner Frau beizustehen. Es war ja nicht seine Mutter, die im Sterben lag. Nur seine Schwiegermutter. Also musste er seiner gesamtgesellschaftlichen Verantwortung in vollem Umfang nachkommen. Aggi als Tochter hatte immerhin ein wenig früher freinehmen dürfen.

„Na, Lies, du Schmuck?" Da stand er und strahlte aus seinen vergnügten, hellgrauen Augen und riss sie kraftvoll in seine Arme und an seine Brust und wiegte sie dann doch so sanft hin und her, dass es aus ihr heraus weinte und weinte und nicht aufhören wollte, dieses Mal auch nicht, als sie entschlossen über ihr Gesicht wischte.

Lies – so hatte ihre Mutter sie immer genannt, die ihr doch eigentlich den Namen Elisabeth gegeben hatte. Elisabeth Martha Erika Schnur, geboren am 12. August 1922.

Am nächsten Tag starb ihre Mutter.

5.) Meseritz, November 1943

Es dauerte fast drei Monate, bis Gronewold Elisabeth überreden konnte, mit ihm auszugehen.

„Fräulein Schnur, bitte zum Diktat“, hatte er durch die Gegensprechanlage gerufen, wie so oft, auch an diesem Tag, vielleicht zwei Wochen nachdem sie ihren Dienst im Regenwurmlager aufgenommen hatte. Und als sie, ausgestattet mit Stenogrammblock und Bleistift, neben seinem Schreibtisch Platz nahm, stand ihr Vorgesetzter von seinem Sessel auf, um sich mit einem kleinen Sprung neben sie auf den Schreibtisch zu setzen. Er schlug die Beine übereinander.

„Gehen Sie heute Abend mit mir aus? Ins Kino vielleicht?“

Ein schief gelegter Kopf, eine schlanke, nicht sehr hochgewachsene Gestalt, ein Gesicht mit zarten Zügen. Ein schmaler Mund, sehr oft auf vielerlei Arten lächelnd, mal fein, mal freundlich, mal ironisch, jetzt verschmitzt und ein bisschen verlegen. Große, dadurch etwas ratlos wirkende graue Augen hinter der runden Hornbrille. Glatte, braune Haare, hinten und an den Seiten sehr kurz, vorn lang und nach hinten gekämmt, doch fiel immer wieder dieselbe Strähne in die Stirn und musste nach hinten gestrichen werden, auch jetzt.

Elisabeth musterte ihn nachdenklich. Nicht weil sie im Entferntesten erwog, mit ihm auszugehen, so eine war sie nicht. Sondern weil ihr zum ersten Mal bewusst wurde, dass sie ihn als Menschen mochte. In gewisser Weise erinnerte er sie an Aggi, er hatte dieses Leichte, Rasche und einen wendigen Geist. Oft hatte sie sich über seine Scherze amüsiert, die machte er immer so wie nebenher, quasi im Vorbeigehen. Und zugleich war er in seiner Arbeit akkurat und zuverlässig.

„Danke für die Einladung“, sagte sie. „Aber nein, danke. Haben Sie noch etwas zu diktieren? Ich habe sonst nämlich zu tun.“

Sie sagte das im Aufstehen, die Tür schon im Blick, und als sie zurück auf Gronewold schaute, bemerkte sie nicht ohne Empörung, dass der grinste. Unverschämt grinste. Ein Siegergrinsen. Dieser ... Kerl! Dieser anmaßende ... Das war doch wirklich ... Beim Hinausgehen warf sie den Kopf in den Nacken. Das konnte sie wirklich gut, sie war geübt darin.

Für den Rest dieses Arbeitstages ließen weder sie noch Gronewold sich irgendetwas anmerken. Trotzdem sagte Fräulein Oberländer kurz vor Feierabend unvermittelt: „Sehen Sie sich nur ja vor. Gronewold hat‘s faustdick hinter den Ohren. Ein Salonlöwe, nach allem, was man so hört. Der meint es nicht ernst. Nie im Leben.“

Aus irgendeinem Grund scheute sich Elisabeth, ihrer Mutter etwas von dem Vorgefallenen zu erzählen. Sie vertraute sich lieber Aggi an, als beide schon im Bett lagen. Aggi schnellte empor, saß plötzlich kerzengerade auf ihrer Matratze.

„Wie bitte? Hör mal, das ist dein Vorgesetzter. Der bringt dich doch in eine unmögliche Lage. Völlig unmöglich. Du musst um deine Versetzung bitten.“

Musste sie?

„Unsinn! So ist der nicht. Der wird mir nicht lästig, und wenn doch – du weißt ja, ich kann mich schon wehren. Und außerdem dann immer noch um Versetzung bitten.“

„Lies, der gefällt dir. Gib es zu. Du ... bist auch so anders in letzter Zeit.“

„Anders?“

„Na, irgendwie abwesend und verträumt.“

„Ich bin immer verträumt, das weißt du doch.“

„Nein, ganz anders als sonst. Du lächelst so vor dich hin, das hast du noch nie gemacht. Hast du dich verguckt?“

Elisabeth schwieg ein paar Sekunden. „Vielleicht.“

Vielleicht gefiel er ihr. Vielleicht hatte sie sich verguckt. Sie wusste es nicht. Es tat ein bisschen weh und es rührte an etwas Wildes tief in ihr, an ein verschüttetes Glücksgefühl, das immer da gewesen war, aber nicht näher zu packen. Und es kitzelte in der Kehle und machte die Brust ein bisschen eng.

Jedenfalls reichte ein Vielleicht nicht, so viel war klar.

Sonst war nichts klar.

Gronewold schien gleich resigniert zu haben, er wiederholte seine Einladung vorerst nicht.

Elisabeth hatte sich mittlerweile an den Anblick dunkelhäutiger Soldaten in Uniform mit weißen Turbanen und Vollbärten gewöhnt, die sich ab und zu wie aus dem Nichts für einige Wochen unter die deutschen Soldaten mischten, die im Lager ausgebildet wurden, und ebenso plötzlich wieder verschwanden. Als sie das erste Mal so einen gesehen hatte, war sie zu Tode erschrocken. Diese tief liegenden Augen, das scharf geschnittene, dunkle Gesicht, es erinnerte sie an ihren leiblichen Vater und jagte ihr eine Angst ein, die keine Richtung hatte, irgendeine dumpfe Ahnung von einem allumfassenden, drohenden Unheil. Die fremdartige Kopfbedeckung machte es nicht besser, so sahen nur manche Gestalten aus den Kinderbüchern aus, die sie gelesen hatte. Allerdings waren einige davon durchaus freundliche Figuren gewesen.

Fräulein Oberländer erklärte ihr, dass die Soldaten aus Indien kämen, einer englischen Kolonie in Asien, weit, weit östlich von Meseritz. Sie seien Kriegsgefangene gewesen und würden jetzt in Deutschland ausgebildet, um in ihrer Heimat gegen die englischen Besatzer und für die Unabhängigkeit Indiens zu kämpfen. Denn England, das sei ja der Feind, und jede Schwächung Englands nütze dem deutschen Reich. Aber kein Mensch wisse, ob das funktionieren könne, denn die Inder hätten ja zuerst als Freiwillige in der britischen Armee gedient.

Blieb noch die Sache mit dem unterirdischen Labyrinth. Darüber musste sie unbedingt alles in Erfahrung bringen.

„Das ist so geheim“, sagte Fräulein Oberländer, „darüber dürfen wir nichts wissen. Und wenn ich Ihnen raten darf, fragen Sie nicht.“

Das zu hören und unbedingt mehr erfahren zu wollen, war eins. Etwas nicht zu wissen, war Elisabeth praktisch nicht erträglich. Sie war durch und durch neugierig.

„Deswegen steckst du deine Nase immer in Bücher“, hatte Mutti gesagt, „du musst alles ergründen. Mit Büchern allein wirst du das aber nicht schaffen.“

Das wusste sie doch selbst. Sie war ja kein Hans-guck-in-die-Luft, sonst hätte sie wohl kaum eine Lehre gemacht mit allem Praktischen, was daran hing. Aber neugierig war sie nun einmal in allen Dingen, und so hatte sie nach dem Gespräch mit Fräulein Oberländer so rasch wie möglich die örtliche Bücherei aufgesucht, um sich über Indien zu informieren, denn zuhause gab es kein Lexikon. Eine britische Kronkolonie seit 1858, ein riesiges Reich. Staatsoberhaupt und Kaiser von Indien war König Georg VI von England. Immer wieder Aufstände.

Die heimlichen Anhänger dieser Aufrührer waren es wohl, die sich im Regenwurmlager ausbilden ließen, dachte Elisabeth. Oder einfach nur Kriegsgefangene, die das Lagerleben hinter sich lassen wollten mit all den Demütigungen, Misshandlungen, schwerster Arbeit und Hunger. Über die Ausbildung stand im Lexikon natürlich kein Wort.

„Es sind auch nicht die meisten, die hierhin kommen“, erklärte Fräulein Oberländer. „Nur eine Handvoll, wie Sie ja selbst sehen. Aber sie legen alle den Eid auf Hitler ab. Und dazu noch auf irgendeinen indischen Fürsten. Zuständig ist Rittmeister Harbich, aber den können Sie natürlich nicht fragen, an den kommen Sie nicht heran.“

‚Aber an Gronewold komme ich heran‘, dachte Elisabeth, und die Gelegenheit kam, als er sie eines Samstags Ende November überraschend erneut fragte, ob sie nicht doch am Sonntag mit ihm ausgehen wolle.

„Nur wenn Sie mir verraten, was es mit den Indern und dem unterirdischen Labyrinth auf sich hat“, erwiderte sie, fast ein wenig schnippisch, und erschrak selbst über sich. Sie wusste gar nicht, wo so eine kesse Rede mit einem Mal herkam.

„Na, das nenn ich mal ein gutes Geschäft, Sie können schon hart verhandeln“, sagte Gronewold breit grinsend.

‚Dreist sieht er jetzt gar nicht mehr aus, wenn er so lächelt‘, dachte Elisabeth, ‚eher schalkhaft.‘

„Um halb vier morgen hole ich Sie ab?“, hörte Sie Gronewold sagen, um zum ersten Mal bemerkte sie bewusst, was ihr eigentlich schon die ganze Zeit aufgefallen war, ohne dass sie es hätte benennen können: Er hob gern die Stimme am Ende eines Satzes ein wenig an, was der Aussage jede Schärfe und Überwältigung nahm, sie eher wie eine Frage erscheinen ließ.

‚Deswegen wirkt er so sanft und freundlich‘, dachte Elisabeth, ‚dazu die helle Stimme und die großen Augen hinter der Brille – na, wir werden ja sehen, ob das nur Tarnung ist.‘

Sie hatte die warnenden Worte von Fräulein Oberländer noch im Ohr. „So ein Poussierstängel“, hatte die bei anderer Gelegenheit verächtlich geschnaubt, als Gronewold mal wieder vor Elisabeth seinen ganzen lächelnden Charme ausgepackt und sie für eine besonders gelungene Arbeit gelobt hatte. Salonlöwe, Poussierstängel – Fräulein Oberländer war gewiss nicht gerade eine Reklameträgerin für Gronewold.

Der Zeiger rückte vor am Sonntag, und Elisabeth hatte damit zu tun, sich zu überlegen was sie anziehen sollte. Es war in diesem November schon sehr, sehr kalt.

Etwas Besonderes musste es sein, aber bloß nichts allzu Außergewöhnliches, Gronewold sollte sich nur ja nichts einbilden. Ein knielanger Tweedrock mit großen Blockfalten in Graubraun, selbst genäht natürlich. Ein hellgrüner Pullover mit einem komplizierten Strickmuster in Würfelform, er hatte sie viel Mühe gekostet und wurde fast nur „für gut" hervorgeholt. Der Rock mit seinen aufspringenden Falten würde ihr leider etwas zu flaches Gesäß kaschieren. Der eng sitzende, mit seinem breiten Bund genau richtig auf der halben Hüfte endende Pullover würde ihre Figur mit dem großen, aber nicht zu großen Busen, der schlanken Taille und den schmalen Hüften betonen, und er würde ihre Haare blauschwarz schimmern und die dunklen Augen strahlen lassen. Dazu die engen Schnürstiefel mit dem Blockabsatz, die sie sonst nur sonntags in der Kirche trug – fertig.

Erst als Gronewold pünktlich um halb vier schellte, fiel ihr auf, dass sie nur einen ziemlich schlichten Wintermantel hatte, der die ganze Pracht natürlich fürs Erste verdecken würde, bis man im Café wäre.

Gronewold kam in Ausgehuniform, dazu war er verpflichtet, wie Elisabeth wusste, und bot daher wenig Überraschungen bei seiner Erscheinung.

„Fräulein Schnur, ich freue mich sehr", sagte er zur Begrüßung, ganz ohne die Stimme am Satzende anzuheben, und deutete eine Verbeugung an. Dass er sie nur andeutete, lässig und wie nebenher, verriet ihr, dass er sich privat fühlte, trotz Uniform.

„Wollen wir einen Kaffee trinken gehen und nachher ins Kino vielleicht?", fragte er, während er ihr die Beifahrertür des Militärfahrzeugs aufhielt, mit dem er gekommen war.

Er führte sie „ins erste Haus am Platz, eine Traditionskonditorei", wie er sagte, und als er Elisabeth aus dem Mantel geholfen hatte, warf er einen zweiten, unverhohlen anerkennenden Blick auf sie zurück, während er den Mantel dem Garderobenfräulein reichte, die ihn mit einem Knicks entgegennahm und dafür eine Münze von Gronewold zugeschoben bekam.

Elisabeth war noch nie in einem Café oder Restaurant gewesen. Wie benahm man sich da? Durfte man sich einfach setzen? Und wie kam sie an den Kaffee, den sie trinken wollte? Von Kuchen oder gar Torten ganz zu schweigen! An die sie sich ganz sicher erst gar nicht heran trauen würde! Und die sie bestimmt auch gar nicht mögen würde. Unschlüssig kaute sie an ihrer Unterlippe.

Gronewold berührte sie sanft am Unterarm und dirigierte sie zu dem Ober, der schon in der Nähe der Garderobe auf sie zu warten schien.

„Bitte einen besonders guten Platz für die schöne, junge Dame hier und mich.“ Gronewold zwinkerte dem Ober zu, der sich prompt in Bewegung setzte und sie zu einer freundlichen, hellen Nische am Fenster geleitete.

„Der hier vielleicht?“

Gronewold sah Elisabeth an, die stumm nickte. Inzwischen fühlte sie sich so unsicher, dass sie auch genickt hätte, wenn der Ober einen Platz auf der Toilette vorgeschlagen hätte. So war es natürlich deutlich besser, sie saßen ein wenig abseits und würden sich in Ruhe unterhalten können.

Doch worüber?

„Haben Sie schon einen Getränkewunsch?“, fragte der Ober und schob ihnen eine Karte zu, auf der die erhältlichen Kuchen und Torten verzeichnet waren, drei, vier Sorten bloß. Fragend schaute Gronewold Elisabeth an.

„Ich würde gern einen Kaffee trinken, ohne Zucker und nur mit einem Tropfen Kondensmilch“, flüsterte sie.

„Bohnenkaffee?“, fragte der Ober. „Zucker und Milch serviere ich Ihnen übrigens extra, Sie dürfen sich dann selbst bedienen.“

Und schon war ihre ganze Unerfahrenheit herausgekommen.

Doch Gronewold erhob sich anscheinend nicht über sie, auch innerlich nicht, vielmehr lächelte er sie aufmunternd an. Es sah aufrichtig aus.

„Sie haben Bohnenkaffee?“, fragte Elisabeth. „Ich kann echten Kaffee bekommen?“

„Nur ausnahmsweise. Wir haben eine Sonderzuteilung erhalten, für Wehrmachtsangehörige und ihre Gäste.“

Jetzt fiel es Elisabeth auf: An so gut wie jedem Tisch saß mindestens ein Mann in Wehrmachtsuniform, nur ein einziger Tisch im Raum war mit einem Damenkränzchen besetzt.

„Dann zuerst einmal ein Kännchen für uns beide, wenn möglich bestelle ich dann später noch eines nach“, sagte Gronewold.

Der Ober enteilte.

Dann wandte Gronewold sich der Kuchenkarte zu.

„Was möchten Sie zu Ihrem Kaffee essen? Viel Auswahl ist ja nicht in diesen Zeiten.“

„Ach, wissen Sie, meine Mutter backt so gut – ich übrigens auch – und nur mit den besten Zutaten oder gar nicht. Wir mögen keinen Bäckerkuchen und vertragen den auch nicht.“

Gronewold wirkte konsterniert. „Bäckerkuchen werden Sie hier auch nicht finden. Dies ist ein Konditor, hier gibt es nur die feinsten Kuchen oder auch mal Torten.“

Es klang eine Spur missbilligend, und Elisabeth hatte sofort das Gefühl, dass nun durch ihre Schuld ein Misston in ihre erste Verabredung geraten war. Doch sie straffte sich innerlich. Es hatte ja gar keinen Zweck, sich als eine andere zu präsentieren als die, die sie nun einmal war. Also gab sie sich keine Mühe, die kleine Verstimmung aus dem Weg zu räumen.

„Ich esse eben keine Kuchen oder von mir aus Torten, die ich nicht selbst gebacken habe.“

Der Ober kam mit dem Kaffee. Es sah aus wie bei ganz feinen Herrschaften. Ein Silbertablett, weißes, verschnörkeltes Geschirr, Silberlöffel, auch sie an den Griffrändern mit Schnörkeln verziert, ein frech geschwungenes Kännchen mit der Kondensmilch und eine Zuckerdose mit zwei Henkeln, dazu ein eigener Zuckerlöffel, natürlich auch der aus Silber.

Er stellte das Tablett ab und verteilte Geschirr und Besteck so, wie sie es von zu Hause gewohnt war, wenn die Kaffeetafel für Gäste eingedeckt wurde. Gleich fühlte Elisabeth sich ein bisschen heimischer.

Der Ober zückte Bleistift und Blöckchen und schaute abwartend auf Gronewold.

„Ein Stück Florentiner Torte für mich. Schön, dass es die hier gibt. Die Mandeln sind aus Italien, vermute ich?"

„Ganz richtig, und wir haben immer noch einige Vorräte an Kirschkonserven aus besseren … aus der Zeit vor dem Krieg."

„Sehr schön. Die Dame verträgt leider keinen Kuchen und kann Ihre Köstlichkeiten nicht probieren. Hätten Sie einen anderen Vorschlag?"

„Wenn es etwas Herzhaftes sein soll, hätten wir heute eine Hühnerbrühe und eine Ochsenschwanzsuppe, die ist besonders schmackhaft, ganz frisch auf Madeira gekocht, eine exquisite Delikatesse."

Elisabeth zögerte. Es war Samstag, zu Mittag hatte es Erbseneintopf gegeben, und jetzt schon wieder Suppe ... Andererseits wollte sie nicht schwierig erscheinen, indem sie alles ablehnte ... Und wenn wiederum so eine Ochsenschwanzsuppe „auf Madeira" nun ganz besonders teuer wäre? Das würde sie ja dann unverschämt erscheinen lassen ...

„Wenn es aber etwas Süßes sein darf, nur eben kein Kuchen, wir hätten da unsere hausgemachten Pralinen, ganz etwas Feines, da kann ich Ihnen gern eine Auswahl bringen. Der Kakao dafür kommt auch gerade aus einer Sonderzuteilung der Wehrmacht. Naja, manches müssen wir mit Ersatzstoffen überbrücken, Rahm oder Butter zum Beispiel. Jedenfalls, Pralinen passen auch besser zum Kaffee."

Das war es! Endlich! Sie nickte und strahlte den Ober an.
„Ja, furchtbar gern, das wäre schön. Danke sehr. Ach, und wenn ich um noch etwas bitten dürfte: Ich mag kein Marzipan.“
„Sehr wohl. Kein Marzipan.“ Und der Ober enteilte.
„Wissen Sie“, sagte Gronewold, „nur mal so als kleiner Hinweis: Wir sind nicht für den Ober da, er ist für uns da. Sie können mir glauben, ich verstehe etwas von Dienstleistungen.“
„Ist das Ihr Zivilberuf? Sie erbringen Dienstleistungen? Welche denn?“
„Ich bin Schneidermeister.“
Elisabeth konnte nicht aufhören zu lachen, auch nicht als Gronewold sie geradezu anflehte, ihm zu verraten, was denn so unerhört komisch sei.
Schließlich wischte sie sich die Lachtränen vom Gesicht. Unter kaum verebbendem Glucksen berichtete sie: „Wissen Sie, ich habe noch kürzlich zu meiner Mutter gesagt, wenn ich mal heirate, dann einen Schneider.“
Das war gewagt. Darum fuhr sie gleich fort: „Aber meine Mutter hat mich gewarnt. Sie sagt, Schneider sind arm. Und Soldaten wollen alle nur … naja. Und Fräulein Oberländer hat gesagt, Sie sind ein Salonlöwe und ein Poussierstängel.“
Jetzt war es an Gronewold, zu lachen.
„Warum lachen Sie?“
Der Ober kam mit der Florentiner Torte und den Pralinen.
„Das sieht wirklich fabelhaft aus!“ Elisabeth schaute mit Anerkennung auf die perfekt gebräunte Mandelkruste der Florentiner Torte – fast so gut wie die Kruste, die sie selbst buk, auf Bienenstich, wenn mal gerade Nüsse zu bekommen waren. Und geradezu mit Anbetung betrachtete sie die kleinen Kunstwerke an Pralinen, die der Ober auf einem zierlichen Silbertellerchen vor sie gestellt hatte. Schön geformt, wie Nusskerne oder Kaffeebohnen, Würfel, Kugeln oder Halbkugeln, mit feinsten Schnüren und Perlen aus gefärbtem Zucker oder mit Mandel-

splittern verziert. Und jede unter all dem Zierrat mit Schokolade überzogen.

„Florentiner Torte darf man ja noch bestellen, die kommt aus Florenz, wie der Name sagt, und Italien ist unser Verbündeter", sagte Gronewold gerade, und sie nahm einen feinen, ironischen Unterton wahr. Konnte das bedeuten, dass er, obwohl Offizier, diesem Krieg gegenüber kritisch eingestellt war? Genau wie sie?

„Köstlich", sagten sie wie aus einem Munde, als Gronewold die erste Gabel zum Mund geführt hatte und Elisabeth, die sich den Genuss gut einteilen wollte, das erste Pralinen-Eckchen abgebissen hatte. Und sie mussten wieder beide lachen, mit vollem Mund. Manche Füllungen ergossen sich wie ein cremiges Rinnsal in Elisabeths Mund, andere waren bröselig und prickelten, wieder andere weich und doch fest, und auf ihrer Zunge schienen die verschiedenen Aromen zu explodieren. Wie eine Essenz von mal Schokolade, mal Nüssen, mal Kaffee und mal Sahne. Wie war das möglich, wo doch Rahm und Butter nicht zu bekommen waren?

„So etwas habe ich noch nie probiert, dagegen sind die Pralinen aus unserem Laden nichts."

Oh, schon wieder hatte sie etwas Dummes gesagt. Natürlich kamen die Pralinenpackungen aus Industrieproduktion nicht gegen diese handgearbeiteten Kleinodien an, und es gab sowieso schon lange keine mehr zu kaufen.

„Dann war es an der Zeit, Sie haben es verdient", antwortete Gronewold. „Und um noch einmal auf Fräulein Oberländer zurückzukommen … Es stimmt schon, mein Ruf ist nicht der beste. Ich habe das mit den Damen immer so leichthin genommen. Aber Sie sind etwas Besonderes, Sie sind mir sofort aufgefallen. Und ich möchte in aller Deutlichkeit klarstellen, dass ich mir Ihnen gegenüber keine Leichtfertigkeit erlauben würde. Dafür sind Sie mir zu schade, wirklich."

Es klang ein wenig streng, beinahe wie eine Maßregelung, wie er das sagte.

„Aha. Und wie vielen Damen haben Sie schon dasselbe gesagt?"

Gronewold zuckte zurück. „Tja, meinen Ruf habe ich wohl weg, da ist so schnell nichts zu machen, jedenfalls nicht mit schönen Worten. Dann muss ich eben sehen, wie ich Sie überzeuge, dass es mir ernst ist mit Ihnen."

„Jedenfalls bin ich nicht leichtfertig, damit das mal klar ist."

„Ich weiß, Fräulein Schnur. Lassen Sie uns doch mal besprechen, ob wir gleich noch ins Kino gehen. Es läuft der Münchhausen oder die Romanze in Moll mit Marianne Hoppe. Ich ahne aber schon, was Sie lieber möchten."

In einen Liebesfilm gehen mit Gronewold? Beim ersten Treffen? Das kam ja einem Versprechen gleich. Unmöglich.

„Ach, ich finde lustige Filme eigentlich auch ganz schön. Münchhausen, warum nicht?"

„Warum nicht? Ganz ehrlich? Tja ..."

Gronewold machte eine Pause und starrte auf das Tischtuch. Dann straffte er sich, schaute sich kurz um, sah sie plötzlich direkt an und fuhr fort: „Der Film ist mit so viel Aufwand gedreht worden, letztes Jahr. Besonders die Kostümierung, tausende Komparsen in Soldatenröcken. Hat Unmengen verschlungen. Millionen. Das Geld war da. Und zur gleichen Zeit oder kurz danach hat die Wehrmacht an der Ostfront die Hölle von Stalingrad erlebt, haben Sie davon gehört? Ich dürfte es eigentlich nicht so genau sagen, wir vom Regenwurmlager sind ja für den Nachschub zuständig. Aber wo nichts war, konnten wir nichts schicken. Unsere Soldaten waren nicht angemessen ausgerüstet, es gab kaum Winterkleidung, Nahrung, Munition. Das musste alles über den Luftweg transportiert werden, und wenig kam an. Die Kameraden sind erfroren, verhungert und zusammengeschossen worden, alle total erschöpft. Furchtbar. Und für die

Filmkostüme waren die Logistik und das Geld da, der Film war bestens ausgestattet, auch mit jeder Menge Uniformen, während die armen Teufel vor Stalingrad elend verreckt sind … Tausende ...“

Gronewold brach ab, seine Stimme zitterte kaum wahrnehmbar.

Elisabeth war ganz erschrocken – unfähig, irgendetwas zu sagen – und musterte ihn nur nachdenklich aus ihren dunklen Augen.

„Naja, ich sollte vielleicht nicht ...“, fuhr Gronewold fort. „Wenn Sie meinen Ausbruch vielleicht diskret ... Ich meine ja nur, das Vergnügen an dem Film wäre für mich nicht ganz ungeteilt. Aber bitte, natürlich, Sie haben die Wahl.“

‚Ein Mann, der freiwillig in einen Liebesfilm geht, wenn er einen spaßigen Abenteuerfilm haben kann, aus moralischen Gründen ... wie ungewöhnlich‘, dachte Elisabeth. Laut sagte sie: „Ich will es mal so ausdrücken, ich habe von Stalingrad gehört, es gab Gerüchte. Ich hoffe, dass ich nicht zu weit gehe, wenn ich Ihnen gestehe, dass ich grundsätzlich gegen Kriege eingestellt bin und natürlich auch gegen den Krieg, den Deutschland gerade gegen die Welt führt. Ich hoffe, Sie verraten mich nicht.“

„Auf keinen Fall, wir sind uns da ja einig.“

„Wissen Sie, bestimmt klingt es belanglos im Vergleich zu Stalingrad, aber damit klar wird, was ich von unserem Dritten Reich halte, nur ein Beispiel: Ich lese furchtbar gern, eigentlich immer, wenn ich Zeit habe. Als ich noch ein Kind war, waren meine liebsten Bücher von Erich Kästner. Kennen Sie die? Emil und die Detektive? Pünktchen und Anton? Ja, und dann wurden Kästners Bücher verboten und verbrannt, und er ist in die Schweiz ausgewandert, das ist jetzt um die zehn Jahre her, da war ich elf. Und ich weiß noch ganz genau, wie es mich geschmerzt hat, dass ich sein drittes Kinderbuch nicht mehr lesen konnte, irgendetwas mit einer Schulklasse, die eine Flugreise macht. Und so ging es dann immer weiter, ich bin ja gelernte Buchverkäuferin, aber es sind so viele Bücher aus den Regalen verschwunden, die ich gern gelesen hätte."

„Sie halten also nichts von Hitler, oder?"

Eine gefährliche Frage. Elisabeth zögerte.

„Schon gut, darüber sprechen wir besser nicht, schon gar nicht hier, wo die Wände vielleicht Ohren haben. Es wäre doch sehr schade um Sie, wenn Sie in einem Gefängnis verfaulen würden."

„Und damit hätte ich wohl noch Glück."

Beide lachten leise vor sich hin, ein bisschen bitter.

„Also doch die Romanze in Moll", sagte Gronewold schließlich. „Aber wir haben ja noch Zeit. Erzählen Sie: Wie leben Sie hier in Meseritz? Was machen Ihre Eltern? Haben Sie Geschwister?"

Und Elisabeth erzählte, unterschlug aber einiges, zum Beispiel dass Oskar nicht ihr wirklicher Vater war. Sie sagte „mein Vater" und „meine Eltern". Und sie unterschlug, dass Oskar Schnitter war. Sie sagte „Bauer". Über Röschen erzählte sie nur, dass die nicht immer so richtig mitkomme.

Gronewold kam aus Berlin, offenbar aus gutem Hause. Der Vater, ein Ingenieur, baute in Berlin Brücken. Die Mutter musste eine ziemlich verrückte Person sein, die eigentlich lieber Künstlerin geworden wäre statt Hausfrau und Mutter. Ihre Fähigkeiten und auch ihr Zeiteinsatz in Haushaltsdingen waren äußerst begrenzt, lieber malte sie den lieben langen Tag. Dafür stand sie nachts auf und putzte, wenn es ihr einfiel. Dabei kam sie nicht etwa aus mondänem Hause, sodass man ihre Neigung zur Bohème und ihr Versagen in haushälterischer Hinsicht hätte begreifen können. Ihre Mutter war Dienstmädchen bei Bismarck gewesen. Die Entwicklung dieser aus den einfachsten Verhältnissen stammenden, künstlerisch ambitionierten Frau in ein mondänes Leben bar jeder bürgerlichen Ordnung war für Gronewolds Vater, der diese Ordnung immer selbstverständlich genommen hatte, so überraschend wie ärgerlich.

Gronewold war das älteste Kind, nach ihm war Ulrich geboren, der aber noch im Säuglingsalter gestorben war, vermutlich eine Folge der Mangelernährung in den Jahren nach dem Ersten Weltkrieg. Das nächste Kind war Susanne, sieben Jahre jünger als er.

„Wie alt sind Sie eigentlich?“, fragte Elisabeth dazwischen.

„Heiligabend werde ich siebenundzwanzig.“

„Heiligabend?“

„Ja, warum nicht?“

„Ach, ich meine ja nur, ich bin noch nie mit einem leibhaftigen Christkind ins Kino gegangen. Donnerwetter, das ist ja mal was.“

Gronewold lachte. „Sie werden es nicht glauben, ich bin nicht einmal getauft. Meine Mutter ist nicht gläubig, und mein Vater konnte sich nicht durchsetzen. Ich bin also sozusagen ein Heide.“

„Besser als katholisch, da müsste ich jeden persönlichen Kontakt sofort abbrechen.“

Elisabeth kniff die Lippen zusammen. Das Thema rührte an etwas. Mischehen, also solche zwischen Katholiken und Evangelischen, waren übel beleumundet, im Grunde waren sie so gut wie unmöglich. Beide Kirchen segneten solche Ehen nicht. Sie wusste, dass ihr leiblicher Vater katholisch gewesen war und dass ihre Eltern sich über ihre Taufe nicht hatten einigen können. Das hatte nicht gut gehen können. Nachdem der Vater weggegangen war, hatte die Mutter sie evangelisch taufen lassen. Im Übrigen hatte sie Elisabeth jede Auskunft zu dem Thema verweigert.

„Du musst nicht alles wissen, lass doch die alten Dinge ruhen“, hatte es geheißen. Aber diese alten Dinge waren ihre Dinge. Verstand Mutti das nicht?

Gronewold hatte von ihrer Irritation nichts gemerkt und fuhr fort. Seine Schwester Susanne war also sieben Jahre jünger als er und Zahnarzthelferin von Beruf, jedoch fest entschlossen, Opernsängerin zu werden. Sie hatte sich an einer Gesangsausbildung versucht, hatte im Berliner Opernhaus vorgesungen, und man hatte ihr geraten, es mit Operette zu versuchen. Doch das war nicht das Richtige für sie, sie war nicht gemacht für die leichte Muse.

„Mein Herr Marquis“ und „Onkel und Tante, ja das sind Verwandte, die fallen jungen Mädchen aufs Gemüt“ sang Elisabeth leise vor sich hin, leise zum Glück, denn die Melodien waren kaum zu erkennen. Sie sang wie eine Katze.

Gronewold unterbrach sich kurz, irritiert über ihr Gesumme, und erzählte weiter. Sein jüngster Bruder Klaus war siebzehn, hatte mit sechzehn das Notabitur gemacht und war eingezogen worden, zum Glück wenigstens nicht an die Ostfront, sondern zunächst nur in ein Ausbildungslager vor Frankreich. Wenn er den Krieg überlebte, würde er studieren, Deutsch und Musik wahrscheinlich.

„Warum sind Sie Schneider geworden?“

„Ich war während meiner gesamten Schulzeit ziemlich krank, und dazu konnte ich schlecht sehen. Im Grunde bin ich blind wie ein Maulwurf, jedenfalls für alles in der Nähe. Die Fernsicht ist in Ordnung. Und faul war ich auch. Im Grunde bin ich als echter Berliner Straßenjunge aufgewachsen, der Ernst des Lebens war nichts für mich, die Schule schon gar nicht. Dauernd war ich unterwegs, dauernd habe ich mich geprügelt, ein richtiger Rabauke war ich. Einmal kam ich mit zerbrochener Brille nach Hause. Na, da hat mein Vater mich auch nochmal durchgewalkt. Von da an habe ich immer die Brille abgesetzt und jemandem zum Halten gegeben, bevor die Fäuste flogen. Trotzdem hat mein Vater in unsere Familienchronik geschrieben: ‚Rolf ist ein lieber Junge‘. Ich habe jedenfalls nur den Volksschulabschluss, da lag es nahe, ein Handwerk zu erlernen, und dann dachte ich, mit schönen Stoffen kann ich wenigstens etwas Schönes gestalten, das wird nicht langweilig."

„Sie glauben gar nicht, wie mich das interessiert. Ich sterbe für schöne … ach du Schreck, es ist ja schon halb sechs durch, wir müssen sausen!"

Gronewold folgte ihrem Blick durchs Fenster auf die Kirchturmuhr.

„Na, wenn wir die Wochenschau verpassen, haben wir nichts verpasst, das Thema hatten wir heute ja schon am Rande", entgegnete er und winkte nach dem Ober. Elisabeth holte ihre Lebensmittelkarte aus der Handtasche.

„Nicht nötig", sagte Gronewold, „das läuft über die Sonderzuteilung."

Auf dem Weg ins Kino fragte Elisabeth: „Haben Sie eigentlich kein schlechtes Gewissen, wenn Sie im Café so bevorzugt behandelt werden? Ich meine, wegen Stalingrad und so? Wenn doch die Versorgung an der Front so schlecht ist?"

„Ehrlich gesagt, darüber habe ich noch gar nicht nachgedacht. Jetzt haben Sie mich erwischt. Ich weiß nicht. Den Kameraden würde es doch kein bisschen besser gehen, wenn ich nicht mit Ihnen ins Café gegangen wäre. Hm."

„Aber auf den Münchhausen-Film haben Sie ja auch verzichtet."

„Tja. Vor allem, weil ich keinen Spaß an Uniformen haben kann, nach dem, was an der Ostfront passiert ist. Aber mir ist natürlich klar, dass so ein Verzicht am Ende nichts nützt. Man kann ja doch nichts machen."

Im Kino behielt Gronewold die Hände bei sich, und als er sie zu ihrer Haustür brachte, streckte er nur die Hand aus, um sich zu verabschieden.

„Es war ein ganz wunderbarer Nachmittag und Abend mit Ihnen, und ich hoffe doch sehr, dass wir das bald einmal wiederholen können."

„Wir werden sehen. Vielen Dank für alles, und bis morgen."

Ein bisschen kränkte es sie schon, dass er nicht einmal den Versuch unternahm, sie zu küssen. Stattdessen hatte er sich im Wegdrehen eine Zigarette angezündet und ihr über die Schulter zugewinkt.

„Ach, und was ist denn jetzt mit dem Labyrinth?", hatte sie ihm noch nachgerufen.

„Keine Ahnung", antwortete Gronewold. „Das ist so geheim, darüber darf ich auch nichts wissen. Bis morgen also."

So ein Schlawiner! Doch Elisabeth ließ sich nicht aus ihrer frohen Stimmung reißen. Über das Stadium war sie längst hinaus.

In der Wohnung stürzte sie sich sofort auf die Speisekammer. Ein Fehler, die Suppe auszuschlagen und den ganzen Nachmittag und Abend über mit nur sechs Pralinen im Magen durchzuhalten. Eine Scheibe Brot mit Margarine und Salz, was für ein Genuss, endlich.

Die Fragen, die auf sie einprasselten, von ihrer Mutter, Oskar und Aggi, beantwortete sie so knapp wie möglich.

Ja, Gronewold war nett gewesen. Ja, er hatte sich anständig geführt. Ja, im Café war es sehr schön gewesen, sie hatte die köstlichsten Pralinen der Welt bekommen. Und Bohnenkaffee! Da wurde einem alles, was man wünschte, an den Tisch gebracht. Man musste sich eigentlich um nichts kümmern. Nicht einmal Lebensmittelmarken hatte sie abliefern müssen. Ein abenteuerlicher Tag.

Und Gronewold?

„Vielleicht."

„Kind“, sagte die Mutter ein kleines bisschen bekümmert, „du kannst nicht einfach ausprobieren, mit wem es passt, heute der und morgen der. Da ist der Ruf schnell ruiniert.“

„Ich achte schon auf mich.“

Sie dachte ja gar nicht daran, sich mit jemand anderem zu verabreden als mit Gronewold – mit Rolf.

6.) Magdeburg, Dezember 1986

Der Abend war mit lebhaften Gesprächen dahingegangen, auch die jüngste Schwester Röschen war schließlich angereist. Röschen, etwas grob und plump wirkend, mit krausen, aschblonden Haaren, war unverheiratet und kinderlos. Wie stets sagte sie kaum ein Wort. In ihrem immer noch etwas kindlichen Wesen spürte sie selbst, dass sie den Gesprächen kaum folgen konnte. So hielt sie sich merklich zurück, während Elisabeth, Aggi und Paul sich um so ausführlicher austauschten. Es gab so viel zu erzählen. Man konnte ja praktisch nicht telefonieren, schon gar nicht lange. Wollte Aggi bei Elisabeth anrufen, musste sie aufs Postamt, das Gespräch als Westgespräch anmelden, dann im Amt bleiben und auf die Vermittlung warten. Das konnte schon einmal acht Stunden dauern, mindestens aber waren es vier. Kam endlich eine Verbindung zustande, wurde das Telefonat nach spätestens drei Minuten unterbrochen, und Aggi musste die Leitung wieder frei geben. Unmöglich war es umgekehrt, dass Elisabeth Frau Bruns anrief, um mit Aggi zu sprechen. Frau Bruns hatte das einzige Telefon weit und breit und musste Anzahl und Gesprächsdauer der vielen Nachbarn, die ihren Apparat nutzen wollten, begrenzen, um nicht unterzugehen.

Briefe schreiben ging noch an, aber die Staatssicherheit und der Bundesnachrichtendienst lasen natürlich mit, da konnte man nicht einfach schreiben, was einem einfiel. Wenn es wie jetzt um den Tod ging, musste man telegrafieren, die Texte waren Wort für Wort vorgeschrieben, um verschlüsselte Botschaften zu verhindern. Telegrafieren wurde nach Wörtern bezahlt, jedes Wort kostete 80 Pfennige, und auch jedes Wort der Adresse musste bezahlt werden.

Dass man sich persönlich sah, war so selten, dass solche Treffen zu den kostbarsten Begebenheiten zählten. Aggi und Paul durften nicht in den Westen reisen, weil sie noch arbeiteten.

Elisabeth und Rolf konnten sich die Zwangsabgabe nicht leisten. Manchmal, sehr selten, fuhren sie mit Rolfs Bruder Klaus und dessen Frau, die im Gegensatz zu Elisabeth und Rolf ein Auto hatten, nach West-Berlin und trafen sich heimlich auf einer Raststätte der Interzonenautobahn mit Aggi und Paul. Das war gefährlich und musste kurz gehalten werden. Es gab Kontrollen, und wie man hörte, waren manche solcher Treffen schon durch die Volkspolizei beendet worden, und die Aufgegriffenen aus Ost und West waren im Gefängnis gelandet. Doch sie hatten bislang Glück gehabt, und Elisabeth in ihrem geschwächten Zustand fragte sich jetzt, wie sie eigentlich in all den Jahren den Mut für solche illegalen Treffen hatten aufbringen können. Und wie es möglich war, dass auch Rolfs Bruder und seine Frau dieses Risiko auf sich genommen hatten.

Es wurde Mitternacht, bis das Wichtigste erzählt war.

Das Wichtigste aus Elisabeths Sicht, das waren ihre Kinder und der kranke Rolf. Berufliches war nicht zu berichten, sie war Hausfrau.

Aggi und Paul erzählten vom volkseigenen Betrieb, in dem beide arbeiteten, Aggi als Sekretärin, Paul als Techniker. Und vom Schrebergarten, der ihnen Gemüse und Obst lieferte, auch dann, wenn es im Geschäft mal wieder nichts oder nur eine stark eingeschränkte Auswahl gab. Sie hatten keine Kinder – „in diesen Staat setzen wir keine Kinder" – und umso mehr fühlten sie sich Elisabeths Töchtern verbunden, wenn sie sie auch seit einem Besuch von Elisabeth 1958 nicht mehr gesehen hatten, da war Lilo elf Jahre alt gewesen und Gundel zwei. Und so schickten sie zu den Geburtstagen und zu Weihnachten liebevolle Päckchen in den Westen, zumeist mit zauberhaften Kinder- und Jugendbüchern, mit Schokolade aus dem Harz, die immer ein bisschen sandig und nach künstlichen Aromen schmeckte, irgendetwas in Richtung Vanille, und von beiden Kindern dafür geliebt wurde – so etwas gab es im Westen nicht – und mit Handtüchern aus China, weiß mit neongrünen Rändern und mit Pandabären und chinesischen Schriftzeichen bedruckt. Lilo und Gundel benutzten diese Handtücher furchtbar gern und beide nahmen sogar welche mit, als sie zu Hause auszogen. Die Kinderbücher, hochwertig aufgemacht, mit reizenden, künstlerisch wertvollen Bildern, waren freilich nicht eben ideologiefrei, sollten sie doch ihre kleinen Leserinnen und Leser zu guten Sozialistinnen und Sozialisten erziehen. Und so lernte Gundel früh, dass man aus großen Herrenhäusern und Kirchen besser Kinderheime oder Krankenhäuser macht, was eine landwirtschaftliche Produktionsgenossenschaft und was ein volkseigener Betrieb ist, wer Ernst Thälmann war, und dass Kapitalisten Schufte und Betrüger sind und über manipulative Verhaltensweisen, schlechte Manieren und einen unterirdischen Humor verfügen. Ein ganzes Buch für Sechs- bis Achtjährige mit dem Titel „Vom Dorle, das kein Neidhammel mehr sein wollte" war allein der Überwindung kindlichen Neides gewidmet und schilderte eindrucksvoll, wie das neidische Dorle durch die Verachtung ihrer Mitschülerinnen und systematische Missachtung bekehrt wurde. Für alle Fälle. Falls mal ein in der DDR lebendes Kind herausfände, was es im Westen alles gab. Und eben im Osten nicht. Und falls ein solches Kind dann neidisch würde.

Elisabeth hatte Fotos dabei, die meisten von Rolf aufgenommen. Gundula vor ihrem Anwaltsschild. Gundula mit Toyota Starlet. Lilo und ihr Mann Lorenz in behaglicher Wohnung voller Bücher. Kinderfotos von Konstantin, Lydia, Jakob und schließlich Desirée, die im letzten September zur Welt gekommen war, vor wenig mehr als zwei Monaten. Ein Foto, auch aus September, zeigte Rolf im Profil, vor einem Fenster in Lilos Wohnung sitzend, hemdsärmelig, den Arm auf die Fensterbank gestützt, auf der der 18 Monate alte Jakob saß, ihm zugewandt, neugierig und offenbar gut gelaunt, während sein Opa auf ihn schaute mit leisem Lächeln und mit diesem sanften, wohlwollend aufmerksamen Blick, den nur er hatte. Wer genau hinsah, konnte die Zeichen bereits erkennen, die Vorboten des Todes. Rolfs Kinn ragte etwas zu spitz aus dem Gesicht, der Hals zog ungewöhnliche Längsfalten. Niemand hatte das damals bemerkt.

Lilo war mit Leib und Seele Mutter von vier Kindern, keines davon hatten Aggi und Paul je gesehen. Den Lebensunterhalt der jungen Familie stellte ihr Mann Lorenz mit seiner Lehrertätigkeit sicher.

Gundel war leider nicht nur Anwältin geworden, worauf man stolz war, sondern auch Kommunistin, wie Elisabeth wieder einmal kummervoll erzählte. Gundel unterstützte diesen Unrechtsstaat, dem Agnes keine Kinder hatte schenken wollen. Den Staat, der die Familie auseinandergerissen hatte. Mutter und Tochter. Schwester und Schwester. Stiefvater und Stieftochter. Ein künstlicher Riss durch die ganze Familie. Jeder von jedem getrennt. Und nun rechtfertigte die eigene Tochter das alles, zollte diesem System sogar Beifall. Elisabeth schlug die Hände vors Gesicht.

„Ach, Lies“, sagte Agnes und legte ihr die Hand auf den Unterarm, „das überwindet sie.“

„Das ist keine Jugendsünde mehr, Agnes. Sie wird dieser Tage einunddreißig. Und singt tagein, tagaus das Loblied dieses …“

„Verstehen kann man es nicht“, schaltete sich Paul ein. „Sie soll mal herkommen in ihr gelobtes Land, dann wird sie schon sehen. Wir haben ja nichts hier, und alles ist teuer, Kleidung, Fernseher, alles unerschwinglich. Von Telefon und Auto wollen wir mal gar nicht reden. Vor sechs Jahren habe ich einen Skoda bestellt, und was ist? Aufs Telefon warten wir schon seit acht Jahren. Grundnahrungsmittel, ja die gibt’s. Ich kann es nicht mehr hören: Grundnahrungsmittel, Grundnahrungsmittel. Es ist doch eine Schande, dass wir auf die Pakete von euch angewiesen sind, wenn wir mal einen vernünftigen Kaffee trinken wollen. Nicht mal Sahne zum Kuchen kann man kaufen, und wir müssen euer San-apart nehmen. Nichts für ungut, es ist ja total lieb, dass ihr uns Sahnepulver schickt, und es schmeckt ja auch, aber dass es hier im Land der LPGs keine Sahne gibt, das kann man doch keinem erklären. Und wenn wir den Schrebergarten nicht hätten ..."

„Nu lass man gut sein, Paule", schaltete sich Aggi ein. „Den Schrebergarten haben wir ja schließlich, und verhungern müssen wir nicht. Nur diese Unfreiheit ... und dass wir immer nur im sozialistischen Ausland Urlaub machen dürfen ..."

„Kein Handwerker kommt, wenn was ist, und wenn er kommt, gibt es keine Ersatzteile", ergänzte Paul unbeirrt.

‚Verhungert sehen sie wirklich nicht aus', dachte Elisabeth, der die Litanei auf die Nerven zu fallen begann, und musterte die wohlgerundeten Formen Pauls und der beiden Schwestern.

Dann redeten sie über ihre Kindheitserinnerungen und über die Mutter.

Paul redete über sich selbst, Elisabeth kannte das schon. Er hielt viel von sich, und da er als Kind gelernt hatte, dass man sich nicht selbst lobt, verpackte er seine hohe Meinung über sich selbst mehr oder weniger geschickt, indem er sie anderen in den Mund legte: „Und dann haben die Kollegen gesagt, na, was bist du denn für einer! Wie kämen wir nur ohne dich zurecht? Und dann habe ich eine neue Produktionsmethode erfunden, und da hättest du sie mal hören sollen: Nein, Paul, haben sie gerufen, du bist ja ein ganz Toller! Darauf wären wir von allein nie in Leben gekommen!"

So ging es fort und fort.

Elisabeth gähnte und bat darum, sich im Wohnzimmer das Bett aufschlagen zu dürfen. „Der Tag war lang und anstrengend, und morgen wird es wohl nicht besser werden."

Paul wirkte irgendwie enttäuscht. Er brachte Röschen nach Hause, im Trabi, während Elisabeth und Aggi das Sofa zum Bett herrichteten.

Die Mutter hatte am Morgen einen Moment der Klarheit und erkundigte sich zur Begrüßung als erstes bei ihren drei Töchtern, ob man bereits im Dezember angelangt sei. Als alle drei nickten, lächelte sie zufrieden und verlor das Bewusstsein.

„Was hatte sie denn da im Sinn?“, fragte Elisabeth.

Zu ihrer Verblüffung antwortete Röschen, nicht Aggi.

„Na, sie kriegt ja am Ersten immer die Rente. Und da wollte sie es bis Dezember schaffen. Da können wir ihre Beerdigung bezahlen. Von der Rente.“

Sie blieben bis zum Ende der vormittäglichen Besuchszeit, hörten mit wachsendem Entsetzen dem zunehmend rasselnden Atem ihrer Mutter zu, schreckten bei jedem der immer häufiger werdenden Atemaussetzer auf und wurden schließlich weggeschickt.

Als sie am Nachmittag wiederkamen, teilte ihnen eine so kühl wie tüchtig wirkende Schwester mit, dass ihre Mutter „soeben verschieden“ sei. Sie könnten noch kurz zu ihr gehen, bevor der Bestatter käme. Elisabeth packte ein Schaudern, mit Mühe brachte sie hervor: „Nein danke. Ich möchte sie lieber so in Erinnerung behalten, wie ...“

Sie brach ab und rannte davon, tränenlos, ohne sich um ihre beiden jüngeren Schwestern zu kümmern, von einem alles überwältigenden, unbezwingbaren Entsetzen geschüttelt und über den Flur nach draußen gejagt.

Am nächsten Tag reiste sie ins Ruhrgebiet zurück. Ihre tote Mutter hatte sie nicht mehr gesehen. Sie wollte nicht länger Rolf fernbleiben, und telefonieren ging ja nun einmal nicht. Inzwischen, eigentlich schon seit dem Vorabend, war jedes Gefühl in ihr erloschen, da gab es nichts Feierliches, nichts Verzweifeltes mehr, nichts Wütendes. Auch keine Trauer. Sie hatte sich an keinem Gespräch mehr beteiligt, außer um eine Zustimmung, eine Ablehnung, einen Dank zu formulieren, wenn die Höflichkeit es gebot, und sich ansonsten in sich verkrochen, ohne dort irgendetwas zu finden, am wenigsten Tröstung. Und nun im D-Zug nach Essen überlegte sie, wie sie Rolf die schlechte Nachricht überbringen sollte.

Am Ende musste sie gar nichts sagen. Rolf sah sie in Trauerkleidung ins Krankenzimmer treten und begann sofort zu weinen.

„Ja“, sagte sie, „Mutti ist gestorben, nächste Woche wird sie beerdigt, da muss ich nochmal hin.“

„Ach, Liesel, ach, wie furchtbar! Sie war so eine Liebe. Jetzt haben wir sie nicht mehr. Und ich konnte sie gar nicht mehr sehen.“

Die Trauer fiel aus dem Nichts über sie her, und endlich konnte auch sie weinen, endlich, endlich, Hand in Hand mit ihrem kranken Mann, der hoffentlich bald wieder gesund sein würde.

Das war nun zwei Wochen her, die Beerdigung hatte sie in der Zwischenzeit irgendwie durchgestanden, und nun verkündete dieser junge, unbeholfene Arzt, der darin offensichtlich keinerlei Übung hatte, das Todesurteil ihres Mannes, das bald schon vollstreckt werden sollte.

„Ich glaube“, sagte der Arzt schließlich, „es wäre nicht gut für Ihren Mann, wenn er erführe, was ihn erwartet. In so einer Situation ist es besser, wenn der Patient Hoffnung hat.“

„Ich hatte sowieso nicht vor ...“

Sie musste sich zusammennehmen. Keine Furcht zeigen. Tränen durften nicht sein. Rolfs letzte Wochen sollten unbeschwert sein, so unbeschwert wie möglich.

7.) Meseritz, Dezember 1943

Fast hätte es keine zweite Verabredung mit Gronewold gegeben, denn Elisabeth sah ihn am nächsten Samstagabend zufällig aus dem Kino kommen, in Begleitung einer anderen Frau, einer Blonden mit drallen Formen. Wenige Stunden zuvor noch hatte er ihr einen schönen Sonntag gewünscht, als sie Feierabend gemacht hatten. Die Demütigung fuhr ihr wie ein Messer ins Herz und verwandelte sich dort umgehend in heißen Zorn. Sie ging dicht an ihm vorbei.

„Einen schönen, guten Abend, Herr Gronewold", grüßte sie ihn so schneidend wie möglich und hoffte, ihn mit den Blitzen aus ihren schwarzen Augen zu vernichten. Dann warf sie den Kopf in den Nacken – das konnte sie richtig gut – und stolzierte so würdevoll sie konnte davon. Seine Entgegnung hörte sie nicht mehr und wollte sie auch nicht hören.

Am Montag rief Gronewold sie zum Diktat, gleich morgens.

„Ich kann mich nur bei Ihnen entschuldigen", begann er, ohne auch nur den Anschein zu erwecken, dass er einen Auftrag an sie hätte.

„Eigentlich habe ich keine rechte Erklärung. Sie schienen mir so abweisend in der letzten Woche, und da dachte ich, Sie wollten nichts mehr von mir wissen."

„Vielleicht habe ich mich nicht klar genug ausgedrückt", erwiderte Elisabeth. „Sie haben davon gesprochen, dass Sie sich keine Leichtfertigkeit erlauben und dass ich zu schade für eine Enttäuschung wäre. Wie ehrlich Sie das gemeint haben, sehe ich ja jetzt. Um es klipp und klar zu sagen: Ich gehe nicht mit jemandem aus, der zweigleisig fährt. Sonst noch etwas?"

„Lieselchen, mein kleines Wieselchen, Sie sind ja wirklich böse auf mich, das ist gut", antwortete Gronewold. „Was halten Sie davon, mit mir nach Berlin zu fahren? Ich würde Sie gern meinen Eltern vorstellen. Der Krieg lässt uns nicht viel Zeit. Oder sollen wir doch erst einmal zu zweit ausgehen? Ich bitte übrigens demütigst um Verzeihung für meinen Ausrutscher. So etwas kommt nicht wieder vor, großes Ehrenwort."

„Bedaure, ich muss erst noch ein wenig nachdenken. Das verstehen Sie sicher. Auf jeden Fall möchte ich nicht sofort mit Ihnen nach Berlin fahren. Sie können ja am Freitag oder Samstag noch einmal nachfragen, ob ich am Sonntag mit Ihnen ausgehe."

Gronewold schwieg einen Moment.

„Ja, das muss ich wohl alles so hinnehmen."

Klang das, als fühle er sich gedemütigt? Hoffentlich. Recht so, fand Elisabeth.

„Und noch etwas: Ich bin kein Wieselchen, schon gar nicht Ihres."

„Zu Befehl!"

Sein Grinsen war zurück, etwas zaghafter zwar und immer noch mit einem Hauch Schuldbewusstsein, aber doch schon wieder ziemlich frech.

Und sie gingen aus am Sonntag, und Gronewold zog sie mit einer raschen Bewegung an sich und küsste sie, als er sie vor ihrer Haustür verabschiedete. Elisabeth war noch nie geküsst worden, so etwas kannte sie nur aus Liebesfilmen. Alle verzehrten sich anscheinend nach diesem ersten Kuss, der besiegelte, dass zwei zueinander gefunden hatten, sich liebten und künftig ihr Leben miteinander teilen würden. Er stand zumeist am Ende eines Films und am Anfang eines gemeinsamen Schicksals, das selten gezeigt wurde, sodass man nicht wusste, wie es bewältigt wurde und ob der Kuss hielt, was er verhieß. Elisabeth konnte in dem ersten Kuss von Rolf keine Verheißung, überhaupt nichts Aufregendes entdecken. Zähne stießen auf Zähne – ihre standen in der oberen Reihe ein wenig vor und zwischen den mittleren beiden war ein Lücke zu sehen – und das Ganze war irgendwie weich und feucht und schmeckte nach Zigarettenrauch. Was fanden nur alle daran? Dazu meinte sie noch flüchtig etwas Hartes in Rolfs Umarmung zu spüren, da, wo seine Hose ihren Rock berührte. Sie zog ihren Unterleib in einer raschen Bewegung zurück, löste sich von ihm und schloss hastig die Haustür auf.

Aggi erzählte sie, als beide im Bett lagen, wie wunderbar der Kuss gewesen sei.

„Ganz wunderbar, genau wie im Film, so aufregend“, sagte sie.

Einmal wenigstens wollte sie von ihrer Schwester beneidet werden.

Beim gemeinsamen Abendbrot hatte sie, ohne die Umarmung und den Kuss zu erwähnen, schlicht mitgeteilt: „Der ist es. Den will ich.“

„Na, Lies, wenn das so ist, dann freuen wir uns für dich“, hatte die Mutter geantwortet, während der Vater freundlich genickt hatte.

Dann hatte die Mutter noch angefügt: „Nu sieh du mal zu“, und Elisabeth hatte genau gewusst, was in dieser merkwürdigen Aufforderung steckte. Halt auf dich. Achte auf deinen Ruf. Mach uns keine Schande. Komm uns bloß nicht mit einem Kind an.

Vati wenigstens hatte ihr jede Ermahnung erspart.

Am Montag begegnete sie Rolf mit einer gewissen Beklommenheit, denn ihre Liebe – ja, sie liebte ihn und er sie gewiss auch – musste natürlich im Dienst vor den anderen verborgen werden. Und zugleich hatten sie solche Glücksgefühle erfasst, dass sie meinte, den ganzen Tag jubeln zu müssen, um nicht in Ohnmacht zu fallen. Und so lächelte sie nur unablässig leise vor sich hin und ignorierte den fragenden Blick von Fräulein Oberländer.

Rolf war weniger zurückhaltend. Er pfiff und sang den ganzen Tag, wenn er über den Flur ging, manchmal sogar in seinem

Dienstzimmer, man konnte das durch die Tür bis ins angrenzende Schreibbüro hören. „Mein Herr Marquis“ und „Onkel und Tante“, jeder Ton saß, und sein Tenor, der nichts Schmetterndes hatte, war glockenhell und rein.

„Wir können das hier bestimmt noch eine Weile geheim halten, aber irgendwann musst du um deine Versetzung nachsuchen, Liesel“, sagte Rolf zu ihr. „Für mich würde eine Versetzung Fronteinsatz bedeuten. Was das heißt, weißt du ja, nämlich Ostfront und Hölle.“

„Nicht so bald, bitte,“ entgegnete Elisabeth. „Ich komme dann ja auch wer weiß wohin. Meine Schwester haben sie gerade eben zum Landeinsatz nach Stettin beordert, am 1. Januar muss sie fort. Lass uns doch noch ein bisschen gemeinsame Zeit verbringen.“

„Oh je, das tut mir aber leid für deine Schwester und dich. Ihr trennt euch bestimmt nicht gern, so wie du von ihr erzählt hast. Also, was uns beiden Hübschen betrifft, am besten telegrafiere ich erst einmal meinen Eltern, dass wir sie am Sonntag in Berlin besuchen?“

Elisabeth erschrak. Es ging alles so schnell.

Es musste schnell gehen, es war schließlich Krieg. Sie nickte.

„Zu schnell? Liesel, es ist mir sehr ernst mit dir. Noch nie in meinem Leben war mir etwas so ernst. Es kann mir gar nicht schnell genug gehen.“

„Nun lass mal gut sein, Rolf. Übertreib nicht. Wir haben das Leben noch vor uns.“

„Wer kann das schon wissen?“

Es war ein merkwürdiger Besuch in Berlin. So ein Familienleben kannte Elisabeth nicht. Kein Familienmitglied passte zum anderen, was sollte man davon halten?

Der Vater, eine schlanke Gestalt, hielt sich sehr aufrecht (‚als hätte er einen Spazierstock verschluckt‘, dachte Elisabeth) und wirkte streng und ein bisschen preußisch-herrisch, was durch seine zurückweichenden schütteren Haare und die Brille mit Drahtbügeln noch unterstrichen wurde. Abgesehen von der Begrüßung, die er nicht mit einem Lächeln versah, richtete er bis zur Verabschiedung nicht ein einziges Mal das Wort an Elisabeth.

Die Mutter gab die Grande Dame und zugleich die glamouröse Künstlerin, was sich zu einer eher unharmonischen, aber sehr unterhaltsamen Mischung verwob. Die Haare waren im Nacken lose zusammengefasst und irgendwie am Hinterkopf festgesteckt, es war nicht eigentlich eine Frisur zu nennen, und Elisabeth musste im Laufe des Nachmittags mehrfach den Impuls unterdrücken, aufzuspringen und das Gebilde vor der endgültigen Auflösung zu bewahren. Dazu trug ihre künftige Schwiegermutter lässig weite Gewänder, die freilich aufs Eleganteste an der schlanken Gestalt herabzufließen schienen. Alles an ihrem Auftritt war Grandezza, große Pose, Exaltiertheit. Im Grunde, dachte Elisabeth, als sie ihre erste Schüchternheit niedergekämpft hatte, war das Ganze nichts anderes als vornehmes Gehabe in mondäner Verkleidung. „Meine Liebe", sagte Rolfs Mutter ununterbrochen zu ihr, und Elisabeth war versucht, scharf ihren Namen zu wiederholen. „Ich heiße Fräulein Schnur, Frau Gronewold", wollte sie sagen. Doch wozu die Schwiegermutter zurechtweisen, gleich beim ersten Kennenlernen?

Rolfs Schwester, die zwanzigjährige Susanne, blond, blauäugig, ausgestattet mit sehr weiblichen, ausladenden Formen, doch schlank, gab den frischen Wirbelwind. Ihre Wortbeiträge waren gespickt mit Begriffen wie „Kinnings", „Wir werden das Kind schon schaukeln", „zum Piepen" und dergleichen mehr. Sie war ununterbrochen in Bewegung, holte dieses und jenes, goss ein, legte vor. ‚Wenn das nicht Verlegenheit ist, ist sie oberflächlich', dachte Elisabeth bei sich und legte unwillkürlich Schutz suchend ihre Hand auf Rolfs.

„Na, schau an, die Turteltäubchen“, zwitscherte Susanne sogleich, und Elisabeth zog ihre Hand zurück wie von einem heißen Herd.

Rolf spürte Elisabeths Not, fasste sie um die Schulter und gab ihr einen höchst tugendhaften Kuss auf die Wange, wobei er ein wenig gegen Elisabeths Widerstand ankämpfen musste, die sich stocksteif machte.

‚Die beiden Frauen schauspielern, was das Zeug hält‘ dachte Elisabeth. Nur der Vater war unverstellt, was aber in seinem Fall leider bedeutete, dass er schwieg, vielleicht befremdet über die Darbietungen der beiden Damen. Rolf immerhin wirkte gänzlich unbefangen und natürlich, erzählte lebhaft von Meseritz, fragte nach den Kunstwerken seiner Mutter, den Brückenbauprojekten seines Vaters, der Zahnarztpraxis seiner Schwester und deren Gesangsfortschritten. Dabei verfiel er immer mehr ins Berlinern und wurde Elisabeth dadurch wieder ein bisschen fremder.

Es gab natürlich gekauften Sandkuchen, Elisabeth hatte es schon kommen sehen. Der Himmel mochte wissen, wo man derlei überhaupt erstehen konnte in diesen Zeiten, aber dies war eben Berlin. Der Kuchen machte seinem Namen alle Ehre, er stellte sich als ziemlich trocken und geschmacklos heraus, allerdings wurde er auf einer edlen Etagere dargeboten, die auf Leinen mit Spitzenüberwurf stand. Auch das Geschirr war vom Feinsten: aus Meißen, wie Elisabeth bei einem verstohlenen Blick unter den Teller feststellte. ‚Du liebe Güte, was wird Rolf denken, wenn er meine Familie kennenlernt‘, dachte sie. Immerhin: Ihre Mutter konnte unvergleichliche Spitzendecken aus allerfeinstem, dünnem Garn stricken, die Resultate waren weitaus eleganter als gehäkelte Spitzendecken oder gar Industrieware, wie Rolfs Mutter sie offenbar verwendete. In dieser Hinsicht konnte man Elisabeth nichts vormachen. Und der Kaffee schmeckte überhaupt abscheulich, mit Sicherheit war das löslicher Muckefuck.

‚Vermutlich hat sie zu viel Zeit darauf verwendet, ihre Frisur in Unordnung zu bringen, da war keine Zeit mehr für einen Filterkaffee', dachte Elisabeth und schmunzelte in sich hinein, da fing sie den Blick von Rolfs Vater auf. Der war, als er die Tasse an den Mund gesetzt hatte, sichtlich zurückgefahren, und jetzt verzog er den Mund zu einer Art vorsichtigem Lächeln und – wahrhaftig, sie konnte sich nicht irren – zwinkerte ihr zu.

Ein Mensch, ein echter Mensch in diesen heiligen Hallen! Elisabeth war regelrecht dankbar und zwinkerte dezent zurück. Rolfs Vater lenkte umgehend seinen Blick zurück auf den Kuchenteller, merklich zufrieden.

Rolf setzte nach dem ersten Schluck hastig seine Tasse ab und sprang auf.

„Das hätte ich ja fast vergessen, wir haben eine Sonderration Nescafé bekommen, den habe ich euch mitgebracht."

Er lief zu seinem Mantel im Flur und kam mit ein paar Portionsdöschen zurück, die er vor seine Mutter auf den Tisch legte.

„Wie schön, danke!"

„Sag mal", schaltete sich Rolfs Vater ein, „willst du unserem lieben Gast nicht ein Tässchen davon anbieten?"

Elisabeth sah das kaum merkliche, abwehrende Zögern in der Miene der Mutter und rief rasch: „Nein, nein, nicht nötig, das ist doch ein Geschenk für Sie, das werde ich Ihnen doch nicht wegtrinken!"

Und gleich ärgerte sie sich über ihre Willfährigkeit. Warum benahm sie sich nur derart übermäßig brav? Sie schaute auf Rolfs Vater, der mit einer winzigen Bewegung den Kopf schüttelte.

Doch das Gespräch hatte längst eine andere Richtung genommen.

Susanne erzählte von einem Opernsänger, den sie an der Staatsoper kennengelernt hatte. „Die ganz große Nummer, Kinnings!“ Sie sprach ihre Sätze gern, eigentlich so gut wie immer, mit einem Ausrufezeichen am Ende.

‚Dagegen Rolf mit seinen Fragezeichen ...‘, dachte Elisabeth dankbar und drückte wieder kurz Rolfs Hand.

Die ganz große Nummer war der berühmte Josef G., seit einem Jahr als Basssänger an der Berliner Staatsoper verpflichtet.

„Der schwärmt für mich, glaube ich“, berichtete Susanne. „Jedenfalls balzt er wie blöd! Dabei ist er verheiratet! So was aber auch! Ist in der NSDAP, aber bloß weil er dann nicht zur Wehrmacht muss. Was soll‘s also! Singt jedenfalls wie ein Gott!“

Elisabeth hatte große Lust, ein kräftiges „Dufte!“ zwischen all das Tirilieren zu werfen, konnte sich aber gerade noch bremsen. Stattdessen suchte sie erneut den Blick von Rolfs Vater, und richtig, der grinste sie jetzt unverhohlen an. Dabei sah er genauso aus wie Rolf, wenn der sich königlich amüsierte.

Gerade sagte Rolf, an seine Schwester gewandt: „Ja, praktisch, in der NSDAP zu sein, nicht? Mich haben sie früher auch immer gefragt, wann ich denn endlich in die Hitlerjugend eintrete. Das weißt du nicht mehr, du warst noch zu klein. Es wurde immer schlimmer, der Blockwart schellte regelmäßig an, und in der Lehre haben die mir so zugesetzt, ich dachte, ich fliege, wenn ich nicht eintrete. Und da habe ich einfach gesagt, ich bin doch schon in der HJ. Ich war nämlich im Turnverein, und alle Sportvereine waren der HJ unterstellt worden.“

Er lächelte wie ein Lausbub.

Zum Abschied war Rolfs Vater der einzige, der sie von sich aus herzlich bat, bald einmal wiederzukommen. Dazu legte er ein zackige Verbeugung hin, schaute auf und zwinkerte erneut.

„Ach ja, bitte kommen Sie demnächst nur wieder“, fiel nun auch Rolfs Mutter ein, und Susanne ergänzte: „Ditt wär knorke!“

Auf dem Heimweg sagte Rolf: „Das war bestimmt ein bisschen viel für dich? Meine verrückte Familie? Weißt du, am besten verstehe ich mich mit meinem Vater. Der ist warmherzig und voller Gefühl, auch für andere. Immer für mich da. Meine Mutter in ihrer künstlichen Art sieht im Grunde nur sich selbst, eigentlich ist sie kalt. Und meine Schwester – naja, die muss erst noch erwachsen werden."

„Ich habe ja gedacht," erwiderte Elisabeth, „dass du so bald wie möglich meine Familie kennenlernen solltest. Aber jetzt frage ich mich – dir gefällt es ganz bestimmt nicht bei uns. Das ist dir doch gar nicht gut genug."

„Ach Liesel, man soll sich nie für seine Familie schämen, ich tue das ja auch nicht. Deine Familie hat dich hervorgebracht, also ist sie gut für mich. Und meine Familie ist wirklich kein Maßstab."

Einige Tage später bekam Rolf einen Brief seiner Mutter, in der ihr eigenen, erstaunlich akkuraten Handschrift, deren Unter- und Oberbögen jedoch jedes Maß sprengten und oft in bis in die obere beziehungsweise untere Reihe hinein reichten, dadurch war das Ganze nahezu unlesbar ineinander verschlungen.

„Deine Verlobte ist ein liebes, braves Mädel", stand da.

„Wir heißen sie herzlich in unserer Familie willkommen."

Über seinen Vater schrieb sie:

„Dein Vater ist hingerissen. Fräulein Schnur habe es faustdick hinter den Ohren, hat er gesagt, und dass sie Dich Dein Leben lang beschäftigen werde. Also er geht von einer lebenslangen Verbindung aus, jetzt schon. Es ist natürlich ganz offensichtlich für uns alle, dass Du bis über beide Ohren vernarrt in sie bist."

Und über seine Schwester:

„Susanne findet sie ‚schwer knafte', Du weißt ja, wie sie ist. Sie macht schon die tollsten Pläne für gemeinsame Unternehmungen mit Euch und G."

Rolf lachte herzlich über diese Beschreibungen und zeigte sie Elisabeth.

„Wie ich gesagt habe, das Gefühl kommt von meinem Vater, alles andere ist oberflächlicher Kram, und was meine Mutter betrifft, Konvention. Schwimmt wohl gerade eher auf der Welle ‚große Dame' und nicht ‚große Künstlerin'."
„Sie findet mich langweilig. Praktisch steht das da."
„Liebstes Lieselchen, du bist kein bisschen langweilig, und außerdem bestimmt nicht zum Vergnügen meiner Mutter auf der Welt."

Rolfs Antrittsbesuch war ein voller Erfolg, jedenfalls fast. Er war zum Mittagessen eingeladen, da es Sonntag war, da gab es immer Braten, meist Hühnchen, das war noch zu bekommen. Nun hatte die Mutter einfach eine etwas größere Poularde ins Ofenrohr geschoben. Sie würde notfalls auf Fleisch verzichten und sich mit den Kartoffeln und dem Leipziger Allerlei aus der Dose begnügen.

Rolf war natürlich in Ausgehuniform erschienen, sah sich aber, kaum dass er Elisabeths Mutter den mitgebrachten Blumenstrauß überreicht hatte – genau richtig, nicht zu mickerig, nicht zu angeberisch – nach einer Gelegenheit um, den Rock aufzuhängen: „Ich darf doch? Sie haben es so schön mollig hier."

Oskar stand auf, um den Rock in der Diele aufzuhängen.

„Moment, eben noch die Zigaretten", sagte Rolf und fingerte die Packung aus der Rocktasche. So hemdsärmelig – beide mit aufgekrempelten Ärmeln jetzt – sahen die beiden Männer sich gar nicht mal unähnlich, vor allem wirkte der Vater mit einem Mal aufgeräumt und entspannt angesichts männlicher Verstärkung in seinem „Dreimäderlhaus", wie er immer sagte. Röschen zählte da offenbar gar nicht erst mit.

Gegessen wurde in der Küche. Die Eltern hatten Wein gekauft, aber eigentlich nur vorsorglich, denn sie selbst tranken praktisch nie Alkohol. Rolf lehnte zu Elisabeths Erleichterung ab. Nie vor

Anbruch der Dämmerung, meinte er, und auch dann nicht unbedingt. Jedenfalls nicht zum Mittagessen.

„Ganz ehrlich, so gut habe ich selten gegessen", sagte Rolf zur Mutter. Er hatte verschlungen, was er bekommen konnte, und tatsächlich hatte die Mutter sich mit einem Flügelchen zufriedengeben müssen, Elisabeth übrigens auch auf dringlich mahnenden Blick der Mutter, damit für die anderen vier genug da war.

Zum Nachtisch hatte die Mutter eigens Grießpudding gekocht, mit extra vielen Eiern. Und Himbeersaft aus selbst gesammelten Himbeeren.

„Köstlich", lobte Rolf, „der kommt doch mit Sicherheit nicht aus der Packung?"

Die Mutter schnaubte nur.

Röschen zeigte sich wie immer still, warf ab und zu einen scheuen Blick auf den unvertrauten Gast, an dem ihre älteste Schwester so viel fand. Oskar geriet für seine Verhältnisse geradezu ins Schwatzen, hob sein Wasserglas – die anderen taten es ihm je nachdem mit Wasser oder verdünntem Apfelsaft nach – und hieß das neue Familienmitglied willkommen. Anschließend prasselten eine Menge Fragen auf Rolf ein, alles wollten sie über ihn wissen, am allermeisten aber über seine Pläne für die Zeit nach dem Krieg.

„Eine eigene Schneiderstube", sagte Rolf. „Bisher war ich angestellter Meister, aber das ist auf Dauer nicht das Richtige."

„Recht so", bestätigte ihn der Vater. „Handwerk hat goldenen Boden, und das Eigene ist immer das Beste. Es soll bloß bald dazu kommen und dass dieser vermaledeite Krieg schnell vorbei ist und keiner von uns liegen bleibt."

‚Das Eigene ist immer das Beste – hoffentlich fragt Rolf jetzt nicht nach Vatis Bauernhof', dachte Elisabeth erschrocken.

Der volle Erfolg bekam jedoch eine kleine Delle, als Rolf höflich fragte, ob er rauchen dürfe, eine Förmlichkeit, denn eigentlich rauchte jeder überall, ohne zu fragen.

„Aber nicht in meiner Küche", fuhr die Mutter auf. „Ich weiß, es ist kalt, aber gehen Sie doch bitte dafür kurz nach unten."

„Oh, wunderbar, darf ich mich anschließen?", fragte der Vater, der dafür einen scharfen Blick seiner Frau erntete. Er rauchte sonst praktisch nie, aber wenn sich nun schon einmal eine Gelegenheit bot ... Er war gut im Ignorieren scharfer Blicke, Ergebnis eines harten Trainings, und folgte Rolf nach unten.

Eine halbe Stunde später waren die Herren immer noch nicht zurück, und das fiel nun auf, denn die Küche war aufgeräumt, das Geschirr abgewaschen und das Wasser für den Filterkaffee, der im Wohnzimmer eingenommen werden sollte, brodelte schon im Kessel.

Nach einer weiteren Viertelstunde hängte sich Elisabeth aus dem Fenster. Da ... bogen sie um die Ecke. Arm in Arm. Schwankte ihr Vater etwa? Das durfte doch nicht wahr sein! Beide kamen in heiterster Stimmung in der Wohnung an. Elisabeth kniff die Lippen zusammen, als sie oben die Tür öffnete.

„Äh, tja ... wir dachten, also Oskar, also Vati und ich, dachten, es ist ja Sonntag, andererseits, und da kann man uns das Sonntagsschöppchen nicht verbieten. Aber jeder nur ein Bier."

„Und ein Korn", fiel der Vater ein.

Elisabeth war starr vor Schreck und Beschämung. Es war also doch bloß Gerede gewesen, dass Rolf keinen Alkohol vor Anbruch der Dämmerung trank! Und was sollte Mutti bloß denken!

Die eilte in die Diele, griff sich ihren Oskar und brachte prustend hervor: „Na, ihr habt euch ja schon mal prächtig verbrüdert, und gleich überm richtigen Thema, was? Und beim Du sind wir auch? Ich bin übrigens Frieda oder auch Mutti, wenn's recht ist, und jetzt zum Kaffee, der kommt ja wohl gerade richtig, oder?"

Elisabeth glaubte, sie hätte sich verhört. Wie konnte Mutti nur so gelassen bleiben in so einer Situation! Jeden Anstand hatten die Männer vergessen, und Mutti lachte einfach alles weg. Dabei hatte sie sich den Besuch so schön vorgestellt, und nun war alles verdorben. Womöglich war Rolf ein Trinker? So wie Marthas Mann?

Das Kaffeetrinken stand sie irgendwie durch, bis Rolf aufsprang und sie fragte: „Und was machen wir beiden Hübschen denn noch aus diesem Tag?"

Die Antwort hatte sie sich schon zurechtgelegt: „Du findest sicher allein hinaus."

Der heitere Ausdruck in Rolfs unbekümmertem, erwartungsvollem Gesicht verschwand wie von Zauberhand weggewischt.

„Oh, verstehe." Er sah nun ein bisschen traurig, aber auch etwas böse aus, verabschiedete sich rasch und jeweils mit einer kleinen Verbeugung von allen, dann brachte die Mutter ihn zur Tür. Elisabeth horchte an der Wohnzimmertür.

„Sie ist manchmal ein bisschen verspannt und nimmt das Leben zu schwer, das wirst du noch öfter merken. Du tust ihr aber gut, sie lacht jetzt mehr. Komm doch recht bald wieder, wenn du magst, ja?"

„Danke! Vielen, vielen Dank für alles, auch für deine lieben Worte, Mutti."

Und er war die Treppe hinab.

„Fräuleinchen, wir müssen mal ein paar Worte wechseln, ab in die Küche!"

Elisabeth erhob sich ohne Widerworte, sie und die Mutter nahmen wie üblich auf den Küchenstühlen kniend am Tisch Platz.

„Behandelt man so einen Gast in unserem Haus?", begann die Mutter.

„Hat er sich denn wie ein Gast aufgeführt, Mutti? Einfach verschwinden, nach einer Dreiviertelstunde besoffen wiederkommen, und das bei seinem Antrittsbesuch?"

„Nun sei mal nicht so verkniffen. Besoffen waren sie eindeutig nicht. Und deinem Vater hat es jedenfalls Vergnügen gemacht, dieser kleine Ausflug, hast du daran mal gedacht? Der hat doch sonst nichts, immer nur harte Arbeit und dann lauter Weiber zuhause. Ja, sie haben ein bisschen über die Stränge geschlagen, und, ja, das gehört sich nicht. Aber, ehrlich gesagt, das ist doch nichts, was die Aufregung lohnt."

„Und wenn er nun trinkt? Nachher geht es mir noch wie Tante Martha, und ich sitze da mit sechs Kindern und einem Mann, der säuft."

„Du liebe Güte, Kind, nun lass mal die Kirche im Dorf. Ein Säufer wäre in der Gaststätte hängen geblieben. Die beiden wollten einfach mal lustig sein, gönn ihnen das doch."

Elisabeth war nicht fürs Entschuldigen gemacht, und so wartete sie, ob Gronewold sich rührte.

„Es tut mir sehr leid wegen gestern", sagte er, als er sie zu sich bestellt hatte, wie immer vorgeblich zum Diktat. „Ich habe mich einfach so gut verstanden mit deinem Vater, und er hatte so einen Spaß. Ich natürlich auch. Da habe ich gar nicht mehr an euch gedacht, also an dich. Das hätte ich nicht machen sollen."

‚Er ist großmütig', dachte Elisabeth, ‚mir ist das nicht gegeben, immer muss ich recht behalten.'

„Na, dann hoffe ich mal, dass das Bier auch geschmeckt hat. Und natürlich habe ich viel zu scharf reagiert. Tut mir auch leid."

Den letzten Satz nuschelte sie nur, er fiel ihr schwer, aber Rolf war schon aufgesprungen, zeigte wieder sein klares, frohes Gesicht ohne jede Donnerwolke und zog sie an sich.

„Nun lass doch, Rolf! Die Leute! Man könnte uns erwischen."

„Ja, es wird wirklich Zeit für deine Versetzung."

8.) Essen, Dezember 1986

„Es ist die Bauchspeicheldrüse", sagte sie zu Rolf, der ihr mit einem Mal so schmal und winzig in seinem Krankenhausbett vorkam wie zwei Wochen zuvor ihre Mutter in Magdeburg.

„Sie würden gern operieren, aber man muss erst warten, bis du wieder ein bisschen zu Kräften gekommen bist. Die vielen Untersuchungen und das Abführen haben dich zu sehr angegriffen."

„Aha. Das ist ja schön, wurde auch Zeit." Rolf lächelte, sichtlich erleichtert, und atmete durch. „Na, Lieselchen, mein kleines Wieselchen, nun erzähl doch mal, wie du so zurechtkommst zu Hause ohne mich. Bestimmt besser, wo ich dir jetzt keine Arbeit mache, oder?"

„Ich – entschuldige, Rolf, ich muss mal rasch vor die Tür ..."

Den Rest des Tages verbrachten sie mit Elisabeths Erzählungen über Haushaltsdinge und über Vorkommnisse in der Nachbarschaft, mit Rolfs Erzählungen über das Krankenhauspersonal und das Essen. Es waren Gespräche vor den Mitpatienten, doch mehr und mehr vergaßen beide, dass Rolf in einem Mehrbettzimmer lag und andere Ohren alles mithörten. Alles versank. Nur ihr Miteinander nicht.

Als Elisabeth sich gegen Ende der Besuchszeit zum Gehen anschickte, brachte eine Schwester eine Zeitschrift herein.

„Die hat Ihre jüngere Tochter für Sie abgegeben."

„Aber … warum ist sie denn nicht reingekommen?"

„Ja, ich weiß auch nicht, vielleicht hatte sie keine Zeit."

Elisabeth verabschiedete sich rasch von Rolf und begleitete die Schwester in den Flur.

„Ist meine Tochter über die Diagnose informiert worden? So etwas passt sonst nicht zu ihr."

„Ja, was sollte ich machen? Sie fragte im Vorbeigehen, wie es dem Patienten geht ... Jedenfalls hat sie mir dann die Zeitschrift in die Hand gedrückt und hat sich auf dem Absatz umgedreht. Ach ja, sie sagte noch, sie könnte da jetzt nicht rein."

Merkwürdig und auch wieder nicht, fand Elisabeth. Sie würde jedenfalls Gundel darauf nicht ansprechen. Auf keinen Fall.

Von zu Hause aus rief sie als erstes Lilo an, die ältere Tochter.

Die war auf alles gefasst gewesen, hatte ja bereits gesehen, dass ihr Vater bald sterben würde. Aber natürlich hatte sie sich nicht auf ihre übersinnliche Wahrnehmung verlassen wollen, und nun, da sie sicher sein konnte, dass ihre Prophezeiung sich vollziehen würde, bald schon, brach es wie etwas Neues über sie herein, und sie begann zu schluchzen.

„Ich kann so wenig tun, ich sitze hier fest mit den Kindern. Wir kommen so oft wie möglich. – Kann man wirklich nichts mehr machen?"

„Nein, Lilo, nichts."

„Wenigstens eine Verlängerung?"

„Der Arzt war deutlich. Da gibt es nichts mehr."

„Vielleicht einen Spezialisten hinzuziehen?"

„Ach, Kind ..."

Dann rief sie Klaus an, Rolfs Bruder.

„Liesel, das gibt es doch nicht, dass man nichts machen kann. Rolf kann bestimmt noch behandelt werden. Wir haben hier einen im Kollegium, der hatte auch Bauchspeicheldrüsenkrebs. Sie haben die Bauchspeicheldrüse herausgenommen, jetzt muss er Medikamente nehmen und sieht ein bisschen spitz um die Nase aus, aber er lebt, schon seit einem Jahr."

„Der Krebs hat gestreut, Klaus. Da ist nichts, was man … Ich sage euch Bescheid, wenn es neue Entwicklungen gibt. Grüß Ursel von mir."

Nach diesen Telefonaten war Elisabeth so ermattet, dass sie gleich ins Bett kroch, wo sie allerdings keinen Schlaf fand. Sie stand nicht auf, als das Telefon schellte, Gundel vermutlich.

Sie fragte sich, warum eigentlich gerade sie alle überzeugen musste, dass Rolfs bevorstehender Tod unausweichlich war. Ausgerechnet sie.

Und eine entsetzliche Furcht befiel sie, eine Furcht, die alles niederrang, was bislang Bestand gehabt hatte, Furcht, die sie ganz einnahm, Furcht vor dem Schrecklichen, das ihr und ihrem Mann bevorstand, und dann nur noch ihr, nachdem ihr Mann sie verlassen haben würde. Und, von irgendwo her, ein kaum zu bändigender Zorn. Warum nur, warum, warum? Warum geschieht das mir? Warum meinem Mann? Ich bin vierundsechzig und soll Witwe werden? Schon? Ich? Sie schlug aus Leibeskräften mit der Faust aufs Kopfkissen.

Dann wieder versuchte sie, zu beten. „Vater unser, der du bist im Himmel, geheiligt ..."

Doch nein, sie konnte sich Gott nicht überantworten. Sie traute ihm nicht mehr, ihm, der ihr zumutete, Witwe zu werden, schon, mit vierundsechzig.

Sie schrie und heulte in ihr Kissen.

„Dein Wille geschehe? Daran soll ich glauben? Nein, ich will nicht, ich will nicht, dein Wille geschehe nicht!"

So ging die Nacht dahin, ging dahin wie ihr Leben als Rolfs Frau, so sicher geglaubt, und am frühen Morgen stand sie auf, übermüdet, verheert und am Rande ihrer Kräfte.

Danach zehn Tage lang immer derselbe Ablauf. Besuch bei Rolf. Selbstdisziplinierung. Familien-, Nachbarschafts- und Haushaltsgeschichten, oft war eine der Töchter dabei. Telefonate am Abend mit Lilo oder Gundel oder Rolfs Bruder und dessen Frau Ursel oder Gespräche mit Nachbarn. Aggi vermissen, ihren nächsten Menschen, mit dem sie aber nicht sprechen konnte. Schlaflose Nächte voller Furcht und Zorn.

Sie stellte fest, dass ihr unter der Haarfarbe nachwachsender Ansatz nicht mehr grau war, sondern silbrig, fast weiß, und sie beschloss, ihr Haar künftig in Ruhe zu lassen und von weiterem Färben zu verschonen.

9.) Stettin, Juni 1944

Dann dauerte es doch bis Juni, bis Elisabeth versetzt wurde. Sie kam nach Stettin, auf den Bauernhof, wo sich bereits Aggi seit mehreren Monaten befand. Wenigstens würde sie nicht allein sein, aber der Abschied von Rolf erschien ihr unerträglich.

„Hoffentlich ist der Krieg bald vorbei. Hoffentlich gewinnen die Alliierten, dass wir alle wieder ein normales Leben führen können."

„Ich versuche, dich ab und zu sonntags zu besuchen, wenn ich frei bekomme, und wenn du frei hast, kommst du nach Meseritz. Wenn wir Glück haben, können wir uns einmal im Monat sehen. Oder fast."

Sie weinte trotzdem beinahe die ganze Fahrt nach Stettin. Es waren ja hundertfünfzig Kilometer, so weit wie nach Berlin, eine ewig lange Strecke. Zwischendurch versuchte sie, sich zusammenzunehmen. Andere Frauen hatten ihre Männer, ihre Söhne, ihre Brüder im Feld, manche schon seit Jahren. Und jeden Tag das Warten auf die Feldpost, und jeden Tag die Furcht, ob nicht stattdessen der amtliche Brief käme, der den Heldentod des Vaters, Sohnes, Bruders vermeldete. Gefallen im Kampf um die Freiheit Großdeutschlands in soldatischer Pflichterfüllung, getreu dem Fahneneid für Führer, Volk und Vaterland. Mit wärmster Anteilnahme. Heil Hitler.

Rolf dagegen saß sicher im Regenwurmlager, sie wusste, wo er war. Er war gesund, wurde gut versorgt, und sie hatten den Luxus, sich häufig zu sehen. Was also wollte sie noch?

Das Leben in Stettin war eine Qual, abgesehen vom Zusammensein mit Aggi. Die Bauern, für die sie arbeitete, waren harte, geizige Menschen, unfreundlich dazu, und Elisabeth war vollkommen gleichgültig, welches Schicksal diese Menschen so deformiert hatte. Vielleicht hatten sie sich ja auch selbst zu dem gemacht, was sie waren, jedenfalls erübrigten sie nicht einen Funken Freundlichkeit und Mitgefühl für die jungen Menschen, die sich fern der Heimat auf ihrem Hof abrackerten, auf dem Feld, im Gemüsegarten, im Stall, in der Küche. Schelte gab es tagein, tagaus genug, nichts war den Bauersleuten recht zu machen. Wenigstens durften die sie nicht schlagen, aber dafür kürzten sie für jede, wie sie meinten, unzureichende Leistung die Essensration, und es kam vor, dass Aggi und Elisabeth abends nur einen Brotkanten in eine Wassersuppe mit etwas Petersilie tunken konnten.

„Hm, delikat, nur noch ein kleines bisschen Salz, und es wäre perfekt, meinst du nicht?", schmunzelte Aggi. Elisabeth schüttelte den Kopf. Wie konnte Aggi nur Witze reißen in ihrer Lage?

„Wir sind weder Ihre Sklaven noch Ihre Gefangenen", brachte Elisabeth, die als die Ältere für ihre Schwester einzutreten hatte, eines Tages in scharfem Tonfall vor.

„Wenn ihr nicht pariert, werdet ihr gemeldet", erwiderte der Bauer, grinsend.

Da setzte sie sich hin und schrieb eine Beschwerde. Aber eine Antwort kam nie.

Als sie zu Weihnachten auf längeren Urlaub nach Meseritz durften, versuchte Rolf sie zu trösten. „Der Krieg kann nicht mehr lange dauern, alles deutet auf ein Ende hin. Ich muss allerdings damit rechnen, eingezogen zu werden. Na, nun wein doch nicht. Ich habe nicht vor, mich in Kampfhandlungen verwickeln zu lassen."

„Gefangenschaft?", fragte Aggi.

„Ja, genau. Besser als zu fallen. Oder auf einen Menschen zu schießen."

„Aber, Rolf, das kann dir als Feigheit vor dem Feind ausgelegt werden. Du könntest standrechtlich erschossen werden. Und dann die Gefangenschaft, die russische zumal ..." Elisabeth hatte nicht übel Lust, in Tränen auszubrechen. Es erschien ja alles so sinnlos, jede Glückserwartung musste aufgegeben werden, warum sich nicht gleich einfach hinsetzen und weinen?

„Ich komme schon irgendwie durch. Jetzt musst du mir mal ganz genau zuhören und dir alles merken. Wenn es zum Ende hin geht, wird dich ein Oberst Ziebell aufsuchen. Wenn ich noch dazu komme, kündige ich ihn per Telegramm an. Der kommt von mir, und er wird dich und Aggi mit dem Militärlaster nach Westen fahren. Wohin genau, weiß ich noch nicht. Wahrscheinlich nach Schleswig-Holstein. Wenn ihr jetzt nach Stettin zurückkehrt, nehmt also bitte alle wichtigen Papiere mit, Ausweis, Meldebescheinigung, Versicherungsscheine, Rentenbuch, Impfpass. Packt in Stettin einen Notkoffer, denn wenn die Russen vorrücken, müsst ihr schnell sein und habt keine Zeit zum Packen. Wenn ihr in Sicherheit seid: Meine Eltern in Berlin sind die Kontaktadresse. Dahin schreibst du, wo du bist und dahin schreibe ich – wenn ich schreiben kann. So finden wir uns wieder."

Elisabeth hörte das alles, und ihr schien, als sei ihr Leben nun endgültig dahin. Und doch spürte sie, dass jetzt nicht die Zeit zum Lamentieren war. Sie ergriff Aggis Hand, und die erwiderte den Druck. Zu Rolf sagte Aggi: „Vielen Dank, Rolf, dass du auch an mich gedacht hast und für uns sorgst. Ich will alles genau so machen, wie du gesagt hast. Und jetzt lasse ich euch mal allein, ihr habt sicher noch jede Menge zu reden."

Das hatten sie. Und zu küssen auch. Ans Küssen hatte Elisabeth sich inzwischen gewöhnt, aber bloße Umarmungen waren ihr doch lieber, wenn es schon körperlich werden musste. Zu dem Anderen, dem Einen, das alle Männer immer wollten, hatte sie die Mutter inzwischen befragt, und die hatte etwas von einem hart werdenden Glied erzählt und dass der Mann das in die Scheide einführen müsse, damit sein Samen in die Frau gelange, so entstünden Kinder.

„Das kann ziemlich weh tun, aber nur wenn es dir nicht gefällt. Sonst wird deine Scheide feucht und schlüpfrig, dann hast du keine Schmerzen. Für alle Fälle solltest du immer eine Dose Nivea neben dem Bett stehen haben."

„Aber wenn es mir nicht gefällt, warum sollte ich da ..."

„Du willst doch Kinder, oder? Und du willst doch nicht, dass dein künftiger Mann sein Vergnügen woanders sucht? Männer müssen ihre Pfeife ausklopfen, das ist nun mal so."

„Und wenn ich keine Kinder mehr will?"

„Rolf weiß bestimmt, was zu tun ist. Entweder sorgt er dafür, dass sein Samen nicht in dich fließt, oder ihr benutzt ein Kondom, das ist ein dünner Gummiüberzug, der seinen Samen auffängt. Natürlich kannst du auch einfach das letzte Kind auf die Bettritze zwischen euch legen, wenn keins mehr kommen soll. Aber, wie gesagt, vielleicht geht er dann woanders hin."

Elisabeth hatte das überwältigende Gefühl, dass sie all diese Informationen lieber nicht bekommen hätte. Sie hatte nicht gewusst, was da Schreckliches auf sie zukommen würde. Zu Rolf hatte sie gleich anschließend gesagt, geheiratet werde erst nach dem Krieg, sie wolle nicht als Kriegswitwe mit Kind dastehen. Und vorher diese ... Dinge tun, kam gar nicht erst in Betracht, auch wenn Rolf das eine oder andere Mal versucht hatte, mit der Hand unter ihren Pullover zu fahren. Was sie stets gleich unterbunden hatte, obwohl es ein schmerzlich süßes Ziehen zwischen ihren Beinen hervor gerufen hatte, wenn seine Finger bis zu ihrer Brust gelangt waren.

Nun stand erst einmal Weihnachten an, und sie war fest entschlossen, diese Zeit für Rolf so schön wie möglich zu gestalten und sich tapfer zu führen, ohne Tränen.

Kurz vor Weihnachten gingen sie gemeinsam zum Fotografen, und ließen ein Doppelporträt von sich machen, für alle Fälle.

Rolf würde einen Abzug nach Stettin schicken und einen behalten.

„Unser Hochzeitsfoto, jedenfalls fast“, sagte er.

So romantisch, fand Elisabeth.

Den Heiligen Abend verbrachten sie bei Rolf Eltern, es war ja sein Geburtstag. Die Stimmung wirkte deutlich zurückgenommener, die beiden Frauen hatten das Flatterhafte etwas reduziert und verhielten sich halbwegs vernünftig. Der künftige Schwiegervater trat dagegen für seine Verhältnisse geradezu überschwänglich auf, kniff Elisabeth zu Begrüßung zart in die Wange und klopfte auf den Stuhl neben sich, damit sie sich dorthin setze. Dann begann er angeregt mit ihr zu plaudern, befragte sie nach ihrer Familie, ihrer Arbeit in Stettin und sogar nach ihren Ängsten angesichts der bevorstehenden Veränderungen.

„Meine Mutter möchte nicht aus Meseritz fliehen, ich versuche noch, sie zu überreden. Wenn ich nur daran denke, was auf meine Familie zukommen kann! Plünderungen, Erschießungen, Vergewaltigungen. Mutti sagt, dass Vati sie schon beschützen wird und dass meine Schwester Röschen, die ist erst zwölf, nicht aus der gewohnten Umgebung herausgerissen werden soll. Meine Schwester versteht manche Dinge nicht so gut.“

„Oh je, das sind schlimme Sorgen. Die solltest du dir aber nicht auch noch aufladen, du hast genug mit deinen eigenen zu tun. Deine Mutter wird schon wissen, was sie tut.“

Unversehens war er ins Duzen gerutscht. Rolfs Mutter hörte das, entkorkte einen Sekt der Marke Rotkäppchen, goss allen ein und brachte einen Toast auf ihren Sohn und ihre künftige Schwiegertochter aus.

„Wir wollen alle wünschen, dass dein neues Lebensjahr leichter verläuft, als wir heute befürchten, und dass ihr beiden jungen Brautleute glücklich miteinander werdet. So, und nun wollen wir uns alle duzen. Ich heiße Elfriede.“

„Gustav“, sagte Rolfs Vater, stand auf und schlug die Hacken zusammen. „Aber lieber wäre mir ‚Vater‘.“

Zur Bescherung gab es in diesem Jahr nur praktische Dinge, für das Brautpaar vor allem warme Unterwäsche, praktisch für die Front und für die Hofarbeit. Zum Geburtstag gab es für Rolf noch einen Bildband zur Tier- und Pflanzenwelt in Posen. Wie Elisabeth mittlerweile wusste, las er selten Romane, war aber an allen naturwissenschaftlichen Themen sehr interessiert. Susanne bekam eine Schallplatte mit – natürlich – Arien, gesungen von Josef G. Mit dem hatte sie inzwischen ein Liebesverhältnis begonnen, offenbar mit Billigung oder zumindest Duldung durch ihre Eltern. Ob die beiden diese unsäglichen Dinge miteinander taten? Sie waren ja nicht verheiratet, aber man hatte schon von Frauen gehört, die dennoch ... Susanne erzählte, dass G. sich scheiden lassen wollte. Aber seine Frau wolle nicht zustimmen, und zustimmen musste sie, sonst wurde nichts aus der Scheidung. Denn Josef G., der eine Geliebte hatte, war der schuldige Teil, und wer schuldig war, konnte die Scheidung nicht verlangen.

Elisabeth hatte für Elfriede zwei zarte, weiße Taschentücher mit Spitze umhäkelt, eines in Hellgelb, eines in Fliederfarben. Für ihren Schwiegervater hatte sie zwei gröbere Tücher mit Lochstickerei verziert und seine Initialen aufgestickt. Susanne bekam einen federleichten Schal aus lindgrüner Mohairwolle, wunderbar zu ihrem blonden Haar und natürlich auch selbst gestrickt. Rolf hatte noch verschiedene Schmuckschachteln mit Pralinen aus dem Meseritzer Café, dem „ersten Haus am Platz“, für alle dabei, für den Vater mit Weinbrand, für die Damen ohne Alkohol.

Elisabeth war wie befreit, sie hatte sich wohl gefühlt im Berliner Haushalt ihrer künftigen Schwiegereltern.

„Bitte pass auf dich auf, ja?“, hatte der Schwiegervater zum Abschied gesagt und ihr über die Wange gestreichelt. „Du bist uns sehr ans Herz gewachsen, da spreche ich für uns alle.“ Und fast schien es ihr, als müsse er eine kleine Träne verbergen.

Im Zug erst tauschten Elisabeth und Rolf die Geschenke aus, die sie füreinander erworben hatten. Sie hatten dieselbe Idee gehabt: ein schmaler Goldring mit Granatsplittern für Elisabeth, edel genug, um als Verlobungsgeschenk zu gelten, aber wiederum nicht so protzig, dass sie ihn nicht jeden Tag hätte tragen können.

„Den werde ich in Stettin um den Hals tragen, so habe ich ihn immer bei mir, auch bei der Arbeit. Und nachts.“

Ein etwas breiterer Silberring für Rolf. Und zum Geburtstag noch extra ein kleines, aber dickes Notizbuch.

„So kannst du im Feld aufschreiben, was dich bewegt, unabhängig von der Feldpost.“

Der erste Feiertag wurde im Hause von Elisabeths Eltern begangen und verlief wie alle Tage, Rolf ging ja dort schon seit langem ein und aus. Dass Elisabeth seit Monaten in Stettin weilte, hatte daran nichts geändert. Er ging auch allein hin.

Auch hier waren die Geschenke praktischer Natur, für Rolf gab es eine Dauerwurst dazu, in der örtlichen Räucherkammer von der Mutter selbst geräuchert.

Noch ein gemeinsamer Tag, der zweite Feiertag, verbracht mit einer langen Wanderung durch die Wälder von Meseritz, dann war es Zeit, Abschied zu nehmen, Elisabeth und Aggi mussten zurück nach Stettin. Mit aller Gewalt zwang sich Elisabeth, ein fröhliches Gesicht aufzusetzen. Nur keine Tränen, nein, nicht einmal ein schmerzliches Verziehen der Züge. Dieses Gesicht, das sie jetzt Rolf zum Kuss entgegen hob, war das letzte Bild von ihr, das er ins Feld und in die Gefangenschaft mitnehmen würde, und er sollte sich gern daran erinnern, an diesen letzten Blick auf sie, an ein heiteres, helles Gesicht mit schwarzen, liebenden Augen. Weinen konnte sie später.

Und das tat sie, später, trotz aller Bemühungen Aggis, sie zu trösten.

Der Bauernhof lag etwas westlich von Stettin, und ab Januar 1945 sahen Elisabeth und Aggi mehr und mehr Flüchtlinge aus dem Osten daran vorbeiziehen. Schließlich stauten sich am gegenüber liegenden, östlichen Ufer der Oder zunehmend Menschenmassen, oft stundenlang, bis sie übersetzen konnten.

„Lange kann es nicht mehr gut gehen", sagte Aggi.

Und dann ging alles ganz schnell.

Elisabeth erkrankte an Diphtherie. Sie lag fiebernd im Bett, zum Missvergnügen der Bauersleute, die sie für faul erklärten, als Aggi sie eines Morgens im Februar 1945 am Arm rüttelte.

„Wach auf Lies! Lies? Es geht los, du musst es irgendwie aus dem Bett schaffen, ich helfe dir. Oberst Ziebell steht am Tor. Komm, ich nehme deinen Notkoffer."

Elisabeth schwindelte es, als sie sich mit Aggis Hilfe auf die Bettkante gesetzt hatte. Die Beine waren weich und knickten unter ihr weg. Sie glühte. Aber sie musste ... musste ... Aggi zog sie hoch und umfasste sie.

„So hat es keinen Zweck, alles auf einmal schaffe ich nicht. Ich muss gleich nochmal zurück, die Koffer holen. Jetzt muss ich dich erst einmal zum Wagen bringen."

Irgendwie schafften sie es bis zum Hoftor. Da stand Oberst Ziebell und grüßte knapp. Dann hob er Elisabeth hoch und verfrachtete sie auf die beiden Sitze neben dem Fahrersitz, wo sie sich, wenn auch halb aufgerichtet, etwas bequemer betten konnte.

„Dafür müssen Sie auf die Ladefläche, wird das gehen?", fragte der Oberst Aggi. Die nickte.

„Ich muss nochmal zurück sausen, unser Gepäck holen. Das hat nicht alles auf einmal funktioniert. Sind ja nur ein paar Schritte."

„Dann aber rasch! Hören Sie? Geschützfeuer. Die Front rückt schnell näher, wir haben eigentlich überhaupt keine Zeit mehr. Am besten komme ich mit, dann kann ich tragen helfen. Schafft Ihre Schwester es für ein, zwei Minuten, allein zu bleiben?"

„Sie muss." Aggi rannte schon los.

Sie und Elisabeth hatten keine Veranlassung gesehen, sich bei den Bauersleuten zu verabschieden, aber die hatten den Braten bereits gerochen und das Gepäck ihrer beiden Helferinnen versteckt.

„Die Koffer behalten wir als Entschädigung", hörte Elisabeth den Bauern sagen. Er sprach laut, wohl in dem Versuch, den Oberst einzuschüchtern.

Ziebell holte Luft. Übergangslos brüllte er: „Sie geben mir sofort das Gepäck heraus. Das ist ein Befehl."

Der Bauer verschränkte die Arme vor der Brust, und der Oberst musste wahrhaftig seine Waffe ziehen, um ihn zu überzeugen. Die Koffer tauchten umgehend wieder auf. Der Gefechtslärm war jetzt ganz nah, und der Oberst und Aggi rannten wie um ihr Leben zum Laster, sprangen hinein, und los ging es, der Oberst hatte den Motor laufen lassen.

Wenn Elisabeth geglaubt hatte, ihr Leben auf dem Bauernhof sei höllisch gewesen, wurde sie nun eines Besseren belehrt. Jetzt sah sie direkt in den Höllenschlund. Diese zwei Tage würde sie nie vergessen, so lange sie lebte nicht. An die fünfhundert Kilometer lagen vor ihnen. Kaum hatten sie die Landstraße erreicht, sah sie ihn: einen endlosen Zug elender Gestalten, die sich langsam über den mittlerweile festgefahrenen und festgestampften Schnee fortbewegten. Manche hatten ihre Habe im Bündel über den Rücken geschwungen, die Glücklicheren führten Karren oder Leiterwagen mit Pferdegespannen. Auch ein Auto war auszumachen, doch offenbar nicht mehr funktionstüchtig, denn auch dieses wurde von ausgemergelten Pferden gezogen. Ziebell konnte nur im Schritttempo fahren, der Flüchtlingsstrom blockierte die Straße.

„Mein Gott!“, entfuhr es Elisabeth, und sie schlug die Hände vors Gesicht.

„Keine Angst“, antwortete Ziebell. „Ich habe meinem Kameraden versprochen, Sie sicher hier herauszubringen, und ich bringe Sie sicher hier heraus. Hier ist übrigens ein Brief von ihm für Sie.“

Elisabeth war beinahe zu schwach, den Brief entgegenzunehmen, und viel zu schwach, ihn zu lesen, die Buchstaben in Rolfs kleiner, enger, akkurater Schrift mit den großzügigen Schwüngen nach oben verschwammen vor ihren Augen, und so steckte sie das Papier in ihren Hosenbund. Sie würde überreichlich Zeit haben, irgendwann später. Ihr Hals brannte wie Feuer.

Dann kam das Bombengeschwader.

„Kopf unter die Arme!“, schrie Ziebell.

Es pfiff und knallte und donnerte aus allen Richtungen. Bomben fielen auf den Flüchtlingstreck. Elisabeth schloss die Augen.

Da! Menschen und Pferde begannen zu schreien. Das Schreien schwoll an, wurde zum gellenden Kreischen, vielstimmig, aus allen Richtungen. Nie hatte Elisabeth so etwas gehört, ein fürchterlicher, misstönender Schicksalschor, begleitet vom rhythmischen Pfeifen und Donnern der Geschosse.

Mancher Schrei brach ab, urplötzlich. Dann war jemand tödlich getroffen, ein Mensch, ein Pferd.

Auch Elisabeth schrie, was die entzündete Kehle hergab.

„Ich will nach hinten, ich will nach hinten, Aggi, Aggi!“

Vergeblich versuchte sie, sich aufzurichten.

„Sie müssen sich jetzt unbedingt beruhigen“, redete Ziebell auf sie ein. „Seien Sie ein großes Mädchen. Atmen Sie tief und gleichmäßig. Halten Sie die Augen geschlossen. Und nochmal: Kopf unter die Arme, mit den Oberarmen die Ohren zuhalten!“

„Lies, er hat recht“, hörte sie von hinten Aggi rufen. „Es nützt ja nichts. Wir kommen hier raus oder wir kommen hier um, wir sind in Gottes Hand, alles liegt jetzt bei ihm.“ Sie begann ein Vaterunser zu beten.

„Hilf, Himmel“, flüsterte Elisabeth. Das Schreien hatte ihren wunden Hals zusätzlich geschunden. Ihre Zähne schlugen aufeinander.

So schnell das Geschwader gekommen war, von vorn, direkt auf sie zu, und so schnell es seine tödliche Fracht über den Menschen abgelassen hatte, so schnell war es hinter ihnen wieder verschwunden. Elisabeth wagte einen Blick nach vorn durch die große Windschutzscheibe und bereute ihn sofort, als sie die Verwüstungen sah.

Zerfetzte, aufgerissene Leiber von Menschen und Tieren. Gedärm. Kinderleichen. Kreischende Verwundete, wimmernde Verwundete. Pferde mit zerschossenem Hinterleib, die sich aufbäumten, nicht verstehend, was mit ihnen passiert war, warum sie nicht auf die Beine kamen. Verstreute Habe. Und da: gebückte Menschen, die versuchten, in all diesen Haufen aus Fleisch und Stoff – schwarz, rot, grau auf weißem Schnee – etwas Brauchbares für sich zu finden. Einer zog einem Sterbenden die Stiefel aus.

„Wie die Tiere“, krächzte Elisabeth, heiser vor Entsetzen. Es schüttelte sie, und sie wusste nicht, ob es Fieber war oder Angst oder Abscheu.

„Tiere sind nicht so“, sagte Ziebell. „Sie lassen jetzt bitte die Augen zu!“

„Wir müssen doch helfen! Haben wir nicht wenigstens etwas Verbandszeug? Wasser für die Verwundeten?“

„Helfen." Ziebell sah sie befremdet an. „Hunderte verarzten. Wie stellen Sie sich das vor? Soviel haben wir nicht, und wir haben keine Zeit. Hinter uns sind die Russen, die rücken schnell nach, schneller als wir, wenn wir Pech haben. Und vor uns die anderen Alliierten."

„Warum machen die das?", flüsterte Elisabeth. „Warum beschießen die uns?"

„Zermürbung. Es werden jetzt auch Städte zerbombt, die nicht kriegswichtig sind. Soll wohl die Zivilbevölkerung dazu bringen, sich gegen Hitler zu erheben." Ziebell schnaubte. „Die haben keine Ahnung. Der deutsche Volkskörper erhebt sich nicht, der marschiert und gehorcht. In Schlesien zum Beispiel werden alle erschossen, die beim Fliehen erwischt werden. Von Deutschen. In Westpommern nimmt man das wohl nicht so genau, deswegen konnte ich Sie da herausholen"

„Und in Posen?", ließ sich Aggi von hinten vernehmen. „Was ist mit Posen? Und wieso ist das Regenwurmlager aufgegeben worden, wenn Fliehen verboten ist?"

„Es war sowieso schlecht bewacht, zu wenige Leute von Anfang an. Das ist jetzt bestimmt längst ein russisches Lager. Und vorher sind eben die letzten Stationierten an die Front geschickt worden, Rolf auch."

„Meseritz ist schon besetzt?", rief Elisabeth aus. „Oh Gott, hoffentlich ist Mutti und Vati nichts … und Röschen … "

Und Rolf an der Front!

Ihr schwanden die Sinne.

Am Abend hatten sie fünfundzwanzig Kilometer geschafft. Sie waren in Brandenburg, beruhigend weit westlich schon. Prenzlau lag vor ihnen. Es war dunkle Nacht. Kein Stern am Himmel.

„Ich weiß nicht recht, ob wir so schnell genug vorankommen", sagte Ziebell schließlich zu Aggi, gerade als Elisabeth aus Ohnmacht und dann tiefem, traumzerfetztem Schlaf erwachte. „Aber ich kann nur auf der Landstraße fahren. Die Nebenstrecken stehen knietief im Schnee, da kommen wir mit dem Wagen nicht durch. Weiter vorn ist eine Ortschaft, da werden die anderen hin wollen zum Übernachten. Hoffentlich finden sie barmherzige Menschen. Hier ist schon der erste Bauernhof, da biege ich ab."

Es herrschten minus fünfzehn Grad, als Ziebell und Aggi vom Laster sprangen und Ziebell sodann Elisabeth aus dem Auto hob. Aggi breitete eine Decke über sie, die sie auf der Ladefläche gefunden hatte. Sie war froh, zum ersten Mal, dass die Stettiner Bauern zu geizig gewesen waren, den Ofen in der Schlafstube der beiden jungen Frauen zu befeuern, so hatte Elisabeth mit Pullover, Strickjacke und dicker Arbeitshose im Bett gelegen und nicht im Nachthemd.

Aggi klopfte ans Tor, und sofort hörten sie Schritte, leichte, eilige Schritte.

Das Tor öffnete sich, und ein Schwall Licht und Wärme strömte hinaus und ergoss sich über die Wartenden.

„Kommen Sie herein, schnell!" Eine dicke Frau in mittleren Jahren, freundliche, helle Augen, etwas besorgt blickend. „Wir haben Ihr Auto schon kommen sehen. Wir helfen gern. Um Gottes Willen!"

Die letzte Bemerkung galt Elisabeth, die, jetzt wieder rotglühend, in Ziebells Armen lag.

„Halsbräune, nicht wahr? Geht gerade um. Ich mache gleich einen Tee aus ein paar Kräutern, das lindert, ich kenne mich ein bisschen aus. Bitte kommen Sie in die Stube, Brot und Schinken stehen schon auf dem Tisch. Die beiden Herrschaften müssen mit dem Heuschober vorlieb nehmen, Decken gebe ich dazu, aber für die junge Dame muss ich wohl ein Bett finden, mal überlegen... Das ist übrigens mein Mann."

Unter derlei Reden waren sie in die Wohnküche gelangt, wo sich ein hagerer Riese erhob, ein wenig mürrisch, aber nicht feindselig. Wortlos deutete er auf die Eckbank, um den Ankommenden zu bedeuten, wo sie sich hinsetzen konnten. In der

Tat standen Brot und Schinken auf dem gescheuerten Holztisch, dazu Schmalz und außerdem ein Krug, vermutlich mit Milch oder Wasser gefüllt. Fragend blieb Ziebell stehen, immer noch mit Elisabeth auf seinen Armen.

„Oh, natürlich, kommen Sie. Wir haben ja noch die Stube von unserer Tochter, die ist jetzt auch eingezogen worden, als Sanitäterin. Kind, du musst aber auch etwas essen, Fieber hin oder her."

„Ich kann nicht schlucken."

„Jetzt erst einmal ins Bett, dann sehen wir schon."

Elisabeth fühlte sich wie auf Wolken gebettet, als Ziebell sie auf den Strohsack, der in den rohen Bettkasten eingelegt war, lagerte und die Daunendecke über sie zog. Zwar war das Leinen, mit dem Strohsack und Decke bezogen waren, steif, kalt und klamm, aber es kam ihr vor, als habe sie noch nie in ihrem Leben so weich und behaglich gelegen. Alles war gut, jetzt war alles mit einem Mal gut.

Sie schloss die Augen. Jemand rüttelte an ihrem Oberarm. Sie fuhr hoch, schlug um sich, schrie. Die Russen! Die Flieger! Bomben!

„Ruhig, nur ruhig", hörte sie die warme Stimme der Bäuerin. „Hier ist etwas heiße Milch mit Honig, ich helfe Ihnen."

Obwohl jeder Schluck stach und brannte, ließ Elisabeth sich dankbar Löffel für Löffel einflößen, hatte den Becher schließlich ganz geleert und nahm danach sogar noch etwas Kräutertee zu sich.

Wie aus weiter Ferne spürte sie noch, dass ihre Waden mit kalten, feuchten Tüchern umwickelt wurden. Den Nachtgruß der Bäuerin, die die Tür leise hinter sich zuzog, hörte sie schon nicht mehr.

Am Morgen war die Krise überstanden. Elisabeth war wackelig auf den Beinen, aber fieberfrei. Mit wiedererstarktem Appetit machte sie sich über die Hafergrütze her, die die Bauersfrau zusammen mit eingekochtem Apfelkompott und Milch auf den Tisch gestellt hatte. Ziebell und Aggi hatten längst gefrühstückt, jedoch entschieden, sie ausschlafen zu lassen. Nun drängten sie zur Eile. Geschützfeuer war allerdings nicht mehr zu hören, vermutlich war auch die Rote Armee an der Oder bei Stettin aufgehalten worden. Das versprach ein bisschen Zeitgewinn.

Im Stall fanden sie die Bäuerin, der Bauer war längst auf dem Feld.

„Gott segne Sie für Ihre Güte“, sagte Ziebell und ergriff herzlich ihre Hand.

Elisabeth kamen die Tränen. „Ich kann gar nicht sagen, was ... wie ...“, stotterte sie.

„Nu, nu, das wird schon, meine Kleine. Wissen Sie, unser Sohn ist im Krieg geblieben, und unsere Tochter muss irgendwo im Westen Sanitätsdienste ableisten, wir haben lange nichts von ihr gehört. Da ist es doch selbstverständlich, dass wir ...“ Ihre Stimme zitterte.

‚Wo bist du jetzt, Rolf?‘, dachte Elisabeth und tastete nach dem Brief. Sie würde ihn später lesen.

„Danke, tausendmal danke“, sagte Aggi nun. „Gott behüte Sie und Ihren Mann und Ihre Tochter.“

Dann brachen sie auf.

Bis Schleswig brauchten sie noch zwei weitere Tage. Am zweiten Tag konnte Elisabeth schon im Sitzen fahren, und so konnte Aggi die unbequeme Ladefläche verlassen – sie war am ganzen Körper grün und blau von all dem Rütteln und Schütteln – und ebenfalls neben Ziebell im geheizten Führerhaus Platz nehmen. Je weiter sie nach Westen vorstießen, desto schneller kamen sie voran. Die Flüchtlingsströme ebbten ab, die meisten hatten wohl ihre Ziele schon erreicht. Die Schneedecke wurde dünner, und sie konnten Nebenstraßen befahren.

„Warum gerade Schleswig?“, fragte Aggi nun.

„Rolf hat ein bisschen telefoniert, weil er euch beide zusammen unterbringen wollte. Schleswig liegt weit genug im Westen und soll recht hübsch sein, und es hat eine Irrenanstalt, die zwei Pflegerinnen als Wehrmachthelferinnen angefordert hat. Die haben da Schwesternzimmer zum Wohnen für euch, ihr braucht euch um nichts mehr zu kümmern. Praktisch."

Und vor dieser „Irrenanstalt", der psychiatrischen Landesheilanstalt von Schleswig, hielt Ziebell den Wagen am frühen Abend an. Von Schleswig hatten sie nicht viel gesehen, es herrschte Verdunkelung. Irgendwo glitzerte Wasser. Elisabeth sprang aus dem Wagen. Aggi tat es ihr gleich. Sie sprang eben auf die Ladefläche, um die Koffer zu Ziebell herabzureichen, als ein junger, nicht sonderlich groß gewachsener Soldat mit breitem Lächeln neben den Oberst trat. Er grüßte den Ranghöheren knapp und wandte sich ohne Umschweife Aggi zu: „Na, was bist du denn für eine? So ein Schmuck in dieser Stadt! Wie heißt denn du? Ich bin Paul."

Aus einem hübschen, offenen Gesicht strahlte er Aggi an.

Die Sprachfärbung hatte einen leichten Anklang ans Berlinerische, war jedoch etwas singender.

Elisabeth, obwohl immer noch geschwächt, war im Begriff, sich die Belästigung ihrer jüngeren Schwester – und das Duzen – zu verbitten, auch Ziebell setzte eben zum Sprechen an, da hörte sie Aggi sagen: „Ich heiße Agnes. Und ich fange morgen hier an, als Hilfspflegerin."

Dabei deutete sie auf den riesigen Kasten, in dem die Irrenanstalt untergebracht war.

Doch nicht was sie sagte, ließ Elisabeth aufmerken, sondern wie sie es sagte – wie ein kleines Mädchen, aufgeregt und offenbar innerlich hüpfend – und wie sie dabei aussah. Ein Kleinkind, das zum ersten Mal einen Weihnachtsbaum erblickt. Es war in ihrem Gesicht zu lesen, unübersehbar. Kein Zweifel, ihre kleine Schwester war verliebt.

10.) Essen, Dezember 1986

Der 24. Dezember war Rolfs siebzigster Geburtstag.

Elisabeth und ihre beiden Töchter, Lorenz und die vier Enkelkinder erschienen gleichzeitig an Rolfs Krankenlager, um einen traurigen Geburtstag zu begehen, den letzten, wie alle wussten, nur der Kranke nicht.

Rolf war durch das Morphium „ziemlich weggetreten", wie Elisabeth es ihrem Schwiegersohn gegenüber ausgedrückt hatte, um ihn vorzubereiten, und so gab es im Krankenzimmer kaum eine Unterhaltung, nur stummes Händeringen. Sogar die Enkelkinder waren bedrückt und still.

Lilo legte die kleine Desirée auf den Bauch ihres Großvaters, aber das war nicht das Richtige, das geringe Gewicht des Säuglings schon bereitete ihm rasch Schmerzen, selbst durch den Morphiumnebel hindurch, und er bewegte sich unruhig und ächzend.

Gundel hatte ein Geburtstagsgeschenk dabei, von dem sie wohl hoffte, es könne doch noch zum Vater durchdringen und ihn erfreuen. Sie hatte die Familienfotos sortiert und in ein dickes, ledernes Fotoalbum geklebt. Es waren Stunden innerer Verbundenheit mit ihrem Vater und seinem Leben gewesen, die sie auf diese Weise verbracht hatte. In dem schiefen Versuch, mitten in die schlimmsten Tragödie etwas Leichtigkeit zu bringen, so als wäre da nichts, hatte sie vorn ins Album ein Gedicht von Eugen Roth geschrieben und darunter eine Widmung.

Ein Mensch kriegt eine schöne Torte,
Drauf steh'n in Zuckerguss die Worte:
»Zum heutigen Geburtstag Glück!«
Der Mensch ißt selber nicht ein Stück,
Doch muss er in gewalt'gen Keilen,
Das Wunderwerk ringsum verteilen.

Das »Glück«, das »heu«, der »Tag« verschwindet,
Und als er nachts die Torte findet,
Da ist der Text nur mehr ganz kurz.
Er lautet nämlich nur noch: ... »burts« ...
Der Mensch, zur Freude jäh entschlossen,
Hat diesen Rest vergnügt genossen.

Zum 70. Geburtstag meinem Vater, der immer so gern abgibt.

Rolf war zu kaum einer Reaktion im Stande, das Album betrachten konnte er erst recht nicht.

„Leg es mal da ab“, murmelte er und deutete auf das Fußende des Bettes. „Dankeschön. Da habe ich was zu tun, wenn ich operiert bin.“

Elisabeth und Gundula nahmen rechts und links vom Bett Platz, und er legte seine Hände auf ihren Handrücken ab und bewegte sie in einem sanften, mechanischen Streicheln hin und her wie Scheibenwischer, nur ein wenig unregelmäßig, eine Bewegung, die Frau und Tochter so gut kannten, dass sie Mühe hatten, die Fassung zu wahren. Lilo mit ihrer warmen Altstimme und Lorenz mit seinem klangvollen, weichen Tenor begannen zweistimmig zu singen „Es ist ein Ros entsprungen“, Rolfs liebstes Weihnachtslied, und die beiden älteren Kinder, Konstantin und Lydia, fielen leise ein, wohl froh, in dieser düsteren Atmosphäre, in der Spielen und Lärmen sich verboten, irgendetwas zu tun. Rolf hörte sein liebstes Weihnachtslied, er schaute auf den kleinen Jakob und auf Desirée, das jüngste Familienmitglied, das erst seit drei Monaten auf der Welt war und nichts von seinem Großvater wusste, nichts von der Welt und nichts vom Sterben und nichts vom Leid, und er dämmerte weg, kaum merklich lächelnd.

Den Abend und das restliche Weihnachtsfest verbrachte Elisabeth mit Gundel, die bei ihr übernachtete, obwohl sie mit Jürgen zusammenlebte, einem Töpfer, mit dem Elisabeth jedoch nicht recht warm wurde (Ein Töpfer! Oh je!), weswegen es ihr lieber war, dass Gundel zu ihr kam, allein, und nicht umgekehrt. Jürgen war zwar von überströmender Freundlichkeit jedermann gegenüber, doch Elisabeth meinte immer, durch all den süßen Ton hindurch eine gewisse Falschheit zu spüren. Und das war in der gegenwärtigen Lage gewiss nicht das Richtige für sie.

Gundula war ihr Herzenskind, denn abgesehen von ihrer Hinwendung zum Kommunismus, ein, zwei zu frühen Männergeschichten und einer Scheidung hatte sie kaum Ärger gemacht. Ein bisschen hatte sie zwar von Beginn an wie ein Fremdling gewirkt in dieser lebhaften Familie, immer etwas still, zurückgezogen und mit sich selbst beschäftigt, schon als Kleinkind verträumt. Aber das hatte andererseits ihre Erziehung erheblich erleichtert, und so war sie ihren Eltern eine brave Tochter ohne Leidenschaften, die mit ihren großen, braunen Augen Elisabeth ein wenig ähnelte, wenn auch in den ersten Jahren mit blonden, später hellbraunen Haaren statt der blauschwarzen ihrer Mutter, und wenn auch das Glutvolle und Düstere, das Liesel zu eigen war, fehlte. Lilo, blauäugig wie Rolf und dunkelblond, ähnelte im Wesen Rolfs Mutter mit ihrem hochfahrenden Temperament. Ein Gefühlsvulkan, Rolf hatte sie immer als Brausekopf bezeichnet, und in früheren Zeiten war sie deswegen manchmal Liesels Schmerzenskind gewesen. Und immer Rolfs Liebling. Doch mittlerweile ging Elisabeth ganz auf in Lilos Leben, viel mehr als in Gundels, vor allem im Alltag mit den lebhaften Enkeln in der behaglichen, vollgestopften, immer leicht unaufgeräumten Wohnung von Lilo und Lorenz. Sie war mit Rolf häufig da gewesen, tagelang waren sie eingetaucht in den Lärm und die Vitalität einer vielköpfigen Familie und hatten versucht, helfend und ordnend einzugreifen.

Elisabeth ließ sich in Gundulas Toyota vom Krankenhaus zu ihrer stillen Wohnung fahren. Auf dem Weg erzählte Gundel, dass sie in der Sekunde, in der sie auf dem Krankenhausflur von der Diagnose erfahren hatte, so hoch zu fiebern begonnen hatte, dass sie nur mit Mühe einigermaßen sicher nach Hause gelangt war. Elisabeth merkte, dass diese Erzählung sie verstörte, und sie begann erstmals, ein Gefühl dafür zu entwickeln, dass das Schreckliche der Diagnose auch in die Seelen ihrer Töchter vorgedrungen war, tief und schmerzhaft, und dass die junge Generation genauso von Verzweiflung und Furcht ergriffen war wie sie selbst, im Innersten so wund wie sie. Sie drückte kurz Gundels Hand und fühlte sich mit einem Mal seltsam getröstet, fast ruhig.

Gleich nachdem sie zu Hause eingetroffen waren, rief sie Rolfs Bruder Klaus an und erzählte ihm und Ursel, wie der letzte Geburtstag und das letzte Weihnachtsfest von Rolf verlaufen waren.

„Und dann habe ich zu Gundula gesagt: ‚Du kannst ja weinen, aber sieh zu, dass deine Tränen nicht auf sein Bett tropfen. Wende dich ab.‘ Und das hat sie dann auch so gemacht.“

Das war frei erfunden, aber es gefiel ihr derartig gut, sich eine solche Szene vorzustellen – wie sie, Mittelpunkt des Geschehens, zugleich ihre jüngere Tochter tröstete und dirigierte und ihren sterbenden Mann vor Gefühlsüberschwang schützte –, dass sie einfach nicht widerstehen konnte, es so zu erzählen, als habe es sich wirklich zugetragen. Und es störte sie wenig, dass Gundula in Hörweite war und diese kleine telefonische Inszenierung zweifellos missbilligen würde. Denn war es nicht auch ein bisschen wahr, was sie schilderte? Hatte sie nicht ihren Mann beschützt und versucht, die Traurigkeit ihrer Töchter und Enkel zu lindern?

Der weitere Heilige Abend verging mit Betrachtungen des Vergangenen und auch des Fotoalbums, das Gundula für Rolf erstellt hatte. Gundel wollte alles wissen über die Zeit ihrer Eltern im Krieg in Meseritz, nach dem Krieg in Schleswig und schließlich in Essen. Ein Foto, offenbar beim Fotografen aufgenommen, zeigte Elisabeth und Rolf im Doppelporträt, ein Brustbild in Schwarz-Weiß. Rolf in Uniform mit Offiziersmütze samt Reichsadler und Hakenkreuz. Ein aufmerksamer, ernster Blick, ein bisschen durch den Betrachter hindurch, wohl wegen der Brille. Elisabeth mit leicht geneigtem Kopf, etwas verlegen. Dunkle, tief liegende Augen, doch weich und verträumt auf den Fotografen schauend. Die Schneidezähne ein wenig schief. Auf der Rückseite stand in Rolfs Handschrift schlicht: „Du und ich“.

„Von wann ist das denn? Wart ihr da schon verlobt?“

Elisabeth hörte die Fragen und obwohl sie eigentlich gern über Rolf sprach, fühlte sie sich nun plötzlich durch das Reden zugleich eigenartig festgehalten, wie mit Gewichten beschwert, gezwungen, auf dem Boden und in der Gegenwart zu verharren. Dabei wünschte sie, sie wäre in Auflösung begriffen, könnte wie Nebel über einer klaren Morgenlandschaft aufsteigen in eine höhere Sphäre, sich auflösen und alles unter sich lassen, das Sterben, den Schrecken, die Einsamkeit. Das Gerede ihrer Tochter nahm sie zunehmend entfernt wahr, ein untergründiges Geräusch wie das Murmeln eines Bachs, und sie antwortete nur noch mechanisch.

„Lass uns mal ins Bett gehen“, sagte sie schließlich, als sie es nicht mehr aushielt.

Man musste ja etwas tun. Irgendetwas.

11.) Schleswig, Januar 1946

Rolfs Brief war fast nicht mehr zu lesen, war an den Knickkanten abgewetzt und hing nur noch lose zusammen. Dabei war er kurz und abgesehen von der Anrede („Mein liebes, geliebtes Lieselchen") gar nicht mal besonders liebevoll. Rolf teilte in fast geschäftsmäßigem Ton mit, dass er in Eile schreibe, er sie jetzt Oberst Ziebell anvertrauen müsse, und hoffe, aber nicht unbedingt erwarte, dass man sich bald wiedersähe, „... so Gott will und wir leben. Möge Er Dich beschützen, ich kann es ja vorläufig nicht mehr. In Liebe, Dein Rolf".

Das war nun fast ein Jahr her. Seither hatte sie nichts mehr gehört, kein Lebenszeichen, auch die Berliner Familie wusste nichts.

Der Krieg war zu Ende, Schleswig hatte ihn nahezu unbeschadet überstanden und stand jetzt unter britischer Besatzung. Im Krankenhaus hatte sich nichts geändert. Die Anstalt stand eben jetzt unter britischer Aufsicht. Elisabeth und Aggi waren dadurch keine Wehrmachthelferinnen mehr, sondern schlicht Hilfsschwestern. Gebraucht wurden sie so oder so. Einige Oberschwestern und zwei, drei Ärzte freilich fehlten plötzlich, und Elisabeth und Aggi hatten eine genaue Vorstellung, warum. Fragen wollten sie lieber nicht. Was sie wussten, war übergenug, und sie hatten keinen Bedarf an noch mehr Welterkenntnis.

Wenige Tage nach ihrer Ankunft nämlich hatte eine sehr sympathische, wenn auch immer etwas ernst auftretende Schwester in der Mittagspause zu ihnen gesagt: „Man darf sich ja nicht freuen, dass der Russe den Osten überrennt, und es tut mir auch sehr leid für Sie, dass Sie Ihre Heimat verloren haben. Aber wenigstens haben jetzt die Transporte nach Obrawalde aufgehört."

Obrawalde? Elisabeth und Aggi wechselten einen raschen Blick. Obrawalde, das war doch die Irrenanstalt von Meseritz, hübsch außerhalb der Stadt am Rande eines Waldgebiets gelegen, oft waren sie daran vorbeigelaufen. Und dahin gab es Transporte? Wozu?

„Was für Transporte?", fragten sie wie aus einem Mund.

„Na, alle paar Wochen haben ein paar Oberschwestern und Ärzte – ich nenne jetzt mal keine Namen – die aussichtslosen Fälle aussortiert, also die besonders Blöden. Oder die Bösartigen. Und die kamen dann auf Transport nach Obrawalde."

„Aber warum?", fragte Aggi, während Elisabeth bereits eine schleichende Übelkeit befiel. Obrawalde – Schleswig ... da gab es eine Verbindung. Und dieser Verbindung hatte sie womöglich zu verdanken, dass sie jetzt in dieser traulichen Stadt fern aller Gefahren leben durfte ...

Die Kollegin senkte die Stimme.

„Sie wurden dort weiter behandelt. Was man so behandeln nennt. Die Behandlung haben sie alle nicht überlebt. Gott sei ihrer Seele gnädig."

„Tja, was haben wir eigentlich erwartet", sagte Aggi später zu Elisabeth.

Ja richtig, was hatten sie erwartet? Warum sollte Meseritz ein Hort der Reinheit in einem brutalen, wahnsinnig gewordenen Reich sein? Die Juden waren ja auch alle abgeholt worden, alle, ausnahmslos, ohne Gnade. Schon 1939 hatte Meseritz stolz vermeldet, die Stadt sei judenfrei.

„Mir ist ganz schlecht", sagte Elisabeth. „Die armen Teufel werden umgebracht, während wir ein paar Kilometer weiter tanzen gehen oder ins Kino. Oder uns im Regenwurmlager am Stausee amüsieren. Ist mir schlecht!"

„Jedenfalls wissen wir jetzt, warum hier die Irren so lieb sind, und alles leichte Fälle."

Elisabeth mochte die Patienten, sie schienen ihr gar nicht mal so abseitig. Sie hatten eben Macken, brabbelten vor sich hin, wiederholten endlos bestimmte Bewegungen, glotzten stumm und reglos, und man wusste nicht, was sie verstanden, wenn man sie ansprach. Viele waren anhänglich, und wenn eine Pflegerin sie über den Flur führte, kam es vor, dass sie den Kopf auf deren Schulter legten.

Nach dem, was sie da vorhin gehört hatten, war es natürlich kein Wunder, dass hier nur noch Patienten waren, die sich leicht lenken ließen.

Als die Briten im Mai 1945 ohne Kampfhandlungen Schleswig eingenommen hatten, war nach wenigen Wochen ein wenn auch kleiner Teil des Personals verschwunden, manche waren wohl freiwillig weggegangen.

Elisabeth und Aggi waren froh, dass sie in der Klinik arbeiteten, denn die wurde auch unter der britischen Besatzung wenigstens notdürftig mit Lebensmitteln und Brennstoff ausgestattet.

Die Schleswiger Bevölkerung dagegen litt im Laufe des Jahres zunehmend an Mangelernährung, weil die Lebensmittelmarken nicht sehr weit halfen, denn Lebensmittel gab es trotzdem nicht in ausreichender Menge, sie wurden gehortet. Und es wurde immer schlimmer. Zigtausende Heimatlose waren in Norddeutschland gestrandet wie Elisabeth und Aggi auch. Schließlich, in den letzten Kriegstagen, wälzte sich ein Flüchtlingsstrom, so mächtig wie der, in dem die beiden Schwestern mitgefahren waren, durch die Friedrichstraße, einer von Schleswigs Hauptstraßen in der Nähe des Bahnhofs. Ausgebombte aus Kiel und Hamburg, Wohnungslose, Flüchtlinge aus dem Osten, sie alle mussten versorgt werden, mit Wohnraum, Elektrizität, Brennstoffen, Nahrung. Die Rationen waren nach und nach immer weiter herabgesetzt worden. Bis Anfang 1946 bekamen sie nur noch 1451 Kalorien pro Person, und natürlich erhielten Elisabeth und Aggi auch in der Klinik ihr Essen nur gegen Lebensmittelmarken.

„Die eine Kalorie ist mir aber unentbehrlich“, hatte Aggi prustend gesagt, als die neuen Zuteilungen bekannt wurden. „Mit 1450 Kalorien komme ich nicht aus, aber 1451, das ist schon eine ganz andere Sache.“

Wer Lebensmittel hatte, Bauern zum Beispiel, verkaufte sie nicht an die Händler und lieferte sie erst recht nicht ab, sondern trug sie zum Schwarzmarkt, um sie gegen Zigaretten, die eigentliche Nachkriegswährung, zu tauschen, was natürlich streng verboten war. Oder man bezahlte andernorts mit Lebensmitteln, bei Dienstleistern zum Beispiel, bei Ärzten, bei Friseuren. Die englischen Besatzer hatten das Nachsehen, und die deutsche Zivilbevölkerung natürlich sowieso.

Nach ihrer Ankunft in Schleswig hatten die beiden Schwestern sich sofort heimisch gefühlt, auch als noch Krieg war. Es war wirklich, wie Oberst Ziebell gesagt hatte, eine hübsche, eine fröhlich-helle Stadt, sie lag im Landesinneren am Ende der Schlei, einem Ostseearm, und hatte mindestens so viele Sensationen wie Meseritz zu bieten, darunter ein prächtiges, schneeweißes Schloss mit Grünspandach und den Holm, eine uralte, kleine Fischersiedlung mit knallbunten Häusern, so winzig, dass man an die Dachrinne fassen konnte, mit Sprossenfenstern und mit Rosenstöckchen rechts und links der meist kräftig blau lackierten Holztüren. Ein kleiner Friedhof mit einer schlohweißen Rundkapelle unter geschnitztem Glockenturm lag mitten in dieser Siedlung, er sollte wohl die Bewohner mahnen, ihrer Sterblichkeit eingedenk zu sein.

‚Was für ein Aberwitz in diesen Zeiten‘, dachte Elisabeth.

Obwohl, die Bewohner der Siedlung hatten wohl auch zur Zeit der Errichtung der Kapelle unmittelbar nach dem schrecklichen Dreißigjährigen Krieg keiner Mahnung an den Tod bedurft. Elisabeth fühlte sich bei ihren kleinen Spaziergängen den Fischern, die diese Häuser fast dreihundert Jahre zuvor erbaut hatten, innig verbunden, sie spürte das bei jedem Gang durch den Holm. All diese Menschenopfer, Millionen von Toten in all diesen Kriegen, wozu?

Wenn sie Trost suchte, wenn sie ihren inneren Aufruhr besänftigen wollte, ihre Einsamkeit niederkämpfen, die Sorge um Rolf und die Bilder von der Flucht, die sie Nacht für Nacht und auch an manchen trüberen Tagen verfolgten, ging sie in den Dom, dessen schlanke vier Türme, ein hoch aufragender und drei kleinere am entgegengesetzten Ende des Kirchenschiffs, sich mächtig über der Stadt erhoben. Hier im Norden, wo alles flach war, musste man die Kirchen nicht auf Hügel bauen, man sah sie von überall her, den Schleswiger Dom auch vom gegenüberliegenden Schleiufer, von dort aus fiel auch sein rotes Dach über den Sandsteinmauern mehr ins Auge als aus der Nähe. Das herrliche, rote Leuchten bildete einen ganz besonderen Kontrast zum stahlblauen Himmel und zu den fast immer an diesem Himmel stehenden, riesigen, weißen Haufenwolken, die so wirkten, als könne man sie mit der Hand berühren, so tief standen sie. In das neuere gotische Kirchengebäude aus dem 13. und 14. Jahrhundert hatte man das alte, wuchtige Portal eingesetzt, es stammte noch aus dem ersten, dem romanischen Dom. Das schwarze, dicke, geschnitzte Holz, von grauen Steinsäulen eingerahmt und unter einem gemauerten Rundbogen, musste an die achthundert Jahre alt sein. Durch dieses Portal zu gehen versetzte Elisabeth immer gleich in eine andächtige und seltsam feierliche Stimmung. Das Innere des Doms war dunkel und still und ehrwürdig und dämpfte jede Aufwallung, und tröstlich erhoben sich die Spitzbögen der Gewölbe über Elisabeth. Manchmal saß sie stundenlang vor dem berühmten Brüggemann-Altar, einem gewaltigen, eichenen Schnitzwerk, Relief an Relief, so reich, so lebendig, so vielfältig, dass sie sich förmlich hineingezogen fühlte. Jede der geschnitzten biblischen Szenen war anders, und dabei waren es zumeist Massenszenen. Jedes Gesicht, sei es noch so klein, war ganz eigen, und die meisten erregten ihr Mitgefühl. Immer wieder dachte sie:

‚Da ist doch bloß die Passionsgeschichte nachgebildet. Aber es ist doch alles darin, alles, das ganze Leben.'

Und wenn sie auf den Gekreuzigten schaute, fühlte sie sich eins mit ihm und bei ihm aufgehoben.

‚Ich bin auch geschlagen und verwundet', dachte sie dann wohl, und urplötzlich war es ihr für kurze Zeit ganz recht so, und sie konnte um Rolfs glückliche Heimkehr bitten.

Und dann: die Schlei! Wenn Elisabeth tief durchatmen wollte, atmen gegen die eisernen Bänder um ihren Brustkorb, ging sie an die Schlei. Ja, Schleswig hatte nicht die gewaltigen, rauschenden Wälder Posens, hier war der Blick immer weit und hing allenfalls mal an einer Hecke fest, und es hatte auch keinen Fluss wie Meseritz die Obra. Aber die Schlei war doch etwas. In Schleswig war sie breit wie ein See, von dort aus schlängelte sie sich zwischen Angeln und Schwansen durchs Land bis zur Ostsee. Dort war Elisabeth noch nicht gewesen. Aber wenn sie am Schleiufer des Holms oder am Ufer gegenüber der Stadt stand und die Schlei stahlgrau glitzerte und ihren Blick vom Dom weg weit hinaus Richtung Meer führte, dann wurden nach und nach erst ihre Augen ruhig und dann ihre Ängste, und schließlich war ihre ganze Seele weit. Mehr war nicht zu erreichen, froh wurde sie nicht. Aber die Abwesenheit von etwas, die Leere, das tat auch schon gut, damit kam sie aus.

Sie war oft allein in Schleswig, denn Aggi verbrachte jede Minute mit Paul. Da wollte sie nicht stören. Es irritierte sie ein wenig, dass Aggi sich so gar nicht reserviert zeigte gegenüber einem Mann, den sie schließlich kaum kannte. Aggi trug ihr Herz auf der Zunge und ihre Gefühle im Gesicht. Und Paul war genauso. Paul war ein eher schlichtes Gemüt, unkompliziert und ohne Arg und Falsch, und Elisabeth mochte ihn sehr. Er erschien ihr als jemand, dem aufrichtig an Aggi gelegen war und der sie respektierte. Ansonsten waren beide, Aggi und Paul, heitere Naturen mit manchmal überschäumendem Temperament und raschem, unangestrengtem Zugriff auf die Welt. Heidewitzka war Pauls Lieblingswort. Er riss und erzählte gern Witze, und manchmal ertappte sich Elisabeth dabei, wie sie sich mitreißen ließ und sich amüsierte und lachte wie alle anderen jungen Frauen auch. Doch meistens ließ sie die beiden allein ausgehen, was sollten die auch anfangen mit der meist niedergeschlagenen, alten Schwester?

Paul war Techniker und hatte reichlich zu tun, als er endlich die Soldatenuniform ausziehen konnte. Zum Glück war er mit seinen 19 Jahren bis zum Schluss Soldat der Reserve geblieben und hatte nicht an die Front gemusst. Er hatte mehr Glück gehabt als Rolfs Bruder Klaus, der schon mit seinen siebzehn Jahren für Führer, Volk und Vaterland zu kämpfen hatte. Auch von ihm hatten Rolfs Eltern keine Nachricht bis zum Kriegsende und glaubten ihn gefallen oder in Gefangenschaft.

‚Beide Söhne', dachte Elisabeth manchmal bei sich, ‚mein Gott, beide Söhne, und der dritte schon als Säugling tot. Vielleicht sollte ich mich nicht so anstellen.'

Anfang Juli 1945 kamen beinahe gleichzeitig zwei Briefe, einer aus Berlin, einer aus einem unbekannten, kleinen Ort namens Sommersdorf.

Die Straße, in der Rolfs Familie lebte, war wie durch ein Wunder unversehrt, obwohl doch praktisch ganz Berlin in Trümmern lag. Klaus war zurück bei seinen Eltern. Er würde so bald wie möglich mit dem Studium beginnen.

Von Rolf keine Nachricht.

Der Brief aus Sommersdorf richtete sich an beide Schwestern und kam von der Mutter. Meseritz war jetzt wieder polnisch. Bis jetzt hatten Deutsche und Polen nebeneinander in Meseritz gelebt, der Krieg hatte das nicht geändert. Bis zum Krieg hatten

Teile des Kreises schon unter polnischer Verwaltung gestanden, nach dem Überfall Hitlers auf Polen war der gesamte Kreis wieder deutsch geworden. Doch nun wollten die Meseritzer Polen, deren Land man immer wieder aufgeteilt und hin und her geschoben und mal diesem, mal jenem Staat zugeschlagen hatte, ohne das Volk zu fragen, so als sei es bloß Manövriermasse im Spiel der Mächte, nichts anderes mehr sein als polnisch. Rein polnisch. Und so wurden die Deutschen, die in Meseritz lebten, vertrieben. Allenfalls hatten sie die Wahl, die polnische Staatsbürgerschaft anzunehmen. Deswegen waren die Eltern nach Sommersdorf in Sachsen-Anhalt gegangen, wo der Vater Arbeit als Schnitter bekommen hatte und die Mutter als Landwirtschaftshelferin. Sommersdorf lag inzwischen in der sowjetischen Besatzungszone, seit dem 1. Juli.

„Da sind sie ja demnächst ganz in unserer Nähe", rief Aggi aus. Sie wollte Paul heiraten und mit ihm in seine Heimat ziehen. Paul stammte aus Magdeburg, kaum fünfzig Kilometer von Sommersdorf entfernt. Elisabeth schloss die Augen. Sie mochte nicht daran denken, wie es ihr ergehen würde, wenn sie ganz allein in Schleswig zurückbliebe. Aber, natürlich, Aggi würde im August zwanzig werden, wer wollte ihr verdenken, dass sie ans Heiraten dachte?

Aggi spürte Elisabeths Kummer. „Ach, bis Anfang nächsten Jahres sind wir ja noch da. Mindestens. So eine Heirat ist schließlich eine ernste Sache, wir wollen nichts überstürzen."

Ende 1945 feierte sie ein trauriges Weihnachtsfest. Der Krieg war vorbei, aber was half das schon? Die Heimat war verloren, der Geliebte irgendwo verschollen, vielleicht längst tot, und dann der Hunger ... Elisabeth fand aus ihrer schweren Gemütslage nicht heraus, und so meldete sie sich schließlich zum Dienst an Weihnachten.

Am 5. Januar 1946 kam ein Telegramm. Aus Berlin. Die Hände zitterten ihr so stark, dass sie es kaum aufreißen konnte.

Gute oder schlechte Nachrichten? Gute oder schlechte Nachrichten? Gute oder ...

„Ankomme Sonntag, 15.27 Uhr, Rolf."

Die Tränen schossen Elisabeth so schnell in die Augen, dass sie kaum mitbekam, wie alle Sorgen von ihr abfielen, so, als habe jemand mit einem Ruck eine schwere, nasse Decke weggezogen, die sie, ohne es recht zu merken, die ganze Zeit auf ihren Schultern mit sich geschleppt hatte. Es würgte sie, und sie schwankte. Während sie sich aufs Bett sinken ließ, um unter der plötzlichen Veränderung der Last nicht umzufallen, wedelte sie wortlos mit dem Telegramm vor den Augen Aggis, die ihre plötzliche Verwandlung besorgt beobachtet und eben zum Sprechen angesetzt hatte. Aggi schnappte sich das Telegramm und las.

„Lies, das ist ja ganz wunderbar!" Sie hüpfte vor Freude. „Morgen schon! Morgen! Jetzt wird geheiratet. Und ich kann nach Magdeburg mit Paul."

Elisabeth schwieg. Sie begriff, dass ihre kleine Schwester ihretwegen in Schleswig geblieben war, bis gesichert war, dass Rolf lebte und herkommen würde, sodass Elisabeth nicht allein zurückbleiben müsste.

„Danke", flüsterte sie und zog Aggi zu sich aufs Bett, um sie zu umarmen. Und Aggi verstand.

„Da nich für", antwortete sie, schon ganz norddeutsch.

Der Rolf, der keine vierundzwanzig Stunden später aus dem Zug stieg, war ein anderer und doch derselbe. Elisabeth war seit einer halben Stunde auf dem Bahnsteig auf und ab gelaufen, ohne Bewegung hielt sie es nicht aus. Die Bahnsteigkarte, die sie in der Faust hielt, war schon ganz zerknüllt. Als erstes sah sie zwei dicke Koffer, die auf den Bahnsteig befördert wurden. Merkwürdig, sie konnte jedes Detail aufnehmen. Wie bei einem

Film in Zeitlupe. Die braune Pappe. Die ledernen Eckbeschläge, etwas dunkler. Die metallenen Schnappverschlüsse. Der Gürtel, der zusätzlich um einen der beiden Koffer geführt und straff gezurrt war, um ihn zusammenzuhalten.

Und dann, unverkennbar: die großen, suchenden Augen hinter der runden Brille. Der kleine, schmale Mund. Die nach hinten gekämmten, braunen Haare. Die Strähne, die in die Stirn gefallen war. Die aufmerksame Kopfhaltung, etwas schräg. Nur war das Gesicht hagerer, als sie es in Erinnerung hatte, und seltsam spitz. Die ganze Gestalt wirkte klapperig, trotz des dicken Wintermantels – nie hatte sie ihn in Zivilkleidung gesehen, das war ein bisschen fremd. Sie wusste nicht, wie sie es schaffte, den Arm zu heben und wie wild zu winken, aber sie schaffte es. Und sie standen sich gegenüber. Und sie weinte ein bisschen. Und er weinte ein bisschen. Und sie fielen sich in die Arme, und dann küsste Rolf sie, und es war so viel besser als je zuvor, zum ersten Mal schön.

„Ich weiß nicht, was aus mir geworden wäre, wenn ich dich nicht gehabt hätte, also in meinem Herzen, meine ich“, sagte Rolf. Dann schob er sie ein Stück von sich weg und musterte sie. „Na, nun wein mal nicht, mein Schäfchen. Dünn bist du geworden. Das wird schon. Jetzt wird erstmal geheiratet.“

Wie sich herausstellte, war einer der Koffer für Elisabeth und Aggi. Susanne, die großzügig von G. ausstaffiert wurde, hatte alles Entbehrliche an Kleidung mitgegeben.

„Ich kann ja ändern, was nicht passt“, schlug Rolf vor.

„Oder ich. Du weißt doch, wie gern ich nähe. Wenigstens habe ich jetzt was zu nähen, endlich.“

Sie gingen zu Fuß zur Landesheilanstalt, das würde ungefähr ein Dreiviertelstunde dauern. Die Koffer luden sie auf ein Fahrrad, das Elisabeth sich von einer Kollegin geliehen hatte. Rolf würde einstweilen bei der Familie des Pförtners unterkommen, und gleich morgen würde Elisabeth für sie beide einen Antrag auf Wohnungszuweisung stellen, der bevorzugt behandelt werden würde, weil sie Flüchtling war. Einziehen konnten sie natürlich erst, wenn sie verheiratet waren. Also mussten sie morgen auch noch das Aufgebot bestellen, Elisabeth hatte einen Tag frei genommen.

Auf dem Weg begann Rolf zu erzählen.

Er hatte sich mit seinem Trupp, wie er es sich vorgenommen hatte, gleich ergeben und in Gefangenschaft nehmen lassen. Er war, nicht zuletzt, weil er durchaus sozialistischem Gedankengut zuneigte, recht offen für die Erkenntnis, dass die sowjetischen Soldaten, mit denen er es zu tun bekam, wenig Anlass hatten, Wehrmachtsangehörige schonend oder gar freundlich zu behandeln, hatten sie doch ausnahmslos durch die Deutschen und ihren Krieg jeder mindestens einen Angehörigen verloren, die meisten mehrere. Die Wehrmacht hatte mit ungeheurer Brutalität unter dem sowjetischen Volk gewütet, und nun war es an der Zeit, zu bezahlen. Doch auf die Rohheit, die Zügellosigkeit und den Sadismus, die ihm dann begegneten, war er nicht gefasst gewesen. Und irgendwann war sein Verständnis gekippt, erst in jähes Entsetzen und Verstörung, dann in innere Abwehr, schließlich in Hass. Er konnte kaum davon erzählen, brach immer wieder ab, ein Zittern durchlief ihn dann. Schließlich entschloss er sich, nur eine dürre Zusammenfassung dessen, was ihm widerfahren war, zu geben, alles andere ließ seine innere Bewegung nicht zu.

Man hatte die Gefangenen hinter der Ostfront zusammengetrieben und ins nächste Dorf gebracht. Dabei ging es zunächst noch recht menschlich zu, die russischen Soldaten waren gut gelaunt und leutselig. Das änderte sich, als die Gefangenen auf dem Dorfplatz antraten. Um Rolf kümmerte sich ein sowjetischer Offizier. Er verlangte Rolfs Stiefel. Derlei widersprach natürlich jeglicher Kriegskonvention, nicht zuletzt weil Rolf selbst Offizier war und sich mit seinem Trupp freiwillig ergeben hatte, voller Vertrauen. Die Gefangenen hatten Anspruch auf angemessene, menschliche Behandlung. Man durfte sie nicht entwürdigen. Man durfte sie nicht bestehlen. Wie sich herausstellte, galten alle diese Regeln samt und sonders und jedermann gegenüber ab sofort nicht mehr. Als Rolf den Offizier auf dessen, wie er zunächst glaubte, Irrtum hinwies, legte dieser sofort auf ihn an. Nach seinen Stiefeln verlor Rolf den Silberring, den Elisabeth ihm geschenkt hatte, an den sowjetischen Offizier.

Als er das berichtete, brach seine Stimme zum ersten Mal, und er rang eine ganze Weile mit sich.

Alle Gefangenen wurden gefilzt und um alles erleichtert, was in irgendeiner Weise einen Wert darstellen konnte. Quittungen gab es natürlich nicht. Offensichtlich hatte niemand vor, die Wertsachen den Gefangenen bei deren Entlassung wieder auszuhändigen, wie die Genfer Konvention es vorschrieb.

„Quittungen, du liebe Güte!“, schnaubte Rolf. „An so etwas habe ich allen Ernstes gedacht. Das muss man sich mal vorstellen.“

Sie übernachteten in einer Scheune. Zu essen gab es nichts. Die meisten, auch Rolf, nutzten die Zeit der Ruhe vor dem bevorstehenden Marsch, um sich Lumpen um die Füße zu wickeln, notdürftig verstärkt mit Stücken der zerfetzten Schuhe der sowjetischen Soldaten, die man ihnen, ob passend oder nicht, zum Austausch gegeben hatte. Die Schuhe von Rolf und seinem Trupp waren natürlich in gutem Zustand, sie waren ja kaum mehr als ein paar Stunden im Feld gewesen. Also verloren sie alle ihre Stiefel an die russischen Soldaten, und das unmittelbar vor einem Fußmarsch von fast 600 Kilometern. So weit war das Lager in Litauen entfernt, in das sie kommen sollten.

Am nächsten Morgen mussten sie wieder antreten. Der Offizier, der jetzt in Rolfs Stiefeln vor ihnen stand, fragte freundlich, ob irgendwer eine Beschwerde vorzubringen habe. Der möge vortreten. Rolf fühlte sich verantwortlich. Er hatte seinen Trupp angeführt, direkt in die Gefangenschaft. Und nun wurden sie behandelt wie Verbrecher, wie Strafgefangene. Dabei hatten sie Rechte als Kriegsgefangene. Da musste man doch etwas ausrichten können. Der Kamerad neben ihm spürte wohl seinen Impuls und stieß ihn in die Seite.

„Bleiben Sie um Himmels Willen stehen, wenn Ihnen Ihr Leben lieb ist!"

Binnen Sekunden sah Rolf, was gemeint war. Einige waren vorgetreten. Die lagen nun auf dem Dorfplatz, tot, erschossen. Ihr Blut färbte den Schnee.

‚Da läge ich jetzt auch, wenn nicht ...', dachte er und drückte dankbar den Unterarm seines Nebenmanns.

Dann setzte sich der Marsch in Bewegung. Den Dreck könnten die Dorfbewohner wegmachen, hieß es seitens der sowjetischen Soldaten. Mit „Dreck" waren die erschossenen Gefangenen gemeint.

Als Rolf das erzählte, rannen ihm stumme Tränen aus reglosen Augen, die er über Elisabeths Kopf gerichtet hielt, in die Ferne gerichtet, und er würgte hervor: „Daran war ich schuld ... Tut mir leid, ich kann nicht ... Ich kürze den Rest jetzt mal ab."

Nach wenigen Metern schon war klar: hier waren nur Demütigung, Misshandlung und Gewalt aller Art zu erwarten. Die Gefangenen wurden angetrieben und geschlagen. Wer nicht mitkam, wurde erschossen, manchmal, wenn es einsam genug war, auch bei zweistelligen Minusgraden zum Erfrieren liegen gelassen. Manche Verzweifelte simulierten nur, nicht mehr weiter zu können, und hofften, zurückgelassen zu werden und vielleicht auf diese Weise zu entkommen. Aber man konnte nicht sicher vorhersagen, was die russischen Soldaten in solchen Fällen wählen würden: zurücklassen oder erschießen. Und mancher bezahlte die Finte mit dem Leben.

„Ich weiß jetzt", sagte Rolf, „dass man am Tag ungefähr dreißig Kilometer marschieren kann, wenn man keine Rücksichten nimmt und alle hinter sich lässt, die nicht schnell genug laufen können."

Im Lager mussten sie arbeiten, auch die Offiziere. Was ebenfalls gegen die Genfer Kriegskonvention war. So wie es auch gegen die Konvention verstieß, dass Monate nach Kriegsende niemand Anstalten machte, ihre Freilassung vorzubereiten. Sie waren menschliche Kriegsbeute und dienten als Pfand für die Friedensverhandlungen und danach einfach als billige Arbeitskräfte.

Im Lager wurde gehungert, buchstäblich. Es gab Wassersuppe, nach Gutdünken Brot oder auch keines. An Fleisch, Gemüse oder Obst war kaum jemals zu denken, nur selten gab es einen Fetzen zähes Dörrfleisch und manchmal Buchweizengrütze, und es war Rolfs robuster Gesundheit zu verdanken, dass er nicht wie viele seiner Kameraden krank wurde. Auf die ersten Skorbut-Symptome freilich war er jeden Tag gefasst und wackelte an seinen Zähnen, ob sie schon lose seien. Manche Gefangene bekamen Typhus, die grauenhaften Durchfälle schwächten sie zusätzlich, und etliche starben. Rolf begann sich an den Anblick sterbender und toter Männer zu gewöhnen und fragte sich manchmal, ob er schon im Begriff war, abzustumpfen oder selbst zu verrohen.

Die ärztliche Versorgung im Lager war immerhin gut, Rolf nahm sie aber so gut wie nie in Anspruch. Bis er im Dezember 1945, kurz vor dem Weihnachtsfest und seinem 29. Geburtstag, den Einfall hatte, sich – obwohl kerngesund – zur Untersuchung zu melden. Denn es gab Gerüchte, dass an diesem Tag eine junge, sehr nette Ärztin Dienst habe. So war es auch. Die Ärztin, so eine Rothaarige, Niedliche, empfing ihn mit einem knappen Lächeln. Geschäftsmäßig, doch nicht unfreundlich fragte sie ihn, was für Beschwerden er habe. Rolf nahm allen Mut zusammen und versuchte zugleich, sich auf seine beträchtlichen Fähigkeiten als „Poussierstängel" zu besinnen. Er legte den Kopf schief, lachte sein schönstes Lachen, zwinkerte und sagte: „Mir schmeckt das Essen nicht."

Er hatte Glück. Die Ärztin hatte Humor. Sie schaute Rolf einen Moment sinnend an, und obwohl er inzwischen eher wie eine Bohnenstange denn wie ein Poussierstängel aussah, gefiel ihr anscheinend, was sie sah, denn sie brach ihrerseits in Gelächter aus, zog ein Krankenformular hervor und schrieb ihn dauerhaft lagerunfähig. Er sei sofort zu entlassen.

Binnen Stunden waren seine Papiere ausgestellt, am wichtigsten der Passierschein, der ihn unbehelligt bis Berlin kommen lassen würde. Dann stand er vor dem Lagertor, immer noch fassungslos über sein Glück, zusammen mit einem Kameraden, der ebenfalls entlassen war und sich wie Rolf nach Berlin durchschlagen wollte.

Obwohl geschwächt, kamen sie schneller voran als auf dem Marsch ins Lager, weil sie nicht im Trupp marschierten. Zwei Tage brauchten sie bis zur polnischen Grenze und aßen während dieser Zeit so gut wie nichts. Nur ein-, zweimal hatten sie Gelegenheit, ein paar Getreidekörner aus dem Schnee zu klauben, die wohl von einem Wagen mit Hühnerfutter gefallen waren.

„Gut kauen, das rohe Zeug", mahnte Rolf.

Einmal brachte ihnen ein Bauernjunge, vielleicht acht Jahre alt, etwas Brot und zwei Krüge warmer Milch ans Hoftor. Ernst und wortlos wartete er, bis sie ausgetrunken hatten und die Krüge zurückgaben. Und die ganze Zeit, während sie tranken, schaute der Junge sie an, aus wissenden Augen, ruhig und aufmerksam.

Sie schliefen in einer einsamen Scheune, ins Stroh eingegraben gegen die Kälte, und ihre Militärmäntel über sich gebreitet.

Am zweiten Abend wurden sie von wohlmeinenden, polnischen Bauersleuten aufgenommen, die nicht wie die meisten sowjetischen Bauern aus Litauen am liebsten die Hunde auf sie, die Deutschen, gehetzt hätten. Sie boten ihnen Bratkartoffeln an und Speck und Eier.

„Auf keinen Fall essen, du stirbst daran", mahnte Rolf und bat höflich um eine einfache, gesalzene Hafergrütze, die er auch bekam. Seinem Kameraden war alles egal. Er verschlang die gebratenen Kartoffeln, den Speck, die Eier, wand sich zur Nacht in Leibschmerzen, und am nächsten Morgen lag er tot neben Rolf in der Scheune. Rolf musste ihn den Bauern überlassen, und bis heute wusste er nicht, ob sie den Toten gemeldet oder still irgendwo begraben hatten, womöglich könnten sie das erst im Frühjahr, wenn der Boden getaut war. Die Papiere des Toten hatte Rolf an sich genommen, er hatte sie schon an die Familie geschickt. Er hatte dazu geschrieben, dass der Tote den Strapazen des Lagers und des Fußmarsches erlegen sei.

Von Polen aus war es leichter für Rolf, mal von einem Traktor oder Lastwagen mitgenommen zu werden, und so gelangte er ohne nennenswerte Anstrengungen an die deutsche Grenze und dahinter zum nächsten Bahnhof, von wo aus er als Kriegsheimkehrer den Zug nach Berlin nehmen durfte. Er schämte sich ein bisschen, denn selbst sein abgestumpfter Geruchssinn verriet ihm, dass er stank, einfach nur stank, und darum stieg er nicht in einen Waggon, sondern hielt sich die ganze Zeit hinten an den letzten Wagen geklammert, im Windschatten, oder er benutzte Güterwaggons, bis er Berlin erreicht hatte.

„Den Rest weißt du oder kannst ihn dir denken. Gott, ist das eine hübsche Stadt hier! Und überhaupt keine Trümmer."

„Warum hast du eigentlich nie geschrieben? Durftest du nicht?"

„Einmal die Woche durfte man schreiben. Und das habe ich auch gemacht, nach Berlin, damit ihr wisst, wo ich bin. Es kam ja nie Antwort. Und ich wusste die ganze Zeit nicht, ob meine Familie ausgebombt oder tot war. Oder ob die Russen unsere Briefe einfach weggeschmissen hatten. Tja, jetzt weiß ich es."

Elisabeth musterte seine Gestalt, deren jugendlicher Straffheit und Biegsamkeit die jetzt so klapprige Erscheinung nichts anhaben konnte, musterte das Hemd, in das er zweimal hineingepasst hätte, die schlackernde Hose, die er einfach mit Hosenträgern oben hielt, und sagte: „Ich bin richtig froh, dass du in Berlin keine Zeit damit vergeudet hast, deine Kleidung umzunähen, um dich herauszuputzen. Ja, wie du sagst: Jetzt wird geheiratet."

Und bei sich dachte sie: ‚Nie im Leben hat dich eine Ärztin einfach so gehen lassen, für einen schief gelegten Kopf und ein Lachen. Nie im Leben, mein lieber Rolf! Die Ärztin wird es wohl gegeben haben, und jung wird sie auch gewesen sein ... Aber nun bist du ja da, und alles andere will ich nicht so genau wissen.'

Als sie in der Wohnung des Pförtners angekommen waren, berichtete sie ihm, wie sie und Aggi nach Schleswig gelangt waren.

Und auch das ging nicht ganz ohne Tränen ab.

Am 24. Januar 1946 standen sie vor dem Standesbeamten. Aggi und Paul waren schon in Magdeburg.

Als sie das Standesamt verließen, hopste Rolf wie ein Kleinkind vor Elisabeth auf und ab und sang zu einer selbst erfundenen Melodie einen selbst geknittelten Reim: „Jetzt bis du meins, jetzt sind wir eins, bis dass der Tod uns scheidet!"

„Rolf! Nun sei doch nicht so albern!", schalt Elisabeth, halb scherzhaft, und dachte bei sich: ‚Meins? Na warte!'

„Albern, albern", sang Rolf weiter. „Bis dass der Tod uns scheidet."

12.) Essen, Dezember 1986

Rolf starb am 28. Dezember. Das Krankenhauspersonal wusste um den herannahenden Tod und bot Elisabeth am Abend an, in der Klinik am Bett ihres Mannes zu bleiben. Man schlug ein provisorisches Lager für sie auf, und sie telefonierte mit Gundula, weil sie ein paar Sachen für die Übernachtung brauchte. Es herrschte Glatteis draußen, und so ließ Gundula sich von Jürgen, dem vergleichsweise kühneren Autofahrer, zum Krankenhaus bringen. Ins Zimmer ging sie allein, mit versteinerter Miene, um ihren Vater zum letzten Mal zu sehen.

„Ist alles in Ordnung mit dir?“, fragte Rolf sie mit flüsternder Stimme.

„Ja, Paps, es geht mir gut. Ich ... ich habe ein gutes Leben jetzt.“

„Dann ist es ja gut. Fährst du Mami nach Hause?“

„Nein, wir nehmen sie heute nicht mit.“

„Warum denn nicht?“ Fast energisch klang seine Stimme mit einem Male, wie lange nicht mehr gehört, ein bisschen empört.

„Es ist Glatteis“, sprang Elisabeth ein, die den hilflos suchenden Blick ihrer Tochter bemerkt hatte, „da können sie den Umweg über unsere Wohnung nicht machen. Ich bleibe hier, siehst du, da ist schon eine Liege für mich.“

Besänftigt schloss Rolf die Augen. Und dabei sollte es bleiben.

Rolf lag nicht allein im Zimmer, immer noch nicht, denn da war in einem zweiten Bett noch ein sehr alter Mann, offenbar mit Schmerzen, der ab und zu jammerte und immer wieder Elisabeth aufforderte: „Nun heul doch nicht so!“

Aber es half nichts, sie musste weinen, bis in den späten Abendstunden eine eigenartige Ruhe über sie kam und sie wusste, dass es nun rasch vorbei sein würde. Ohne rechten Glauben nahm sie Rolfs Hände und betete laut ein Vaterunser, stockte bei

Seinem Willen, der geschehen solle. Dann hörte Rolf auf zu atmen, und es war still.

Während die Stille sie in Besitz nahm, während alle Energie aus ihr herausfloss, langsam und gemein, zog Liesel ihrem toten Mann den Ehering vom Finger und faltete seine Hände. Ihr war, als würde sie in eine lichtlose Unendlichkeit gesogen, tiefer und tiefer, sie stieg nicht auf, sie löste sich nicht in luftige Nebelschwaden auf, wie sie es gewollt hatte.

Sie fiel. Und da war nichts, was sie auffing und hielt, nichts, keine gnädige Hand, kein Gott. Und das Schlimmste war, dass sie genau wusste, jetzt schon, dass dieses Fallen ins Unendliche von nun an fortdauern würde bis an ihr Ende. Und bis an ihr Ende gäbe es da keinen Gott. Gott hatte sich davon gemacht, genau wie ihr Mann, und sie allein zurückgelassen.

Ihre Ehe hatte fast einundvierzig Jahre lang gedauert, als der Tod sie schied.

Als sie Lilo anrief, hörte sie eine weinende Stimme: „Ich weiß es schon."

Lilo hatte zur gleichen Stunde in ihrer Küche eine Erscheinung gehabt: Rolf war zu seiner älteren Tochter getreten, mit der vertrauten Aktentasche in der Hand, und hatte gesagt: „Jetzt muss ich aber gehen. Ich kann das eurer Mutter auch nicht länger zumuten."

Dann hatte er sich abgewandt, war über die Schwelle nach draußen geschritten und hatte die Tür leise hinter sich ins Schloss gezogen.

13.) Schleswig, Juni 1946

Dieser körperliche Aspekt der Ehe war nichts für Elisabeth, sie hatte es ja schon geahnt. Sie begriff nicht, was die Männer dem abgewinnen mochten. Natürlich, wenn Rolf es verlangte, schlug sie die Bettdecke beiseite, hob das Nachthemd hoch und griff in die Cremedose neben dem Bett, damit es nicht weh tat. Melkfett hatte sich als das am besten geeignete Gleitmittel erwiesen, was sie, so widerwärtig ihr der ganze Vorgang war, auch immer ein bisschen komisch fand. Rolf war nicht lieblos, im Gegenteil. Er betrachtete sie mit sichtlichem Wohlgefallen und Zärtlichkeit. Er sagte, dass er sie liebe und dass sie wunderschön sei. Er herzte, küsste und streichelte sie geduldig. In der Nacht nach der Hochzeit hatte er sich rücksichtsvoll zurückgezogen und nichts von ihr verlangt, als er ihre Beschämung und innere Abwehr erkannte – obwohl sie sich die größte Mühe gegeben hatte, beides zu verbergen. Beschämung und Abwehr waren mittlerweile in Abscheu umgeschlagen. Sie mochte nicht an der Brust und „untenrum“ angefasst werden. Und wenn sie schon sein dickes, steifes Ding da unten spürte oder sah! Und dann wie die geliebten, vertrauten Gesichtszüge von Rolf sich erst leerten und dann merkwürdig verzerrten! Und dann das Herumfuhrwerken. Das Keuchen und Stöhnen! Und dann bekam sie keine Luft mehr unter ihm. Und dann war alles viel zu heiß. Und dann floss Schweiß in Schweiß, das war so abstoßend! Zu viel! Zu viel! Zu viel!

Dabei war Rolf ihr sonst angenehm, auch seine Zärtlichkeiten, wenn sie nicht zu weit gingen. Sein Körper hatte dann sogar etwas Tröstliches, etwas Stärkendes. Am liebsten hätte sie die ganze Zeit in seinem Arm gelegen und wunderte sich eigentlich, dass das so blieb trotz dieses Unsäglichen ...

Und mit all dem blieb sie allein, man sprach nicht über das Körperliche, das gehörte sich einfach nicht. Und darüber in ihren Briefen an Mutti oder Aggi zu schreiben ging natürlich überhaupt nicht an. Immerhin hatte sie aus dem einen kurzen Gespräch mit ihrer Mutter damals mitgenommen, dass es vielen Frauen so gehen musste. So gesehen war sie eigentlich doch nicht ganz allein.

Einmal hatte sie sich ihrem Frauenarzt anvertraut.

„Das wird schon", hatte er gesagt und ihr aufmunternd aufs Schulterblatt geklopft. „Das wird schon. Männer sind eben anders als Frauen, aber mit Liebe und Geduld lässt sich manches überwinden, Sie werden sehen."

Aha. Liebe und Geduld. Sie hatte ja genug von beidem. Aber geholfen hatte es ihr bis hierhin nicht. „Überwunden" war auch nichts.

Elisabeth und Rolf lebten jetzt in Schuby, einem Vorort von Schleswig. Schuby war ein reizender Ort, eigentlich mehr ein Dorf. Es bestand aus lauter kleinen Häusern zumeist aus Sandstein mit Reetdächern und blauen Sprossenfenstern.

‚Ein bisschen wie im Holm, nur nicht ganz so winzig und bei Weitem nicht so bunt', dachte Elisabeth und fühlte sich gleich beim ersten Anblick des Ortes wohl. Dieser erste Moment war allerdings der letzte uneingeschränkt glückliche, den sie in Schuby haben sollte.

Sie waren der Familie eines Tischlers mit eigenem Häuschen zugewiesen worden, einer Familie Manning. Es war schnell gegangen, schneller als bei anderen Ehepaaren, die nicht wie sie aus dem Osten geflohen waren. Die Behörden taten, was sie konnten, um alle Wohnungslose in Privathäusern unterzubringen. Deren Bewohner freilich mussten für die Neuankömmlinge zusammenrücken, mindestens einen Raum an sie abtreten und Küche, Toilette und Bad mit ihnen teilen. Falls sie überhaupt ein Bad hatten, sonst eben das Waschbecken. Viele waren wenig erfreut über die Eindringlinge und die beengten Umstände, die sie verursachten. Zu diesen Verärgerten gehörten Elisabeths und

Rolfs Gastgeber. Außerdem gehörten sie zu denen, die ihre Verbitterung offen zur Schau trugen und sich bedenkenlos an den unerwünschten Bewohnern abreagierten. Und so hatte vor allem Elisabeth, die den ganzen Tag zu Hause war, keine gute Zeit im Hause der Mannings. Sie erlebte keine Freundlichkeit, meist begegnete man ihr mit verkniffenem Schweigen oder krittelte an ihr herum.

Elisabeth hatte mit der Eheschließung ihre Stelle als Pflegerin aufgeben müssen, die Heilanstalt beschäftigte nur unverheiratete Frauen. Rolf war über Tag außer Haus, er wollte den Neuanfang, die eigene Scheiderstube vorbereiten, mit so wenig Schulden wie möglich. Er nahm Gelegenheitsarbeiten an. Und er lief am Stadtrand den mit Kohle beladenen Güterzügen hinterher, die im Schritttempo durch Schleswig fuhren, in der Hoffnung, dass Kohlestücke herabfielen, die er auf dem Schwarzmarkt verkaufen könnte. Fiel keine Kohle herab, und das war so gut wie immer der Fall, um ehrlich zu sein, hielt er sich, wie viele andere junge Männer auch, irgendwie an einem der oben offenen Waggons fest, hangelte und schwang sich hoch auf die Ladung, raffte zusammen, was er tragen konnte, und sprang wieder ab. Nur wenn die Böschung an den Gleisen schwarz vor jungen Männern war, kehrte er gleich wieder um. Er wollte sich nicht um den besten Platz zum Aufspringen schlagen. Manchmal ging er deswegen nachts noch los, das war sowieso sicherer, weil er dann so gut wie nicht zu sehen war.

Für die Kohlen versuchte er Zigaretten einzutauschen, auf dem Schwarzmarkt. Er hatte sich das Rauchen abgewöhnt.

„Im Lager von Zigaretten abhängig zu sein, da bist du aufgeschmissen“, hatte er zu Elisabeth gesagt. Und jetzt, wo Zigaretten eine so großartige Tauschware waren und man alles Mögliche für sie bekommen konnte, wollte er sie möglichst gewinnbringend einsetzen. Sie einfach wegzurauchen vertrug sich mit solchen Vorhaben nicht.

Was er eintauschte, waren nicht etwa Lebensmittel.

Sondern Stoffe.

Stoffe für Anzüge, bald hatte er welche aus Tuch, aus Tweed und aus Leinengewebe in schwarz, anthrazit, grau, braun, einfarbig, mit Nadelstreifen, Fischgrätmuster oder in „Pfeffer und Salz", davon hatte er einen ganzen Ballen erwischt. Er kaufte auch gebrauchte Anzüge, Hosen und Jacken. Sie ließen sich auftrennen und neu verarbeiten zu etwas kleineren Größen. Oder es ließen sich aus ihnen notfalls zumindest die Futterstoffe und die für die Anzugjacken benötigten Vlieseinlagen aus Steifleinen oder Rosshaar und die Schulterpolster gewinnen, und auch die Knöpfe und Reißverschlüsse waren von unschätzbarem Wert.

„Die Stoffe sind unsere Nahrung von morgen", sagte er zu Elisabeth, und so hungerten sie weiter, um für „morgen" vorzusorgen, für eine bessere Zukunft. Manchmal kam es Elisabeth so vor, als sehe er die Welt nur noch in zwei Lager geteilt, in verwertbar und nicht verwertbar. Ständig musterte er, wenn sie einmal zusammen unterwegs waren, Männer auf der Straße und sagte dann wohl unvermittelt: „Könnte man brauchen", oder auch „Nicht zu gebrauchen" und meinte die Mäntel und Anzüge, denen sie begegneten. Dass darin Menschen steckten, schien Rolf gar nicht mehr zu bemerken.

Doch wohin mit all den Schätzen? Zuerst fragte Rolf den Tischler Manning, ob der ihm in der Werkstatt, im Keller oder auf dem Dachboden ein Eckchen abtreten könne. Manning sah nicht einmal auf, hobelte grummelnd weiter. Erst als Rolf seine Bitte wiederholte, leise und höflich, schaute er kurz auf, sagte: „Was denn noch?" und wandte sich wieder seiner Arbeit zu. Es fand sich schließlich ein Plätzchen bei dem Pförtner, der Rolf schon bei seiner Ankunft in Schleswig aufgenommen hatte.

Elisabeth tat, was sie konnte, um die Mannings versöhnlicher zu stimmen. Sie putzte und wienerte das Zimmerchen, das man Rolf und ihr zugewiesen hatte, bis es wie ein Kleinod funkelte.

Sie putzte ohne Aufforderung Bad und Toilette der Mannings bis in den hintersten Winkel, dass alles strahlte und duftete. Sie polierte die gesamte Küche, jedes einzelne Kochutensil, sogar das gesamte Besteck.

„Bei dir kann man vom Boden essen“, kommentierte Rolf das. Für Elisabeth war es selbstverständlich, alles so sauber wie möglich zu halten. Aber, natürlich, seine Mutter war so anders gewesen ...

„Polnische Wirtschaft“, schimpfte Frau Manning nur, nahm sich das Besteck noch einmal vor und wischte alle Flächen nach.

Als Elisabeth einmal anbot, sich für ein paar Stunden um die beiden kleinen Söhne der Mannings zu kümmern, um die Hausfrau zu entlasten, zog Frau Manning mit einer unwillkürlichen, heftigen Bewegung die Kinder an sich. Sie versuchte noch, die Sache abzubiegen und so zu tun, als fahre sie nur ordnend mit den Händen durch die beiden Haarschöpfe. Doch Elisabeth hatte genug gesehen. Sie drehte sich um und ging in ihr Zimmer, wo sie in Tränen ausbrach.

‚Du liebe Güte‘, dachte sie. ‚Die hat ja richtig Angst vor mir. Für die bin ich eine Ausländerin, eine Undeutsche, gefährlich.‘

Dabei verstand sie die Mannings sogar. Die waren bislang vollständig vom Krieg verschont geblieben, keine nennenswerten Bombenangriffe, keine Gefechte, keine Soldaten, nichts Unvertrautes. Die Flüchtlinge waren das erste, was sie von diesen schrecklichen Zeiten mitbekamen. Von Vertreibung und Gefangenschaft wussten sie nichts, und plötzlich mussten sie sich enger setzen, im eigenen Haus, wegen dieser … Polen. Dazu noch die blauschwarzen Haare und dunklen Augen von Elisabeth, das war wohl in Norddeutschland kein zweites Mal zu finden. Eine Fremde, eine Bedrohung.

„Wir brauchen dringend eine eigene Wohnung“, sagte Elisabeth abends zu Rolf. „Ab morgen gehe ich jeden Tag zum Wohnungsamt, bis ich denen da so auf die Nerven falle, dass sie was für uns tun."

„Viel Vergnügen", erwiderte Rolf. „Auf die Idee sind längst andere gekommen, da stehst du stundenlang in der Schlange. Du müsstest schon schwanger sein, das würde die Sache beschleunigen."

„Egal, ich versuche es trotzdem. Besser als hier sinnlos herumzuputzen für keinen Dank und keine guten Worte."

Eines Tages schließlich reichte es Elisabeth. Ihre Bemühungen, die Mannings milde zu stimmen, hatten nicht gefruchtet. Warum also weitere Mühen entfalten? Und so ließ sie, als Frau Manning wieder einmal beim Betreten der Küche Elisabeths Gruß nicht erwiderte, die Spülbürste sinken, drehte sich zu Frau Manning um und sagte: „Frau Manning, Sie danken nie für meinen Gruß. Ist Ihnen der unangenehm? Möchten Sie nicht gegrüßt werden? Dann sagen Sie es doch bitte, ich kann es auch bleiben lassen."

Frau Manning lief puterrot an, offenbar aber nicht vor Zorn, sondern aus Verlegenheit, denn sie stotterte: „Nein, nein, ich meine nur ... ich bin ... ja, also dann guten Tag, Frau Gronewold."

Von da an grüßte sie zurück. Freundinnen wurden die beiden Frauen trotzdem nicht mehr.

Es war Ende Juni, als Elisabeths Frauenarzt ihr zur Schwangerschaft gratulierte. Elisabeth erschrak. Kinder hatte sie gewollt, ja, unbedingt Kinder. Aber in diesen Zeiten? Alles war ungewiss. Wovon sollten sie leben, demnächst zu dritt? Mittlerweile war sie zudem so unterernährt, dass sie sich fragte, wie sie eine Schwangerschaft durchstehen und das ungeborene Kind durchbringen sollte. Und dann die Geburt, davon hatte sie Schreckliches gehört. Und würde ein Kind Rolf in den Kram passen, gerade jetzt? So klang ihre Stimme eher verzagt als freudig, als sie Rolf am Abend die Schwangerschaft beichtete.

„Ja?", sagte Rolf in diesem unverwechselbaren, fragenden Ton und legte den Kopf schief. „Ein Kind, im Mai gezeugt? Ein Glückskind wird das. Was für eine Freude!"

Dann sprang er auf, riss Elisabeth an sich und wirbelte sie in einer wilden Polka herum. Dazu sang er schallend mit seinem hellen Tenor:

Veronika, der Lenz ist da,
Die Mädchen singen trallala,
Die ganze Welt ist wie verhext,
Veronika, der Spargel wächst.

„Na, nun lass doch mal, Rolf", wehrte Elisabeth ab und entwand sich ihm. Dieser zotige Text! So etwas wollte sie nicht hören.

Und richtig, natürlich. Herr Manning steckte den Kopf durch die Tür: „Ich darf doch sehr bitten. Bitte nicht so laut. Und nicht solche Lieder."

„Ich muss laut sein, ich kann nicht anders. Wir bekommen ein Kind", strahlte Rolf ihn an, der offenbar für einen Moment vergessen hatte, wo er sich befand beziehungsweise bei wem. „Ist das nicht wunderbar?"

„Auch das noch", versetzte Manning. „Ein Polackenbalg. Aber nicht bei uns, darauf können Sie Gift nehmen."

Damit wollte er die Tür zuschlagen.

„Moment!", fuhr Rolf auf und riss ihn an der Klinke zurück. „Nun ist es aber genug. Wir sind Menschen, kein Abfall. Wir können nichts für Ihre Lage. Behandeln Sie uns also mit etwas mehr Anstand, wenn ich bitten darf."

Es war der Moment, in dem Elisabeth die Überzeugung gewann, dass sie den richtigen Vater für ihr Kind gewählt hatte.

Sie bekamen eine Wohnung in der Schubystraße, nicht zu weit weg von Schleswigs Stadtmitte, die Straße führte von Schleswig nach Schuby, darum hieß sie so.

„Damit wir nicht vergessen, wie wir hier angefangen haben", sagte Elisabeth.

„Schuby ist ja zum Glück endgültig vorbei", erwiderte Rolf und drückte ihre Hand.

Einstweilen würde er seine Dienste als Schneidermeister in der Wohnung anbieten und sich eine Ecke im Wohnzimmer einrichten. Die Wohnung war zwar nicht so günstig gelegen, Laufkundschaft war hier nicht zu erwarten, anders als im Stadtzentrum. Aber dort war Raum eben immer noch nicht zu bekommen. Alle Gewerberäume waren von Flüchtlingen belegt, und wer waren sie, ausgerechnet sie, das zu beklagen?

„Da sparen wir wenigstens die zweite Miete ein", meinte Rolf.

Einen Kredit mussten sie trotzdem aufnehmen. Eine Nähmaschine musste her, Nadeln, Garne, Maßbänder, ein Tisch zum Arbeiten. Und überhaupt musste die Wohnung eingerichtet werden.

Seine Eltern hätten gern geholfen, aber sein Vater hatte nicht so viele Rücklagen, vieles war für Susannes Gesangsstunden aufgezehrt worden, und das wenige Übrige wurden durch die Geldentwertung rasch aufgezehrt. Viel konnten sie also nicht zutun.

Es war auch praktisch nichts aufzutreiben, was für eine Schneiderwerkstatt vonnöten war. Die britische Verwaltung hatte Besseres zu tun, als die Bevölkerung mit derlei zu versorgen. Und alles war teuer und wurde täglich teurer. Zwar waren die Lebensmittelpreise amtlich festgesetzt, das funktionierte über die Lebensmittelmarken, die man zugeteilt bekam. Aber für alles andere bekam man nur auf Antrag Bezugsscheine, und wer irgendetwas von Qualität wollte, musste sehen, wo er es auftrieb, zumeist unter irgendeiner Ladentheke, und wie er es bezahlte, mit immer mehr Reichsmark oder Rentenmark.

Wie ein Geschenk des Himmels traten da ihre neuen Nachbarn in ihr Leben, eine Familie Sörensen. Die Eheleute waren um mehr als zehn Jahre älter als die Neuankömmlinge und hatten eine elfjährige Tochter, Silke. Sofort nahmen sie die Gronewolds unter ihre Fittiche. Frau Sörensen hatte selbst in ihrer vorherigen Wohnung, einer geräumigen Altbauwohnung, Flüchtlinge aufnehmen müssen, da war Herr Sörensen noch in amerikanischer Kriegsgefangenschaft gewesen. Das war nun ein ganz anderer Auftritt als der von Elisabeth und Rolf bei Familie Manning. Denn die Flüchtlingsfamilie – Vater, Mutter, drei halbwüchsige Kinder – hatte sofort das Regiment übernommen, ihrer Gastgeberin und deren Tochter Zimmer, Küchen- und Badnutzungszeiten zugeteilt, und aus Gründen, die sie sich selbst nicht mehr erklären konnte, hatte Frau Sörensen sich unterworfen und binnen kurzem fremd im eigenen Haushalt gefühlt. Da hatte sie sich auf eine andere Wohnung beworben, und als Herr Sörensen heimgekehrt war, waren sie in der Schubystraße als Nachbarn der Gronewolds gelandet.

Herr Sörensen war Leiter einer Schleswiger Sparkassenfiliale, und es war unglaublich, was er organisieren konnte. Er vermittelte Rolf einen Kredit, was ja für sich genommen in Zeiten der Inflation eine äußerst günstige Form der Finanzierung war, denn die Raten waren Monat für Monat weniger wert. Aber Rolf machte nicht gern Schulden. Darum war fast wichtiger als die Kreditbeschaffung der glückliche Umstand, dass Herr Sörensen praktisch ganz Schleswig kannte. Binnen kurzem waren Wohnung und Werkstatt der jungen Gronewolds ausgestattet mit geschenkten oder geliehenen Möbeln, hübschen Möbeln, Geschirren, allen möglichen Küchenutensilien und sogar einem Bügelbrett samt Plätteisen, dazu ein kleines, schmales Bügelbrett extra für Ärmel und ein strohgefülltes Kissen zum Bügeln der Schulterpartien von Herrenjacken, gleich nach der Nähmaschine die wichtigsten Utensilien einer Schneiderei.

„Der liebe Gott persönlich hat Sie geschickt“, schluchzte Elisabeth, die fassungslos ansah, wie dieser Strom an Zuwendungen sich unablässig in ihre Räume ergoss.

„Nu, nu“, antwortete Frau Sörensen, die mit solchem Gefühlsüberschwang nichts anzufangen wusste, abwehrend. „Übertreiben Sie mal nicht. Sagen wir einfach, Sie würden dasselbe für uns tun, wenn die Dinge umgekehrt lägen. Keine große Sache.“

Herr Sörensen war auch Rolfs erster Kunde. Er wählte Nadelstreifen, den elegantesten Stoff, aber auch besonders schwer zu verarbeiten, denn die Streifen mussten natürlich genau lotrecht verlaufen. Herr Sörensen verlangte außerdem, dass Rolf den Anzug eine Größe zu groß schneidern sollte. Rolf rang in ehrlicher Verzweiflung die Hände.

„Aber das Jackett wird sackig hängen und Falten schlagen! Die Hose wird schlabbern! Das kann nicht sitzen. Und dann noch mit Nadelstreifen!“

„Egal, Sie bekommen das schon hin, ich möchte es bequem haben.“

Und so entstand ein ganz eigener Stil aus exakt der Körperkontur nachgebildeten Hosen und Jacketts, jedoch mit zwei Zentimetern Luft. Nur Bund und Schulter, wo die Kleidungsstücke gehalten wurden, saßen einen Hauch strammer, und Rolf achtete darauf, diese Partien besonders zu verstärken. Dadurch flossen die Kleidungsstücke von diesen verstärkten oberen Partien aus in genauestem Sitz, jedoch locker am Körper entlang.

„Fantastisch“, rief Herr Sörensen aus, als er die zusammengehefteten, aber noch nicht genähten Teile zur Schlussanprobe überstreifte. „Ich werde Sie überall empfehlen. Meisterhaft!“

Rolf hatte die Zeit der Entstehung dieser Meisterleistung genutzt, um Elisabeth in die Geheimnisse der Anzugherstellung einzuweihen. Zwar konnte sie sehr gut nähen, wie er sogleich anerkannte, als er ihr das erste Mal dabei zusah, aber ein Sakko zu heften, das war noch mal eine ganz andere Sache. Und so lernte Elisabeth auch das. Und wie man eine Anzugjacke bügelt, indem man ein immer wieder neu anzufeuchtendes Tuch auf den Stoff legte und indem man die Schulterpartie über das Strohkissen spannte und indem man die Ärmel über das kleine Ärmelbügelbrett schob. Der Geruch des Bügelns durch das feuchte Tuch, ein bisschen beißend nach Versengtem, ein bisschen würzig nach erhitztem Stroh und ein bisschen muffig nach alter Feuchtigkeit, wurde ihr bald der vertrauteste und liebste Duft.

Und das Bild von Rolf, der – meist summend – im Schneidersitz auf dem Tisch der kleinen Werkstattecke saß, das runde Stecknadelkissen an einer Spange am Handgelenk, die eine Strähne in die Stirn gefallen, im Licht des Fensters irgendein Stück steckend oder heftend, wurde ihr der liebste Anblick auf der Welt. So lieb, dass es sie manchmal tief im Innersten schmerzte, wenn er ganz plötzlich aufschaute, ihr in die Augen, verwundert, dass sie ihn betrachtete, und dann sagte: „Ja?“ Oder „Hm?“, wenn er Stecknadeln zwischen den Lippen hatte.

Er nannte sie nie Elisabeth und auch nie Lies, sondern immer nur Liesel oder Schäfchen, das er bald zu Schäpschen verballhornte und das sie nicht so sehr mochte, weil es ihr immer ein wenig zu sehr nach Schnäpschen klang, auch wenn sie die Zärtlichkeit darin spürte.

Herr Sörensen erwies sich als unentwegter Quell der Unterstützung. Kaum hatte er seinen neuen Anzug, erzählte er jedermann, wo in Schleswig – und nirgendwo sonst – man arbeiten lassen solle, wenn man ein Stück exakt nach seinen Vorstellungen zu erhalten wünsche.

Mit der Zeit kam Auftrag um Auftrag, irgendwann in den nächsten Jahren würde es geradezu zum guten Ton gehören, einen Gronewold-Anzug zu besitzen.

Rolf hatte sich rasch angewöhnt, Kundenwünsche auch dann zu erfüllen, wenn seine Fachkenntnisse ihm sagten, dass das Resultat den Kunden nicht gut aussehen lassen würde. Genau wie er es bei Herrn Sörensen gemutmaßt hatte. Und dann sah der

Kunde eben doch gut aus und pries den Schneider, der das bewerkstelligt hatte. Rolf arbeitete von früh bis spät, und nicht selten musste seine schwangere Frau mit Heften und Bügeln helfen, wenn ein Stück termingerecht fertigwerden sollte. Denn das war ein Nachteil von Rolfs akkurater Arbeitsweise: Er war einfach nicht der Schnellste.

Das Rasche, Wendige, das sie im Regenwurmlager an ihm so gemocht hatte, das musste er irgendwie im Krieg gelassen haben.

Von Herrn Sörensen hatte er jede Vergütung abgelehnt. Und bei den nachfolgenden Kunden, die nach und nach in die kleine Werkstattecke tröpfelten, musste er alsbald auf Sachwerte anstelle von Reichsmark oder Rentenmark umstellen, denn das umlaufende Geld verlor weiter an Wert, und immer rascher. Für seinen Kredit war das gut, und auch sein Vermieter kam mit den Mieterhöhungen gar nicht so schnell nach, wie der Geldwert verfiel. Aber alles über Brot und Margarine hinaus war praktisch mit Geld kaum noch zu bezahlen, und so handelte er mit seinen Kunden andere Gegenwerte aus. Bargeld brachte er immer so rasch wie möglich zur Bank, um Schulden abzutragen.

Der Winter, der 1946 einbrach, war so streng, dass Elisabeth kaum wusste, wie sie die kleine Wohnung warm bekommen sollte. Auch Brennstoffe waren rationiert, und Rolf musste genau überlegen, wie sich seine Vergütungsforderungen zusammensetzen sollten. Wegen der Schwangerschaft waren Elisabeths Lebensmittelrationen zwar heraufgesetzt worden, aber immer noch gab es zu wenige Lebensmittel, denn trotz des allerstrengsten Verbots wurden sie gebunkert. Was also halfen ihr noch mehr Marken? Sie besprach es Tag für Tag mit Rolf: Was wurde am meisten gebraucht? Pökelfleisch? Schinken? Eingewecktes Gemüse oder Obst? Brot? Butter? Oder doch Kohle? Holz?

Je mehr ihr Leib anschwoll – nicht sehr allerdings –, desto schwerer fiel Elisabeth das Einheizen. Sie begann frühmorgens in der Küche. Erst bücken und den Gitterrost am Boden der Feuerstelle mit dem Rüttler durchrütteln, damit Brennstoff- und Aschereste in den Aschkasten fielen. Das erforderte schon viel Kraft. Dann in die Knie gehen und den Aschkasten unten aus dem Ofen ziehen. Der hatte einiges an Gewicht, und dabei hatte er nur einen kleinen, schmalen Griff an der Seite und kippelte immer bedenklich in ihrer Hand. Ihn leeren gehen, am besten die Asche auf den Bürgersteig vor dem Haus streuen, das machte den Gehweg schön stumpf und bewahrte vor dem Ausgleiten auf Schnee oder Eis. Danach den leeren Kasten wieder in den Ofen schieben. Zurück in die Hocke und Papier auf den Rost legen. Anzünden und Holzscheite darüber schichten. Warten, bis es tüchtig aufloderte – das war der schönste Teil, denn warten hieß aufrecht stehend einen Moment ausruhen, die Hand ins Kreuz gestützt. Schließlich, wieder gebückt, Kohle auf die Holzscheite legen, nicht zu viel. Die Tür des Feuerraums schließen und die Lüftungsklappen weit aufschieben. Nicht vergessen, sie später wieder kleiner zu stellen, sobald sich Glut entwickelt hatte, sonst brannte die kostbare Kohle zu schnell nieder, und der Eisenofen wurde zu heiß. Nicht vergessen, ab und zu Kohle nachzulegen. Nicht vergessen, den Aschkasten zwischendurch zu leeren, sonst wuchs die Asche bis unter die Feuerstelle und erstickte das Feuer. Es blieb ihr immer ein Rätsel, warum man die Öfen nicht gleich mit höheren Aschkästen herstellte. Vermutlich, damit man die vollen Kästen überhaupt noch tragen konnte.

Und all das wiederholte sich anschließend in der Wohn- und Schneiderstube. Das Schlafzimmer heizte sie nicht ein. Die Toilette war eine halbe Treppe weiter unten auf dem Treppenabsatz und hatte für alle Fälle – der pure Luxus – eine elektrische Heizspirale oben an der Wand, die man für ein paar Minuten mit Hilfe einer Schnur einschalten konnte. Körperpflege fand am

Küchenbecken statt, das Wasser dafür musste man im Kessel erhitzen und dann ins Becken gießen, dann kaltes dazu laufen lassen, bis die Temperatur stimmte.

Je nachdem wurde auf dem Küchenofen auch der Kessel aufgesetzt für Malzkaffee – etwas anderes hatten sie nicht, echter Bohnenkaffee war einfach nicht aufzutreiben – oder für Pfefferminztee. Jeden Freitag schleppte Elisabeth außerdem einen riesigen Topf herbei, im Grunde eher eine Blechwanne, gefüllt mit Wasser, das sie mit Seife und Soda versetzte, und setzte ihn auf den Herd. Als ihre Schwangerschaft schon weit fortgeschritten war, konnte sie den Topf beim besten Willen nicht mehr tragen. Dann musste entweder Rolf das tun, oder sie lief zwischen Herd und Wasserhahn hin und her und füllte den Topf nach und nach aus einer Kanne auf. Sobald die Lauge kochte, legte sie ihre Weißwäsche hinein und bewegte die mit einem Holzlöffel, der nur dafür bestimmt war und dessen Holz schon ganz weißlich gebleicht war, immer wieder im Topf hin und her. Wenn sie das Gefühl hatte, die Wäsche sei sauber, fischte sie die Stücke heraus, die nun, vollgesogen mit heißer Lauge, tonnenschwer waren, besonders die Laken und Bettbezüge, und ließ sie ins große, emaillierte Küchenbecken gleiten, wo sie alles ausspülen musste, zweimal mindestens. Dann wuchtete sie die Wäsche im Korb zum Dachboden und hängte sie über die Leine.

Von Tag zu Tag wurde es ihr schwerer, all das – und das Kochen und das Putzen und dazu noch das Heften und das Bügeln in Rolfs Werkstatt – zu bewältigen. Frau Sörensen nahm ihr irgendwann das Treppe putzen ab und half ihr auch beim Aufhängen der Wäsche. Dabei schimpfte sie: „Sie sollen mir doch Bescheid geben, wenn Sie Wäsche kochen, ich helfe Ihnen gern. Sie sind aber wirklich eine couragierte, junge Frau."

Das fand Elisabeth gar nicht. Ihre Mutter hatte drei Töchter zur Welt gebracht, 1922, 1925 und 1933, die Bedingungen waren damals nicht besser gewesen. Und nie hatte ihre Mutter geklagt.

Sie bedankte sich artig bei Frau Sörensen und sagte ihr dann wieder nicht Bescheid, als Wäsche zu kochen war. Ihre Schwangerschaft war leicht, fand sie. Ihr Gesicht war geschwollen, sicher, aber der Bauch war gar nicht mal monströs, und nur in den allerersten Wochen hatte sie mit Übelkeit zu kämpfen gehabt.

Eines Tages im Februar 1947 bemerkte sie, während sie einheizte, wie Rolfs Blick versonnen und liebevoll auf ihr ruhte. Da richtete sie sich auf, und ohne zu begreifen, wo das herkam, fuhr sie ihn urplötzlich an: „Du kannst dir dein ganzes zärtliches Getue sonstwohin ... an den Hut stecken. Ich wünschte, du würdest mir helfen. Von deinen schönen Blicken habe ich nichts. Und überhaupt, würdest du bitte heute dem nächsten Kunden sagen, er soll zum Bezahlen noch eine Dose Pfirsiche zugeben? Die muss ich jetzt nämlich unbedingt haben. Unbedingt, hörst du?"

Rolf zuckte zusammen und setzte zu einer Erwiderung an. Stattdessen besann er sich offensichtlich, atmete tief durch und sagte schließlich sanft: „Pfirsiche? – Oh je! Mein armes Schäpschen. So eine tapfere, kleine Frau. Ich habe mich schon die ganze Zeit gewundert, man hört ja ganz andere Sachen über Schwangere. Du liebe Zeit! Ruh dich doch aus und sag mir bitte immer, was ich tun soll, ich weiß es ja nicht von allein."

„Getue, sage ich. Besorg mir einfach Pfirsiche."

Und das tat er.

Am 17. Februar platzte die Fruchtblase, spät abends, eigentlich schon mitten in der Nacht, und Elisabeth spürte nicht lange danach die erste Wehe. Sie rüttelte Rolf wach. Das einzige Krankenhaus, das eine Geburtsstation hatte, lag zwei Kilometer entfernt. Da musste Rolf sie jetzt hinbringen. Elisabeth spürte, wie die Furcht sie befiel vor dem, was jetzt auf sie zukam. Sie hatte kaum eine Ahnung, was das sein würde. Ihr Arzt hatte sich auf einige vage Erläuterungen beschränkt, ihr im Grunde lediglich ans Herz gelegt, das Krankenhaus aufzusuchen, sobald die

Fruchtblase platzte. Alles Weitere werde sich dann dort ergeben. Es sei ja das Schönste für eine Frau, Mutter zu werden.

Und nun war es so weit. Sie wusste nur aus Muttis Erzählungen, dass es sehr weh tun würde, furchtbar weh, besonders beim ersten Kind.

Es fuhr mitten in der Nacht natürlich kein Bus mehr. Rolf hatte kein Geld für ein Taxi, er hätte davon Wäschekörbe voll im Haus haben müssen, und er hatte auch keinen gültigen Führerschein außer dem jetzt wertlosen militärischen. Sich noch rasch bei jemandem ein Auto zu leihen, kam also auch nicht in Betracht.

„Und wenn wir Herrn Sörensen bitten, uns zu fahren?", schlug Rolf vor.

„Nein, das wäre mir unangenehm. Lass ihn doch schlafen, er muss ja morgen früh raus."

Draußen hatte es zum Abend auf den Schnee geregnet, und nachts hatte es wieder gefroren. Es war spiegelglatt.

Und so umfasste Rolf seine kreißende Frau mit einem Arm, stützte sie so gut es ging und schlinderte mit ihr die knapp zwei Kilometer über das Eis zum Krankenhaus, den kleinen Notfallkoffer, der seit Wochen unter dem Bett gewartet hatte, in der anderen Hand. Für den Weg brauchten sie weit mehr als eine halbe Stunde, und mittlerweile glaubte Elisabeth sich vor Schmerz und Panik in Auflösung begriffen. Sie wollte nur noch, dass alles vorüberginge. Die Hebamme, die sie, aufgescheucht durch den Pförtner, vor dem Kreißsaal empfing, wirkte auf den ersten Blick wenig einfühlsam, sie kam Elisabeth eher wie ein Dragoner vor.

„Erstes Kind?", fragte sie und empfahl Rolf in recht herrischem Tonfall, sich gleich wieder vom selben Taxi nach Hause bringen zu lassen, mit dem er gekommen sei. Das habe er doch sicher unten warten lassen? Er möge ausschlafen und morgen Vormittag wiederkommen.

„Morgen?“, flüsterte Elisabeth. „Das geht so weiter bis morgen?“

Die Hebamme musterte sie einen Moment lang. „Nein, so geht es nicht weiter. Wir sind noch ganz am Anfang, gutes Kind“, erklärte sie mit grimmigem Vergnügen. Elisabeth wünschte sich in diesem Augenblick eine gnädige Ohnmacht herbei. Alles war besser als diese grauenhaften Schmerzen und dass sie nicht wusste, wie ihr geschah.

„Welches Taxi?“, fragte Rolf. „Wir sind doch zu Fuß ...“

„Was?“, fauchte die Hebamme. „Was sind Sie bloß für ein verantwortungsloser ... Mir fehlen wirklich die Worte. So etwas Rücksichtsloses! Das habe ich ja im Leben noch nicht gehört.“

Rolf stand da wie ein begossener Pudel, und Elisabeth fing an zu weinen.

„Bitte, er konnte ja nicht ... Wir haben kein Geld. Ich … oh Gott!“

Die nächste Wehe setzte ein, und die Hebamme führte Elisabeth in den Kreißsaal. Rolf war Luft für sie.

Elisabeth wurde in einen Krankenhauskittel gekleidet, der hinten offen stand, und musste den Gebärstuhl erklimmen, der sich in nichts vom gynäkologischen Stuhl ihres Frauenarztes unterschied. Rechts und links davon und überhaupt im ganzen Saal lagen andere Kreißende, zwischen den einzelnen Stühlen waren Vorhänge als Sichtschutz angebracht. Einen Lärmschutz gab es nicht, und so konnte sie am gellenden Schreien und Kreischen oder auch Stöhnen der anderen Frauen einen Vorgeschmack darauf gewinnen, was ihr bevorstand. Ihre Beine wurden gespreizt und hoch gelagert, jeder Unterschenkel in eine Art längliche Schale, dazwischen trat ab und zu die Hebamme und kontrollierte irgendetwas, Elisabeth wusste nicht, was. Nach quälenden Stunden erschien schließlich der Arzt, der Platz zwischen den Schenkeln Elisabeths war nun seiner, und die Hebamme wechselte zu ihrem Kopf und gab ihr Anweisungen zum richtigen Atmen und Pressen.

Elisabeth hatte nicht im Entferntesten geahnt, dass es solche Schmerzen geben könnte, Schmerzen, die sie zwar nicht umbrachten, von denen sie genau das aber am liebsten erbettelt hätte.

Als am Ende Lilo, ein glitschiges, zierliches Bündel, aus ihr herausglitt, erstaunlich leicht schließlich, war es später Vormittag, Rolf ging seit Stunden vor dem Kreißsaal auf und ab, und Elisabeth hatte die Schürzenbänder der Hebamme zerbissen.

Rolf hatte unbedingt gewollt, dass sein Kind, wenn es eine Tochter würde, Liesels Namen bekäme.

„Liesel?“, hatte Elisabeth entgegnet. „Liesel auf keinen Fall. Das ist doch kein richtiger Name. Alle werden sie Gänseliesel rufen.“

Also wurde es Lieselotte.

Lilo, geboren im Februar 1947.

14.) Schleswig, Dezember 1955

„Dieses Kind ist meins. Das nimmst du mir nicht weg.“

Schon vor Rolfs Eintreffen im Wöchnerinnenzimmer hatte sich Elisabeth vorgenommen, ihm das zu sagen. Gundel sollte von ihr, nur von ihr erzogen werden. Lilo war viel zu verwöhnt, und das lag natürlich an Rolf, sie war seine Kronprinzessin. Und eben oft so ungezogen. Sie machte ihren Eltern mit ihrem hochfahrenden Temperament jede Menge Schwierigkeiten, ein Wirbelwind war sie, einmal war sie sogar weggelaufen. Demnächst, im Februar, würde sie neun Jahre alt werden, und so oft und so sehr Rolf sie gezüchtigt hatte, zumeist durch Elisabeth und ihre Berichte über Lilos Untaten aufgepeitscht, sie war einfach nicht zu bändigen. Auch die Schule hatte wenig bewirkt, das Kind war und blieb undiszipliniert.

Und Rolf, auch wenn er ihr vieles, zu vieles durchgehen ließ, schonte seine Tochter nicht, wenn er es für nötig hielt, sie zu bestrafen.

„Erziehen kommt von Ziehen. Erziehung muss weh tun, sonst nützt sie nichts.“

Das meinte er und sagte es oft, und Elisabeth stimmte ihm zu. Und darum hatten sie, die Eltern, wenn sie nicht mangels greifbarer Gerätschaften das Kind lediglich mit der flachen Hand ohrfeigten oder aufs Gesäß schlugen, den Kochlöffel aus Holz genommen. Und wenn der kräftigere Rolf den Löffel führte, konnte es vorkommen, dass der auf Lilos Gesäß zersprang. Danach konnte das Kind nicht mehr sitzen. Und wenn es sich doch setzen musste, zum Beispiel zum Abendbrot, schob es zur Kühlung die Handflächen unter. Das war gar zu schlimm, so weit sollte Rolf doch lieber nicht gehen. Aber Rolf, so lieb und sanft er war, neigte eben auch zum Jähzorn, und manchmal ging der mit ihm durch, wenn er Lilo zwischen seine Knie klemmte und mit der Holzkelle ausholte.

Und es war nötig, leider, fanden sie beide. Der Wille des Kindes musste gebrochen werden. Denn Eltern sollten ihre Kinder zu braven Menschen heranziehen, die ihnen Ehre einlegten und bei jedermann wohl gelitten waren. Das galt vor allem für Mädchen. Ein Mädchen durfte nicht stören und sollte nicht dickköpfig sein, sondern fügsam. Es musste sich gut benehmen. Das musste um jeden Preis durchgesetzt werden, es war die beste Vorbereitung aufs Leben. Elisabeths Eltern hatten es schon so mit ihr gehalten und auch Rolfs Eltern mit ihm.

Einmal war Lilo gemeinsam mit ihrem Busenfreund Hans, den alle immer nur Hänschen nannten, in einem Teil der Stadt erwischt worden, den sie nicht betreten sollten, weil man dafür eine viel befahrene Straße zu überqueren hatte. Eine Nachbarin hatte die beiden gesehen und Rolf benachrichtigt. Und als die beiden Kinder Hand in Hand zurückgekommen waren, hatte Rolf schon wie ein Racheengel in der Tür gestanden und sich Lilo gleich gegriffen. Da hatte Hänschen, der niedliche Junge, so rührend gebettelt: „Bitte, bitte, nicht schlagen, nicht Lilo schlagen. Nimm doch mich, Onkel Gronewold, nimm doch mich!"

Aber Rolf war nicht zu rühren gewesen und hatte Lilo vor den Augen ihres Freundes versohlt. Dann hatte er die Tür geschlossen.

Hänschen war ja inzwischen mit seiner Familie weggezogen. Auch nicht einfach für Lilo.

Wo war sie nochmal? Ach ja: Gehorsam war auch wichtig, um Schaden von einem Kind abzuwenden, das schließlich noch nichts wusste – nichts wissen konnte – von den Gefahren der Welt. Wie zum Beispiel von den Gefahren einer viel befahrenen Hauptstraße.

Oder wie oft hatten sie Lilo eingeschärft, nicht von den unreifen Stachelbeeren, die es im Schrebergarten der Familie Sörensen überreichlich gab, zu naschen und auf keinen Fall Wasser unmittelbar nach dem Genuss von Obst zu trinken! Und dann hatte das dumme Ding, es war damals sechs Jahre alt gewesen, sich in einem unbeobachteten Moment doch den Bauch mit eben solchen Stachelbeeren vollgeschlagen und prompt auch noch Wasser darauf getrunken. Es hatte anschließend hohes Fieber bekommen, nichts mehr bei sich behalten können und war zusehends verfallen. Nur mit Mühe hatte Rolf aus dem Kind herausgeholt, was es getan hatte. Der am Abend herbeigerufene Arzt hörte sich die Schilderungen an und untersuchte Lilo gründlich. Dann nahm er die Eltern beiseite und verließ mit ihnen das Kinderzimmer. Bang und hoffnungsvoll schauten Elisabeth und Rolf ihn an. Der Arzt drückte Elisabeth eine Arznei in die Hand und sagte dazu, das Kind müsse das unbedingt bei sich behalten.

„Aber sie kann nichts bei sich behalten, nicht mal leichten Tee oder warmes Wasser. Was ist denn, wenn sie die Medizin ausbricht?"

„Dann wird sie ein kleines Engelchen", antwortete der Arzt.

Liesel kamen die Tränen, auch Rolf nahm die Brille ab und rieb sich die Augen.

„Danke ... wir ... wir werden alles versuchen", brachte er schließlich hervor.

„Ich werde für die kleine Lieselotte beten", sagte der Arzt noch zur Verabschiedung.

‚Wenn der Arzt schon beten muss ...', dachte Elisabeth.

Lilo hatte die Medizin bei sich behalten und war durchgekommen.

Elisabeth hatte die ganze Nacht an ihrem Bett gewacht.

Das war keine Situation, das Kind zu bestrafen, natürlich nicht.

Auch als Lilo vor einem Jahr weggelaufen, einfach von der Schule nicht nach Hause gekommen war und Rolf und Elisabeth zu Fuß ganz Schleswig nach ihr hatten absuchen müssen, stundenlang – sie hatten sie schließlich auf der Kirmes gefunden, wo sie anscheinend bunte Abenteuer gesucht hatte –, waren sie so froh, sie wohlbehalten zurückbekommen zu haben, dass sie sie nicht bestraften. Sie sprachen nur sehr eindringlich mit ihr, erzählten ihr, dass sie sich die größten Sorgen gemacht hätten, sich verzweifelt die schlimmsten Erklärungen für ihr Fernbleiben ausgemalt hätten und nun sehr froh seien, sie wiederzuhaben. Sie dürfe so etwas nicht noch einmal tun.

„Aber ihr hättet mich ja nicht zur Kirmes gehen lassen, wenn ich gefragt hätte“, erwiderte Lilo.

Dieser Eigensinn! Widerworte, selbst jetzt! Man hatte es doch im Guten versucht! Elisabeth war drauf und dran, die Hand zu heben, doch Rolfs mahnender Blick brachte sie zur Besinnung. Rolf. Natürlich.

„Sie ist und bleibt eben ein Wirbelwind“, sagte er später.

Es gab also Ausnahmen, sicher, aber ansonsten waren sie beide der Meinung, dass Strafen, auch Schläge, unumgänglich waren.

„Es tut uns selbst am meisten weh“ und „es ist zu ihrem Besten“, sagten sie sich und einander oft. Alle Eltern schlugen ihre Kinder, alle. Immer wieder war die Straße erfüllt vom Betteln und Schreien der Kinder. „Hänschen kriegt widder ne Jack voll“, hieß es dann unter den Ohrenzeugen. Die einzige Ausnahme, die Elisabeth kannte, waren ihre Freunde, die Sörensens, die Silke nie geschlagen hatten und die immer wieder für Lilo eintraten.

„Das ist doch ganz normal für ein Kind“, sagte Erika Sörensen nicht selten, sichtlich befremdet, wenn Elisabeth wieder einmal verlangte, dass Lilo am Kaffeetisch der Erwachsenen nicht zappelte, nicht mit dem Stuhl kippelte und nicht dazwischen redete, auch nach mehr als einer Stunde nicht. Eines Tages, als Elisabeth wieder einmal deswegen drohend die Hand gegen Lilo erhoben und Anstalten gemacht hatte, sie zu ohrfeigen, hatte Erika ihr sogar den Arm festgehalten, einfach festgehalten und sie mit so großer Entschiedenheit stumm angeschaut, dass Elisabeth nicht gewagt hatte, ihn einfach wegzuziehen. Sie hatte ihn schließlich sinken lassen.

Danach hatte Elisabeth aber doch den Pfarrer befragt deswegen, zur Vorsicht, und der hatte mit sicherem Griff – sie war wohl nicht die erste, die fragte – die Bibel aufgeschlagen und ihr aus dem Buch der Sprüche Salomons vorgelesen: „Wer sein Kind nie schlägt, der liebt es nicht. Wer sein Kind liebt, der bestraft es beizeiten."

Und: „Erspare Deinem Kind die harte Strafe nicht! Ein paar Hiebe werden es nicht umbringen."

Einmal freilich, Lilo war fünf gewesen, da hätte Elisabeth sie beinahe umgebracht, weil das vermaledeite Kind sie öffentlich dermaßen blamiert hatte … Elisabeth hatte im Zorn jede Beherrschung verloren. Sie hatte es an diesem Tag eilig gehabt, wollte mit Lilo zu einem amtlichen Termin, als in der Hast des Anziehens das Gummiband riss, das durch den Bund von Lilos Schlüpfer gezogen war und diesen oben hielt. Elisabeth hatte weder Zeit fürs Umziehen des Kindes noch fürs Einziehen eines neuen Gummis, beides hätte endlos gedauert, und so behalf sie sich schnell mit einer Sicherheitsnadel. Im Bus dann fiel Lilos Blick auf die gegenüber sitzende, offenbar recht vornehme Dame, die einen ausladenden Hut und am Revers eine prachtvolle Brosche trug. Und ehe Elisabeth eingreifen oder auch nur vorhersehen konnte, was geschehen würde, riss Lilo ihr Röckchen hoch und trompetete stolz durch den Bus zum Vergnügen der Dame und aller anderen Fahrgäste in Sichtweite: „Kuck ma, Tante, ich hab auch ne Brosche!"

Elisabeth lief puterrot an. Nun wusste ja wohl ganz Schleswig, dass die Gattin des Schneidermeisters ihre Tochter mit einem Schlüpfer umher laufen ließ, der mit Sicherheitsnadeln zusammengesteckt war, weil sie zu faul zum ordentlichen Flicken war. Und das Kind hatte vor aller Augen den Rock gehoben! Damit alle ihre ... Unterwäsche sehen konnten! Umgehend zerrte sie ihre schamlose Tochter hinter sich her aus dem Bus und ließ auf dem gesamten zu Fuß zurückgelegten Heimweg immer wieder, wenn das Gefühl der Schande sie neu überkam, Schläge auf ihren Kopf niederprasseln, während Lilo verzweifelt ihre Arme über den Kopf hielt und versuchte, ihre Mutter zur Besinnung zu bringen: „Nein, Mami, nein! Bitte, bitte nicht! Ich tu‘s auch nie wieder!“

Weder vermochte das Schlagen Elisabeths Wut abzubauen noch besänftigte das Flehen ihres Kindes sie, nein, beides lud sie nur noch mehr auf. Und so war sie, als beide zuhause ankamen, schließlich so außer sich, dass sie ihre Tochter an den Haaren packte und mit dem Kopf vor den Küchentisch schlug. Doch Lilo kam mit einem Auge ausgerechnet an einer Ecke der Tischplatte aus, und das Auge schwoll an und trat aus der Höhle. Lilo kreischte vor Schmerz und Schreck. Das hatte Elisabeth nicht gewollt! Und wenn es herauskäme, würde man ihr das Kind wegnehmen, soviel war klar!

Was konnte sie schon tun, es war ja keine Zeit, Rolf zu informieren und um Rat zu fragen, auch wenn er gleich nebenan arbeitete. Und im Grunde traute sie sich auch gar nicht erst, ihm ihre Untat zu gestehen.

Auf dem Weg zum Arzt schärfte Elisabeth Lilo also ein, dass sie sagen sollte, sie sei auf die Tischkante gestürzt.

„Sonst kommst du ins Heim.“

Das wäre nicht nötig gewesen, denn das Kind war, vermutlich vor Weh und Verstörung, sowieso verstummt, sagte kein Wort und hielt sich brav. Der Arzt verstand sein Handwerk, die Verletzung ließ sich behandeln und würde folgenlos bleiben. Und so konnte Elisabeth auf dem Rückweg versöhnliche Töne anschlagen und Lilo in der Eisdiele unten im Haus unter der Schneiderstube ein Eis kaufen, ein besonderes Trostpflaster, denn Eis war nicht ganz billig. Für den Rest dieses Tages war Lilo artig, und Elisabeth schöpfte wieder Hoffnung. Sie bereute ihre Härte längst, denn plötzlich hatte sie – das Bild des wehrlosen Kindes vor Augen, wie sie es vor sich her getrieben hatte, zu Fuß durch die Stadt, und es den Kopf unter den erhobenen Armen zu schützen versucht hatte – daran denken müssen, wie sie selbst Jahre zuvor auf der Flucht den Kopf unter die Arme gezogen hatte, während der Flüchtlingstreck aus der Luft beschossen wurde. Das hatte sie erschreckt, aber an nichts gehindert, bis sie Lilos verletztes Auge gesehen hatte. Dann erst war sie aus ihrem heillosen Zorn aufgetaucht. Und hatte begonnen, sich selbst zu verachten.

Und so war sie für Wochen Lilo gegenüber weitaus nachgiebiger gestimmt.

Aber letztlich stellte sich doch immer wieder heraus, dass das Kind machte, was es wollte. Es war eben ungezogen. Es widersprach. Manchmal bekam es sogar Trotzanfälle und rechtete mit den Eltern, schrie sie gar an. Es machte Faxen in die Gespräche der Erwachsenen hinein, schnitt Grimassen, redete dazwischen, lachte, sang und stellte alle möglichen Fragen, wenn es doch eigentlich still sitzen sollte.

„Immer hat sie Unsinn im Sinn“, pflegte Rolf zu sagen und meinte das wohl komisch. Aber die Lage war nicht komisch, sondern schwierig, das Kind war einfach zu sehr von seinen Gefühlen und Bedürfnissen getrieben und gab ständig beidem nach. Und all das ging eben nicht, wenn Elisabeth nicht als unfähige Mutter dastehen sollte.

Rolf war dem Kind gegenüber zu weich. Von sich aus strafte er es selten, fast nur, wenn Elisabeth es verlangte, und das kränkte Elisabeth, denn dadurch stellte er sie als böse Mutter hin, so kam es ihr jedenfalls immer vor.

Zum Glück hatte Lilo ein sonniges Naturell, sie lachte gern und steckte voller Späße, entwickelte auch keine Angst vor ihr, vor ihrer Mami. Das wäre Elisabeth auch wieder nicht recht gewesen. Denn die weitaus meiste Zeit ihres Miteinanders verbrachten sie einträchtig mit Spielen, Basteln, Vorlesen, Schmusen. Sternstunden. Und wie gern bezog Elisabeth Lilo in die täglichen Verrichtungen ein! Mit Feuereifer beteiligte Lilo sich am Kochen und Backen, sogar am Einheizen und Saubermachen. Nur in die Nähe der Kochwäsche ließ Elisabeth sie lieber nicht, das Kind in seinem Ungestüm würde womöglich alles herunterreißen und sich verbrühen. Und, wie praktisch, Rolf arbeitete ja gleich nebenan, und so hatte Elisabeth oft ihre Ruhe, wenn Lilo zu Rolf ging, der immer eine Umarmung und ein offenes Ohr für die Kleine hatte und wahrscheinlich viel zu viel Verständnis und Nachsicht.

Auf jeden Fall hätte Elisabeth lieber eine schüchterne Tochter gehabt, zumindest eine stärker zu beeindruckende.

„Unsinn: dass sie einen starken Willen hat, wird ihr später mal sehr nützlich sein", hatte Werner Sörensen einmal gesagt.

Ja, das galt vielleicht für Jungen, aber für ein Mädchen? Mädchen mussten sich benehmen wie kleine Erwachsene. Und warum überhaupt mussten Sörensens Lilo immer verteidigen?

Sie erkannte das widerborstige Temperament ihrer Schwiegermutter in dieser Tochter. Diese ganz und gar verrückte Person war ja die Plage des Schwiegervaters gewesen. Von Anfang an hatte die Schwiegermutter Elisabeth missfallen, bei den ersten zwei Besuchen in Berlin vor ihrer Flucht aus Posen hatte sie sich einen Eindruck verschaffen dürfen. Danach waren sie nur noch einmal in Berlin gewesen, zum vierzigsten Hochzeitstag der Schwiegereltern, aber da waren Elfriede und Susanne fast immer in der Küche gewesen, erstaunlich eigentlich.

Jedenfalls, so wie die Schwiegermutter durfte Lilo auf keinen Fall werden, auch wenn sie ihr charakterlich eindeutig nachschlug. Tagsüber den Haushalt vernachlässigen und sich künstlerischen Ambitionen hingeben, Blumenaquarelle malen und dergleichen. Und dann nachts aufstehen und putzen, weil es ihr gerade einfiel, wo gab es denn so was? Das gesamte Gebaren der Schwiegermutter erschien Elisabeth manieriert, auf elegante Salondame getrimmt. Unablässig während der beiden ersten

Besuche hatte sie davon gesprochen, was sie brauchte und was sie wollte und dass sie nur tagsüber das richtige Licht für ihre Malerei hätte. Und zu den Klagen über ihre vermutlich eingebildeten Leiden, die sie mit großer Geste, ähnlich einer Stummfilm-Schauspielerin, schilderte, fehlte nur noch der gegen die Stirn gepresste Handrücken. Launisch, hysterisch, selbstbezogen, unordentlich, das war Elisabeths Meinung über die. Gute Worte des Schwiegervaters hatten anscheinend nichts bewirkt, und mittlerweile war die Schwiegermutter Witwe geworden, denn der Schwiegervater war kurz vor Gundels Geburt gestorben.

Also terrorisierte sie mit ihren Grillen jetzt nur noch ihre Tochter Susanne, das einzige ihrer drei Kinder, das noch im Elternhaus lebte. Ein zweiunddreißig Jahre altes Fräulein Gronewold, das seit vielen Jahren den berühmten Opernsänger Josef G. liebte, aber nicht heiraten konnte. Nicht zu verstehen, das unschickliche Verhältnis, das sie unter den Augen ihrer Eltern und inzwischen womöglich auch noch unter dem Dach der Mutter führte, jetzt, da der Schwiegervater nicht mehr war! Sie hätte doch diese Liebe aufgeben müssen, da sie sich nun einmal nicht legalisieren ließ. Unbedingt aufgeben!

Es hieß, dass Herr G. demnächst zum Kammersänger ernannt werden sollte, nachdem Hitler ihn 1944 schon in die Gottbegnadeten-Liste aufgenommen hatte. Der Sänger war ja deswegen oder weil er in die NSDAP eingetreten war, nie zum Fronteinsatz eingezogen worden, so ganz anders als Rolf noch in den letzten Kriegstagen ...

Jedenfalls war er verheiratet geblieben, weil seine Frau die Scheidung verweigerte, immer noch, nach all den Jahren. Die Macht hatte sie leider. Und so ließ sich das Verhältnis nur in Sünde aufrechterhalten, ein unsittliches Verhältnis eben.

Elisabeth tat es einerseits leid, dass es bei Susanne trotz der gewiss teuren, natürlich vom Vater finanzierten Gesangsausbildung für eine Opernkarriere nicht gereicht hatte. Sie fühlte mit ihr. Unerfüllte Träume, so etwas kannte sie. Und ihre Schwägerin war ihr nicht unsympathisch, wenngleich Susanne auch dieses Laute, Extravertierte, Unruhige hatte. Aber in einer anderen Ecke ihres Herzens witterte Elisabeth in ihr auch eine unbestimmte Bedrohung. Letztlich hatte Susanne sich ihre Träume doch immer erfüllt, wo es ging, hatte sich nicht beschränkt und hatte sich nicht beirren lassen, liebte gegen alle widrigen Umstände offen einen verheirateten Mann. Und das, obwohl die widrigen Umstände, wenn man ehrlich war, bedeuteten, dass ihr nur die Ehre eines Straßenmädchens blieb. Freiwillig tat sie diese ... Dinge. Das stand jedenfalls zu vermuten. Andernfalls wäre G. ja längst auf und davon gewesen. Wollte Gott, dass sie nicht auch noch ein Kind bekam. Liesel und Rolf hatten ja eigens nicht vor Kriegsende heiraten wollen und waren vorher natürlich nicht zu weit gegangen. Das war ehrbar! Und so war Susanne eben nicht.

Aber dafür folgte Susanne eben auch ganz sich selbst.

Nicht nur Susanne, alle in Rolfs Familie außer seinem Vater Gustav, dem Brückenbauer, hatten künstlerische Ambitionen.

Klaus, der Jüngste, jetzt, Ende 1955, neunundzwanzig Jahre alt, hatte nach dem Notabitur und seiner Zeit als jugendlicher Kriegsteilnehmer Musik, Englisch und Deutsch studiert, als die Zeiten wieder friedlich geworden waren. Jetzt zog er mit einer Musiktruppe durchs Land, spielte bei allen möglichen Veranstaltungen und beklagte sich regelmäßig bei Rolf über die grausam flachen Musikwünsche der Gäste, die immer bloß seichte Schlager hören wollten, nie einen vernünftigen Jazztitel. Ab und zu hatte er in Bremer Clubs mit dem drei Jahre jüngeren Hans Last zusammen gespielt, der mittlerweile als James Last eine gewisse Bekanntheit erlangt hatte. Klaus hatte es nicht zu großer Bekanntheit gebracht. Er lebte in Oldenburg mit seiner wunderschönen Frau Ursula, zwei Jahre älter als er. Die hatte große, warme, dunkle Augen und dunkle Haare und war anmutig und elegant. Klaus hatte Fotos geschickt, und es hatte Elisabeth einen leisen Stich versetzt. Vielleicht war Klaus‘ Frau schöner als sie? Anmutiger? Eleganter?

„Was für ein rassiges Weib!“, hatte Rolf ausgerufen, als das Foto aus Klaus‘ Brief gefallen war.

„Rassig sagt man nicht mehr“, hatte Elisabeth entgegnet.

Vor Gundels Geburt hatte sie ihren Schwager und dessen Frau einmal gesehen, das war an jenem vierzigsten Hochzeitstag der Schwiegereltern gewesen. Da hatte sie beide kennengelernt. Und in Farbe war Ursula ihr noch schöner erschienen mit ihren Haaren in warmem Braun, noch viel, viel schöner als auf den Schwarz-Weiß-Fotos.

Klaus und Ursula hatten einen dreijährigen Sohn, Michael, der mit einem Herzfehler zur Welt gekommen war und nach der Operation einen verkürzten linken Arm hatte, etwas war schiefgegangen.

„Wir müssen ihn mit Härte erziehen“, hatte Klaus geschrieben, „sonst wird er mit seinem verkrüppelten Arm der Unbarmherzigkeit der Leute nicht gewachsen sein.“

Einzig ihr Mann Rolf, der älteste Sohn der Familie, hatte weder einen Oberschulabschluss noch eine Ader für Kunst oder Musik. Er sang aber gern und so schön! Ansonsten war er bloß Schneidermeister geworden, allerdings ein sehr guter: Die höchsten Herren Schleswigs, viele Richter der Schleswiger Gerichte, sogar vom Oberlandesgericht, bildeten sich etwas darauf ein, bei ihm arbeiten zu lassen, weil er genau umsetzte, was sie wünschten. Und sie mochten alle seine ruhige, beflissene Art.

Vielleicht war das ja auch eine Art Kunst? Sie war auf alle Fälle recht stolz auf ihren Mann.

Mit den Sörensens hatten Rolf und Elisabeth sich eng befreundet, und Silke, die einundzwanzigjährige Tochter der beiden, sollte Gundels Patentante werden. Die Freundschaft war Elisabeth in einer Kammer ihres Herzens etwas unheimlich, selbst nach all den Jahren noch, schließlich waren das besser gestellte Leute, die sich gewiss nicht für das interessierten, was der örtliche Schneider und seine Frau zu erzählen hatten. Um so ehrenvoller war es, dass Silke Sörensen die Patenschaft für Gundel angenommen hatte, immerhin studierte sie in Kiel auf Lehrerin. Dabei war sie gar nicht hochmütig: Wie ihre Mutter war sie eine geradlinige, erfrischend unkomplizierte Person, einfach nur nett, und dazu noch wie ihr Vater Werner Sörensen gesprächsfreudig und herzlich. Und doch fürchtete Elisabeth insgeheim immer, nur vor Rolf zugegeben, von ihr und ihren Eltern abgelehnt und verachtet zu werden.

Das alles war ein Teil ihres Denkens, den Rolf nicht verstand, nicht verstehen konnte: „Was du immer hast mit deinen Bedenken und Einwänden. So, als wären wir niemand. Das sind doch nette, freundliche Leute, uns zugetan. Sie mögen uns einfach, wie wir sind."

Manchmal versuchte Elisabeth daran zu glauben. Mit gerührtem Lächeln erinnerte sie sich jetzt daran, wie Erika Sörensen kurz nach Lilos Geburt zusammen mit der damals zwölfjährigen Silke bei ihr angeklingelt und wispernd gefragt hatte, ob sie und Silke mal das Baby sehen dürften, Silke habe noch nie ein Baby aus der Nähe gesehen. Und dann war es so reizend gewesen, zu sehen, wie Silke staunend und ergriffen vor der Wiege stand und Lilo mit ebenso staunenden Augen zurückschaute und Silke ihr dann ganz behutsam über das Köpfchen streichelte.

Das war nun beinahe neun Jahre her. Neun Jahre, in denen kaum ein Stein auf dem anderen geblieben war. Alles, alles war jetzt anders.

Sie waren noch einmal umgezogen und wohnten jetzt über der Fußgängerzone. Sörensens waren in das vornehmere Viertel zurück gezogen, in dem sie bei Kriegsende gelebt hatten und wo die Bankfiliale lag, in der Werner Sörensen arbeitete. Sie sahen einander oft.

Im Zuge der Währungsreform waren Reichsmark und Rentenmark durch Deutsche Mark abgelöst worden. Jeder hatte vierzig Deutsche Mark bekommen, die alte Währung wurde einfach eingezogen, das war ein Jahr nach Lilos Geburt gewesen. Zu den vierzig Mark hatte Rolf natürlich noch seine Werkstatt samt Einrichtung, und so konnte er weiter arbeiten. Und er wurde immer bekannter. Sie konnten jetzt einigermaßen auskommen.

Seit dem 23. Mai 1949 hieß der westliche Teil Deutschlands – also der Teil unter amerikanischer, britischer und französischer Verwaltung – Bundesrepublik Deutschland. Und die Todesstrafe war abgeschafft! Die Todesstrafe war abgeschafft! Das stand sogar im Grundgesetz, der westdeutschen Verfassung, die der Parlamentarische Rat verabschiedet hatte.

„Gott sei Dank“, hatte Elisabeth zu Rolf gesagt, als sie es in der Zeitung las.

„Ja, furchtbar, wenn der Staat mittut beim Morden“, stimmte Rolf ein, „das hatten wir nun lange genug, und am übelsten in der schlimmen Zeit.“

Der sowjetisch besetzte Teil Deutschlands, also der Osten, hieß jetzt Deutsche Demokratische Republik. Dort blieb die Todesstrafe bestehen.

Seit 1952 trennte die innerdeutsche Grenze die beiden Teile Deutschlands voneinander. Seither durften Elisabeths Eltern und ihre beiden Schwestern nicht mehr heraus aus der DDR. Und für Elisabeth war es so gut wie unmöglich, Rolf mit der Werkstatt allein zu lassen und in die DDR zu reisen. Rolf konnte erst recht nicht weg, so war das, wenn man selbständig war. Und Bahnfahren war auch teuer, selbst in der Zweiten Wagenklasse. Aus all diesen Gründen hatte sie ihre Familie nun schon seit Jahren nicht mehr gesehen. Man schrieb sich, man schickte Fotos. Und ab und zu weinte man um all das Verlorene. Und Elisabeth hatte mehr und mehr das Gefühl, einer ganzen Welt beim Verschwinden zuzusehen.

Rolfs Heimatstadt Berlin lag mitten auf dem Staatsgebiet der DDR.

„Tja, jetzt wohnen meine Eltern und Geschwister in Ostdeutschland“, sagte Rolf. „Und auch wieder nicht. Merkwürdig, das alles. Westdeutsche sind sie nicht, Ostdeutsche sind sie auch nicht, und auch nicht unabhängig. Irgendwie dem Westen angeschlossen und auch wieder davon getrennt. Was soll man davon halten?“

Und, schlimmer: Berlin war geteilt, die Osthälfte war die Hauptstadt der DDR. Die Westhälfte war … irgendetwas. Eine halbe Stadt mit Sonderstatus, selbstverwaltet. Dorthin waren die Schwiegereltern bald nach Rolfs Heimkehr gezogen. Sie wollten im Westen leben, sie verstanden sich als Westdeutsche.

„Es kommt mir so vor, als hätte ich Berlin – wie soll ich sagen – verloren. Verstehst du, was ich meine?“

„Ja, natürlich. Denk doch mal, was aus Meseritz geworden ist. Da wohnt ja jetzt keiner mehr von uns. Das ist auch verloren.“ Elisabeth, die Schleswig so sehr liebte und Rolf nicht bekümmern wollte, hatte er ihnen doch diese neue Heimat ausgesucht, lächelte schief. Schief, um nicht zu weinen. Hätte sie ihre angespannten Gesichtszüge losgelassen, wären die Tränen geflossen, unweigerlich.

Hauptstadt der Bundesrepublik war ein Kaff am Rhein namens Bonn geworden.

„Kenne ich nicht, du?“, fragte Elisabeth. „Das soll irgendwie damit zu tun haben, dass West-Berlin es nicht werden kann und Adenauer aus der Ecke kommt, also aus dem Rheinland.“

Adenauer, Christlich Demokratische Union, Vorsitzender des Parlamentarischen Rats. Der war seit September 1949 Bundeskanzler.

„Der alte Kerl“, hatte Elisabeth zu Rolf gesagt. Schon dreiundsiebzig war der ja. Sie hatten ihn nicht gewählt. Sie hatten SPD gewählt, weil sie nicht vergessen und verziehen hatten, dass sich im Parlamentarischen Rat etliche aus der CDU vehement für die Todesstrafe eingesetzt hatten.

Die Wahl im August 1949 war die erste überhaupt in ihrer beider Leben gewesen. Dabei war Rolf schon zweiunddreißig Jahre alt, und Elisabeth war eben siebenundzwanzig geworden, zwei Tage zuvor. Aber es hatte bislang keine freien Wahlen gegeben, seit 1933 nicht. Man hätte lediglich Adolf Hitler ankreuzen können oder es bleiben lassen, und da hatten sie es eben bleiben lassen, auch als sie das wahlfähige Alter von zwanzig Jahren erreicht hatten. Es war schön gewesen, damals, als sie sich kennengelernt und verliebt hatten, im Gespräch herauszufinden, dass sie die Hitler-Wahlen beide boykottiert hatten.

Und es war aufregend gewesen, damals, 1949, im August, zum ersten Mal zu wählen, und Elisabeth war froh, dass sie zusammen mit Werner und Erika Sörensen gingen. Das gab ihr Sicherheit. Sie wollte sich nicht blamieren.

Sie hatten den Wahlschein Wochen vorher zugeschickt bekommen, zusammen mit der Mitteilung, wo ihr Wahllokal war. Eine Vereinsgaststätte, kaum fünf Minuten zu Fuß entfernt. Am Wahltag hatten sie sich in Schale geworfen – trotz der recht sommerlichen Temperaturen Rolf in einen anthrazitfarbenen Maßanzug mit weißem Hemd und weinroter Krawatte, Elisabeth in ein mausgraues Maßkostüm mit dunkelgrüner Bluse und schwarzen Stöckelschuhen, und Werner trug sogar den von Rolf gefertigten Nadelstreifenanzug, ebenfalls mit weißem Hemd und Binder. Selbst die kleine Lilo führte ein von Elisabeth eigens für diesen Anlass genähtes Matrosenblüschen aus.

Nur die unkomplizierte Erika hatte sich in ein wenn auch sonntäglich wirkendes, weil seidig schimmerndes Sommerkleid in

Taubenblau mit Blumenmuster und schwingendem Glockenrock gewandet und trug dazu zierliche dunkelblaue Schuhe ohne Absatz. Als sie die ganze feierliche Ansammlung betrachtete, die sich vor der Haustür in Richtung Wahllokal in Marsch setzte, brach sie plötzlich in unbändiges Gelächter aus.

„Du liebe Güte, wenn jetzt einer stirbt, seid ihr gleich passend gekleidet! Ich dachte, wir gehen zur Wahl und nicht zu einer Trauerfeier."

Sie stutzten, betrachteten einander und stimmten dann, wenn auch zögernd, in das Lachen ein.

Elisabeth schämte sich ein bisschen.

‚Tja', dachte sie, ‚das kommt dabei heraus, wenn man alles richtig machen will, dann wird's bloß langweilig.'

Sie sagte: „Die ersten freien Wahlen, liebe Erika, das ist doch so eine Freude! Wenn das kein Anlass ist ..."

Aber, das war ihr im gleichen Moment klar, die Wahrheit war, dass sie einfach nicht aus ihrer Haut konnte. Eindruck zu machen, war wichtig. Alles richtig zu machen, war wichtig. Nicht unangenehm aufzufallen, war wichtig. Und gut gekleidet zu sein bei jeder Gelegenheit, sowieso.

Und weil sie alles richtig machen wollte und sich unsicher und verschüchtert fühlte, war sie auch froh, dass die beiden Herren im Wahllokal voran gingen, zuvorderst der erfahrenere Werner, ihre Wahlunterlagen abgaben und ihre Ausweise vorzeigten, den Wahlzettel in Empfang nahmen und hinter der Absperrung verschwanden, wo sie ihr Kreuz machen würden.

Und dann wurde doch Konrad Adenauer Kanzler und nicht Kurt Schumacher, der SPD-Kandidat.

„Ich kann den Alten nicht ab", hatte Rolf gesagt, und Elisabeth empfand ähnlich.

„So ein selbstgerechter Mensch. Unsympathisch."

Aber dann begann Rolf doch manches an Adenauers Politik zu billigen.

„Der Mann hat Mumm“, sagte er eines Tages, von der Zeitung aufblickend, zu Elisabeth. „Hat gerade ein wiedervereinigtes, neutrales Deutschland abgelehnt.“

„Er hat die Wiedervereinigung abgelehnt? Das darf doch nicht wahr sein! Rolf! Du weißt, was mir das bedeuten würde. Und dir doch auch.“

„Er hat ein neutrales Deutschland abgelehnt. Der Vorschlag kam von den Russen, als Preis für die Wiedervereinigung, schon deshalb bin ich dagegen. Ich traue den Brüdern nicht, na, das weißt du ja. Das geeinte, neutrale Deutschland wäre nur der Übergang zu einem Vasallenstaat der Russen, soviel ist sicher. Adenauer will die Anbindung an den Westen. Das ist mir viel lieber. Der Westen hat uns immer geholfen. Hat Berlin ernährt, als es nötig wurde. Nicht der Russe. Der hat Berlin blockiert.“

„Aber sollen wir jetzt für alle Zeiten in verschiedenen Staaten leben, getrennt voneinander?“

„Für alle Zeiten – wir werden es ja sehen. Die Wiedervereinigung wird mit Sicherheit nicht einfach gestrichen.“

Ach, es war Elisabeth weh ums Herz. Auf unabsehbare Zeit würde sie ihre Eltern und ihre Schwestern nur unter den größten Schwierigkeiten sehen können. Wie konnte man das unterstützen? Wie konnte Rolf das gutheißen?

Stalin war schließlich im März 1953 gestorben. Am 17. Juni 1953 überrollten russische Panzer den Arbeiteraufstand in der DDR. Die Aufständischen hatten die Rücknahme der Arbeitsnorm-Erhöhung um 10% – faktisch eine Lohnkürzung um eben diesen Satz – gefordert, schließlich den Rücktritt der Regierung und freie Wahlen. Als dann noch ein Teil der Demonstranten zum Generalstreik aufrief, kamen die russischen Panzer. Vierunddreißig Aufständische starben. Fünf Sicherheitskräfte.

„Und auf die hätte Adenauer hören sollen?“, sagte Rolf. „Auf die, die mit Panzern und Kalaschnikows verhandeln?“

Elisabeth wusste keine Antwort. Natürlich nicht, natürlich sollte man nicht auf die hören.

„Es scheint“, fuhr Rolf fort, „Stalins Tod hat nichts geändert. Die Russen regieren weiter mit eiserner Knute, auch unter Chruschtschow.“

Aber ... das Persönliche, das doch das Eigentliche war, wurde zwischen ihnen nicht mehr angesprochen. Die Vertreibung. Die Flucht. Das Lager. All die Toten. All die, von denen man getrennt war.

Sie redete nicht. Rolf redete nicht. Sie tauschten sich nicht aus, nie. Warum eigentlich nicht? Sie hatte keine Antwort.

In der Zweizimmer-Wohnung wurde es immer schwieriger. Die Enge war drangvoll. Lilo wurde größer, es war nicht mehr zu vertreten, dass sie bei den Eltern schlief. Die Werkstatt im Wohnzimmer engte zusätzlich ein und war außerdem längst nicht mehr repräsentativ genug für die vornehmer werdende Kundschaft.

Und dann hatte Rolf riesiges Glück gehabt. Auf dem Stadtweg, das war die Fußgängerzone, waren im ersten Obergeschoss über einem Optiker und einer Eisdiele eine Wohnung und ein Gewerberaum frei geworden. Dem Optiker gehörte das Haus, und er und Rolf waren rasch handelseinig geworden. Jetzt hatten sie Platz, endlich. Drei Räume, einer zum Wohnen, einer zum Schlafen, ein eigener für Lilo, dazu noch die Wohnküche. Und die Werkstatt separat! Separat!

Hinauf führte eine Treppe aus Pitch Pine, die inzwischen, ein paar Jahre nach ihrem Einzug, in halb Schleswig gerühmt wurde, und zwar weil Liesel sie durch die richtige, geduldige Pflege zu einem seidigen Schimmern gebracht hatte und sie in diesem Zustand zu halten verstand trotz der vielen Füße, die tagein, tagaus darüber liefen und zuweilen in nassem, schmutzigem, schwerem Schuhwerk steckten.

Und war das, ja auch das, etwa keine Kunst?

Die Eisdiele unten im Haus wurde von einer Familie Chumak betrieben, einem Ehepaar aus Norditalien mit immer frohem Sinn und vielen Kindern, die ihnen unentwegt, tagein, tagaus zwischen die Füße liefen, offenbar ohne zu stören. Die Kinder lebten mehr oder weniger mit ihren Eltern im Geschäft, blieben bis in den späten Abend hinein auf, Zucht und Ordnung gab es da nicht, und als Elisabeth einmal vorsichtig nachgefragt hatte, wie den Kindern denn Grenzen und überhaupt Strukturen beigebracht würden, hatte Frau Chumak nur gelacht und gesagt: „Das schauen sie sich schon alles von allein bei uns ab. Sind ja den ganzen Tag mit uns zusammen."

Diese Denkweise war Elisabeth vollkommen fremd, natürlich, aber trotzdem freundete sie sich mit Frau Chumak an, und das Sonnige im Wesen dieser Frau, ihre Unbekümmertheit, tat ihr, der Ernsten, Pflichtbewussten, recht wohl. Bald übernahm Elisabeth Rezepte aus der italienische Küche und überraschte Rolf immer öfter damit. Allerdings ersetzte sie Olivenöl durch Margarine, sie kochte eben nie mit Öl, und den Knoblauch ließ sie lieber auch gleich weg. Aber das machte nichts. Sie und Rolf liebten fortan Spaghettigerichte, alle beide. Wenn das so weiterginge, dachte Elisabeth, würden sie bald so dick und rund werden wie Frau Chumak. Sie versorgte ihrerseits Frau Chumak mit „ostischen" Rezepten wie dem Rezept für Königsberger Klopse – aus Kostengründen allerdings mit gemischtem Rind- und Schweinshack zubereitet – und dem Rezept für Hackfleisch nach Stroganoff-Art und dem für süßsaure Eier mit Speck.

Elisabeth ging – bei allem Ernst und allem Pflichtbewusstsein – nicht jede Lebenslust ab. Zum Beispiel liebte sie Kino, so wie schon als junges Mädchen und in der ersten, unbeschwerten Zeit mit Rolf. Und Rolf ging ebenfalls gern mit ihr aus. Allerdings mussten sie für solche Kinoabende Lilo allein lassen. Sie beruhigten sich damit, dass das Kind ja schlafe und wisse, wo man bei den Nachbarn schellen konnte, wenn etwas war. Es war wohl nicht nötig, die Nachbarn vorher zu informieren, und so waren sie immer aufgebrochen, sobald Lilo zu schlafen schien. Einmal allerdings waren sie nach Hause gekommen und hatten ihre Tochter völlig aufgelöst und herzzerreißend weinend vorgefunden.

„Ich wusste überhaupt nicht, wo ihr wart. Hier ist es dunkel, und keiner war da."

Danach hatten sie immer die Sörensens und nach dem Umzug die Chumaks gebeten, nach Lilo zu schauen, wenn sie weg gingen. Als Erika Sörensen hörte, was vorgefallen war, wurde sie ganz ernst, ihre Miene verfinsterte sich und sie presste die Lippen zusammen.

„Das können Sie doch nicht ... Im Ernst nicht! Sie müssen mir Bescheid geben, ich setze mich gern in Ihre Wohnung. Oder Lilo kommt zu uns für einen Abend. Meine Güte aber auch!"

Dass Rolf zu Hause arbeitete, war schön. Elisabeth hatte ihn dadurch besser im Blick, konnte ihm manchmal helfen, konnte Lilo zu ihm schicken, und er war zu allen Mahlzeiten zu Hause. Nicht wie die anderen Männer alle oder wie ihr Stiefvater, dem man mittags den Henkelmann mit dem warmen Essen aufs Feld hatte bringen müssen.

Aber der tagein, tagaus anwesende Mann bedeutete eben auch, dass Lilo am liebsten bei ihm in der Schneiderstube spielte und verlotterte, weil er ihr zu viel durchgehen ließ und einfach nicht streng sein konnte, außer wenn Elisabeth ihn dazu brachte. Wäre sie nicht zur Stelle, die Sitten des Kindes wären vollkommen verfallen. Und verfielen vermutlich gerade wieder, während sie nach Gundulas Geburt auf der Wöchnerinnenstation lag, ohne Einfluss auf Lilos Alltag.

Wie sie es sich vorgenommen hatte, sagte sie es Rolf, als der mit Lilo zu Besuch kam. Man hatte ihm und Lilo die kleine Gundula hinter der Glasscheibe der Säuglingsstation hochgehalten, damit er seine zweite Tochter anschauen konnte, und ein freudestrahlender Rolf und eine vor Aufregung hüpfende Lilo überschlugen sich in ihren Erzählungen. Lilo war vollständig aus dem Häuschen. So etwas Niedliches wie ihre kleine Schwester hatte sie noch nie gesehen.

'Sie ist ihr verfallen, mit Haut und Haaren, genau wie ich', dachte Elisabeth, 'und dieses Gefühl wird sie nie mehr verlassen.'

„Na, meine Große", sagte sie, „jetzt hast du jemanden, dem du den Weg durch die Welt bereiten kannst, was?"

Rolf hatte Blumen mitgebracht und setzte sich zu ihr. Lilo sprudelte immer weiter hervor, was sie gesehen hatte, offenbar ganz vernarrt vor Zuneigung.

„Es hat schon Haare. Und das Gesicht ist klitzeklitzeklein. Und es hat mich angeguckt. Und ganz kleine Händchen!"

Elisabeth war gerührt. „Du darfst Dir etwas wünschen", sagte sie zu Lilo, „zur Feier deiner kleinen Schwester, ruhig etwas Großes."

„Dann wünsche ich mir, dass du nicht mehr so dick bist", sagte Lilo.

Elisabeth erstarrte. Das war doch ungeheuerlich. Wie konnte ihre Tochter so grob und unhöflich sein!

„Du bist aber ein unartiges Kind!", sagte die Bettnachbarin, Frau Dahlmann, die eben ihr drittes Kind zur Welt gebracht hatte.

Es würde noch ein langer Weg werden, Lilo Manieren beizubringen, und vorerst sprach Elisabeth für den Rest des Besuchs mit ihr kein Wort.

Nach einer knappen Stunde mussten Rolf und Lilo das Zimmer verlassen. Die kleine Gundula sollte hergebracht und gestillt werden, derlei vertrug sich nicht mit Besuch. Alle in einem Raum, das war unhygienisch und brachte für Mutter und Kind bloß Unruhe.

Und da sagte Elisabeth es Rolf, als er schon in der Tür war: dass Gundel ihr Kind sei, ihres ganz allein. „Die nimmst du mir nicht."

Gundels Geburt war leicht gewesen, so ganz anders als die von Lilo, es hatte kaum zwei Stunden gedauert. Gundula war ein Sonntagskind geworden, bis kurz nach Mitternacht des heutigen Dezembertages hatte sie gewartet.

Gundula, geboren im Dezember 1955.

Adenauer war noch Bundeskanzler, er war gute zwei Jahre zuvor wiedergewählt worden. Die Bundesrepublik Deutschland war dank der Pariser Verträge seit Mai des Jahres ein souveräner Staat, es gab keine Besatzung mehr auf westdeutschem Boden. Und schließlich, im vergangenen September, waren nach zähen Verhandlungen mit der Sowjetunion die letzten Kriegsgefangenen, dort als verurteilte Kriegsverbrecher geführt, aus den Lagern entlassen worden.

Nach mehr als zehn Jahren.

Elisabeth und Rolf hatten beide geweint, als sie das im Radio gehört hatten. Jeder für sich. Sie hatten einander nicht berührt.

15.) Schleswig, Januar 1958

Gundel stellte sich als pflegeleichtes Kind heraus. Sie schrie fast nie, und wenn doch, war sie leicht zu beruhigen. Ihr Bewegungsdrang allerdings war ungeheuer und nicht zu bändigen. Sobald sie in der Lage war, sich im Kinderwagen aufzurichten, zog sie sich immer wieder hoch, drehte den Kopf nach rechts und links, schaute neugierig auf die Welt, aus neu gewonnener Perspektive, und lachte vor lauter Vergnügen. Sie war eine Welteroberin, alles wollte ergründet sein.

Auch das Eis der Chumaks.

Elisabeth war wie vom Donner gerührt, als sie sich eines Tages zum Kinderwagen umdrehte – kaum dreißig Sekunden mochte sie vor der Eisdiele mit der Frau eines Kunden geschwatzt haben – und ihr kleines Kind an einer Eiswaffel, offenbar gefüllt mit einer Kugel Bananeneis, schlecken sah, die Augen verdreht vor Gier.

„Um Gottes Willen!“, rief sie aus und bedachte Frau Chumak, mit – wie sie hoffte – vernichtendem Blick. Dann versuchte sie, dem Kind die Eiswaffel zu entwinden.

„Lassen Sie sie doch“, sagte Frau Chumak lachend. „Ich habe allen meinen Kindern Eis gegeben, von klein an. Und es hat ihnen nicht geschadet.“

Elisabeth zuckte zusammen. Dieselbe Formulierung hatte sie immer verwendet, wenn sie die Erziehung von Lilo erklären wollte, erklären, dass sie sie mit Schlägen großzogen.

„Es hat noch niemandem geschadet“, hatte sie zu Elfriede Sörensen gesagt. Und nun war da eine Mutter, die fand und sagte, dass es nicht schaden könne, ein Kind mit Eis großzuziehen.

Es kam immer wieder über sie, ein Überfall, dieses Gefühl, schuldig geworden zu sein am eigenen Kind.

Und immer öfter fragte sie sich, woher nur all diese Wut kam, Wut auf dieses Kind, das erste zumal. Woher nur?

Der Bewegungsdrang ihrer jüngeren Tochter bewirkte, dass die von ihr fortstrebte, sobald sie laufen konnte. Sie wollte in die Welt hinaus, immer, und so blieb nichts übrig, als ein Laufgeschirr anzuschaffen. Daran wurde das Kind geführt wie ein kleines Hündchen, hielt sich aber genau so fröhlich wie vorher. An der Hand konnte man es nicht halten. Denn sobald Elisabeth abgelenkt war, zum Beispiel durch ein Schwätzchen auf der Straße – und sie blieb zu gern zu einem Schwatz stehen, das war ihr ganzes Vergnügen –, begann Gundel, ihre kleine Hand in der größeren der Mutter zu drehen und zu winden, bis sie sich befreit hatte, und umgehend wackelte sie los. Zum Glück kam sie nicht schnell voran auf ihren kurzen Beinchen, sodass Elisabeth leichtes Spiel hatte, sie wieder einzufangen. Obwohl Elisabeth nichts lieber getan hätte, als ihren Liebling unentwegt an ihrem Körper zu tragen, auf ihrer Hüfte, auf ihrem Arm, an sich gedrückt und fest umschlungen, nahm sie Gundel deren Befreiungsversuche nicht übel. Sie liebte Gundel einfach zu sehr. Es war gleichgültig, was sie machte.

Es war viel besser geworden mit Lilo, seit Gundel auf der Welt war. Lilo war mit dem Baby so beschäftigt, dass sie gar nicht mehr so richtig dazu kam, Unsinn anzustellen. Sobald sie aus der Schule kam, pfefferte sie den Tornister in eine Ecke ihres Zimmers und rannte zur Wiege. Und später zum Laufställchen. Sie hörte nicht auf, über dieses kleine Wesen und sein Tun zu staunen. Und, um bei der Wahrheit zu bleiben, das nahm Elisabeth auch einiges an Arbeit ab.

‚Die geborene Mama', dachte sie oft, wenn sie ihre ältere Tochter – vertieft ins Anschauen der Kleinen oder ins Spiel oder ins Füttern und ganz und gar davon eingenommen – betrachtete. Ein Madonnenbild, so, als sei Lilo die wirkliche Mutter.

‚Sie muss Kinder haben, am besten viele.'

Elisabeth zog Gundel eindeutig vor. Und sie verbarg es nicht. Jedermann wurde das neue Kind vorgeführt, notfalls wurde Lilo dafür zur Seite geschoben. Doch die, ausgestattet mit einem gutmütigen Naturell, mit einer nicht zu brechenden Lebensbejahung und mit ihrer unbändigen Liebe zu ihrer kleinen Schwester, blieb unbeeindruckt.

„Sie ist doch unser kleines Spätzchen, nicht?“, sagte Elisabeth einmal zu Lilo und zog sie an sich. Es fiel ihr jetzt leichter, das Band zwischen sich und ihrer Erstgeborenen nicht abreißen zu lassen, weil die der kleinen Gundula so sehr zugetan war.

Alles konnte doch noch gut ausgehen.

Und Rolf, Rolf kümmerte sich noch intensiver um Lilo, seit Gundel auf der Welt war. Elisabeth bemerkte manches Mal, dass er sie befremdet anschaute, erstaunt und ein wenig missbilligend, wenn sie mal wieder Lilo links liegen ließ. Dann zog er das Kind an sich und sagte wohl: „Komm, wir zwei beiden gehen mal eine Runde zur Schlei, nur ‚Vater und Sohn‘, was meinst du?“

Manchmal ließ Lilo sich darauf ein. Manchmal fragte sie auch: „Und nehmen wir Gundel mit?“

Das rührte an etwas, das Elisabeth tief in ihrem Inneren spürte, das sie aber lieber nicht genauer untersuchen wollte. In solchen Momenten hielt sie nicht viel von sich selbst. Dieses Weitherzige ihrer großen Tochter, kaum konnte sie glauben, dass sie dieses Kind hervorgebracht hatte, ein so großmütiges Wesen. Sie selbst war weitaus kleinlicher, soviel stand fest.

Im Januar 1958, als Gundel zwei Jahre alt war und Lilo knapp elf, kam Herr Bull, das war der Optiker, der ihnen Werkstatt und Wohnung vermietete, auf die Idee, das Haus zu modernisieren. Neue Fenster sollten eingebaut werden, neue Öfen gesetzt, richtige Kachelöfen, an denen man sich nicht wie an den alten Öfen aus Eisen verbrennen konnte, wenn man ihnen zu nah kam. Und jede Einheit sollte eine Toilette bekommen, damit man nicht immer zum Austreten durchs Treppenhaus eine halbe Etage nach unten musste.

Elisabeth und Rolf waren mit Bull – so ließ er sich immer nennen – inzwischen gut befreundet. Er wohnte im Haus und ging bei ihnen ein und aus, man duzte sich. Nun stand er da und kündigte die Modernisierung an.

„Und das bedeutet leider, Rolf, dass du in den nächsten Tagen deine Werkstatt räumen musst. Natürlich nur vorübergehend. Vielleicht für ein halbes Jahr."

„Wie stellst du dir das vor? Ich muss arbeiten. Wir leben alle davon."

„Naja, ihr habt ja noch die Wohnung. Da kannst du doch ... Wenn ich das richtig in Erinnerung habe, hast du das früher doch auch so gemacht."

„Ja, früher. Deswegen sind wir doch extra umgezogen. Nein, das nehme ich nicht hin."

„Das wirst du aber müssen. Es wird renoviert. Das steht fest."

„Dann müssen wir das wohl andernorts klären."

„Willst du mich etwa verklagen?"

„Wir werden sehen."

Und dann verklagte Rolf den Optiker doch nicht. Er brachte seine Werkstatt in der Wohnung unter, da nahm sie nun das ganze Schlafzimmer ein. Der Kleiderschrank konnte stehen bleiben, er fügte sich in eine Schneiderwerkstatt durchaus ein. Das Bett räumten sie in den Keller, im Wohnzimmer stellten sie ein Klappbett auf, das tagsüber senkrecht gegen die Wand gekippt und hinter einem Vorhang verborgen wurde.

So ganz ungelegen kam es Rolf nicht, dass er jetzt die Miete für die Werkstatt einsparte. Seine Umsätze gingen zurück. Der Kundenstrom ebbte ab, eigentlich tröpfelte er nur noch so dahin, wenn man bei der Wahrheit blieb.

„Das ist die Konfektion", sagte Rolf zu Elisabeth. „Die Industrie frisst das Handwerk auf, das siehst du jetzt schon bei den

Schuhmachern. Es gibt ja fast nur noch Flickschuster, wer lässt denn schon noch handgenähte Schuhe für sich herstellen? So wird es den Schneidern auch gehen, wir werden es erleben. Nur noch Änderungsschneider werden übrigbleiben, schätze ich."

„Ja, aber was machen wir denn da? Du meinst, wir kommen in Geldschwierigkeiten? Aber ... Konfektion gibt es doch schon lange. Und die Kunden sind doch so zufrieden mit dir, die Gronewold-Anzüge, das ist doch was!"

„Und mittlerweile mehr als doppelt so teuer wie die Ware, die es jetzt in den neuen Kaufhäusern gibt. Das sind inzwischen richtig gute Anzüge in zig Ausführungen, leider, ich habe das geprüft. Eine unglaubliche Auswahl und Qualität. Und die Kaufhäuser bieten an, sie zu ändern, wenn etwas nicht passt. Da überlegt so mancher, ob der Name Gronewold wirklich so viel wert ist. Ich sage dir nur eins: Flickschneider werde ich auf keinen Fall. Wir müssen uns etwas anderes überlegen."

Und das hieß, so, wie Elisabeth es verstand, an allererster Stelle, dass die Kunden nicht bemerken durften, dass es bergab ging, vorläufig. Denn wenn sie den – man musste das Kind beim Namen nennen – Niedergang mitbekamen, würden sie ganz wegbleiben.

„Erfolg zieht Erfolg an, und Misserfolg zieht Misserfolg an", hatte ihre Mutter immer gesagt.

Und darum versteckte Elisabeth nicht nur die neue Wohnsituation, sondern auch die beiden Kinder vor den Kunden. Die Kunden, zumindest die neuen, sollten nicht merken, dass es jetzt wieder eine Wohnungswerkstatt war, in der sie ihren neuen Anzug mit Rolf besprachen, bestellten, ausmessen ließen, anprobierten und schließlich abholten.

Elisabeth hatte das einigermaßen unter Kontrolle, dafür musste aber die lebhafte, oft laute Lilo ab und zu einen Schlag mit der flachen Hand auf den Mund bekommen, und die immer weg strebende Gundel musste am Davonlaufen gehindert werden, und Elisabeth musste ihr den Mund zuhalten.

Dann fing Bull an, Handwerker auch in die Wohnung zu schicken, zuerst ins Kinderzimmer, sodass Elisabeth sich nun mit den Kindern nur noch im Wohnzimmer oder in der Küche aufhalten konnte. Sie verbrachte mit ihnen ganze Nachmittage bei Sörensens oder Chumaks, deren Eisdiele rätselhafterweise von den Renovierungsarbeiten einstweilen verschont blieb. Aber immer bei anderen Leuten zu sein, war Elisabeth unangenehm und auch ein bisschen peinlich. Andererseits war es bitterkalt draußen. Sie konnte nicht einfach stundenlang spazieren gehen. Außerdem musste der Haushalt gemacht werden. Kochen, Putztag, Waschtag, wann sollte sie das unterbringen? Und so blieb sie eben doch oft genug in der Küche, beide Kinder immer am Hals. Manchmal schickte sie Lilo zu einer Schulfreundin, aber nicht oft, denn sie schämte sich auch dafür. Als Mutter hatte sie persönlich für ihre Kinder zu sorgen. Außerdem hatte sie keine Gegenleistung zu bieten.

Sie fühlte sich jetzt meistens einfach nur müde und niedergeschlagen.

Dabei hatte sie ihre Kinder gern um sich, so war es ja auch wieder nicht. Die zarte, fröhliche Lilo mit dem lustig schaukelnden Pferdeschwanz, wie sehr interessierte Elisabeth sich für deren Geschichten aus der Schule, und das Kind plapperte und plauderte alles hervor, was es vormittags erlebt hatte. Wie damals mit ihrer Mutter hockte Elisabeth jetzt oft mit ihrer Tochter am Küchentisch und ließ sich erzählen, was sie bewegte. Lilo ging ja jetzt sogar schon zur höheren Schule, eine fremde Welt für Elisabeth. Dass man nicht alles, das Schreiben, das Rechnen, die Heimatkunde so in einem lernte, wie es dem Lehrer oder der Lehrerin gerade in den Sinn kam, dass man den Stoff in Fächer aufteilte und dass für jedes Fach ein anderer Lehrer oder eine andere Lehrerin in die Klasse kam, das war doch ganz erstaunlich. Bestimmt wussten diese Lehrer sehr, sehr viel.

Obwohl Lilo hoffentlich heiraten und wie Elisabeth dann wohl ihren Beruf aufgeben würde, hatten Rolf und Elisabeth entschieden, dass sie eine gute Ausbildung bekommen sollte. Dafür zahlten sie sogar Schulgeld, kostenlos war die höhere Schule nicht zu bekommen.

„Denk an Röschen,“, sagte Elisabeth. „Die muss auch arbeiten. Aggi auch, Pauls Lohn reicht ja nicht, so ist das in der DDR.“

„Susanne nicht zu vergessen. Die kann ja nicht heiraten“

Aber nun waren andere Zeiten, es galt die selbst auferlegte häusliche Stille zu verteidigen, der Kunden wegen. Und Lilo kam eben immer ganz erfüllt von ihren Erlebnissen nach Hause, und wieder und wieder musste Elisabeth sie dann, wenn Kunden im Haus waren, eindringlich flüsternd ermahnen: „Leise! Leise! Die Leute!“

Und halfen die Mahnungen nicht, dann gab es eben etwas auf den Mund.

Und Gundel wiederum war so niedlich mit ihren blonden Locken und den brauen Augen, und oft legte sie den Kopf schief, träumte vor sich hin und sah dann so reizend aus, dass Elisabeth ganz verzaubert war. Aber dann wollte sie eben wieder zu ihrem Papi, und man musste sie schnell einfangen und festhalten. Und ihr den Mund zuhalten, wenn sie deswegen greinte.

„Die Leute!“

Abends stritten sie und Rolf jetzt oft, aber nur, wenn die Kinder schon im Bett waren. Sie hatten nur wenige Erziehungsgrundsätze, Hauptsache, die Mädchen lernten zu gehorchen und artig zu sein. Um das zu erreichen, behandelten sie sie, wie es ihnen gerade passend und wirksam erschien. Aber zwei Regeln waren unumstößlich: Kein Streit vor den Kindern. Keine Gespräche über Sorgen vor den Kindern.

Und so saßen sie manchmal morgens schon mit verkniffenen Mienen am Frühstückstisch, Rolf eher zornig, Elisabeth verbittert, und mussten bis zum späten Abend warten, um ihre Gefechte zu führen.

„Was ist denn?“, fragte Lilo dann schon einmal. „Sei doch wieder gut, Mami! Papi?“

Rolf fand, dass es jetzt ganz schlechte Zeiten waren, um sich und die Kinder mit den immer neusten Kleidungsstücken auszustaffieren, auch wenn er oder Elisabeth alles selbst fertigten. Elisabeth wehrte sich gegen jede Einschränkung mit Händen und Füßen, sie wusste selbst nicht so genau, warum ihr das so furchtbar wichtig war.

„Wenigstens Lilo“, schlug sie schließlich vor. „Ich will nicht, dass man in der höheren Schule auf sie herabsieht. Die anderen kommen aus besseren Verhältnissen.“

Am schlimmsten aber war, dass sich Rolf mehr und mehr in den Gedanken verbiss, Schleswig den Rücken zu kehren.

„Wir müssen da hingehen, wo die Produktion ist, die Kleidungsindustrie. Da finde ich Arbeit.“

„Weg von Schleswig? Nur über meine Leiche.“

Und dann ereiferten sie sich, beide, und rasch fielen unüberlegte Worte, böse Worte, voller Verachtung und manchmal voller Hass. Beleidigungen, die man anderntags wohl oder übel zurücknehmen musste, damit nicht alles für immer verloren wäre.

Wenn Rolf Elisabeth in diesen Tagen berührte, wenn er sie in seine Arme ziehen wollte, wenn er die Hand nach ihr ausstreckte, sagte sie so gut wie immer: „Lass doch, Rolf!“

Als sie schon mehr als zwei Monate so lebten, zuletzt zu viert in zwei Zimmern, davon eines mit der Werkstatt und nachts mit improvisierten Lagern für die Kinder belegt, das andere als Wohnzimmer, Schlafzimmer und Kinderzimmer zugleich dienend, Aufenthaltsstätte für vier, da unterlief es Elisabeth eines Abends, dass aus dem einen Tee mit Rum, den sie manchmal, wenn auch sehr selten, abends trank, weil er so gut schmeckte, zwei wurden. Und weil der zweite so gut wärmte und ihren Sinn so leicht machte, trank sie noch einen dritten, trotz der mahnenden Blicke ihres Mannes. Sie nahmen sonst beide so gut wie nie Alkohol zu sich, Rolf war auch kein Kneipengänger, sondern abends immer zu Hause. Sie gönnten sich höchstens mal ein Glas Bier oder Sekt, wenn es mit Sörensens oder Chumaks etwas zu feiern gab. Und so war Elisabeth nach drei Gläsern Tee mit Rum – das dritte schon sehr ordentlich, um nicht zu sagen großzügig eingeschenkt – betrunken.

„Komm, wir gehen ins Bett“, sagte Rolf und machte Anstalten, den Vorhang vor dem Klappbett aufzuziehen.

„Ein k...l...llappriges Klapp...bett im Wohnzimmer! Die Kinder hausen unterm Sch-Schneider...Schneidertisch! Wir haben kein Geld! Wir sollen woan...anners hin. Du... du hast mein Leben ruuu-niert! Ruiniert!“

So würdevoll sie konnte, erhob sie sich und stolzierte Richtung Küche.

„Ruiniert, jawoll!“ brüllte sie plötzlich, genau als sie die Tür der Werkstatt passierte, hinter der die Kinder schliefen. Sie blieb stehen, lauschte. Lilo war wach geworden, kam aus dem Zimmer, rieb sich die Augen.

„Geh ins ...“, brachte Elisabeth hervor, während sie in die Küche wankte, dann linste sie durch den Türspalt zurück in den Flur und sah ihre Tochter da stehen, verwirrt und müde.

„Naha? Unn z-ssu wem willssu, wenn wir uns scheiden lassen?“

„Lilo, alles ist gut. Die Mami hat nur ... ihr ist ein bisschen schwindelig, das gibt sich gleich. Geh nur ins Bett.“

Rolf, natürlich! Immer der gute Vater für das Kind, immer der Gute, immer, immer!

Elisabeth zog geräuschvoll die Küchentür zu und schloss sie ab. Noch geräuschvoller zog sie die Schublade des Küchentischs auf, in der sich die Fleischmesser befanden. Sie kramte scheppernd eines hervor und ließ sich auf einen der Stühle sinken.

„Warum habe ich nicht auf M...mutti gehört“, heulte sie. „Den anderen, den... Lolo... den Lokom...m... Erwin hätte ich nehmen sollen, sie hat’s mir ja gesagt. Ich bring mich um. Mit dem Messer. Ich bring mich um.“

Plötzlich, als habe jemand einen Schalter umgelegt, fühlte sie sich ganz nüchtern.

„Lieselchen, das meinst du doch nicht ernst“, hörte sie Rolf sagen. „Nun komm zur Vernunft. Mach die Tür auf!“

„Mami, Mami, bitte nicht!“ Das war Lilo, kreischend. „Ich will auch immer brav sein! Mach doch auf, bitte, bitte!“

„Schäpschen, wir finden eine Lösung, das verspreche ich. Aber jetzt musst du die Tür aufmachen, hörst du?“

Sie hörte, und sie hielt sich ganz still. Ganz still. Sie konnte jetzt nicht ... Was sollte sie denn jetzt ...

„Hör zu, wenn du nicht sofort aufmachst, trete ich die Tür ein!“ Rolf brüllte plötzlich wie ein Stier. Dieser Jähzorn!

Sie rappelte sich hoch, schloss auf, schritt so aufrecht sie konnte und, wie sie hoffte, mit hoheitlicher Grandezza durch die Tür, an Rolf und Lilo vorbei, deren rot verweinte Augen sie im Vorübergehen noch wahrnahm, aus den Augenwinkeln. Sie nuschelte: „Ihr immer!“, erreichte das Wohnzimmer und kippte vor dem immer noch nicht nach unten gezogenen Klappbett um.

Am nächsten Tag schlief sie bis in den späten Vormittag hinein, dann zog sie noch für eine Weile die Bettdecke über den schmerzenden Kopf. Rolf musste sie gestern noch ins Bett geschafft haben. Sie wusste nicht, was sie schlimmer quälte, der Kater oder die Scham. Als sie schließlich aufstand, hoffte sie, dass sie nicht zu hören und zu sehen sein würde. Rolf gegenübertreten konnte sie jedenfalls erst einmal nicht. Um keinen Preis. Ohne zu frühstücken, bereitete sie das Mittagessen und rief schließlich nach Rolf. Lilo war noch nicht aus der Schule zurück, und die kleine Gundel würde hoffentlich nichts verstehen.

„Hör zu, ich – es tut mir furchtbar ...", setzte sie an, als Rolf sich gesetzt hatte und sie seinen Blick auffing. Der sah irgendwie richtig ... waidwund aus. Hatte er etwa geweint?

Wenn, dann wollte er darüber jetzt jedenfalls nicht reden, denn er sprach mit großer Festigkeit. „Du musst hier mal raus mit den Kindern, so geht es nicht weiter. Ich habe schon an Aggi geschrieben, sie soll für euch so rasch wie möglich eine Aufenthaltsgenehmigung beantragen. Ihr fahrt für zwei Wochen nach Magdeburg, in den Osterferien. Ich habe mit den Chumaks gesprochen, ich kann bei ihnen essen in der Zeit. Erika und Werner sind auch der Meinung, dass du dringend Tapetenwechsel brauchst."

„Du hast mit Chumaks gesprochen? Und mit Erika und Werner? Oh Gott, was sollen die bloß von mir denken!"

„Ja, glaubst du denn, liebe Liesel, dass du die einzige bist, die ... wie soll denn ich mit all dem fertig werden, und dann soll ich noch damit allein bleiben und mit keinem sprechen?"

Zehn Tage später – zehn Tage, in denen sie und Rolf sehr vorsichtig und zartfühlend miteinander umgegangen waren – fuhr Elisabeth mit den Kindern nach Magdeburg, eine Zugreise von mehr als sieben Stunden laut Fahrplan, dazu würde noch die Grenzkontrolle kommen, deren Dauer war nie abzuschätzen. Die Koffer hatte Rolf drei Tage zuvor am Gepäckschalter aufgegeben, man konnte das nicht zu kurzfristig machen, denn auch sie würden durchsucht werden. Es war gleichgültig, wie mühselig die Bahnfahrt war mit zwei Umstiegen, alles mit zwei kleinen Kindern, Notgepäck und Kinderkarre, nur raus. Raus. Raus! Es war auch gleichgültig, wie unfreundlich die Grenzbeamten waren und wie gründlich, umständlich, ja schikanös sie das bisschen Gepäck und sogar den Kinderwagen durchsuchten. Elisabeth schaute unterdessen aus dem Fenster in Richtung Osten. Irgendwo da draußen, nicht weit von hier, wohnte ihre Mutter, im Sperrgebiet.

„Das können Sie nicht mitnehmen, das behalten wir ein“, hörte sie plötzlich. Ein scharfer, nahezu militärischer Tonfall, unter dem sie sich sofort ganz klein fühlte. Die BURDA-MODEN und die CONSTANZE, natürlich, sie hatte ein bisschen gelesen auf der Fahrt und die Zeitschrift ganz vergessen. Die beiden Schnittmusterhefte von Aenne Burda dagegen hatte sie Aggi und Röschen überlassen wollen. Das war doch nicht politisch, das konnte doch niemand beanstanden, hatte sie gedacht. Und die CONSTANZE, eine harmlose Frauenzeitung mit Mode-, Schmink- und Kochtipps, wer konnte schon dagegen etwas haben? Aber, natürlich, es wurde auch ein bisschen über die Welt berichtet, und außerdem konnten die DDR-Bürgerinnen, wenn sie Aggis Andeutungen in ihren Briefen richtig verstanden hatte, nicht darauf rechnen, all die dargebotenen Herrlichkeiten in der DDR auch erstehen zu können. Also gab es schon Gründe, dachte sie nun, die Hefte nicht ins Land zu lassen.

„Bitte sehr, wie Sie wollen“, antwortete sie und schluckte herunter, was ihr auf der Zunge lag: Da hat Ihre Frau auch mal etwas Gescheites zu lesen.

„Wir dulden hier keine Westpropaganda, das hätten Ihnen eigentlich klar sein müssen.“

„Bitte sehr, wie Sie wollen“, wiederholte Elisabeth.

Um die Schnittmuster war es ihr leid. Sie fühlte sich bestohlen und gedemütigt. In plötzlichem Zorn fügte sie an: „Und welche Lektüre ist denn genehm hier, also wenn ich im Zug was lesen will? Das Kommunistische Manifest vielleicht?“

Der strenge Beamte schwieg einen Augenblick und verfinsterte seine Züge noch mehr, soweit das überhaupt möglich war.

„Seien Sie froh, dass Sie Kinder dabei haben. Sonst hätte ich Sie jetzt mitgenommen.“

Mit sicherem Griff langte er in ihre Notfalltasche und angelte den Kaffee heraus, den Elisabeth für Aggi eingepackt hatte.

„Hätte ich fast vergessen mitzunehmen. Beschlagnahmt."

Elisabeth merkte mit einem Mal, dass sie fror, ganz tief im Inneren.

Seit fünf Jahren hatte sie ihre Schwester und ihren Schwager nicht mehr gesehen, da waren sie in Berlin zusammengekommen, das zwischen Ost und West noch eine offene Grenze hatte. Nur kurz, für ein zweites Frühstück, das war am vierzigsten Hochzeitstag der Schwiegereltern gewesen.

Die Eltern hatte sie seit dem letzten Kriegsjahr nicht mehr gesehen. Sie würden hoffentlich aus Sommersdorf nach Magdeburg zu Besuch kommen, Elisabeth konnte ja nicht mit den Kindern einen Abstecher nach Sommersdorf machen, das war Sperrgebiet, und ihre Aufenthaltserlaubnis war sowieso auf Magdeburg beschränkt.

Überhaupt, die Kinder! Elisabeths Eltern hatten sie noch nie gesehen. Und Aggi und Paul kannten nur Lilo von dem Berlin-Besuch her, also inzwischen praktisch auch nicht mehr nach all den Jahren. Sie war ja jetzt schon ein großes Schulkind, und so hübsch und wohlerzogen – naja, alles in allem.

Der Besuch, zwei volle Wochen lang, besänftigte Elisabeths aufgewühlte Seele und ließ ihr neue Kräfte zuwachsen.

Sie hatte keine Vorstellung, wie sehr sie die bald brauchen würde.

Da stand Paul auf dem Bahnsteig. Als sie ausstiegen, riss er erst sie in seine Arme („Na Lies, du Schmuck, lass dich mal anschauen, Donnerwetter aber auch"), dann Lilo („Bist du groß geworden, und so eine Hübsche!") und schließlich kniff er der kleinen Gundel sanft in die Wange („Was für eine Süße, die blonden Löckchen, da bist du bestimmt ganz stolz, Lilo, oder?")

Aggi war mit den Vorbereitungen für das Abendbrot beschäftigt und begrüßte ihre Schwester und ihre kleinen Nichten erst an der Wohnungstür.

Aggi und Paul lebten in einer dieser Siedlungen mit riesigen, alten Kästen aus rotem Backstein, die in Reih und Glied, sehr breit, sehr hoch und mit viel Zwischenraum auf ein großes Gelände mit Schotter- und Grasflächen dazwischen gebaut worden waren. Viel Platz zum Spielen, und dabei ruhig. Es gefiel Elisabeth. Hier waren sie und ihre Kinder sicher. Hier würde sie aufleben.

Aggi winkte schon aus dem Fenster. Oben riss sie die Wohnungstür auf. Die beiden Schwestern fielen einander um den Hals, Freudentränen weinend, und konnten sich etliche Minuten lang nicht voneinander lösen. Schließlich winkte Aggi, mit der Hand wedelnd, Lilo herbei und bezog sie in die Umarmung der Schwestern ein. Da brach auch Lilo in Tränen aus, keiner konnte sich so recht erklären, warum. Sie wohl auch nicht.

Es wurde so eine schöne Zeit.

Aggi und Paul, obwohl kinderlos, liebten Kinder über alle Maßen und beschäftigten sich unausgesetzt mit Lilo und der kleinen Gundel. Sie nahmen die Kinder, wenn man es genau nahm, im Grunde Elisabeth ab, für den Besuch hatten sie extra Urlaub genommen. Sie gingen mit den Kindern nach draußen spielen, sie gingen mit ihnen in den Zoo, sie gingen in der Natur spazieren und, das beste für die Kleinen, immer wieder in den Schrebergarten. Elisabeth ging manchmal mit, wenn etwas Besonderes geboten wurde, der Zoo zum Beispiel, so etwas hatte sie noch nie gesehen. Ansonsten aber blieb sie am liebsten einfach allein in der kleinen Wohnung ihrer Schwester und ihres Schwagers – zwei Zimmer, zweiundvierzig Quadratmeter, aber kein Baulärm und keine Verpflichtungen – und bereitete die Mahlzeiten für alle vor. Und außerdem nähte sie nacheinander ein Kleid, eine Bluse und ein Kostüm für ihre Schwester.

Die Stoffe dafür hatte sie zwischen ihre eigene Kleidung in den Koffer gelegt. Sie wusste nicht, ob man Stoff in die DDR einführen durfte, jedenfalls war der Koffer wohlbehalten angekommen. Mit den Stoffen darin. Die Schnittmuster waren nun zwar weg, und es stellte sich als schwierig heraus, passendes Nähgarn zu bekommen (Manni besorgte schließlich welches von ein paar Nachbarinnen), aber Elisabeth hatte die grobe Richtung der Muster noch im Kopf und erstellte die nun selbst auf Packpapier. Das gab es in der DDR. Was es alles nicht gab, erstaunte sie trotz der Andeutungen in Aggis Briefen. Genießbaren Kaffee, Butter, Sahne, Wurstwaren, (besonders Schinken), Räucherfisch, Bananen, manchmal sogar Hefe. Die Liste nicht erhältlicher Dinge war endlos, ebenso wie die Schlangen vor den Geschäften, wenn mal wieder das Gerücht umging, dass es etwas gab, irgendetwas. Die Schokolade schmeckte nach Sand, die Kekse nach Mottenkugeln, und wenn wie so oft keine Hefe zu bekommen war, konnte man noch nicht einmal selbst backen. Außer mit Mürbeteig, aber dann gab es plötzlich wieder keine Butter. Ein Kleidungsstück, zum Beispiel ein Pullover, kostete mehr als ein Monatsgehalt. Kleidung galt als Luxus, ebenso wie Kosmetik, Schallplatten, Handwerkszeug. Das alles war überteuert, weil die Grundnahrungsmittel staatlich subventioniert wurden. Und der Luxus eben nicht.

„Gut, dass wir den Schrebergarten haben", sagte Aggi ein ums andere Mal. Es erstaunte Elisabeth immer wieder, wie Aggi trotz aller Widrigkeiten so überaus optimistisch und fröhlich bleiben konnte. Sie und Paul waren doch eigentlich todunglücklich in der DDR, und sie kamen nun nicht mehr da weg. Die Grenze war zu. Und doch strahlte Aggi so recht von innen heraus, und wann immer man Paul anschaute, hatte er sein Gesicht in freundliche Falten gelegt. Und die beiden liebten einander, man sah es ihnen so sehr an, dass es Elisabeth fast unheimlich wurde.

‚Lilo hat etwas von Aggi, sie ist auch so unbeirrbar in ihrem frohen Sinn und ihrer Neugier auf alle Menschen', dachte Elisabeth oft, wenn sie die beiden zusammen sah, lachend, scherzend, singend. Und Lilo blühte auf unter der Obhut ihrer liebevollen Tante und ihres liebevollen Onkels.

„Wir können doch noch froh sein, dass wir nicht in Polen leben. Die DDR, das geht ja direkt noch", sagte ihre Mutter, als sie am Sonntag mit Oskar zu Besuch kam. Sie hatten eine Sonderbesuchserlaubnis beantragt, um das Sperrgebiet für den Besuch in Magdeburg verlassen zu dürfen, und Glück gehabt. Manchmal dauerte es wochenlang, bis so eine Erlaubnis erteilt wurde, wenn überhaupt. Und Elisabeth war mit wenigen Tagen Vorankündigung gekommen. Da konnten sie froh sein, dass es noch gerade rechtzeitig geklappt hatte, wenn auch erst am letzten Sonntag von Elisabeths Aufenthalt.

Am Kaffeetisch wurde gar nicht einmal so viel erzählt, es war nur wichtig, dass Mutti links von ihr saß und Vati rechts, so eng zusammen, dass sie einander die ganze Zeit berührten, und dieses Nahe, das war doch das Eigentliche. Am Ende, als sie sich wieder voneinander lösen und verabschieden mussten, wer konnte wissen, für wie lange, waren Elisabeths Gesichtszüge ganz verspannt vom unentwegten Lächeln, und sie war so erschöpft, dass sie nicht einmal weinte. Ihre Mutter weinte sowieso nicht, nie. Und der Vater ... war eben ein Mann.

Zweimal in der Woche schrieb sie an Rolf, und zweimal in der Woche erhielt sie Post von ihm. Er schrieb, dass er sie vermisse. Er schrieb auch, dass er zurechtkomme.

In den letzten Tagen vertraute sie sich ihrer Schwester an. Ihr Kummer war ja geblieben, er ließ sich jetzt nur besser aushalten.

„Lies, wenn dein Mann wegziehen will, dann kannst du dich doch nicht sperren. Er weiß bestimmt, was er tut, und ihr lebt doch alle von ihm."

‚Du weißt ja wohl, wovon du redest, meine liebe Schwester', dachte Elisabeth. ‚Bist mit deinem Mann nach Magdeburg gegangen, und wohin hat es dich gebracht?'

„Hast du mal überlegt, dass auch Rolf etwas aufgibt, wenn ihr Schleswig verlasst?", fuhr Aggi fort. „Und hast du mal überlegt, wie weh es ihm tut, dass es mit der Schneiderei nicht mehr klappt? Lies, du musst jetzt ihm beistehen und darfst dich nicht gegen ihn stellen!"

Elisabeth konnte darauf nichts sagen. Wenn Beistehen bedeutete, dass man sich von allem trennte für eine ungewisse Zukunft, wieder einmal – war das nicht ein zu großes Opfer? Durfte sie von ihrem Mann nicht verlangen, dass er sich in Schleswig etwas anderes suchte und ihnen den Verlust von allem, was ihnen lieb geworden war, ersparte?

Sie schwieg.

Als sie zurück fuhr, war ihr ein wenig beklommen zumute. Eigentlich hatte sie von sich geglaubt, dass sie immer an andere zuerst dächte, aber ... war das so? Hatte Aggi recht, dass sie in der letzten Zeit, als Rolfs Beruf in die Krise geraten war, ihren Mann im Stich gelassen hatte? Denn das war es doch wohl, was Aggi ihr hatte sagen wollen, oder etwa nicht?

Rolf empfing sie überschwänglich. Wie damals, als sie geheiratet hatten, doch heute erst nach einer innigen Umarmung zuerst für sie, dann für Lilo und mit der kleinen Gundel auf dem Arm, tänzelte er neben ihr her und sang aus voller Kehle: „Mein Lieselchen ist wieder da, der Ehemann singt trallala, die ganze Welt ist wie verhext, mein Wieselchen …"

„… kein Spargel jetzt", führte Elisabeth den Gesang fort, lachend und natürlich schief, und drohte mit dem Finger.

„Na, und lachen kann es auch wieder, das Wieselchen.“

Rolf hatte Bull jetzt doch verklagt, während Elisabeth verreist war.

„Wir versuchen das jetzt erst mal so, er soll uns die Werkstatt wiedergeben. Dass das mit der Enge endlich aufhört. Dann sehen wir weiter.“

Die Klage zugestellt bekommen und den gesamten Mietvertrag kündigen war eins für Bull. Und so musste Rolf auch noch gegen die Kündigung vorgehen.

Es dauerte vier Monate, in denen sich alle so gut es ging zusammennahmen. Dann kam Post vom Gericht. Rolf sah ganz grau im Gesicht aus, als er Elisabeth das Urteil zeigte. Klageabweisung. Sie hätten sich freiwillig der Nutzung der Werkstatt begeben. Nun könnten sie nicht plötzlich die Wiederherstellung des früheren Zustands verlangen. Auch könne man dem Vermieter nicht verwehren, sein Eigentum zu modernisieren, um es wirtschaftlich besser verwerten zu können.

Rolf wurde allerdings Zeit bis Ende des Jahres zugestanden. Dann musste er raus. Und bis dahin war nur die halbe Wohnungsmiete zu zahlen.

Elisabeth schwammen die Buchstaben vor Augen.

„Ist das nicht ein Kunde von Bull, dieser Richter?“

„Lies, so kann man das nicht sehen. Wenn auf eins Verlass ist, dann darauf, dass die Juristen nicht korrupt sind. Der hätte mit Sicherheit genauso entschieden, wenn er mein Kunde gewesen wäre. Aber ... Was machen wir denn jetzt? Ich habe fast kein Geld mehr. Der Prozess hat das meiste verschlungen.“

Sie schlugen sich irgendwie durch bis November, und einmal in dieser Zeit schrieb Elisabeth an Aggi: „Was hilft es schon, dass ich hier alles bekomme, wenn ich es mir nicht leisten kann?“

Ende November zogen sie nach Essen. Für Flüchtlinge gab es da günstige Sozialwohnungen in einem Stadtteil namens Altenessen im Norden der Stadt, fünf Minuten zu Fuß vom Stadtteilbahnhof entfernt. Rolf hatte eine Stelle als Änderungsschneider in der Herrenabteilung von Peek&Cloppenburg, einem großen Essener Bekleidungsgeschäft, für den Anfang. Man hatte ihm einen raschen Aufstieg versprochen, Leitung der Werkstatt, Einkaufsleiter vielleicht. So bald wie möglich.

Vierzehn Tage vor dem Umzug kam Erika Sörensen unangemeldet bei Elisabeth vorbei, mitten in die Umzugsvorbereitungen hinein. Elisabeth öffnete, wischte sich mit dem Handrücken eine Strähne aus der Stirn.

„Es kommt mir gerade ein bisschen schlecht aus, ich ..."

„Lilo war bei uns, heute Vormittag. Sie hat uns gefragt, ob sie nicht bei uns wohnen kann, wenn ihr nach Essen zieht."

„Nein, das darf nicht wahr sein", flüsterte Elisabeth.

Stand es so schlimm um das Kind? Schlimmer als mit ihr? War es am Ende auch Lilo weh ums Herz, so weh, dass sie sich lieber von ihren Eltern als von dieser hellen, heiteren Stadt und ihrer Schule und ihren Freundinnen trennen wollte?

Das ganze Elend, ihr eigenes, das ihres Mannes und das ihrer kleinen Tochter überkam sie mit einem Mal, es schüttelte sie, und noch nie hatte sie so stark empfunden, dass sie damit nicht allein zurechtkommen würde, damit nicht. Und sie rief nach Rolf.

„Ihr müsst mit dem Kind reden", sagte Erika. „Sie ist bald zwölf. Da ist man nicht mehr einfach da glücklich, wo die Eltern sind."

Also redeten sie mit Lilo.

Es würde mehr Möglichkeiten geben in der großen Stadt. Kirche, Jugendgruppen, Turnvereine, Kino. Neue Freundinnen. Ein größeres Zimmer. Überhaupt wieder ein Kinderzimmer, nicht nur ein Schlafplatz. Es würde bestimmt Ferienreisen nach Schleswig geben.

Und sie redeten und redeten.

Und es half nichts. Es half nichts. Gar nichts.

Der Umzugswagen war schon eine ganze Weile voraus gefahren, sie würden mit etwas Handgepäck für den Notfall im Zug nach Altenessen reisen. Elisabeth und Rolf putzten noch die Wohnung, dann gaben sie die Schlüssel im Brillenladen ab. Vielmehr, Rolf schaute Bull ruhig an und ließ die Schlüssel vor dessen Füße fallen. Er drehte sich um und bot Elisabeth den Arm. Sie versetzte ihm einen Kuss auf die Wange und strahlte ihn an. Dann gingen sie zusammen hinaus in ein unbekanntes, neues Leben, Arm in Arm. Und es war Elisabeth ein bisschen so zumute, als seien sie Darsteller in der Schlussszene eines Charlie-Chaplin-Films.

Als sie mit den beiden Kindern und ihren paar Gepäckstücken nach einer langen Bahnfahrt, wieder mit zwei Umstiegen, den Zug verließen, sog Elisabeth tief die Luft der neuen Stadt ein. Es roch ein bisschen so wie das Herdfeuer in der Schleswiger Wohnung, nach Ruß und etwas rauchig. Und als sie auf die Straße vor dem Bahnhofsgebäude traten, kam noch etwas hinzu. Sie brauchte einen Moment, das zuzuordnen. Es war der scharfe, leicht ölige Geruch von Abgasen. Hier fuhren ja unglaublich viele Autos auf der Straße, Du liebe Güte! Da musste man ja auf die Kleine aufpassen wie ein Luchs. Das war allerdings etwas anderes als die eher stillen Straßen von Schleswig. Hier würde sie sich umstellen müssen, die Autos machten einfach einen Höllenlärm, ein milderer Ausdruck ließ sich nicht finden.

Und die Wände und Mauern waren alle schwärzlich angelaufen.

Sogar der Himmel sah aus, als habe man sein Blau in wässriggraue Farbe getaucht.

„Hier stinkt es“, sagte Lilo. „Und was soll das hier überhaupt sein, dieser schwarze Schlamm?“

Es war Schneematsch, durchgefärbt vom Ausstoß zahlreicher Zechen und den Abgasen zahlreicher Autos.

„Jetzt werd bloß nicht frech!“, mahnte Elisabeth.

„Hier stinkt es noch mehr“, nörgelte Lilo, als sie die Unterführung durchquerten, „wonach stinkt das denn hier?“

Etwas Stechendes, Beißendes.

„Es gibt Männer, die sich nicht benehmen können“, sagte Rolf. „Wenn die sich hier erleichtern, riecht es so.“

Lilo verfiel für den Rest des Weges in bockiges Schweigen. Elisabeth schaute sie lieber nicht an. Wer weiß, was sich bei ihr und ihrer Tochter entladen hätte, wenn sie weiter auf das Kind eingegangen wäre. Bestimmt ging es Lilo wie ihr. Sie hatte das Gefühl, ganz unten angekommen zu sein, tiefer konnte es nicht mehr gehen.

Aber es ging noch tiefer.

Doch zunächst wurde es etwas besser, denn es stellte sich heraus, dass sich das Haus, in dem sie ihre neue Wohnung gemietet hatten, in einer zwar reizlosen, doch baumbestandenen, nur einseitig bebauten Straße befand. Gegenüber ihrem Haus lag ein Sportplatz, von riesigen, alten Bäumen gesäumt, man würde den Platz selbst überhaupt nur im Winter sehen, wenn die Bäume unbelaubt waren, so wie jetzt. Und unmittelbar vor dem Haus, in dem sie wohnen würden, stand ein Ahornbaum, aus ihren Fenstern im zweiten Stock würden sie direkt in dessen Krone schauen.

„Kein vis-à-vis, Gott sei Dank!“, rief Elisabeth aus. „Es ist ja richtig grün hier!“

Schräg gegenüber lag eine Schule, ein Flachbau, offenbar neu gebaut wie auch ihr künftiges Heim. Das war eckig, eine hochgestellte Schachtel, schmucklos grau, weiß gestrichene Fensterrahmen. Im Hausflur eine polierte Steintreppe.

„Leicht zu pflegen“, merkte Elisabeth an. Kein Pitch Pine mehr.

Eine in Altrosa lackierte Wohnungstür. Mit einem Spion.

Die Wohnung hatte richtige Kachelöfen, in der Küche einen strahlend weiß emaillierten Herd, ein strahlend weißes Keramikbecken und unter dem Fenster halbhohe Einbauschränke mit lackierten Schiebetüren und mit einer Arbeitsfläche aus Resopal, ganz etwas Modernes. Und außerdem gab es ein richtiges Badezimmer, pastellgelb gekachelt, mit Wanne, Wasserboiler, Toilette und Waschbecken. Eine Badewanne! Und alles nagelneu.

Zwei Zimmer lagen nach hinten, von hier aus konnte man das hinterste Ende des Bahnhofs sehen. Die Straße verlief parallel zu den Gleisen, und das Haus lag auf der Höhe der letzten Meter der Bahnsteige.

Küche und Wohnzimmer zeigten nach vorn, auf den Sportplatz, die Schule und den alten Ahornbaum hinaus.

Eine Besenkammer gab es mit Platz für Putzzeug.

Insgesamt um die fünfundsechzig Quadratmeter.

„Das ist doch alles sehr schön, schau nur,“ rief Elisabeth aus. Lilo schwieg.

„Na, komm schon“, sagte Rolf und drückte Lilos Schulter.

Der Umzugswagen kam nicht. Unruhig ging Rolf in der leeren Wohnung auf und ab. „Wie kann das sein? Er müsste längst hier sein. Ich verstehe das nicht.“

Schließlich, nach einer Stunde, entschloss er sich, eine Telefonzelle suchen zu gehen. Vielleicht am Bahnhof? Er musste die Umzugsfirma anrufen.

Nach einer Viertelstunde kam er zurück, die Gesichtszüge eingefallen und schief, wie zerstört.

„Die hatten einen Unfall. Die ganze Ladung ist kaputt, es soll fast nichts übrig sein.“

„Dann müssen wir an die Versicherung …"

„Die haben keine. Tja, die ist eigentlich vorgeschrieben, aber das nützt uns nichts. Und die Versicherung haben sie nicht, weil sie kein Geld haben. Die sind pleite. Die können uns auch nicht aus ihrer eigenen Kasse entschädigen."

Elisabeth hatte das Gefühl, von einem Erdrutsch mitgerissen zu werden.

Und sie wusste, dass alles, die Situation hier und jetzt zwischen ihnen, ihre Ehe, ihr Leben vollständig entgleisen würden, wenn sie in diesem Moment irgendein Gebaren zeigte, das Rolf zusetzen würde, eine Klage, ein Vorwurf, ein Weinen. Rolf war verzweifelt genug. Alles, alles wurde in dieser Sekunde entschieden.

„Dann will ich mal bei unseren neuen Nachbarn anschellen, Decken ausleihen. Und nächste Woche suche ich mir Arbeit."

16.) Zwischenstück
Gundula: Kindheit

Die ältesten Erinnerungen, die ich an meinen Vater habe, stammen aus unserer Zeit in Schleswig.

Ich sitze in der Schneiderwerkstatt und spiele mit Stoffresten und leeren Garnröllchen. Mein Vater sitzt auf dem Tisch, im Schneidersitz, und heftet irgendetwas, ein großes Werkstück, das in seinem Schoß liegt, dabei summt er. Ab und zu schaut er auf, lächelt mich an. Da ist so eine Zufriedenheit in mir, und ich bin hier ganz sicher. Das weiß ich. Und so versenke ich mich rasch wieder ins Spiel.

Ein andermal stehen wir zusammen an einem Wasser, alles ist grau, doch hell, und wir können weit sehen, unendlich weit, wie mir scheint, meine Augen finden keinen Halt in der Ferne. Mein Vater hält mich an der Hand, und seine Hand ist weich und warm, wie immer, und meine Hand will nirgendwo anders sein.

Meine ältesten Erinnerungen an meine Mutter stammen schon aus Essen.

Sie lutscht ein Stück Schokolade an, Zartbitter. Sie lässt das Stück fast ganz aus ihrem Mund gleiten und macht eine Geste, mit der sie mich drängt, es von dort mit meinem Mund entgegen zu nehmen. Was ich auch tue.

„Bäh", sagt Lilo, „dressiert wie ein Wellensittich!"

Aber ich spüre, dass meine Mutter mit dem Teilen der Schokolade auf diese merkwürdige Weise einfach nur bekräftigen will, dass uns etwas Besonderes verbindet. Etwas, das nur sie kennt. Ich nicht.

Es gibt Abendbrot. Alle sitzen am Küchentisch, nur meine Mutter steht vor ihrem Platz neben mir und drückt das Brot vor die Brust, einen halben Laib, mit der Schnittfläche nach oben. Mit der Brotsäge schneidet sie Scheibe um Scheibe ab, zu ihrer Brust hin, die abgeschnittene Scheibe hält sie immer zwischen

Daumen und Messer. Sie verteilt die Scheiben, eine nach der anderen auf die Brettchen, die vor jedem von uns liegen. Dann setzt sie sich und filetiert einen Bückling und legt die Stücke zum Brot. Für mich wird alles ganz klein geschnitten. Der Rogen, den sie manchmal in dem geräucherten Fisch findet, ist immer für mich. Ich liebe Rogen. Alle reden, erzählen von ihrem Tag. Alle sind da, meine Mutter, mein Vater, meine Schwester, wie immer zum Abendbrot, und der Raum ist voller Leben, und die Luft flirrt vor Lebensfreude. Es ist behaglich hier, vertraut, und ich bin geborgen. Ich halte mich still, wie meistens, und ziehe mich nach und nach in mich selbst zurück. Alles versinkt.

„Träumst du wieder?“, sagt meine Mutter, lächelnd.

Die gemeinsamen Mahlzeiten sind eine wiederkehrende Erinnerung an unser Familienleben in Altenessen. Meistens aßen wir abends zusammen und sonntags auch mittags.

Die Samstage waren damals normale Arbeitstage, man arbeitete bis zu achtundvierzig Stunden pro Woche, bei manchen Arbeitgebern im Laufe der Jahre auch schon etwas weniger. Der Sonntag, das war noch etwas, ein besonderer Tag. Dann gab es Fleisch, einen richtigen Braten, unter der Woche allenfalls Bauchfleisch oder Wurst im Eintopf oder Speck. Oder auch mal etwas mit Gehacktem, das war nicht so teuer, eine Frikadelle vielleicht oder Königsberger Klopse.

Nach dem Essen schickte mein Vater meine Mutter unter deren lautstarkem Protest – ein Ritual, mehr nicht, aber unausweichlich – aus der Küche, stopfte sich das Geschirrtuch als Schürzenersatz in den Hosenbund und wusch ab. Dabei schmetterte er mit seinem hellen Tenor sein selbst erfundenes Lieblingslied:

Lieselchen, mein kleines Wieselchen.

Oder er sang Lieder aus der alten Zeit:

In einem Polenstädtchen,
da lebte einst ein Mädchen,

das war so schön, ja war so schön.
Sie war das allerschönste Kind,
das man in Polen find't,
aber nein, aber nein sprach sie,
ich küsse nie.

Meine Mutter, die nie untätig sein konnte, nahm derweil im Wohnzimmer eine Handarbeit auf oder betätigte sich sonstwie hausfraulich, ich trocknete ab, soweit ich es vermochte, Lilo trocknete nach und räumte das Geschirr ein. Und mein Vater sang.

Die Abende und Sonntagnachmittage waren dem Lesen, dem Radio hören oder – Höhepunkt für uns Kinder – Brettspielen gewidmet, „Mensch ärgere dich nicht" oder „Spitz, pass auf!".

Pumuckl hieß damals Fizzibitz und war eine Hörspielserie. Wir hörten das alle zusammen, jeden Samstag. Radiohören war etwas, was man so oft wie möglich gemeinsam machte. Es gab Sendungen für die ganze Familie, Ratesendungen zum Beispiel, wie man damals Quizformate nannte.

Der Heilige Abend bescherte uns immer ein ganz besonderes Radioprogramm. Jedes Jahr saßen wir dann am frühen Abend gebannt und staunend vor dem Apparat und lauschten den vom Sender vermittelten Funktelefonaten zwischen Matrosen auf hoher See weit, weit draußen irgendwo und ihren Frauen, die das Weihnachtsfest getrennt von ihnen verbringen mussten. Und immer brach irgendwann irgendwem die Stimme, und immer weinte auch meine Mutter dann. Und für uns Kinder war das ein gutes Weinen.

Unser Weihnachtsbaum wurde mit silbernen Kugeln, silbernem Lametta und weißen Wachskerzen geschmückt, damit begann mein Vater am Vormittag des Heiligen Abends, seines Geburtstags, den wir in all unserer Aufregung regelmäßig vergaßen. Sobald er mit dem Schmücken begann, durften wir Kinder nicht mehr ins Wohnzimmer. Wenn wir dann abends nach dem Essen zur Bescherung gerufen wurden, wenn meine Mutter klingelte und mein Vater die Tür öffnete, stand ich da, meine Hand in der meiner großen Schwester, vergaß die Geschenke, vergaß, dass ich eben noch, vor Anspannung auf der Stelle trappelnd, gehofft hatte, in letzter Sekunde einen Blick auf das Christkind zu erhaschen, und konnte nicht glauben, dass es so viel Pracht und so viel Leuchten geben könne.

Samstags war Badetag. Dann wurde der Boiler im Badezimmer angeheizt, das ging elektrisch und dauerte eine Stunde. Danach hatte man genug warmes Wasser für ein Bad. Sonst gab es nur kaltes Wasser, immerhin fließend. Meist wurde ich von meinem Vater gebadet, seltener von meiner Mutter, und erst mit einem großen Badetuch trocken gerubbelt und dann in den Schlafanzug und den Bademantel gesteckt. Anschließend saß ich im Bademantel auf dem Küchentisch, und mein Vater hielt den schweren Staubsauger in umgekehrter Richtung in meine Locken, um sie trocken zu pusten. Manchmal kochte meine Mutter dabei die Wäsche auf dem Küchenherd.

Wenn es draußen gewitterte, das geschah natürlich zumeist abends, kroch ich in mein Bett, und mein Vater erklärte mir mit seiner singenden, hellen Stimme, wie ein Gewitter entsteht. Ich begriff nichts davon, aber ich verstand, dass da mein Vater saß, ganz ruhig, und mit mir redete, während draußen die Naturgewalten tobten, und dass er machte, dass alles gut war.

Jeden Sonntag Vormittag ging mein Vater nach der Kirche – wir hatten allerdings keine richtige Kirche, nur ein Gemeindehaus – mit uns Kindern in den Kaiser-Wilhelm-Park, einen englischen Landschaftsgarten, eine Viertelstunde Fußweg von unserer Wohnung entfernt. Meine Mutter kochte derweil das Sonntagsessen. Der Park erschien mir riesig, ich war klein und hatte kurze Beine, da war man nicht so schnell durch. Später, als Erwachsene, habe ich ihn noch einmal besucht. Es ist es ein nicht sehr großer Park, ihn in Längsrichtung zu durchqueren erfordert weniger als eine Viertelstunde. Der Park hatte damals schon alte, also hohe Bäume, verschlungene Wege, Wiesen und Beete, einen kleinen Spielplatz mit Schaukel, eine Schach-Spielfläche mit kniehohen Figuren. Und wenn zwei Männer – immer waren es Männer – dort spielten, schaute mein Vater ein paar Minuten lang zu, bis ich zu sehr zu drängeln begann.

Die Sensation des Parks für mich war nämlich ein Ententeich mit Winterhäuschen mitten auf dem Wasser und mit Springbrunnen, und eine Stelle des Ufers war so gestaltet, dass sie eine Art gepflasterte Seeterrasse ein kleines Stück in den See hinein bildete, von da aus konnte man besonders schön den Springbrunnen und die am gegenüberliegenden Ufer stehenden Trauerweiden sehen. Deren lange, schlanke Äste schienen ins Wasser zu fließen und schaukelten, wenn Wind aufkam, darin, als führen die Bäume mit Fingern hindurch.

Dort, auf der Seeterrasse, fütterten wir die Enten mit Brotbrocken, die meine Mutter zu Hause aus altbackenem Brot geschnitten und uns sorgfältig verpackt mitgegeben hatte.

Mir ist bis heute unbegreiflich, wie meine Eltern es bewerkstelligt haben in all ihrer Drangsal, dass dies meine lebhaftesten Erinnerungen an unser Familienleben sind.

Unbegreiflich.

TEIL 2 – Elisabeth

17.) Essen 1959

Es half ja nichts, man musste einen Kredit aufnehmen. Beide, Rolf wie Elisabeth, machte es unruhig, sich zu verschulden. Sie fühlten sich zurückversetzt in die ersten furchtbaren Jahre in Schleswig. Man hatte keine Schulden zu haben, fanden sie, und wenn doch, waren die so rasch wie möglich zurückzuführen. Und das bedeutete, dass sie nun beide arbeiten gehen mussten und Rolf sich noch etwas nebenher suchte. Er klapperte die Wäscherei- und Reinigungsbetriebe des Stadtteils ab, stellte sich als Schneidermeister vor und bewarb sich als Bügler für Anzüge und Hemden. Es kamen einige Aufträge zusammen, und so ging er nach Feierabend zusammen mit Lilo die zu bügelnden Stücke mit einem Waschkorb abholen und brachte sie ein, zwei Tage später, wieder zusammen mit Lilo, gebügelt zurück. Seine Arbeit bei Peek&Cloppenburg dauerte von neun bis halb sieben. Mit der Straßenbahn und den Fußwegen brauchte er eine knappe halbe Stunde hin und auch wieder zurück, von halb neun bis sieben war er also außer Haus, samstags nur bis halb zwei. Abends oder an den Wochenenden bügelte er.

Elisabeth hatte Arbeit in einer Fabrik gefunden. Die Firma Optilon aus Essen produzierte diese neuartigen Kunststoff-Reißverschlüsse, die mehr und mehr die Reißverschlüsse aus Metall verdrängten, jedenfalls für leichtere Stoffe. Sie wurden im Akkord in zwei Schichten gefertigt. Akkord wurde gut bezahlt. Elisabeth stand also jetzt von montags bis samstags am Fließband, mal von sechs bis zwei, mal von zwei bis zehn. Sieben Stunden Arbeit, eine Stunde Pause. Auch sie fuhr mit der Straßenbahn und brauchte mit Fußwegen eine gute halbe Stunde je Strecke. Hatte sie Spätschicht, kam sie erst nach halb elf in Altenessen an, dann holte Rolf sie sicherheitshalber von der

Haltestelle ab und überließ die Aufsicht über Gundel der Älteren Lilo. Es war ja nur für eine Viertelstunde, und Lilo war jetzt auch schon zwölf.

Die Schichtarbeit im Akkord war hart, sie brachte aber etwas ein, und ein weiterer Vorteil war, dass man die ganze Zeit mit den Kolleginnen schwatzen konnte, immer noch eines von Elisabeths größten Vergnügen.

„Meine Güte, die sprechen so komisch hier“, erzählte sie Rolf auf dem Weg von der Haltestelle nach Hause. „Benutzen oft den vierten Fall anstelle des dritten, manchmal aber auch umgekehrt, die ganze Grammatik ist falsch, und sie sagen ‚datt‘ und ‚watt‘. ‚Watt is datt denn da?‘ zum Beispiel. Oder ‚Gib mich datt ma!‘ Und wenn die Mehrzahl genauso heißt wie die Einzahl, hängen sie ein S an. ‚Bilders‘ habe ich heute gehört, das muss man sich mal vorstellen. Und dann verschlucken sie die Hälfte der Mitlaute. Und ziehen Wörter zusammen. ‚Hömma, wenn watt is, sachsse Bescheid!‘, hat heute eine zu mir gesagt. Sie wollte mir nur helfen, also es war richtig nett gemeint, aber ich musste schrecklich lachen. Zum Glück haben die Humor hier, sie hat's nicht krumm genommen. Und dann sagte noch eine, die an mir vorbei ans Fließband musste: ‚Daaf ich ma am Band?‘ Das ist einfach zu komisch. Und zum Feierabend haben sie mich gefragt, ob ich mit ‚im Kino‘ gehe. ‚Willze noch mit im Kino?‘ Ich schmeiß mich weg!“

Elisabeth war kaum zu verstehen, sie gluckste und prustete.

„Ja, kenn ich“, sagte Rolf, „vor allem von den Kunden.“

„Und wenn jemand gerade etwas tut, sagen sie ‚am tun‘. ‚Die is sich am beömmeln‘. Hässlich. Aber auch wieder ulkig. ‚Die is sich am waschen‘, hihi.“

Und dann überboten sie sich gegenseitig für den Rest des Weges mit „hömma“, „kannze“, „gehsse“, „Arbeiters“, „ich bin am Hosen kürzen“, bis sie sich vor Lachen so bogen, dass sie sich an der Hauswand abstützen mussten, als sie vor ihrer Haustür angekommen waren.

„Ich geh ja imma nach Kaastadt, Kittels kaufen“, wieherte Rolf, und Elisabeth flehte um Erbarmen: „Hör auf, bitte, bitte, bitte, ich mach mir gleich in die Hose!“

„Da sagen wir Buxe drauf, Lieselchen, ich mach mich inne Buxe, heißt datt.“

Fast wäre es zu spät gewesen für Elisabeth, aber sie schaffte es gerade noch in die Wohnung, bevor ein größeres Malheur passierte.

„Machma vorran“, brüllte Rolf vor der Badezimmertür, „ich muss auma im Bad!“

„Aum Pott, Rolf, aum Pott. Ich bin mich ja schonn am beeilen. Jezz lass mich domma bissken Zeit!“

Und sie kicherten gemeinsam weiter, wenn auch jetzt auf verschiedenen Seiten der Tür.

An die Sprache des Ruhrgebiets gewöhnte sich Elisabeth freilich nie ganz, solange sie lebte nicht. Sie konnte sie nicht ernst nehmen. Außer als Gefahr für Gundel.

„Wir müssen zusehen, dass sie sich das nicht angewöhnt“, mahnte sie. Rolf zuckte nur mit den Schultern. Man sprach ja Hochdeutsch in der Familie, was sollte sein?

Abgesehen vom Badezimmer, das in die Wohnung integriert war, waren die Wohnverhältnisse genauso beschwerlich wie zuvor, in gewisser Hinsicht beschwerlicher.

Die Wäsche wurde immer noch auf dem Herd gekocht. Der Herd wurde wie die Kachelöfen in den übrigen Zimmern – außer im Schlafzimmer, das keinen Ofen hatte – mit Kohle beheizt, also angefeuert, erst mit Papier, dann mit Holzscheiten, die man im Kaufladen erwarb, schließlich mit Briketts, die gut durchglühten, und ganz zum Schluss mit etwas Eierkohle für die dauerhafte Wärme. Eierkohle speicherte gut die Ofenwärme, nahm dafür aber beim Lagern viel mehr Platz ein, denn sie ließ sich nicht stapeln.

Der Kohlelieferant fuhr mit dem Lieferwagen rückwärts bis vor das Kellerfenster, das Elisabeth öffnete. Dann ließ er die bestellten Eierkohle-Haufen über eine Rutsche in den Keller gleiten, während er die Briketts, tief gebückt unter der Last, in mehreren Säcken die Kellertreppe hinunterschleppen musste, weil sie sonst zerbrochen wären. Anschließend musste Elisabeth die Eierkohle in den dafür vorgesehenen Holzverschlag schaufeln und die Briketts an der Wand stapeln und danach, weil das Liefern, Schütten, Schleppen und Stapeln jede Menge Kohlenstaub produziert hatte, den gesamten Keller, auch den Kellerflur, fegen und wischen. Sie sah an solchen Tagen immer aus wie ein Schornsteinfeger und musste, obwohl sie ihre Haare wie die Witwe Bolte unter einem geknoteten Tuch geschützt hatte, sich von Kopf bis Fuß waschen oder gleich baden.

Auf einem Kohleherd zu kochen und darin zu backen, erforderte viel Übung und Geschick. Was rasch heiß werden, aufwallen sollte, musste direkt auf die Abdeckplatte des Feuerlochs gestellt werden. Zum Nachlegen von Holz oder Kohle musste man die Abdeckplatte mit einem eigens dafür bestimmten Hebel anheben oder – was riskanter war wegen des Funkenflugs – die Ofentür vorn öffnen. Was nur leicht köcheln sollte, wurde je nach gewünschtem Grad der Hitzezufuhr etwas abseits des Feuerlochs auf den Herd gestellt. Was nur warm gehalten werden sollte, stellte man ganz weit außen an den Rand.

Der Backofen war am schwierigsten zu handhaben, und Elisabeth war stolz, dass sie Hitze und Dauer des Backfachs im Ofen immer genau austarieren konnte, sodass jedes Backwerk gelang.

Stolz war sie auch auf die immer gepflegte Herdplatte, die sie täglich mehrfach mit Herdschwärze einrieb und polierte, bis sie seidig-schwarz glänzte. So wie ihre Haare.

Die Kohle kam aus den Zechen, die gab es reichlich in Essen, einige davon auch in Altenessen, kleinere und größere Anlagen. Der Abbau der Kohle, die Produktion von Heizkohle und das Verbrennen in den vielen Haushalten des Stadtteils produzierten schwarzen, fettigen Staub, der sich überall ablagerte, vor allem auf den Fensterbrettern außen. Dazu kamen Kohlestaub und Ruß aus den Lokomotiven vom rückwärtigen Bahnhof Altenessen. Und so musste man täglich die Fensterbretter innen und außen abwischen, mindestens einmal täglich Staub wischen und weitaus häufiger fegen als in Schleswig. Und die Fenster mussten in kurzen Abständen geputzt werden, ganz anders als im reinlichen Schleswig.

Die Pfiffe der Lokomotiven, ihr Warnsignal vor der Abfahrt, liebte Elisabeth, sogar wenn sie nachts an ihr Ohr drangen. Denn anschließend setzte der Zug sich in Bewegung, die Dampfwolke aus der Lok, dick und weiß senkrecht in die Luft gestoßen, wurde zur wehenden, immer dünner werdenden Fahne, und das noch etwas rumpelnde Anfahren der Räder wich mehr und mehr einem immer schneller werdenden, gleichmäßigen Rattern, das sie an das Geräusch einer Nähmaschine erinnerte und im Rhythmus ein wenig an ihr Lieblingslied „Der kleine Trommler“, eigentlich ein Weihnachtslied:

Jedes Herz war wach, parapapampam, in dieser Nacht.

Und wenn sie das vor sich hin gesummt hatte, krumm und schief wie immer, konnte sie sich umdrehen und einschlafen.

Die Vermieterin wohnte im Nachbarhaus, und man musste ihr die Miete in bar abliefern, einmal im Monat, immer spätestens zum ersten. Elisabeth war es am liebsten, wenn Rolf hinüberging, das Mietbuch in der Hand, in das seine Zahlungen eingetragen wurden. Denn sie selbst konnte den Geruch, den die Küche der Vermieterin verströmte, kaum ertragen. Frau Polat kochte offenbar unablässig Fleisch, aber vom Billigsten, und so roch es meist nach ausgekochten Schweineknochen, Rindermark oder Innereien von der Art, die Elisabeth als Abfall eingeordnet hätte. Für sie stank es einfach, und jedes Mal wurde ihr übel, obwohl sie sich ja nur wenige Minuten in der Wohnung aufhielt.

„Puh, ich verstehe das nicht“, sagte sie mehr als einmal zu Rolf. „Wenn Fleisch, dann doch ordentliches, dafür vielleicht seltener. Wie kann man nur so ein Stinkzeug essen?“

„Vielleicht kocht sie Pansen für ihren Hund? Egal, Hauptsache, sie macht uns keine Schwierigkeiten. Denk mal an Bull. Dann doch besser ein bisschen Müffeln einmal im Monat aushalten.“

Im Erdgeschoss ihres Hauses gab es auch eine Familie, die für Gestank im Treppenhaus sorgte, und Elisabeth hielt immer die Luft an, wenn sie an deren Tür vorbei ging. Stand die Tür offen, dann half auch das Luftanhalten nichts. Man sah durch die Türöffnung auf undefinierbare Wäschehaufen und allerlei Unrat, und dazu roch es nach Schweiß, ranzigem Hautfett und menschlichen Ausdünstungen aller Art, wie sie sich in Räumen ansammeln, die man tagelang nicht lüftet. Die Familie bestand aus Mutter, Vater und vier Kindern, die auf fünfundsechzig Quadratmetern lebten, von der Fürsorge. Der Mutter, immer in etwas nachlässiger Aufmachung, sah man an, dass sie einmal ein offenes, schönes Gesicht gehabt haben musste von der altmodischen, feingliedrigen Eleganz alternder französischer Schauspielerinnen, umrahmt von honigblondem Haar. Doch mit ihren Anfang dreißig sah sie schon so abgearbeitet aus, dass Elisabeth, wenn sie – was selten geschah – ihr Herz einen Spaltbreit für die Nachbarin öffnete, doch ein wenig Mitgefühl überkam.

‚Sie muss ein hartes Leben haben‘, dachte sie dann wohl und schob den Gedanken sogleich beiseite. Musste man denn seinen Haushalt so verschmutzen und seine Kinder im Dreck leben lassen?

Der Vater, in Wirklichkeit nur Vater des jüngsten Kindes, war der Typ Bruder Leichtfuß. Wenn man ihm zu nahe kam, konnte man riechen, dass er trank, aber er strahlte, wo er ging und stand, ein, wie Elisabeth fand, grund- und substanzloses Selbstbewusstsein aus. Immer pfiff er ein Liedchen, immer bewegte er sich in einem schaukelnden, selbstgefälligen Gang, dabei schob er eine beachtliche Bierwampe vor sich her. Er war Taxifahrer, und der beigefarbene, stets peinlichst gewienerte Mercedes vor der Tür war das Glänzendste an der ganzen Familie, wie Elisabeth einmal gallig Rolf gegenüber bemerkte.

„Lass sie doch. Die Frau hat es bestimmt nicht leicht mit so einem. Ein Wunder, dass die Taxi-Lizenz noch nicht weg ist. Und dann die vielen Kinder und nie Geld ..."

„Man kann sich auch ohne Geld sauber halten, auch wenn man viele Kinder hat. Es wäre ja mal interessant zu wissen, ob die überhaupt verheiratet sind. Es stehen ja mehrere Namen an der Klingel."

Der Name der Mutter und der älteren drei Kinder kündete von besseren, wenn auch lange versunkenen Zeiten, die Familie musste irgendwann einmal vor Generationen aus vornehmem Hause gestammt haben. Der Name lautete „de Beaulieu", was kein Mensch auszusprechen wusste. Deswegen stellte sich die Familie als „Däbbeleu" vor, mit Betonung auf der ersten Silbe. Der Vater und der Jüngste, noch ein Säugling, hießen dagegen Schmitz.

„Die sind doch nicht verheiratet", sagte Elisabeth, „nie im Leben!"

Unter der Wohnung der Gronewolds wohnte eine brave Familie, die Siewers, mit einem kleinen Sohn, ungefähr in Gundels Alter. Der Vater war offenbar im Krieg gewesen, ihm fehlte der linke Arm.

Einmal sagte Rolf: „Dem würde ich gern mal ein Jackett machen, das sähe mit Sicherheit besser aus als so, wie der herumläuft, einfach den leeren Ärmel in die Jackentasche gesteckt. Da müsste man doch etwas Besseres finden, etwas Chiceres. Vielleicht eine Betonung des Ärmels statt Verstecken. Oder ein Überwurf."

„Die Zeiten sind vorbei, mein lieber Mann, und hier wohnt sowieso weit und breit keiner, der sich deine Arbeiten leisten könnte."

Elisabeth sah den aufflammenden Schmerz in Rolfs Augen sehr wohl und spürte auch die Kränkung, als sie ihm das vorhielt, aber sie konnte nicht anders. Sollte sie denn immer an sich halten? Immer so tun, als habe Rolf sie auf Rosen gebettet? Als habe er ihr geboten, was sie vom Leben erwarten durfte? Als sei sie ... zufrieden?

Geradezu selig war Elisabeth über ihre unmittelbaren Nachbarn auf der zweiten Etage, eine Familie Schönlein. Man wohnte Tür an Tür und begegnete sich häufig, und binnen kurzem standen die Frauen füreinander ein, halfen einander ein wenig bei der Beaufsichtigung der Kinder und – immer und immer wieder Elisabeths liebste Freizeitbeschäftigung – klatschten und tratschten, was das Zeug hielt. Über die Familie „Däbbeleu" sowieso, das ganze Haus erhob sich ja über die. Sie machten sich aber auch Gedanken über den Nachbarn der Familie de Beaulieu, einen fast dreißigjährigen Junggesellen, der noch bei seiner verwitweten Mutter lebte.

„Wieso heiratet der wohl nicht? Sieht doch ganz anständig aus. Ob die Mutter ihn unter der Fuchtel hat? Oder ... man hört ja so einiges, vielleicht mag er keine Frauen!"

„Das wäre ja ..."

Frau Schönlein war eine unauffällige, hagere Erscheinung, nicht hübsch, nicht hässlich. Markant waren lediglich die ausgeprägten, blaugrauen Schatten unter ihren Augen, die sie immer etwas erschöpft und niedergeschlagen wirken ließen, und ihre meist etwas ungeordnet wirkenden, dunklen Haare. Sie lachte so gut wie nie. Dafür kannte sie sich im Leben der anderen Nachbarn weitaus besser aus als Elisabeth und war so für sie ein unerschöpflich sprudelnder Quell der Beglückung durch jede Menge Neuigkeiten.

Herr Schönlein war Drucker bei Girardet. Tagein, tagaus stand er in den Dämpfen der Druckerschwärze, und weil die giftig waren, versorgte die Firma ihre Drucker mit einem Liter Milch pro Tag, den sie nach und nach während der Arbeit an der Druckerpresse trinken sollten. Angeblich schützte das vor Vergiftung. Herr Schönlein hustete trotzdem beständig.

Girardet druckte die Micky-Maus- und die Fix-und-Foxi-Hefte, und die Arbeiter durften Fehlausgaben, zum Beispiel solche mit nur einer Heftklammer statt zweien, nach Hause mitnehmen, zum Glück für Lilo, die sich zuerst bei den Schönleins aus einer Kiste mit älteren Exemplaren eindecken durfte und danach fortlaufend von Herrn Schönlein mit den neusten Comics versorgt wurde.

Herr Schönlein war die Herzlichkeit und Güte in Person, sein rundes Gesicht unter den schwarzen, mit Brillantine zurückgekämmten Haaren sah immer freundlich aus, und er mochte Kinder, auch Lilo und Gundel. Die Schönleins selbst hatten einen Sohn in Gundels Alter und eine Tochter, drei Jahre älter, Olaf und Traudel.

Obwohl diese Nachbarn den Gronewolds eindeutig am nächsten von allen standen, freundeten Rolf und Elisabeth sich nicht wirklich mit ihnen an. Sie lebten Tür an Tür, sie halfen einander, aber sie siezten sich wie damals in Schleswig mit den Sörensens und besuchten einander nie. Keiner der Erwachsenen kannte die Wohnung der anderen Familie, nur die Kinder kannten sich in beiden Wohnungen aus. Als Erwachsener wurde man höchstens in den Flur gebeten, wo man im Stehen verhandelte, was zu verhandeln war. Oder austratschte, was auszutratschen war.

„Ich will keine Freundschaften mehr“, sagte Rolf, und Elisabeth stimmte ihm zu. Freundschaften taten nur weh, wenn man sich am Ende doch wieder daraus lösen und sie aufgeben musste. So war es mit den Sörensens gekommen. So war es mit den Chumaks gekommen. Und das Zerwürfnis mit Bull war schmerzhaft gewesen, richtig schmerzhaft. Wenigstens mit Sörensens schrieben sie sich ab und zu, und Silke kümmerte sich mit zauberhaften Kärtchen und Geburtstags- und Weihnachtsgeschenken um Gundel. Für die Chumaks war ein Briefwechsel wohl nicht das Richtige, sie antworteten nicht.

Rolf war zweiundvierzig und Elisabeth sechsunddreißig, als sie beide beschlossen, keine Freundschaften mehr einzugehen.

Dass Rolf und Elisabeth arbeiteten, hieß, dass für die Kinder eine Lösung gefunden werden musste. Für Lilo gab es keine höhere Schule im Stadtteil. Altenessen lag im Essener Norden, da wohnten nur die Arbeiter, und im Norden von Altenessen wiederum die Hilfsarbeiter und Arbeitslosen, es gab da sogar ein „Asozialenviertel", so nannte man das, wenn Langzeitarbeitslose, Kleinkriminelle und nicht näher definiertes, lichtscheues Gesindel auf einem Fleck lebten, dazu noch von der Wohlfahrt. Aber nicht nur der Altenessener Norden wurde stiefmütterlich behandelt, sondern ganz Altenessen, also auch der Süden, wo die Gronewolds wohnten. Diese stiefmütterliche Behandlung wurde gespeist aus der Vorstellung, dass Kinder von Arbeitern bei ihren Leisten bleiben und ihrerseits ebenfalls Arbeiter werden sollten, die war bei den Kommunalpolitikern ganz und gar vorherrschend. Bildung für Arbeiterkinder war eine eher absonderliche Idee der modernen Zeit, die man eher irritierend fand. Und so gab es nur eine weiterführende Schule im gesamten Stadtteil, und das war ein Jungengymnasium. Lilo musste also in einem anderen Stadtteil zur Schule gehen, da lag es nahe, eine Schule in der Nähe des Kindergartens zu wählen, der nach intensiver Suche für Gundel gefunden worden war. Gundel kam ins Schwedenheim, einen Kindergarten in einem dunkelrot lackierten Holzhaus mit weißen Fensterrahmen und bunten Spielgeräten davor, das sah einladend und fröhlich aus, und Elisabeth musste immer an Pippi Langstrumpf denken, wenn sie auf das Haus zuging. Der Nachteil war nur, dass es ein gutes Stück westlich der Stadtmitte lag und mit der Straßenbahn nur mit zwei Umstiegen zu erreichen war, und die Fußwege dazu waren langwierig mit einer Dreijährigen. Da konnte es schon einmal eine Stunde dauern, bis man ankam. Gundel morgens dorthin zu bringen, war Lilos Aufgabe, und Lilos Schule war nochmal einen ordentlichen Fußmarsch von zwanzig Minuten vom Schwedenheim entfernt. Also brachen Lilo und Gundel morgens um halb sieben auf, um all diese Fahrten und Wege rechtzeitig vor Schulbeginn zu schaffen. Wenn sie das Haus verlassen hatten, weckte Elisabeth Rolf und bereitete sein Frühstück vor, es sei denn, sie hatte Frühschicht, da war sie schon vor halb sechs weg, und Rolf musste sich selbst behelfen und die Kinder versorgen und auf den Weg schicken.

Schwierig gestaltete sich Gundels Betreuung am Nachmittag. Wenn Elisabeth Frühschicht hatte, konnte sie zum Kindergarten fahren und Gundel abholen. Aber für die Zeiten mit Spätschicht musste eine andere Lösung her. Und die hieß Lilo.

Lilo hatte mittags schon Schulschluss, und es ging nicht an, ihr die kleine Gundel anzuvertrauen, bis Rolf um sieben zu Hause war. Lilo war erst zwölf. Natürlich, man konnte im Notfall auch Frau Schönlein bitten, ein Auge auf die Kinder zu haben, aber nicht jeden Tag. Außerdem arbeitete auch Herr Schönlein im Schichtbetrieb und brauchte oft seine Ruhe, noch zwei Kinder konnten die Schönleins nicht ständig nehmen. Und so trugen Elisabeth und Rolf ihrer Ältesten auf, Gundel erst zum Kindergartenschluss um vier abzuholen. Wie sie die Zeit zwischen Schulschluss am Mittag und Kindergartenschluss drei Stunden später zubrachte, mit Schulfreundinnen im westlichen Stadtteil oder allein zu Hause im nördlichen, war ihre Sache. Zu essen hatte sie über Tag genug, ihre Brotdose wurde morgens reichlich gefüllt, und warm gegessen wurde auch in den Wochen von

Elisabeths Spätschicht am Abend: Elisabeth kochte vor, dann musste Rolf das Essen später nur noch für sich und die Kinder aufwärmen.

Lilo hatte nur die öffentlichen Normaluhren, an Bahnhöfen zum Beispiel und an manchen Haltestellen, um sich zu orientieren. Ein Kind besaß keine Armbanduhr. Und so konnte es vorkommen, dass sie am Nachmittag die Zeit ein wenig vergaß und zu spät zum Schwedenheim aufbrach, meist von zu Hause aus, seltener von einer Schulfreundin, und erst nach vier an dem fröhlichen Pippi-Langstrumpf-Haus ankam. Dann traf sie auf Kindergärtnerinnen, die nun ihretwegen später Feierabend hatten und ihr Gundel mit säuerlichen Mienen übergaben.

Elisabeth hörte sich, wenn in der Folgewoche wieder sie das Kind abholte, die Klagen geduldig und mit betont zerknirschter Miene an und versprach: „Ich werde meiner Tochter ins Gewissen reden. Es wird nicht wieder vorkommen."

Und dann redete sie Lilo nicht ins Gewissen. Sie fand, dass deren Last groß genug sei.

„Irgendwo muss sie doch auch noch Kind sein", sagte sie zu Rolf, und der schaute nur kurz von seinem Bügelbrett auf, ein wenig erstaunt, und nickte knapp.

Die Last war groß genug.

Wenn Elisabeth Frühschicht hatte, weckte sie Rolf und die Kinder, bevor sie das Haus verließ, und Rolf wusch die kleine Gundel und kleidete sie an, dann machte er für beide Kinder Frühstück und füllte Lilos Brotdose. Einmal, da war Elisabeth krank und konnte nicht arbeiten, huschte sie im Morgenmantel an der halb geöffneten Küchentür vorbei ins Bad und sah durch die Öffnung Gundel auf einem Stuhl stehen, mit großem Ernst, während Rolf ihr die bereit liegenden Kleidungsstücke überstreifte, mit ebenso großem Ernst, und dabei in wohltönendem Singsang auf das Kind einredete: „So, hier ist das Höschen, jetzt hebst du mal hier das Bein ein bisschen und steckst es da durch, und jetzt das andere Bein da durch, und jetzt ziehen wir es hoch, siehst du, und nun den Arm da heben, schau mal, hier ist das Leibchen, das kommt über den Arm und jetzt den anderen Arm ..." Und so ging es fort und fort, und beide, Rolf und Gundel, waren so einvernehmlich in ihrer Sorgfalt, mit der sie all diese Verrichtungen bedachten, und in ihrer Geduld miteinander und in ihrem ... ja, Respekt füreinander, dass Elisabeth wie damals in ihrem Elternhaus, wenn sie ihre Mutter und Aggi zusammen in der Küche hatte sitzen sehen, es wieder ganz deutlich fühlte: Sie gehörte nicht dazu, ausgeschlossen war sie, ein für alle Mal. Und das, wo doch Gundel ihr Kind war, ihres allein!

‚Mein Herz sollte in Flammen stehen bei diesem Anblick', dachte sie, ‚dabei ist mir einfach nur kalt.'

Und sie ging weiter, an der Küche vorbei, an Vater und Tochter vorbei ins Bad, um sich die Tränen zu verbeißen.

Als Lilo an diesem Tag aus der Schule kam, hatte Elisabeth ein altes Schwarz-Weiß-Foto hervorgekramt, das sie und Aggi zeigte. Aggi, auf dem Foto vielleicht sieben oder acht Jahre alt, rundliche Gestalt, rundliches Gesicht, saß auf der Rückenlehne einer Bank und strahlte in die Kamera, die hellen Haare kraus nach allen Seiten abstehend, ein Inbegriff der Lebenslust und der Freiheit. Sie sah aus, als würde sie sich jeden Moment abstoßen, um vielleicht in ein neues Abenteuer zu springen. Elisabeth, drei Jahre älter, dünn und staksig, mit tiefschwarzem, sorgsam zu Zöpfen geflochtenem Haar, stand seitlich an die Bank gelehnt und schaute ernst und gefasst auf den Fotografen, ein nachdenkliches, in sich gekehrtes Kind, dessen Miene schon eine gewisse Reife, aber auch Lebensschwere erkennen ließ, durch keinerlei Anzeichen von Frohsinn abgemildert.

„Welches Kind findest du hübscher?", fragte Elisabeth ihre Tochter.

Lilo tippte sofort auf Aggi: „Die hier. Wer ist das?“

„Schau doch noch mal genau hin, das andere Kind mit den Zöpfen, ist das nicht viel hübscher?“

„Nein, das hier.“ Erneut zeigte sie auf Aggi.

Naja, so war Lilo eben. Elisabeth packte das Foto weg.

In ein paar Jahren würde sie Gundel fragen. Gundel würde genau hinschauen und verstehen. Gundel war ernst und verträumt, alle sagten das. Gundel würde sie wählen. Nicht Aggi.

Eines Tages bat Elisabeth Lilo, sie mit Gundel zusammen von der Arbeit abzuholen. Sie war aufgeregt gewesen, die ganze Schicht über, vorfreudig und stolz, ihren goldlockigen Engel vorzuführen. Und wie hatten ihre Kolleginnen gestaunt! Elisabeth hatte Mühe gehabt, nicht allzu sehr zu grinsen und sich nicht allzu auffällig hin und her zu drehen und zu spreizen in ihrem Stolz. Einige hatten vor Verwunderung über so viel Liebreiz sogar die Hände zusammengeschlagen. Diese Ähnlichkeit! Was für ein schönes Kind! Und so reizend gekleidet! Und lieb!

Gundel hatte den Kreis schnatternder Arbeiterinnen, die sie umringten und mit der üblichen Babysprache ansprachen, zumeist im Ruhrplatt, aufmerksam gemustert, ohne zu lächeln, und sich ganz still gehalten, so wie ein artiges Mädchen sein sollte, wie eine kleine Erwachsene eben.

Eine Kollegin hatte Gundel besonders lange angeschaut und dann zu Elisabeth gesagt: „Die dunklen Augen zu datt blonde Haar und dieset Äanste – datt issja fast bissken unheimlich, nä?“

Elisabeth nahm das als Kompliment. Dunkle Augen, das war gut. Und das Ernste, das war auch gut.

Sie hatte in diesem Augenblick das unbestimmte Gefühl eines Triumphes.

„Na, dann wollen wir mal, mein Spätzchen“, sagte sie zu Gundel. Und Lilo kam auch mit.

Im Laufe der Zeit waren Elisabeth und Rolf um die Erkenntnis nicht herum gekommen, dass es auch für sie weitaus praktischer war, Kleidung in Bekleidungsgeschäften zu kaufen als sie zu nähen, und oft genug preiswerter dazu. Bei Peek&Cloppenburg konnten sie den Personalrabatt von Rolf nutzen, C&A war sowieso günstig, Geschäfte wie Boecker, die als etwas exklusiver galten, mieden sie. Das erste Konfektionshaus, schon fast fünfzig Jahre zuvor in Berlin eröffnet, hatte noch mit einem beträchtlichen Angebot an Stoffen zum Selbstverarbeiten aufgewartet, inzwischen, nach Krieg und Wiederaufbau war das Geschäft mit den Bekleidungskaufhäusern erst richtig in Schwung gekommen. Mehr und mehr hatte die Konfektion die Näherinnen, die Schneider und sogar das häusliche Selbstnähen verdrängt, Rolf hatte Recht gehabt.

Nur die Kleidung der Kinder nähte, häkelte und strickte Elisabeth immer noch selbst, und wenn es bis in die Nacht dauerte. So besonders und aufwendig wie sie arbeitete, ließ sich vorgefertigte Kinderkleidung nicht finden: Pullover mit komplizierten, eingestrickten Mustern, Kleider und Röcke für Lilo, die passgenau über den Petticoat passten und abstanden, wie es sich gehörte. Ein gestricktes Spielhöschen für Gundel. Ein Besatz aus fedriger Angorawolle für einen Pullover. Aufgenähte, bunte Litzen für ein Kleid oder einen Rock.

„So schön möchte ich das auch können", sagte Frau Schönlein ein ums andere Mal, und auch die Kindergärtnerinnen lobten Elisabeths Kunst, während Lilo die schönen Stücke einfach nur freudig entgegennahm und zur Schule ausführte, wo sie ebenfalls Komplimente einheimste. Elisabeth fand, dass es sich allein dafür lohnte, sich nach der Hausarbeit, dem Einkaufen, dem Kochen und der Schichtarbeit oder sonntags noch an die Maschine zu setzen oder die Strick- und Häkelnadeln nebst Wolle hervorzuholen.

Schließlich kleidete sie sogar die Puppen von Gundel ein mit selbst gehäkelten Garnituren einschließlich der passenden Mützchen.

Aber ansonsten galt, dass man mit der Zeit gehen musste. Und es kam nun einmal die Zeit der Bekleidungskaufhäuser.

Mit sehr vielen Gewissensbissen ging sie auch in anderer Hinsicht mit der Zeit und kaufte auf Empfehlung von Frau Schönlein jetzt manchmal im Krupp-Konsum ein, das war auch so ein modernes Ding, eigentlich gar nicht mal so viel größer als der alte Kaufladen im Stadtteil, etwas weiter entfernt zwar, aber so praktisch und um einiges billiger. Am Eingang des Konsums standen Metallkörbe gestapelt, man nahm sich einen, ging damit durch die Regalreihen und räumte selbst in diesen Korb ein, was man kaufen wollte. War alles beisammen, ging man zum Eingang zurück. Da stand eine Registrierkasse, ein Wunderwerk der Technik. Auf ihrem gebogenen Bauch waren runde Tasten angebracht, ähnlich einer Schreibmaschinentastatur, aber in fünf senkrechten Reihen mit je zehn Ziffern, davon die beiden Reihen ganz rechts für die Pfennigbeträge und die drei linken für die Ziffern vor dem Komma. Die Kassiererin holte jedes Stück aus dem Korb und drückte den Preis dafür über die Tasten ein, jede Ziffer einzeln in der ihr zugeordneten Reihe. Elisabeth sah sich das staunend an, als müsse sie es selbst lernen. Die eingegebenen Ziffern erschienen, wenn die Kassiererin sie bestätigte, jede für sich, wie auf einer Art Klötzchen, oben in einem Sichtfenster, weiß auf schwarz, und ergaben zusammen wie von Zauberhand den Preis. Hatte die Kassiererin alle Preise beisammen, drehte sie an einer großen Kurbel, die seitlich an dem Apparat angebracht war, und im Sichtfenster erschien jetzt die Summe, immer erstaunlich gering. Das Beste aber war, dass es klingelte, sobald die Kurbel betätigt wurde, und dann sprang die Geldschublade auf. Elisabeth freute sich jedes Mal wie ein Kind an dem Klingeln und dem Aufspringen der Schublade. Und sie bewunderte die Fingerfertigkeit und Konzentrationsfähigkeit der Kassiererin, die all diese Eingaben in atemberaubendem Tempo eintippte, fast ohne hinzusehen, und nie einen Fehler machte. So hatte Elisabeth einmal das Schreibmaschinenschreiben beherrscht, schnell, blind, fehlerfrei. Das war so lange her, dass sie keine Ahnung hatte, ob ihr das heute auch noch gelingen würde.

Aber eigentlich, so fand sie, gehörte es sich nicht, im Konsum einzukaufen. Etwas näher lag der Kaufladen von Fräulein Hütten, einer dauerwellenlockigen, ältlichen Person, sehr freundlich, sehr zuvorkommend, mit ihrem Laden grau geworden, die bis auf Frischmilchprodukte, Fleisch- und Wurstwaren und Backwerk so ziemlich alles anbot, was man für die Haushaltsführung brauchte, Putzmittel und Waschmittel inbegriffen, vor allem aber erstklassiges, frisches Obst und Gemüse. Konserven gab es da auch. Fräulein Hütten brachte herbei, was man wünschte, wog ab, schüttete in Papiertüten, legte alle Teile auf der Theke ab und rechnete schließlich von Hand aus, was es kostete.

Rolf begleitete Elisabeth manchmal zum Einkaufen und half ihr tragen.

„Die wird auch untergehen, also das Fräulein Hütten, du wirst sehen. Irgendwann gehen alle im Konsum einkaufen. Praktisch und billig.“

„Aber eben bloß Industrieware“, entgegnete Elisabeth. „Da kann man doch kein Obst und Gemüse einkaufen, höchstens mal in Dosen!“

Neben dem Kaufladen Hütten war als nächstes eine Eisdiele namens „Dolomiti“ untergebracht, geführt von einem Ehepaar Sartori. Elisabeth und Rolf machten nie den Versuch, mit den Besitzern ins Gespräch zu kommen, aber Elisabeth fühlte sich ihnen ganz nahe, wenn sie auf die Eistheke schaute und diesen typischen Bewegungsablauf bei Herrn oder Frau Sartori beobachtete, der ihr schon von den Chumaks so vertraut war: Oberkörper weit über die Arbeitsplatte beugen, nach vorn, dann noch ein bisschen nach unten. Mit dem Eisportionierer energisch die erste gewünschten Eissorte aus der Schale schaben. Eine plötzliche, kleine Rückwärtsbewegung, um die Eiskugel in das Hörnchen oder je nachdem in den gewachsten Pappbecher gleiten zu lassen. Und sofort wieder vorbeugen mit dem ausgestreckten Eisportionierer über die Schalen mit dem Eis. Schließlich aufrichten und das gefüllte Hörnchen oder den Pappbecher über die Kundentheke reichen.

Sie hatten eigentlich kein Geld für Eis, aber manchmal konnte Elisabeth nicht anders, dann musste sie einfach ein Hörnchen mit zwei Kugeln kaufen. Sie bereute das immer sofort, aber das machte nichts aus. Reue wegen einer kleinen Portion Eis ließ sich gut integrieren in ihre Sehnsucht nach irgendetwas. Nach einem Leben.

Neben der Eisdiele betrieb Frau Czszoszinsky ihr Geschäft. Ihre Vorfahren waren in den Zwanziger Jahren nach Deutschland eingewandert. Der Einfachheit halber hatte sie ihren polnischen Nachnamen für das Geschäftsschild in Schoschinski abgeändert, das war immer noch kompliziert genug, aber wenigstens auszusprechen. Sie verkaufte Milch und Milchprodukte, Eier und Kartoffeln. Man ging da mit einer Milchkanne aus Kunststoff hin und ließ sich die Milch abfüllen. Man hatte zu Hause auch Flaschen für Sahne, Kunststoffdosen für Butter, Kartons für Eier und Netze für Kartoffeln, die man sich bei Frau Schoschinski bestücken ließ. Genau wie bei Fräulein Hütten wurde die Rechnung von Hand erstellt, auf einem Blöckchen, dessen Abriss man Elisabeth mitgab. Eine Registrierkasse gab es nicht.

Ein Haus weiter war der Metzger, der hatte an den Gronewolds nicht viel Freude. Etwas Wurst für Butterbrote. Ein bisschen Schinkenspeck für eine Tomatensuppe, frisch gekocht nach einem Rezept von Frau Chumak, oder eine Mettwurst hier und da für einen Eintopf, einmal die Woche Hackfleisch halb und halb, und nur für Sonntag entweder ein Nackenbraten vom Schwein oder Rouladen oder auch einmal ein Gulasch, ebenfalls halb und halb. Ansonsten hielt es Elisabeth mit der fleischlosen Küche, die half sparen: Pfannkuchen mit Marmelade oder Reibekuchen mit Apfelmus, Pellkartoffeln mit Quark, Spinat mit Kartoffeln und Ei, Bratkartoffeln mit Spiegelei und Gewürzgurken, Bratschnitten mit Tomaten und, wenn gar kein Geld da war, Zuckerbrot, also geröstetes Brot mit Margarine und Zucker.

Am wenigsten profitierten die Bäcker von den Gronewolds. Elisabeth war stolz auf ihre Backkünste, was Kuchen und Torten betraf, und in der Tat hatte Rolf, der aus seiner Jugend nichts Gutes gewohnt war, mehr als einmal kommentiert: „Unübertrefflich!"

Und das fand Elisabeth auch. Bäcker backten mit irgendeinem Zeug, das vorgefertigt war, mit Konservierungsstoffen, mit billigen Zutaten wie gehärteten Pflanzenfetten. Sie dagegen backte mit Butter oder Margarine, Eiern, Mehl, Zucker, Triebmitteln, und das war alles, dazu je nachdem Obst oder eine Buttercreme und Nüsse. Bäckerkuchen jedenfalls kam ihr nicht ins Haus.

Und so kaufte sie nur Brot, denn das konnte sie nicht selbst backen. Sie wusste nicht, wie man Sauerteig ansetzte, also holte sie das Brot beim Bäcker, täglich ein halbes, das schnitt sie dann abends auf, wenn alle am Küchentisch saßen, den Laib gegen die Brust gepresst, Schnittfläche nach oben, das Messer zum Körper geführt.

Und so ging ihr Leben dahin, zwischen Haushalt, Kindern und Fließband, Tag für Tag, Jahr um Jahr.

18.) Essen 1961

Nach zwei Jahren und drei Monaten in dieser Art, zwischen Schichtarbeit im Akkord, einkaufen, kochen, putzen und waschen, Kinderversorgung, Bügeln für Wäschereien nach Feierabend und zeitraubenden Fahrten mit der Straßenbahn durch halb Essen und wieder zurück flatterte im März ein Brief der Bank ins Haus. Elisabeth war allein und zögerte einen Moment lang, ihn zu öffnen. Bank, Finanzamt, Behörden, von dort kam Post, die zumeist nichts Gutes verhieß.

Dieses Mal war es anders.

„Wir sind schuldenfrei", sagte sie zu Rolf, als der am Abend nach Hause kam, tänzelte ihm durch die Diele entgegen und wedelte mit dem Brief. „Ich kann aufhören zu arbeiten, endlich!"

Doch Rolf schien sich überhaupt nicht zu freuen.

„Lass uns das mal besprechen, wenn die Kinder im Bett sind."

Ein befremdliches Stirnrunzeln, eine verstörende Reserviertheit.

„Besprechen? Was gibt es da zu … dass wir alles abgetragen haben? Das sollten wir feiern, nicht besprechen. Was bist du bloß so ernst? Freu dich doch mal! Oder ... gibt es ein Problem? Haben wir Sorgen?"

„Heute Abend."

Rolf war mit seiner Stelle als Änderungsschneider bei Peek&Cloppenburg nicht glücklich geworden, und er konnte sich das nicht schönreden. Bei Licht betrachtet war er genau das geworden, was er nie hatte werden wollen, nämlich Flickschneider. Von einem Aufstieg zum Leiter der Schneiderwerkstatt war anders als zur Zeit seiner Bewerbung keine Rede mehr, schon gar nicht von einem Wechsel in die Leitung der Einkaufsabteilung. Rolf war Schneidermeister und Zuschneider, er wusste alles über Anzüge und er hatte Geschmack. Was er aber Tag für Tag tat, war vor Kunden zu knien und zu lange Hosenbeine abzustecken und die dann anschließend in der Werkstatt zu kürzen. Flickschneiderei eben. Schon oft hatte er sich bei Elisabeth darüber beklagt.

„Es herrscht Arbeitskräftemangel, und da haben die mich an Land gezogen mit falschen Versprechungen. Tja, was nun?“

„Wenn Arbeitskräftemangel herrscht, findest du eine andere Stelle, such dir woanders was.“

Aber rätselhafterweise hatte Rolf das nicht getan, Elisabeth fragte sich oft, warum nicht. Vielleicht war er das Wechseln leid? Vielleicht war ihm das Risiko zu groß, wieder hereinzufallen? Vielleicht erinnerte jede nähere Befassung mit seinen Aussichten ihn zu tief und schmerzlich an den Verlust der geliebten Arbeit als hoch geschätzter Inhaber einer eigenen Schneiderei in Schleswig?

Irgendetwas jedoch hielt sie davon ab, ihn selbst zu fragen. Dies waren Jahre des Unglücks, schlimmer noch durch den scharfen Gegensatz zu der vorherigen, lichtvollen Zeit in Schleswig, und jedes Gespräch, jedes nähere Eingehen auf ihrer beider Lage und, nicht zu vergessen, die von Lilo, hätte vielleicht Dämme brechen lassen, die besser unversehrt blieben, jedenfalls vorerst.

Was Rolf ihr jetzt zu sagen hatte, rief sofort ihren ganzen Widerstandsgeist wach.

„Nie im Leben! Da mache ich nicht mit. Niemals, hörst du? Niemals!“

„Aber so wie es jetzt ist, bin ich unglücklich, Liesel.“

„Hättest du mal …“

„Ja, hätte ich, hätte ich. Ich kenne die Vorwürfe schon in- und auswendig. Hätte ich mir mal in Schleswig eine Stelle gesucht! Hätte ich mal in Essen die Stelle gewechselt! Habe ich aber nicht, und jetzt will ich eben nochmal von vorn anfangen. Nägel mit Köpfen machen."

Rolfs Stimme war scharf geworden, doch Elisabeth kannte ihn gut genug, um durch die Entschlossenheit hindurch seine Bedürftigkeit zu hören, da gab es irgendwo ein Angebot, eine ausgestreckte Hand.

„Ich will, ich will, ich will", sagte sie. „Ich höre nur: Ich will. Was ist denn mit mir? Mit Lilo? Die trägt schließlich einen Großteil der Belastungen."

„Es ist ja nur vorübergehend, und dann gewinnen wir alle dazu, an Geld und an Ansehen."

„Und Gundula? Nächstes Jahr kommt sie in die Schule. Wie soll das gehen? Wir wollten sie doch in die Schule gegenüber schicken. Wer soll sie denn dann nach Schulschluss versorgen?"

„Vielleicht müssen wir sie vorübergehend auf eine Volksschule in der Nähe von Lilos Schule schicken."

„Lilo! Wieder Lilo! Soll sie denn das Kind auf ewig allein großziehen? Wir können doch nicht alles auf sie abwälzen. Sie muss doch noch eine Kindheit haben, Rolf."

„Jugend, Liesel, nicht Kindheit. Sie ist ja schon vierzehn. Und es macht ihr doch gar nicht soviel aus. Sie hängt doch so an Gundel. Es tut mir ja auch leid, aber ich glaube, es ist nicht zu ändern. Ist ja auch nur vorübergehend. Wie gesagt. Und wenn alles vorbei ist, haben wir mehr Geld und freie Zeit."

Es war am Ende die Aussicht auf einen Statusgewinn, der Elisabeth nachgeben ließ, weniger das Bedürfnis, Rolf glücklich zu sehen, und am allerwenigsten der Wunsch nach ehelichem Einvernehmen.

Rolf wollte den Beruf wechseln. Er trug sich schon seit einiger Zeit mit dem Wunsch, zu kündigen und etwas ganz Neues zu wagen. Nun hatte sich die Gelegenheit ergeben, dass er für zwei Jahre an die Verwaltungsakademie nach Düsseldorf gehen konnte, um sich zum Verwaltungsangestellten ausbilden zu lassen. Ein Kollege hatte ihm einen Prospekt mitgebracht, gerade heute, und das Angebot der Akademie las sich vielversprechend. Die Ausbildung wurde sogar bezahlt, allerdings schlecht. Mehr als ein Drittel seines Gehaltes würde er einbüßen. Und das hieß, dass Elisabeth weiter arbeiten musste. Noch zwei weitere Jahre zwischen Schichtarbeit, Haushalt, Kinderbetreuung, Bügeln nach Feierabend und Fahrten durch halb Essen und wieder zurück.

„Mein Gefängnis hat vier Mauern“, sagte sie zu Rolf. „Kinder, Haushalt, Akkordarbeit – und du.“

Klaus und Ursel meldeten sich an. Seit mehr als acht Jahren hatten sich die beiden Brüder und ihre Frauen nicht mehr gesehen, seit dem vierzigsten Hochzeitstag von Gustav und Elfriede in Berlin im Frühjahr 1953. Bei der Gelegenheit hatten Elisabeth und Rolf mit Lilo auch für einige Stunden Aggi und Paul getroffen; da war die Grenze zwischen Ost- und West-Berlin noch durchlässig gewesen. Dieses Treffen mit ihrer Schwester und ihrem Schwager zu einem zweiten Frühstück in einem Café in West-Berlin war für Elisabeth das Eigentliche an der Reise gewesen, während sie der Begegnung mit ihrem jüngeren Schwager Klaus und dessen junger, schöner Frau mit Beklommenheit entgegen gesehen hatte.

Aggi, ihre so lebensfrohe Schwester, hatte an Fröhlichkeit nichts verloren, so wenig wie Paul. Seit einem Jahr lebten die beiden nun hinter dem „Eisernen Vorhang“, der innerdeutschen Grenze, die bedeutete, dass sie nicht mehr in den Westen reisen konnten, außer über Ost-Berlin nach West-Berlin. Seit vier Jahren lebten sie unter politischen und wirtschaftlichen Verhältnissen, die sie ablehnten, fühlten sich gegängelt, bespitzelt und schlecht versorgt, und dennoch war ihre Lebenslust nicht gebrochen. Es wurde ein lebhaftes, heiteres Wiedersehen, in dessen Verlauf Elisabeth eine erste Vorstellung davon bekam, wie sehr sich ihre Schwester und deren Mann eingeschränkt fühlten, auch angesichts dessen, was es alles im Osten nicht gab, immer noch nicht. Sie nahm sich vor, so viele Päckchen wie möglich an die beiden zu schicken, soweit ihre finanziellen Mittel es zuließen. Die beiden vermittelten ihr aber auch eine Vorstellung davon, was es im Osten alles gab, was sie wiederum sehr genossen: Nachbarschaftshilfe, Freizeitangebote in Hülle und Fülle, und zwar ebenfalls in den nachbarschaftlichen Vereinigungen und auch in den Betrieben, preiswerte Bücher und Schallplatten, bezahlbare oder gar kostenlose Kulturveranstaltungen.

Nach wenigen Stunden mussten Aggi und Paul wieder nach Ostberlin und von dort nach Magdeburg zurück. Es hieß also wieder einmal Abschied nehmen, und wieder einmal wusste niemand, für wie lange. Weitere Jahre vermutlich.

‚Eigentlich', dachte Elisabeth, ‚eigentlich gewöhne ich mich so allmählich daran, dass mir das Herz in Stücke fällt, bei jedem Abschied, immer wieder, und sich irgendwie notdürftig repariert, immer wieder.'

Und dann lernte sie Rolfs Bruder kennen, den studierten Germanisten und Musikwissenschaftler, der seinen Lebensunterhalt mittlerweile als Lehrer und nur noch nebenher mit Jazzmusik verdiente, und seine schöne, elegante Frau Ursula, die Bilder malte wie die Schwiegermutter. Elisabeth war, wenn sie ehrlich war, nicht nur beklommen zumute, sondern Angst und Bange vor der ersten Begegnung mit dem akademisch gebildeten Bruder ihres Mannes. Gustav, ihr Schwiegervater, machte sie bekannt, nachdem er auf seine indirekte, aber keinen Zweifel zulassende Art deutlich gemacht hatte, dass Elisabeth als ältere Schwiegertochter den ersten und liebsten Platz in der Familie zu beanspruchen hatte. Nachdem er seinen Sohn Rolf mit herzlichem Handschlag begrüßt hatte, zog er Elisabeth an sich, hielt sie eine Weile im Arm, schob sie dann ein Stück weg, um ihr über die Wange zu streicheln und um sie zu mustern. Seine scharf geschnittenen Gesichtszüge und seine aufrechte Haltung mit dem erhobenen Kopf bildeten einen eigenartigen Kontrast zu dieser Herzlichkeit, und Elisabeth benötigte immer eine kleine Weile, um sich darauf einzulassen.

„So schön siehst du aus, liebe Liesel, strahlend. Die Mutterschaft steht dir. Was für eine Freude, dich endlich wiederzusehen. Und das ist Lieselotte? Lilo? Willkommen, kleine Lilo!"

Lilo knickste.

Gustav wandte sich wieder zu Elisabeth: „Ein ganz reizendes Kind, so hübsch und brav!"

Dann erst drehte er sich zu Klaus und Ursula um, die sich, leicht verlegen, vom Sofa erhoben, und stellte sie Elisabeth vor.

Was für ein Unterschied zwischen den beiden Brüdern!

Klaus, fast noch jugendlich wirkend, leicht fliehende Stirn, frech in die Höhe gebürsteter Haarschopf, spitze Nase, hatte etwas Verschmitztes, sein Gesichtsausdruck wirkte, als habe er immer schon den nächsten Scherz im Kopf, und auch die Sprache, mit einem Anflug von Berlinerisch, klang irgendwie amüsiert, jedoch kein bisschen spöttisch. Er wirkte, als nähme er das Leben von der leichten Seite und sei entschlossen, es, wo es nicht leicht war, dennoch als ein eher erheiterndes Studienobjekt zu betrachten.

‚Kein Wunder', dachte Elisabeth, ‚er ist ja noch so jung und kann dem nachgehen, was er am liebsten hat: Musik'.

Aber er war so anders als Rolf. Kaum zu glauben, dass sie derselben Familie entstammten. Rolf war ja auch als Luftikus bekannt gewesen in seinen jungen Jahren, aber das hatte sich auf seinen Umgang mit Frauen beschränkt, und er hatte zwar auch eine heitere Sicht auf das Leben und seine Pflichten gehabt, aber nicht diese spitzbübische Ausstrahlung, sondern fast etwas Gesetztes, selbst im Humor. Und dass er mit der Zeit alle Dinge so ernsthaft anging und dazu so suchend durch seine Brille schaute, mit großen Augen, hatte den Eindruck des Verantwortungsvollen, Verlässlichen mehr und mehr vertieft.

Klaus dagegen wirkte auf den ersten Blick kein bisschen verlässlich auf Elisabeth, jedoch überaus sympathisch.

‚Einer, der seine Leichtigkeit auf andere übertragen kann', dachte sie, ‚wie schön!'

„Es freut mich, dich endlich kennenzulernen", sagte sie. „Wir sagen doch du, oder?"

Klaus nickte.

„Und das ist Klaus' Frau Ursula", sagte Gustav nun und wies auf die elegante und anmutige junge Frau an der Seite seines jüngeren Sohnes. Jetzt, wo Ursula nicht mehr bloß eine Person auf einem Foto war, sondern ihr gegenüber stand und die Hand zur Begrüßung ausstreckte, erschien es Elisabeth, als habe sie nie einen schöneren Menschen gesehen. Ursula war eigentlich ihr selbst nicht unähnlich, eine eher südländisch wirkende Erscheinung, doch sie strahlte geradezu, ihr fehlte jedes Knochige, Staksige, sie war einfach vollkommen in jeder Hinsicht. Ovales Gesicht mit feiner, bräunlicher Haut, in das sich eine schmale Nase perfekt einfügte, ebenso ein unaufdringlich voller Mund. Dunkle, aber nicht düstere Katzenaugen voller Wärme. Dickes, dunkles, gewelltes Haar, ganz nach der Mode, jedoch nicht auf billige Weise gefällig, sondern nobel wirkend. Ein erlesenes Kleid, seidig schimmernd und schlicht. Eine schlanke Figur mit weiblichen Rundungen an genau den richtigen Stellen.

Aus Gründen, die sie so schnell nicht einordnen konnte, spürte Elisabeth bei diesem Anblick fleischgewordener Makellosigkeit so etwas wie ein inneres Ziehen und eine eigenartige Unruhe. Sie warf einen schnellen Seitenblick auf Rolf und sah, dass er Ursula mit offenem Mund anstarrte.

„Na", sagte sie schnell und ergriff Ursulas Hand, „das ist ja ganz großartig, dass wir uns endlich mal persönlich sehen."

Rolf sah aus wie ein Schaf, fing sich aber dann doch, verwandelte sich nun wieder in den Rolf, den sie kannte, und streckte ebenfalls die Hand aus.

„Willkommen in der Familie", brachte er heraus.

Elisabeth wies auf den Kinderwagen, der im Zimmer stand. „Darf ich mal?"

Sofort war Ursula an ihrer Seite. In schönstem Einvernehmen beugten sich die beiden Frauen über den Säugling. Michael, ein paar Monate alt, schlief friedlich.

„Nein, wie niedlich!", sagte Elisabeth, deren Herz aufging wie immer beim Anblick eines Säuglings oder Kleinkindes.

‚Ich hätte ein zweites Kind haben sollen', dachte sie, ‚eines, das nur mir gehört.'

Lilo war rasch hinzugeeilt und wollte auch das Baby sehen. Begeistert stand sie vor dem Kinderwagen und schaute hinein.

„Darf ich es füttern, wenn es wach ist?", fragte sie.

„Wir werden sehen", antwortete Ursula.

„Lilo liebt kleine Kinder, sie findet Babys unwiderstehlich", schaltete sich Rolf ein. „Leider haben wir ja kein zweites Kind, das wäre bestimmt das Größte für sie."

„Ja", rief Lilo aus, „ein Schwesterchen wünsche ich mir so sehr!"

Klaus sagte: „Die Sache ist, aber das haben wir euch ja schon geschrieben, dass Michael einen Herzfehler hat und operiert werden musste, der arme kleine Kerl. Die Ärzte sagen, dass sein Herz wohl in Ordnung kommt, aber man weiß noch nicht, ob die Operation Auswirkungen auf das Wachstum hatte. Kann sein, dass sein linker Arm kürzer bleibt. Naja, jedenfalls hat Ursel jetzt immer Angst, wenn jemand dem Kind zu nahe kommt."

„Ich tue Michael bestimmt nichts", sagte Lilo, „ich will ihn doch nur halten, wenn er aufwacht."

Es war ein schönes Hochzeitsfest, auch wenn Rolfs Mutter Elfriede und seine Schwester Susanne über große Teile des Tages in der Küche blieben und nur ab und zu zum Servieren auftauchten und sich dann kurz hinsetzten. Elisabeths und Ursulas Hilfsangebote wurden von Elfriede freundlich, aber entschlossen zurückgewiesen: „Es tut nicht gut, wenn noch mehr Frauen in meiner Küche herumwirtschaften“.

Das war allerdings Elisabeth ganz recht. Einerseits wollte sie sich als gute Schwiegertochter beweisen und helfen. Andererseits war die Gesellschaft von Elfriede und Susanne für sie nicht halb so erfreulich wie die von Gustav und Klaus und, ja, sie musste es zugeben, Ursula. Gustav genoss einfach den Besuch der jungen Leute an seinem vierzigsten Hochzeitstag. Klaus war vital und witzig und vertrieb die dunklen Wolken um den Abschied von Aggi und Paul. Und Ursula ... Ja, das war noch eine ganz eigene Sache.

Natürlich gefiel es ihr nicht, dass Rolf seine Schwägerin so unverhohlen anschwärmte, was er allerdings binnen kürzester Zeit zumindest nach außen hin zu verbergen vermochte. Andererseits unterlag auch Elisabeth Ursulas Charme praktisch sofort. Diese bestrickende Stimme, perlend, guttural und warm. Diese Augen, die anscheinend so vieles wussten. Diese unerhört einnehmende Art, mit der sie jeden zu umarmen schien. Elisabeth verfiel ihr geradezu und ertappte sich irgendwann sogar bei dem Wunsch, so zu sein wie sie.

Dann klingelte es, und Josef G. erschien.

‚Den haben sie eingeladen?“, dachte Elisabeth. ‚Das ist doch ganz und gar unmöglich!‘

Aber es war möglich, und G. übernahm sofort die Verantwortung für das Gespräch, und das bedeutete, er übernahm das Gespräch. Er hatte nur eine halbe Stunde – „Die Proben! Die Vorführung heute Abend!“ –, doch wolle er nicht versäumen, dem Jubelpaar ein Ständchen darzubringen.

Schubert.

Elfriede und Susanne kamen natürlich eigens dafür aus der Küche. Susanne begrüßte den Sänger stürmisch, umhalste und küsste ihn.

‚Schamlos', dachte Elisabeth, ‚vor allen, das würde ich ja nicht mal mit Rolf machen, und wir sind verheiratet.'

Der Sänger setzte sich ans Klavier – erst jetzt bemerkte Elisabeth, dass es in diesem Haushalt eines gab. Die ersten Takte, in Moll, klangen wie Donnergrollen aus der Ferne, und ohne es zu wollen oder abwehren zu können, wurde Elisabeth unvermittelt von einer düsteren, ahnungsvollen Furcht ergriffen. G. holte Luft, der erste Ton stieg auf, ganz zart, dann füllten kräftigere Töne den Raum, schließlich furiose, anklagende, die doch gleich wieder zurückgenommen wurden. Ein Aufbäumen gegen das Schicksal, wo kein Aufbäumen möglich war. Und am Ende wieder zart und ganz ergeben.

„Ich unglücksel'ger Atlas! Eine Welt,
Die ganze Welt der Schmerzen muss ich tragen.
Ich trage Unerträgliches, und brechen
Will mir das Herz im Leibe.
Du stolzes Herz! Du hast es ja gewollt!
Du wolltest glücklich sein, unendlich glücklich
Oder unendlich elend, stolzes Herz,
Und jetzt bist du elend."

Es herrschte eine Zeit lang Stille im Wohnzimmer.

„Meine Güte", sagte schließlich Klaus, der sich als erster fing, „das ist ja mal ein passendes Lied für einen vierzigjährigen Hochzeitstag!"

Ursula sah ihn leise missbilligend von der Seite an. Immerhin, ein berühmter Sänger war in die Wohnung ihrer Schwiegereltern gekommen und gab eine Art Privatkonzert. Das konnte man doch nicht bespötteln.

Elisabeth war so hineingezogen worden in diese Töne und diese Stimme, so warm, so kräftig und samten zugleich, und so unerhört modulationsfähig und empfindungsreich, dass sie länger als die anderen brauchte, um zurückzufinden ins Wohnzimmer der Gronewolds. Das war nichts Künstliches, was sie da gehört hatte, es entsprang offenbar echtem Erleben, einem wahrhaftigen Gefühl. Sie hatte, während G. sang, an ihren Abschied von Aggi und Paul denken müssen, der erst wenige Stunden zurücklag, und fand das Leid des Atlas so passend für ihre eigene Lage, dass sie kurz versucht war, aufzuspringen und aus dem Zimmer zu stürzen, um ihrer wieder frisch aufbrechenden Verzweiflung Herr zu werden. Dieses Lied zu hören, von diesem Mann gesungen, beelendete sie, aber sie riss sich zusammen und blieb sitzen.

Andererseits haderte sie auch mit dem Text: „Du hast es ja gewollt“ – stimmte das eigentlich so für jedermann, auch für sie? Hatte sie ihr Los selbst gewählt? Oder waren die Dinge des Lebens über sie hereingebrochen, hatten sich unwillentlich vollzogen, ohne dass ihr „stolzes Herz“ eine Wahl getroffen hatte? Kam alles daher, wie im Lied, dass man Entscheidungen traf? Oder gab es ein unausweichliches Schicksal?

Was hatte sie denn schon entschieden?

Den Beruf, ja, und ihn aufzugeben, um Mutter zu werden, auch. Rolf zu heiraten. Ein Kind zu bekommen. Alles, was gut war, hatte sie selbst gewollt.

Doch den Krieg? Die Flucht? Die verlorene Heimat, die Teilung Deutschlands, die Trennung von Eltern und Schwestern? Das alles war ihr doch widerfahren, ohne dass sie es zu verantworten hatte. Sie wollte nicht selbstgerecht sein, bestimmt nicht, aber ... Es war ja alles Unsinn, was sie sich da zurecht dachte, wozu solch einen Text dermaßen ernst auf die eigene Lage beziehen?

Elfriede und Gustav applaudierten, alle fielen ein, und Elfriede ergriff mit beiden Händen die des Sängers und bedankte sich überschwänglich.

Klaus beugte sich zu Elisabeth: „Ich höre, du bist eine Literaturfreundin? Der Text ist von Heinrich Heine, und ich empfehle dir, wenn du gestattest, Heine zu lesen. Lies Heine! Und du verstehst Deutschland.“

„Ich kenne Heine. Seit ein paar Jahren ist er ja wieder zu bekommen. Aber diesen Text mag ich gar nicht. Was soll das überhaupt sein, ein Gedicht? Egal, es klingt jedenfalls so, als sei man an allem selbst schuld, als hätte man in der Hand, wie das Leben verläuft.“

Josef G. schaute auf und musterte sie, sinnend, nicht einmal unfreundlich.

„Sieh an, solche Überlegungen! Ein französischer Philosoph, Sartre, glaube ich, hat kürzlich noch gesagt, unser Leben sei die Summe unserer Entscheidungen. Der ist also schon mal dafür. Ich auch. Wer noch?“

G. schaute sich um. Niemand reagierte.

Elisabeth schnaubte schließlich. „Ausgemachter Quatsch, tut mir leid. Es gibt Schläge im Leben, eine Krankheit, den Tod eines Angehörigen zum Beispiel, und wenn man so etwas erlebt, hat man es sich doch nicht selbst zugezogen. Und das ist dann ja auch gar nicht die Frage, sondern nur, wie man damit fertig wird. Dafür braucht man ein stolzes Herz. Oder zumindest ein widerstandsfähiges.“

„Lieselchen, das ist mir zu verstiegen“, warf Rolf ein.

„Finde ich gar nicht“, widersprach Klaus. „Im Grunde klingst du sogar ganz pragmatisch, liebe Liesel.“

„Und klug“, ergänzte Gustav und zwinkerte ihr zu.

G. war noch nicht fertig mit dem Thema: „Aber, wie Sie ja selbst andeuten, es ist dann immer noch die eigene Entscheidung, wie man mit einem Schicksalsschlag umgeht. Die eigene Reaktion zählt, und die hat man selbst in der Hand."

„Immer?", entgegnete Elisabeth. „Alles nur Willenssache? Da fragen Sie mal meinen Mann, wie er auf die Verhältnisse in der russischen Kriegsgefangenschaft reagiert hat, reagieren konnte. Man kann doch nicht einfach beschließen, alles abzuschütteln und vom einen zum nächsten zu eilen wie in dem schauderhaften Gedicht ‚Stufen' von Hermann Hesse. Diese Dinge verschwinden nicht so leicht, bloß weil man will. Ich meine …"

„Apropos eilen: Kennt ihr eigentlich das Gedicht von der Müllabfuhr?", unterbrach Rolf sie. „Lasst uns von Tonne zu Tonne eilen und dem Müll eine Abfuhr erteilen."

Alle lachten. Und Elisabeth stimmte schließlich zögernd ein.

Trotz des Dissenses mit G. und obwohl sie ihn mit seiner beherrschenden Art nicht recht leiden konnte und sowohl sein Erscheinen als auch seine Liedauswahl geradezu absurd fand, ließ sich Elisabeth Tage danach noch von dem Gehörten berühren. So eingenommen war sie von dem Vortrag G.s, so ergriffen, dass sie sich nicht zu entziehen wusste und lange nach ihrer Rückkehr aus Berlin manchmal aus tiefem Traum hochschreckte, das fürchterliche Lied wieder im Ohr und nicht hinaus zu bekommen:

„Ich unglücksel'ger Atlas …".

Und nun, acht Jahre später, lebten sie nicht mehr in der freundlichen Kleinstadt Schleswig, sondern in dem schwärzlich getönten Essen, hatte Rolf keine Schneiderwerkstatt mehr, verrichteten sie beide des Abends Hilfstätigkeiten und war Elisabeth als ungelernte Fließbandarbeiterin tätig. Immerhin: Gundel war in ihr Leben getreten, das ersehnte zweite Kind, ihres allein. In dieses Leben also würden bald Klaus und Ursel zu Besuch kommen, aus Oldenburg, mit dem jetzt achtjährigen Michael und ihrem zweiten Sohn Armin, vier Jahre alt. Geheimnisvoll hatten sie geschrieben, sie seien auf der Durchreise, jedoch nicht verraten wohin. „Überraschung!“, hatte es in dem Brief geheißen, der ihre Ankunft ankündigte.

Elisabeth war davon überzeugt, keine Wohnverhältnisse vorweisen zu können, die mit den Ansprüchen der vornehmen Verwandten mithalten könnten, und so nahm sie wenigstens alle Gardinen und Übergardinen ab, um sie zu waschen und neu aufzuhängen, scheuerte alle Türen, vergaß auch die Wohnungstür nicht, schwärzte den Herd, polierte die Öfen und jedes Stück Holz der Einrichtung, Tische, Stühle, Anrichten, Kommoden, und reinigte sämtliche Polster. Als sie damit fertig war, betrachtete sie ihr Werk, die blitzende und blinkende Wohnung, und ihr kam es vor, als träte die Einfachheit der Ausstattung jetzt nur noch schärfer hervor. Mit deutlich weniger Elan wusch sie sämtliches Geschirr ab, ein Komplettservice mit rotem Karo auf weißem Grund, das sie billig im KEPA-Kaufhaus in der Innenstadt erstanden hatte und das auch billig aussah, egal wie sorgfältig man es wusch. Dem Besteck aus dem rostfreien Edelmetall dagegen sah man nicht an, dass es aus dem Woolworth-Kaufhaus stammte. WMF hatte es vermocht, dem Material, das vor dem Krieg nur in Kantinen und Restaurants verwendet worden war, einen Hauch von moderner Eleganz zu verleihen, einen silbrigen Schimmer, und Elisabeth hatte das Besteck gut gepflegt und Rolf, wenn er den Abwasch übernahm, eingeschärft, die Teile keinesfalls einfach alle zusammen ins Spülbecken zu kippen, sondern einzeln zu säubern, damit sie nicht zerkratzten. Anschließend waren die Besteckteile immer in die mitverkaufte Kassette eingeordnet worden, jedes in sein eigenes Fach. Mit dem Besteck immerhin würde sie also punkten können, im Übrigen musste sie sich auf ihre allerdings beachtlichen Kochkünste verlassen, wenn sie Eindruck machen wollte. Und das wollte sie.

Rolf verfolgte ihr Treiben mit Befremden.

„Was du nur hast, Schäpschen. Es ist doch bloß mein Bruder, kein Staatsbesuch.“

Er hatte ja keine Vorstellung, und Elisabeth machte keinen Versuch, es ihm zu erklären. Wie auch? Sie konnte es sich ja selbst nicht recht erklären.

Abends, manchmal nachts, setzte sie sich hin und strickte zwei Pullover, einen für Michael, einen für Armin.

Der Besuch würde übers Wochenende bleiben. Elisabeth und Rolf hatten eigens den Freitag und Samstag frei genommen. Und dann kamen sie, zum Mittagessen am Freitag schon, und brachten einen Hauch von großer, weiter Welt in die kleine, enge Welt von Elisabeth und Rolf. Klaus, fröhlich und pfiffig wie erwartet, Ursel, selbstsicher und elegant wie erwartet, dazu der Achtjährige, der sich schüchtern hinter seiner Mutter verbarg, und der niedliche Vierjährige, der in seiner gar nicht so kindlichen Art in gewisser Weise Gundula ähnelte, schon als Knirps so aufmerksam um sich schauend, so still und ernst.

Elisabeth wandte sich gleich nach der ersten Begrüßung an Michael: „Meine Güte, als ich dich das letzte Mal gesehen habe, lagst du noch im Kinderwagen. Und jetzt bist du schon ein großes Schulkind, dritte Klasse, schätze ich? Na, dann komm doch mal rein.“

Ihr entging nicht, dass der Junge links einen deutlich verkürzten Arm hatte, den er aber schon jetzt routiniert zu verstecken wusste, indem er ihn entweder hinter dem Rücken verbarg oder indem er die Hand in die Hosentasche steckte. Er zögerte und machte erst einmal einen Diener.

In Klaus‘ Miene mischte sich etwas Verkniffenes. Dieser Zug war Elisabeth schon aufgefallen, als die Familie die Treppe empor gekommen war: Die Fröhlichkeit in Klaus‘ Erscheinung war nicht mehr ganz ungebrochen. Wie aus dem Nichts herrschte er jetzt Michael an: „Nun hab dich mal nicht so. Los! Rein jetzt!“

Er griff nach der Schulter des Jungen und schüttelte ihn, und Elisabeth war sich sicher, dass Michael merklich zusammenfuhr und vor seinem Vater zurückwich. Ursula zog ihn unwillkürlich an sich. Elisabeth warf Rolf einen schnellen Blick zu. Der sah ganz erschrocken aus und da war noch ein anderer Ausdruck ... so etwas wie Empörung?

„Na, mein Kleiner“, sprach sie das Kind an und ging in die Hocke, „komm nur rein, Tante Liesel und Onkel Rolf beißen nicht. Guck mal, hier ist deine Cousine Lilo und das ist Gundel. Die beiden zeigen dir ihr Kinderzimmer, und nimm deinen kleinen Bruder auch gleich mit. Nicht, Armin? Du gehst auch mit?“

Als die vier verschwunden waren, setzte sich der kleine Zug der Erwachsenen endlich Richtung Wohnzimmer in Bewegung, zum bereits gedeckten Esstisch.

„Sei doch nicht immer so hart zu Michael“, sagte Ursula zu Klaus.

„Du weißt, wie ich darüber denke. Mit seiner Behinderung wird er es schwer haben, besser, er wird von uns darauf vorbereitet, durch Härte.“

„Ja, das hast du uns schon mal geschrieben“, schaltete Elisabeth sich ein. „Ich wusste nur nicht genau, was du mit Härte meinst. Ich ... es geht mich ja nichts an, aber glaubst du, dass ein Kind durch Härte stark wird? Wenn du Pech hast, erziehst du es auf die Weise einfach zu einem kalten, skrupellosen Menschen. Meinst du nicht, Michael braucht zuallererst den Rückhalt seiner Eltern, wenn er stark werden soll?“

„Ach, Liesel, du weißt ja nicht, wie das ist mit einem behinderten Kind. Das sind so neumodische Ideen, damit kannst du mir nicht kommen.“

„Ich bin ganz deiner Meinung“, wandte sich nun Ursula an Elisabeth, „aber ich stoße auf taube Ohren. Wenigstens meinen Rückhalt hat der Kleine.“

Rolf hatte sich die Diskussion schweigend, aber ersichtlich mit wachsendem Unmut angehört und schien zu einem Ergebnis gekommen zu sein.

„Klaus, dein Sohn hat nichts angestellt, und ich möchte nicht, dass er so behandelt wird, wenn ich dabei bin. Das ist keine Bitte, sondern meine Bedingung, dass aus diesem Wochenende noch etwas wird." Sein Tonfall und die Lautstärke, die er gewählt hatte, ließ keinen Zweifel aufkommen, dass Widerworte nichts fruchten würden.

‚Donnerwetter, das saß', dachte Elisabeth. Laut sagte sie: „Ich geh dann mal in die Küche, wir können gleich essen. Kommst du mit, Urselchen?"

„Schön habt ihr es hier, eine schöne Wohnung, und so gemütlich", sagte Ursel in der Küche, „nur diese Stadt ... naja. Immerhin kein vis-à-vis, und viele Bäume. Auch ganz angenehm."

„Ja, siehst du, so habe ich auch gedacht, als wir hier angekommen sind. Mir sind dieselben Dinge wichtig gewesen. Und die Einrichtung ... Du weißt ja, dass wir alles verloren haben, aber es hat seine Vorteile, wenn man alles von Grund auf neu gestalten kann."

Und dann setzten sie sich alle zusammen zu Hühnerbrühe mit Eistich, natürlich alles von Elisabeth selbst zubereitet – Rindsrouladen – „Ein Gedicht!", rief Klaus aus, und Ursel pflichtete ihm bei – und Ananas aus der Dose, ein Luxusnachtisch.

Mit eineinhalb Stunden Abstand gab es Kaffee – immer nur von Eduscho bei Elisabeth – und Zitronencremetorte, dazu hatte Elisabeth allerdings den Biskuitboden gekauft, aber nicht beim Bäcker, sondern beim weiter entfernten Konditor, und nur die Zitronencremefüllung und die Mandarinensahne selbst zubereitet. Und, ach ja, noch einen selbst gebackenen Mürbeteigboden, mit Kirschen belegt.

Und nach dem Kaffeetrinken machte man wieder zwei Stunden Pause, bevor das Abendessen aufgefahren wurde. Es bestand aus einer Käseplatte, einer Schinkenplatte, einer Wurstplatte und drei Salaten, darunter Kartoffelsalat nach Friedas berühmtem Rezept und – ganz modern und ziemlich teuer – ein Waldorfsalat. Das Teure daran waren die Walnüsse.

„Sag mal, Liesel", sagte Klaus nachdenklich, als er die Herrlichkeit sah, „willst du uns nicht doch noch ein paar Schnittchen anbieten vor dem Abendessen?"

Alle lachten auf, mehr oder weniger befreit. Klaus hatte sich also endgültig gefangen, und für den Rest dieses Besuchs blieb sein lebhafter Witz immer präsent und war auch ganz und gar nicht mehr eingeschränkt durch irgendetwas Verkniffenes.

Abends, als der Besuch ins Hotel aufgebrochen war, saßen Elisabeth und Rolf lange am Küchentisch zusammen und hielten sich an den Händen. Elisabeth ergriff als erste das Wort:

„Das hat mir imponiert, wie du mit Klaus gesprochen hast. Meine Güte, der war schwer beeindruckt. Aber glaubst du nicht, dass wir uns selbst ein paar Fragen stellen müssen? Ich meine ... wie wir Lilo erzogen haben, als die Zeiten so schwer waren ... puh! Sie war aber auch so aufsässig! Jetzt hat uns dein Bruder den Spiegel vorgehalten. Eigentlich haben wir doch kein Recht, uns so über ihn zu erheben, oder?"

„Es waren andere Zeiten, wie du sagst. Und wir wussten es nicht besser. Wir schlagen sie ja auch schon lange nicht mehr. Aber ein behindertes Kind so anzufassen ... damit es hart wird ... das ist doch aberwitzig! Und grausam. Es misshandeln, weil es behindert ist. Ich kann das einfach nicht dulden, nicht in unserem Haus."

„Vielleicht wirkt dein Anpfiff ja auf deinen Bruder, aber ich glaube eher nicht. Der Junge wird sich an Ursula halten müssen. Tut er ja auch. Das ist eine so warmherzige Frau, bestimmt eine gute Mutter. Man kann froh sein, dass er sie hat."

Elisabeth hatte noch etwas anderes bemerkt, was sie aber lieber für sich behielt. Klaus hatte sich den ganzen Tag über aufs Freundlichste seinem jüngeren Sohn Armin zugewandt, ihn angesprochen, auf seine Ansprache immer sofort reagiert, immer geduldig, immer lächelnd. Auch deswegen tat Michael ihr leid, er wurde mehr oder weniger von seinem Vater übergangen. Klaus zog Armin vor. Elisabeth sprach es Rolf gegenüber lieber nicht an, denn sie sah sich selbst auch darin gespiegelt: wie sie Gundel behandelte und wie sie Lilo behandelt hatte, offen zurückgesetzt hatte sie die. Aber immerhin: Abgesehen von den Schlägen war sie doch trotz allem immer liebevoll mit Lilo umgegangen, hatte sich mit ihr beschäftigt, sich Zeit für sie genommen, ihr zugehört, oder etwa nicht? Und Lilo hatte sich gar nicht zurückgesetzt gefühlt, denn sie liebte ihre kleine Schwester so sehr, dass sie ihr alles gönnte, auch die Zuwendung der Mutter. Oder?

„Glaubst du, ich bin eine gute Mutter?“, fragte sie Rolf, urplötzlich.

„Ja, klar“, sagte Rolf, „wie kommst du denn darauf?“

„Ach, nur so.“

Am nächsten Tag gingen sie in den Grugapark, einen nach dem Ersten Weltkrieg aufgebauten, im Zweiten Weltkrieg zerstörten, jetzt aber wieder neu angelegten und bepflanzten, riesigen botanischen Garten im südlichen Essen. Man fuhr mit der Straßenbahn, mit einem Mal Umsteigen. Zwar hatten Klaus und Ursel ein Auto, einen VW Käfer, aber da passten sie nicht alle acht hinein. Elisabeth hatte sich selbst, Rolf und die beiden Kinder aufs Feinste herausgeputzt, die Kinder natürlich mit selbst genähten Kleidern. Besonders stolz war sie auf Lilos glockigen Rock, der über einem Petticoat getragen wurde und bauschig abstand. Er war aus Querstreifen genäht, die durch bunte, auf die Nähte applizierte Litzen noch betont wurden, die Herstellung war aufwendig gewesen. Und so war Elisabeth das Lob von Ursel gewiss. Lilo trug inzwischen einen modischen Bubikopf und Gundel Pony und lange, wellige Haare, die Elisabeth oder Rolf allmorgendlich zu einem Pferdeschwanz oben am Kopf banden und mit einer gestärkten Schleife verzierten. Es war ein sonniger Tag, und sie verbrachten viele Stunden außer Haus, sodass Elisabeth ein kleines Picknick eingepackt hatte, bestehend aus gebratener Hühnerbrust, gekochten Eiern, kaltem Bohnensalat, ein paar Käsebroten, Pfirsichen und Weißbrot. Da gab es eine ganz neue Sorte bei ihrem Bäcker, nannte sich Teebrot und schmeckte göttlich, weil es eine honiggoldene, knusprige Kruste hatte und innen eine ganz weiche Krume. Wasser, Saft und Kaffee, Milch und Zucker hatte sie natürlich auch dabei. Und Geschirr und Besteck auch für all die Köstlichkeiten.

„Hilfe, bist du umsichtig!“, rief Ursel aus. „Damit habe ich nie im Leben gerechnet. Ich dachte, wir kehren irgendwo ein.“

„Nicht wenn es nach mir geht“, erwiderte Elisabeth“, „ich esse nur, was ich selbst gekocht habe.“

Was sie verschwieg, war, dass für ein Restaurantessen gar kein Geld da war. Sie hatten schon wohl oder übel Mahlzeiten für acht Personen, wenn auch Kinder mitgezählt, für drei Tage finanzieren müssen, und an diesem Wochenende hatte der Metzger wahrlich viel Freude an ihnen gehabt, Frau Schoschinski und Fräulein Hütten sowieso. Die Einkäufe hatten ein großes Loch in die Haushaltskasse gerissen, und es war jetzt schon klar, dass es in den nächsten Wochen praktisch kein Fleisch und keine Wurst geben würde, und statt Schnittkäse bloß Schmierkäse, und ganz bestimmt keine Butter. Und am Ende des Monats Zuckerbrot oder Bratschnitten, um das alte Brot aufzubraten, und Pellkartoffeln mit Quark. Elisabeth hatte schon einen genauen Plan für die nächsten zwei Wochen gemacht und auch die mutmaßlichen Ausgaben peinlichst notiert.

Immerhin, ein Eis am Stiel für alle war noch drin an diesem festlichen Schönwettertag, und froh, dass Klaus schon darauf bestanden hatte, den Eintritt für alle zu übernehmen, ließ Rolf es sich im Gegenzug nicht nehmen, jetzt seinerseits das Eis für alle zu bezahlen.

„Statt Kuchen“, sagte er und zog los zur Eisbude, alle vier Kinder im Schlepptau. Die Eisbude führte ausschließlich Langnese-Eis, das war schon etwas Feineres und konnte Gästen angeboten werden.

„Aber nichts gegen das Eis von Dolomiti“, sagte Elisabeth, und Rolf musste ihr zustimmen. Die Eheleute Sartori verstanden es, Eis zu machen. Wie damals die Chumaks, vor langer Zeit, schon fast nicht mehr wahr.

„Ihr werdet es morgen erleben, Überraschung!“, fügte Rolf hinzu und zwinkerte Ursel zu.

Abends kehrte man wieder bei Elisabeth und Rolf ein, und Elisabeth war immerhin nicht so unvernünftig gewesen, für den Abend noch eine Mahlzeit zuzubereiten, es gab stattdessen die Reste vom Picknick und vom Vorabend. Und dann, als Armin schon in einer Ecke des Wohnzimmers eingeschlafen war und Michael zu quengeln anfing, weil er ins Hotel und ins Bett wollte, ließen Klaus und Ursula die Bombe platzen. Das heißt, Klaus ließ sie platzen.

„Ja, äh, was wir sagen wollten, wir sind eigentlich nur indirekt auf der Durchreise. Eigentlich sind wir hier auf Abschiedsbesuch. Wir lösen nämlich gerade unsere Wohnung auf, und in einer Woche werden unsere Sachen verschifft. Nach Amerika. Wir setzen dann auch über mit den Kindern, in ungefähr drei Wochen sind wir da. Eine Wohnung haben wir schon.“

Stille.

„Was?“ Rolf fing sich als erster. „Ihr wandert aus? Nach Amerika? Aber wie ... was ...?“ Offenbar fiel ihm nichts mehr dazu ein.

Elisabeth übernahm. „Also, das ist ja mal eine Neuigkeit! Erzählt doch mal! Warum? Was macht ihr denn da? Und wo seid ihr da genau?“

Lilo, die dem Gespräch, wie es ihr anerzogen war, ohne eigene Beiträge gefolgt war, sprang auf und holte ihren Diercke-Atlas.

„Mal sehen“, murmelte sie, „Amerika – Nordamerika – hier!“

Sie hielt Ursel den Atlas hin, die plötzlich zu weinen anfing. Elisabeth streichelte ihr unbeholfen die Schulter und fühlte sich ganz hilflos dabei. Nach Amerika, das war so außerhalb jeder Wirklichkeit, dass es ihr fast nicht nachvollziehbar war, wie man darüber weinen konnte. Es war ... unvorstellbar. Nicht real.

„Ich werde Professor“, erklärte Klaus jetzt. „In Mobile in Alabama, das ist im Südosten der Vereinigten Staaten von Amerika. Siehst du: hier!“

Er deutete auf eine Stelle der aufgeschlagenen Seite, aber das machte es nicht greifbarer für Elisabeth. Amerika, das war etwas aus Filmen oder eben eine Seite im Atlas, weit weg, zwei Wochen Schiffsreise weit weg, und ohne Berührung mit ihrem Leben.

Plötzlich fiel ihr ein, dass Rolf ja neben ihr saß. Rolf sah aus, als sei er kurz davor, in Tränen auszubrechen.

„Für wie lange?“, würgte er hervor.

„Keine Ahnung, so lange es eben dauert. Da ist an der Universität Mobile ein Lehrstuhl für Germanistik frei geworden, und offenbar gibt es in Alabama Studenten, die sich für die deutsche Sprache interessieren. Erstaunlich eigentlich. Wie auch immer, sie haben mich engagiert. Und wenn es keinen Bedarf mehr gibt, komme ich zurück und unterrichte wieder Deutsch und Musik an einer deutschen Schule.“

„Also ihr kommt zurück, irgendwann?“, fragte Rolf.

„Mit Sicherheit“, antwortete Klaus, während Ursel weiter vor sich hin schnüffelte.

Abends gab es nichts mehr zu sagen zwischen den Eheleuten. Wieder hielten sich Elisabeth und Rolf lange bei den Händen, aber dieses Mal fiel kein Wort, von beiden nicht, bis sie schließlich zu Bett gingen.

Am Morgen bemerkte Elisabeth nur: „So ist das, es gehört wohl zu unserem Leben, dass wir von unseren Familien getrennt werden. Du hast ja Klaus jetzt auch schon seit acht Jahren nicht mehr gesehen. Wer weiß, vielleicht wird irgendwann alles besser, wir können mehr reisen und sehen unsere Verwandten öfter, später einmal. Vielleicht reisen wir irgendwann einmal sogar nach Amerika."

„Ja, vielleicht."

Rolf klang irgendwie hoffnungslos, und, ach, wie gut konnte sie ihn verstehen. Sanft drückte sie sich an ihn.

Das Abschiedsessen bestand aus Rindersuppe, einem Entenbraten – den gab es sonst nur an Weihnachten – und der Überraschung: Cassata, einer Eistorte aus der Eisdiele Dolomiti, die der Sohn der Sartoris wie bestellt pünktlich um zwei Uhr lieferte.

„Tja, das soll wohl unsere Henkersmahlzeit sein", bemerkte Klaus mit schiefem Lächeln. Niemand lächelte mit ihm.

Elisabeth schob die beiden Pullover mit dem Norwegermuster – in Blautönen für Michael, in Grüntönen für Armin – zu Ursula hinüber, und eine kleine Anprobe ergab, dass sie, bis es Winter wäre, perfekt passen würden, vielleicht sogar mit einer kleinen Zugabe fürs Hineinwachsen. Wieder war Ursula sichtlich gerührt, und sie drückte Elisabeth wortlos an sich.

„Diese Arbeit, und das bei all euren Belastungen, Liesel!"

„Ach, das ist doch gar nichts, ich stricke ja gern."

Dann mussten die Oldenburger, die bald ihre amerikanischen Verwandten sein würden, aufbrechen, und Rolf entschloss sich noch in letzter Sekunde, sie bis zum Auto zu begleiten. Elisabeth war froh, dass die Kinder dabei waren, Michael und Armin, das bewahrte alle vor zu viel Gefühlsüberschwang.

Rolf winkte dem Auto von der Straße aus nach. Er sah von oben ganz klein und angeschlagen aus. Elisabeth winkte vom Fenster aus, und dann war auch dieser Teil der Familie weg, und Elisabeth kam es ganz still vor, obwohl sie ja noch ihre beiden Kinder hatte.

Viel zu still.

Seit diesem Besuch cremte Elisabeth verzweifelt gegen den Verfall an. Sie war jetzt fast neununddreißig und sie hatte wohl bemerkt, wie überaus anziehend die wenig jüngere Ursula war, die jetzt ihre Haare nach der neusten Mode trug, kurz geschnitten und in kleine Dauerwellen-Löckchen gelegt, wie schlank sie war, wie jung wirkend. Wie eine amerikanische Schauspielerin, mit dieser weltmännischen Eleganz und diesem allerdings vielleicht etwas zu aufgeputzten Chic, und genau so wollte Elisabeth jetzt auch werden. Sie ging zum Friseur und ließ sich die Haare kurz schneiden und in Dauerwellen kraus legen. Sie kaufte Hüfthalter, die ihre Formen, durch zwei Geburten etwas schlaffer geworden, mit gummidurchwirktem, hartem Gewebe zurecht zurrten und straff erscheinen ließen, und panzergleiche Büstenhalter, die ihre Brüste in unnatürliche Höhen hoben. Und sie wurde ein bisschen zufriedener dadurch.

Wenige Wochen nach dem Besuch und einen Tag nach Elisabeths neunundreißigstem Geburtstag, am 13. August 1961, wurde Westberlin eingemauert und dadurch vom Staatsgebiet der DDR, auf dem es lag, vollständig abgeriegelt. Elisabeth konnte ihrer Gefühle, für die es Worte nicht gab, nicht mehr Herr werden, sie wusste nicht mehr ein noch aus, als sie das im Radio hörte. Nun würde es auch keine Treffen mit Aggi und Paul in Berlin mehr geben, das letzte Schlupfloch war verschlossen. Die einzige Möglichkeit für ein Wiedersehen lag nun in Besuchen in Magdeburg, die praktisch nie genehmigt wurden. Dabei hatte noch vor wenigen Wochen der Staatsratsvorsitzende der DDR, Walter Ulbricht, in einer Pressekonferenz gesagt: „Niemand hat die Absicht, eine Mauer zu bauen!“

Und da war das natürlich schon beschlossene Sache, die Vorbereitungen liefen.

‚So ein verlogenes Stück Dreck!‘, dachte Elisabeth.

Doch was half es ihr schon, Ulbricht zu verurteilen, der Zorn half nicht, half über nichts hinweg, und vor allem nicht darüber, dass sie sich hilflos fühlte und einsam.

Als Rolf am Abend nach Hause kam, hatte er das Extrablatt bereits unter dem Arm, wedelte damit zur Begrüßung vor Elisabeths Augen.

„Ich will nicht darüber sprechen“, sagte Elisabeth, „ich kann einfach nicht.“

„Es gibt ja auch nichts zu sagen, mein Schäpschen“, sagte Rolf, „was kann man schon tun?“

Berlins Regierender Bürgermeister Willy Brandt stand, ebenso wie der amtierende Bundeskanzler Konrad Adenauer, mitten im Wahlkampf für die bevorstehenden Bundestagswahlen. Im Radio hörte Elisabeth, dass Adenauer den Wahlkampf ungerührt fortsetzte, während Brandt sich umgehend mit dem amerikanischen Präsidenten John F. Kennedy in Verbindung gesetzt hatte. Schon früher im Jahr war Brandt in Amerika gewesen und hatte mit dem Präsidenten gesprochen, und damals hatte Elisabeth beide Politiker zum ersten Mal bewusst wahrgenommen. Sie war hingerissen, von beiden. Was für Männer, so jugendlich, voller Spannkraft und jeder auf seine Weise so überaus attraktiv! Beide hatten eine dynamische Ausstrahlung, bei Kennedy gemischt mit etwas Lausbubenhaftem, bei Brandt mit Wärme. Beide schienen zu leuchten in ihrem Eifer, Einfluss auf die Welt zu nehmen. Und das konnte man sogar durch die Zeitungsfotos wahrnehmen. Meine Güte, verglichen mit Adenauer, dem inzwischen fünfundachtzigjährigen ewigen Bundeskanzler, war das doch eine ganz andere Nummer. Hier lag die Zukunft.

Aber jetzt musste Elisabeth hören, dass Amerika wegen Westberlin nichts unternehmen würde. Ja, Kennedy hatte sogar Brandt geraten, jeden Gedanken an eine Wiedervereinigung aufzugeben.

„Und wo ist jetzt der Vorteil von Adenauers Westorientierung?“, fragte Elisabeth Rolf. Der zuckte nur mit den Schultern.

„Die Lage ist zu schwierig, was soll Amerika denn tun? Und wir kleinen Leute können sowieso nichts machen.“

Kurz danach las Elisabeth in der Zeitung, dass Adenauer, einen Tag nach dem Mauerbau, nichts besseres in den Sinn gekommen war, als über Brandt herzuziehen, weil er unehelich geboren war. Und, so stand da tatsächlich, auch Kennedy habe im privaten Kreis Brandt mal einen Bastard genannt.

„Bastard!“, sagte sie zu Frau Schönlein bei einem ihrer zahlreichen Schwätzchen im Treppenhaus. „Ist das denn immer noch ein Problem heutzutage, wenn man unehelich geboren ist?“

„Ich glaube schon“, sagte Frau Schönlein. „es ist eine Frage der Ehre. Die unverheiratete Mutter hat keine. Und wer aus solchen Verhältnissen kommt, ist automatisch befleckt.“

Von diesem Gespräch erzählte sie Rolf nichts.

Sie würde bei den anstehenden Bundestagswahlen Brandt wählen. Rolf war sowieso längst auf die Linie der Sozialdemokraten eingeschworen. So war es immer: Rolf legte sich gern früh auf eine Meinung fest, die erleichterte ihm dann alle folgenden Entscheidungen im Leben. Elisabeth dagegen zweifelte und grübelte, und jede Meinung, zu der sie gelangte, wurde alsbald von ihr wieder hinterfragt und musste sich neu bilden.

Am zweiten Tag mit Klaus und Ursel zum Beispiel hatte irgendjemand, Lilo vielleicht, beim Picknick die Frage aufgeworfen, in welche Zeit man eigentlich gern für einen Tag reisen würde, wenn man könnte.

Klaus hatte das alte Rom gewählt: „Ich würde so gern Cicero leibhaftig reden hören!“, rief er aus.

‚Angeber‘, dachte Elisabeth.

Ursel wollte eine Rokoko-Dame an einem Königshof sein, wegen der Perücken und prachtvollen Kleider.

„Da sieht noch das unscheinbarste Männlein nach etwas aus, so mit Jabot und Schnallenschuhen und glänzendem Rock.“

„Dann pass mal auf, dass du nicht zur falschen Zeit an den französischen Königshof gerätst“, neckte ihr Mann sie, „sonst ist der Kopf ruckzuck ab!“

Ursel fuhr zurück. Elisabeth sah es und verstand sie. Musste der Mann denn das harmlose Vergnügen gleich so roh verderben?

Rolf wollte nicht weit zurück, nur bis zur Zeit Bismarcks, bei dem seine Großmutter, die Mutter seiner Mutter, als Dienstmädchen in Stellung gewesen war, nachschauen, ob es ihr gut ging da. Er erfreute sich sichtlich an der Vorstellung.

Elisabeth aber wollte nach Palästina reisen, in die Zeit, als Jesus gelebt, gepredigt und Wunder bewirkt hatte, umgeben von seinen Jüngern.

„Warum?“, fragte Rolf.

„Ich wüsste gern, ob es wahr ist.“

Niemand sagte etwas, auch Elisabeth war ein wenig erschrocken. War das schon Gotteslästerung? Aber sie war nun einmal eine Zweiflerin, und der christliche Glaube war davon nicht ausgenommen, wozu es also verbergen?

„Und du?“, fragte sie schnell Lilo, nicht zuletzt um die allgemeine Betretenheit zu überspielen.

„Ich möchte nirgendwo anders sein als hier, und genau heute“, antwortete ihre Tochter.

„Komm mal her!“, rief Elisabeth und breitete die Arme aus, um sie an sich zu drücken.

In den nächsten Jahren schrieben sie sich weiter, vor allem Elisabeth mit Aggi und Elisabeth mit Frieda, und Elisabeth packte weiter Päckchen für alle, mit Kaffee, Keksen, Seife, Sahneersatz. Es war ja die einzige Möglichkeit, in Verbindung zu bleiben. Zu Röschen freilich bestand kaum ein Kontakt, mit dem Schreiben war es zu schwierig bei ihr.

Man musste jedem Päckchen ein Inhaltsverzeichnis beifügen und als Überschrift darüber setzen: „Geschenksendung, keine Handelsware“.

‚Das Verzeichnis soll ja nur den Zollbeamten den Aufwand abnehmen, zu untersuchen, was sie von dem Inhalt selbst brauchen können‘, dachte Elisabeth, und tatsächlich kamen manche Päckchen nicht nur nachlässig irgendwie zusammengeworfen und -geschnürt an, sondern entweder gar nicht oder wesentlicher Inhalte beraubt. Die meisten schafften es aber nahezu unbeschadet zur Mutter und zu Aggi und Paul.

Die Briefkontakte mit Klaus und Ursel erforderten Luftpost-Briefpapier, dünnes Zeug, den Durchschlägen von Schreibmaschinen-Schreiben ähnlich, nur in Blau. Man verwendete dieses dünne Papier, weil Luftpostbriefe teuer waren und das sowieso schon hohe Porto sich nach dem Gewicht richtete. Elisabeth hasste es, aber was half das schon? Es war ja die einzige Möglichkeit, in Verbindung zu bleiben.

Am 17. September 1961 wurde der ewige Kanzler Adenauer wiedergewählt.

„Da kann man nichts machen“, sagte Rolf.

19.) Essen 1962

Rolf besuchte jetzt seit einem Jahr die Verwaltungsakademie in Düsseldorf, und Gundel seit Ostern die Volksschule in der Nähe von Lilos Realschule. Zum Glück hatte der Altenessener Bahnhof eine Direktverbindung zum Düsseldorfer Hauptbahnhof, sodass Rolf immer erst gegen sieben aus dem Haus musste. Das war andererseits zwar weitaus früher als vorher, dafür schloss sein Unterricht jedoch um vier, und so war Rolf spätestens um fünf Uhr zu Hause. Nun holte also Lilo gleich nach ihrem Schulschluss Gundel von der Volksschule ab, wenn Elisabeth Spätschicht hatte. Die wenigen Stunden bis zu Rolfs Rückkehr konnten die beiden Mädchen gemeinsam zu Hause verbringen, zumal Lilo inzwischen fünfzehn war.

Elisabeth und Rolf hatten sich nie viele Gedanken gemacht, was die beiden eigentlich in den Nachmittagsstunden zusammen trieben. Sie gingen davon aus, dass Lilo Hausaufgaben machte und Gundel, still wie immer, vor sich hin spielte. Sie bekamen wohl mit, dass Lilo öfters Freundinnen dazuholte, und waren froh, dass sie überhaupt Freundinnen hatte und dass sie unter den zeitlichen Einschränkungen nicht vereinsamt war.

Eines Tages, wenige Tage nach Gundels Einschulung, fuhr Elisabeth mit ihrer kleinen Tochter nach Hause. Sie sah von weitem an der Haltestelle eine Straßenbahn stehen und verfiel in Laufschritt, Gundel hinter sich her zerrend, als die auf das Straßenbahnschild zeigte und krähte: „Das ist ja gar nicht die 11, und guck mal, die fährt nur bis Hauptbahnhof."

Sie hatte recht. Aber wie konnte sie ... Elisabeth stutzte.

„Woran hast du das erkannt?"

„Hab ich gelesen."

„Gelesen?"

„Ja."

„Ach, komm! Du sollst mich nicht auf den Arm nehmen. Was steht denn zum Beispiel da?“ Sie wies auf ein Geschäftsschild.

„Anton Kunold, Schumacher...mei...s..s... Weiter weiß ich nicht.“

Elisabeth blieb stumm, bis sie zu Hause waren. Dann holte sie das Märchenbuch mit den Kinder- und Hausmärchen der Brüder Grimm hervor. Sie schlug irgendeine Seite auf und legte das Buch wortlos vor Gundel auf den Tisch. Ohne zu stocken las Gundel fehlerfrei vor ab der Stelle, auf die Elisabeth mit dem Finger wies.

‚Gut‘, dachte Elisabeth, ‚das kann sie auswendig gelernt haben. Das Buch ist bebildert.‘

Sie holte ein anderes, das Aggi und Paul zur Einschulung geschickt hatten und aus dem sie bisher nicht vorgelesen hatten. König Hänschen von Janusz Korczak, ein Buch voller verträumter, bisweilen melancholischer Bilder über ein Kind, das König wird. Sie schlug es auf.

„Als ich noch so aussah wie auf dieser Ph...oto...gra...phie, da wollte ich selbst all das tun, was hier geschrieben steht.“

Gundel fuhr mit dem Finger unter den Zeilen entlang, und bei dem schwierigen Wort Photographie musste Elisabeth helfen wie vorhin beim Wort Meister. Doch es bestand kein Zweifel, das Kind konnte lesen.

„Aber woher ...“

„Weiß nicht. Lilo hat immer mit mir gelesen. Und Papi.“

Es stellte sich heraus, dass Lilo wusste, dass ihre kleine Schwester lesen konnte. Rolf hatte die Gewohnheit, das Kind beim Vorlesen auf den Schoß zu nehmen, und auch er las immer mit dem Finger mit, während sie beide in das Buch schauten. So hatte Gundel wohl Erscheinung und Klang der Wörter in Zusammenhang gebracht.

„Ja, und da habe ich eben mit ihr immer geübt. Es hört sich so niedlich an, wenn sie liest.“

„Meinst du nicht, es schadet ihr vielleicht?“, fragte Elisabeth am Abend Rolf.

„Ich sehe nicht, wie es schaden könnte. Dann hat sie halt einen Vorsprung. Vielleicht wird es nochmal schwierig, wenn sie Buchstaben lernen muss. Jetzt liest sie ja wohl nach Silben. Wir werden sehen.“

Elisabeths Glaube an die Weisheit der Schulbehörde war erschüttert. Bisher war sie davon ausgegangen, wenn die Schulpflicht mit sechs Jahren einsetzt, dann lernt ein Kind auch mit sechs Jahren Lesen und Schreiben. In der ersten Klasse. Nicht vorher. Ab diesem Tag kam es ihr so vor, als tauge die ganze staatliche Expertise entweder nichts oder aber ihre kleine Tochter sei als ein fremdes Wesen in ihre Welt eingebrochen, um unumstößliche Verhältnisse in Frage zu stellen. Gundel war ihr fortan ein wenig unheimlich, irgendetwas an ihr gehörte nicht recht zu ihnen.

Ein ähnliches Gefühl, aber eigentlich viel furchterregender, geradezu gespenstisch, hatte sie eine Zeit lang Lilo gegenüber gehabt, da war Lilo gerade so alt gewesen wie jetzt Gundel. Damals hatte Lilo von merkwürdigen Träumen erzählt, und außerdem stand sie manchmal nachts auf, wenn Vollmond war und stellte sich ans Fenster, um zum Mond zu schauen, und merkte nichts davon.

„Soll ich mal erzählen, was ich dann sehe?“, fragte sie Elisabeth einmal.

Als die nickte, fuhr Lilo fort: „Ich steige aus dem Fenster und fliege bis zu einer kleinen Hütte. Drinnen ist ein Licht auf dem Tisch. Da sitzt eine Frau und weint. Sie weint, weil ich tot bin.“

Elisabeth erschrak bis ins Innerste, ihr war, als ob etwas Ungeheures, Gestaltloses nach ihr griff. Wie konnte das Kind vom Tod wissen? Sie hatten nie über derlei gesprochen. Ein Märchen vielleicht? Möglich. Doch dass das Kind so selbstverständlich vom eigenen Tod sprach ... Das war doch hoffentlich keine Vorahnung. Noch Tage danach war Elisabeth verstört und angeschlagen, aber es geschah nichts.

Bis Lilo Wochen später wieder von einem Traum berichtete, Aber sie nannte es nicht Traum. Sie war überzeugt, es so erlebt zu haben.

„Ich bin auf einem Brett gelegen, und ich bin ganz alt gewesen. Noch viel älter als die Sommersdorfer Omi. Und ich habe ein schwarzes Kleid angehabt. Und um mich sind meine Kinder gestanden und haben geweint. Ich glaube, da bin ich auch tot gewesen."

Nun war aber Schluss! Wer sollte das denn noch ernst nehmen? Was dachte sich das Mädchen da bloß aus?

„Du hast geträumt, Lilo, da war nichts. Siehst du, in Märchen stirbt auch mal jemand, ein König zum Beispiel. Aber das sind nur Geschichten, das passiert nicht wirklich. Und im Schlaf denken wir uns manchmal selbst Geschichten aus, das sind unsere Träume. So ein Traum war das."

„Nein, das habe ich wirklich erlebt. Das war nicht wie sonst, wenn ich träume."

„So? Wie denn?"

„Das war so wirklich. So ganz, ganz wirklich. Ich bin einmal als Kind gestorben und einmal als alte Frau."

„Unsinn, das bildest du dir ein."

Danach hatte Elisabeth die nächtlichen Erlebnisse von Lilo, wenn sie am Fenster gestanden und auf den Mond geschaut hatte, einfach wieder vergessen. Lilo erzählte auch nichts dergleichen mehr.

Und dann hatte Lilo zwei Jahre später, als Elisabeth mit Gundel schwanger gewesen war, ganz unvermittelt vom Spiel aufgeschaut und zu ihr gesagt: „Da kommt ein Brief mit schwarzem Rand."

„Wo kommt ein Brief? Was für ein Rand?"

„Zu uns. Übermorgen. Ein Brief mit schwarzem Rand."

„Was du dir immer einbildest!"

Am Abend erhielten sie das Telegramm, dass Rolfs Vater ganz überraschend gestorben war. Und zwei Tage später den Trauerbrief. Mit schwarzem Rand.

Und nun, Jahre später, hatte sie eine zweite Tochter, die einfach nebenher lesen lernte und sie dadurch verstörte und ihr ein bisschen fremd wurde.

Weniger bedrohlich war die Entdeckung, dass das Kind sang wie ein geübtes Chorkind. Das wäre Elisabeth selbst nie aufgefallen, denn sie verfügte über keinerlei musikalisches Gehör, und ihr eigener Gesang war imstande, Wölfe zu vertreiben.

Aber Rolf musste eines Tages sein übliches Singen beim Abwasch unterbrechen, weil er sich verschluckt hatte, und da übernahm plötzlich Gundula und setzte sauber da an, wo er aufgehört hatte, exakt in der richtigen Tonhöhe:

„... bin auch ich, ja ich.
Schwarzbraun muss mein Mädel sein,
Gerade so wie ich."

Und als Lilo einfiel, wechselte sie in die zweite Stimme.

Gundels Art zu singen war Elisabeth vertraut, sie klang rein und klar und, das war das Erstaunliche, volltönend. Aber jetzt war offenbar etwas ganz Ungewöhnliches passiert, was Elisabeth nicht sofort einordnen konnte.

„Sie kann sogar Kanon und Quodlibet", sagte Lilo, die Rolfs verwunderten Blick ebenfalls bemerkt hatte. „Sollen wir mal?"

Ohne eine Antwort abzuwarten, begann sie:

„Zum Tanze da ging ein Mädel mit güldenem Band ..."

Und Gundel fiel auf „Tan..." ein:

„Oh, du lieber Augustin, Augustin, Augustin ..."

Sie hatte offenbar den größten Spaß dabei, aber das Sensationelle war, dass sie selbst für Elisabeth hörbar den Ton hielt.

„Wir singen immerzu", erklärte Lilo. „Manchmal üben wir auch Löffelschlagen wie in irischen Liedern, mit verschiedenen

Rhythmen gleichzeitig."

„Das müsst ihr jetzt nicht vorführen", sagte Elisabeth schnell. „Wir wollen sie nicht überfordern."

„Sie ist nicht überfordert", widersprach Lilo, „im Gegenteil, sie müsste in einen Kinderchor."

„Ach, soll sie sich doch erst einmal in der Schule eingewöhnen", entgegnete Rolf. „Und jetzt Schluss der Debatte."

„In einem kleinen Apfel,
Da sieht es lustig aus
Darinnen sind fünf Stübchen,
Grad wie in einem Haus",

sang Gundel.

Unheimlich.

Und auch wieder nicht.

„Denk mal an Susanne", sagte Rolf später zu Elisabeth, „die wäre ja fast Opernsängerin geworden."

„Da will Gundel hoffentlich nicht hin. Brotlose Kunst, wenn sie Pech hat."

„Och, je nachdem, wie gut man ist. Siehe Josef G."

„Aber darauf kann man nicht setzen, ich meine, nicht alles auf eine Karte. Also so eine Karte. Zuallererst kommt die Schule und dann eine gute, sichere Ausbildung."

„Da sind wir uns einig."

An Aggi und Paul schrieb Elisabeth: „Gundel kann jetzt schon lesen."

So ähnlich stand es auch in ihrem Brief an die Eltern.

An Klaus und Ursel schrieb sie: „Unsere Gundel kann jetzt schon lesen, sie hat es sich einfach von Rolf und Lilo abgeschaut. Und sie singt, als wollte sie daraus einen Beruf machen. Rolf und ich wollen das nicht zu sehr fördern, damit die Schule nicht leidet. Lilo meint ja, sie gehört in einen Kinderchor. Aber im Grunde sollte es doch ein Steckenpferd bleiben. Was denkt Ihr?"

Der Patentante von Gundel, Silke Sörensen, stellte sie dieselbe Frage. Die war schließlich Pädagogin, Lehrerin in Neumünster inzwischen, und musste es wissen.

Im Juni sollte Lilo konfirmiert werden. Die geistige Vorbereitung auf die Konfirmation hatte zwei Jahre in Anspruch genommen, während derer Lilo mit ungefähr zwanzig anderen Backfischen einmal wöchentlich im Gemeindehaus zu erscheinen hatte, um zwei Stunden lang in Bibelkunde unterrichtet zu werden. Lilo war erst mit dreizehn zum Katechumenenunterricht angemeldet worden und wurde darum erst mit fünfzehn konfirmiert, denn die rechtzeitige Anmeldung war in dem Durcheinander nach dem Umzug zunächst untergegangen, und die Gemeinde war unerbittlich gewesen, was die Fristversäumnis anging.

Und dann kam eines Tages unangemeldeter Besuch, der Pfarrer persönlich stand vor der Tür, es war Sonntag Nachmittag. Dr. Röder, eine eindrucksvoll hoheitlich auftretende, hagere Gestalt, gemessene Bewegungen, immer von oben herab, denn er war hochgewachsen. Sein eines Auge schaute starr, es war ein Glasauge. Elisabeth kannte den Pfarrer natürlich von ihren gelegentlichen Gottesdienstbesuchen, aber nun, da er ihr von Angesicht zu Angesicht gegenüber stand und sie um einiges überragte, erschien sein scharf geschnittenes Gesicht mit den schon zurückweichenden Haaren und dem Glasauge, das auch im Zusammenspiel mit dem lebendigen anderen Auge keinerlei Milde im Ausdruck zustande brachte, ihr wie ein Totenschädel, und sie fuhr zusammen.

„Gestatten Sie?“, fragte der Pfarrer, aber es war eigentlich keine Frage, er hatte sie schon zurückgedrängt und stand im Korridor.

„Es wäre vielleicht gut, wenn ich auch Ihren Mann sprechen könnte“, fügte er hinzu und schaute sich fragend um.

Elisabeth atmete tief durch.

„Oh, natürlich, bitte hier entlang. Rolf?“

Sie öffnete die Wohnzimmertür, und Rolf erhob sich rasch von der Couch, auf der er gelegen und seinen geliebten Readers Digest gelesen hatte. Nicht ohne Rührung, aber auch etwas beschämt sah Elisabeth, dass seine Haare hinten etwas abstanden. Zum Glück gehörte er, ganz Schneider alter Schule, nicht zu denen, die zu Hause im Unterhemd herumgammelten. Er war hemdsärmelig, hatte zudem die Manschetten zweimal hochgeschlagen, das musste an Bequemlichkeit genügen.

„Herr Dr. Röder“, rief er nun aus, sichtlich ebenso überrascht wie Elisabeth, „bitte nehmen Sie doch Platz!“

Er wies auf einen Sessel.

Elisabeth war froh, dass es in ihrem Haushalt immer aussah wie geleckt, und obwohl hier in Altenessen noch nie unangemeldeter Besuch erschienen war, hätte doch jederzeit Besuch kommen können und immer untadelige Verhältnisse vorgefunden.

„Dürfen wir Ihnen etwas anbieten? Einen Kaffee vielleicht? Weinbrand?“

„Oh, da sage ich nicht nein.“

‚Na, der scheint sich ja auf einen längeren Besuch einzurichten‘, dachte Elisabeth, während sie in die Küche ging, um Kaffeewasser aufzusetzen.

„Rolf, würdest du …“ sagte sie im Hinausgehen und wies mit dem Kinn auf die Schrankwand.

Als sie mit der Kaffeekanne und dem Kännchen mit Kondensmilch zurückkam, standen ganz richtig drei Kaffeetassen und die Zuckerdose auf dem Tisch, der geblümte Kaffeewärmer lag auch schon bereit, und vor dem Pfarrer stand ein kleiner Cognacschwenker mit Asbach Uralt, einem Weinbrand, den Fräulein Hütten ihnen mal empfohlen hatte. Für besondere Gäste, er war schon beim Besuch von Klaus und Ursel zum Einsatz gekommen. Die beiden Brüder hatten ihn verkostet.

„Viel besser als Mariacron", hatte Fräulein Hütten erläutert, „den Asbach gibt es ja sogar in Pralinen." Und dann hatte sie die Werbung zitiert: „*Im Asbach Uralt ist der Geist des Weines.*" Und: „*Wenn einem also Gutes widerfährt, das ist schon einen Asbach Uralt wert.*"

‚Na, dann wollen wir mal hören, was der Pfarrer uns Gutes beschert – auch ein schöner Reim', dachte Elisabeth und setzte sich, nachdem sie allen Kaffee eingeschenkt hatte.

„Ja, also, wie soll ich sagen ... Ich mache es kurz. Ihre Tochter ist seit drei Monaten nicht zum Konfirmandenunterricht gekommen. Ich kann sie nicht konfirmieren."

Elisabeth und Rolf fuhren gleichzeitig auf.

„Was?", schrie Rolf. „Die soll mir nach Hause … Das ist ja ungeheuerlich!"

„Ich ...", fiel Elisabeth ein, „mir fehlen die Worte! So haben wir sie ganz bestimmt nicht erzogen, das müssen Sie uns glauben."

„Wir hatten ja keine Ahnung!", ergänzte Rolf, und eine Weile überboten sie sich gegenseitig mit Versicherungen ihrer Bestürzung, ihres Bedauerns und ihrer Ergebenheit, bis Elisabeth schließlich fragte: „Warum haben Sie uns eigentlich nicht gleich Bescheid gesagt?"

„Nun, ich dachte zunächst, sie kommt schon wieder, ein-, zweimal fehlen, das kann vorkommen, und dann habe ich das Ganze ein wenig aus den Augen verloren. Nun bereite ich die Konfirmation vor, und da ist es mir eben aufgefallen. Ich hatte zum Beispiel noch keinen Konfirmationsspruch für Ihre Tochter. Darf ich übrigens noch um ein Gläschen bitten?"

‚Aus den Augen verloren – aus dem einen Auge verloren, meint er wohl', dachte Elisabeth, ‚und vermutlich im Cognacschwenker versenkt!'

Es war ja noch keine vier Uhr am Nachmittag, und der Kerl fragte nach dem zweiten Weinbrand!

Laut sagte sie: „Wir wollen aber doch festhalten, dass die Sache ganz anders verlaufen wäre, wenn Sie uns früher informiert hätten. Dann hätten wir uns Lilo rechtzeitig vornehmen können. Aber so ... Also, es muss eine Lösung gefunden werden. Schwebt Ihnen da vielleicht etwas vor?“

Ihm schwebte etwas vor. Ab sofort Einzelunterricht bei ihm im Pfarrhaus, täglich von montags bis freitags ab sieben, Dauer der Stunden und Gesamtdauer der Regelung von ihm zu bestimmen.

Rolf entgegnete: „Eine Stunde täglich, höchstens vier Wochen lang, das sollte ausreichen, um die elf, zwölf Unterrichtseinheiten der letzten drei Monate nachzuholen. Wir wollen nicht, dass Lilo einen Groll gegen die Kirche entwickelt. Ich würde mich übrigens bei der Gelegenheit gern von Ihnen taufen lassen, wäre das noch möglich? Es wäre ja schon in sechs Wochen.“

„Sie sind nicht getauft? Ich dachte, da sie doch jeden Sonntag zum Gottesdienst kommen, anders als Ihre Frau ...“ – ein missbilligender Blick streifte Elisabeth – „Wie auch immer, es ist mir eine Freude, Bruder Gronewold. Darauf sollten wir anstoßen.“

Der dritte Weinbrand fand seinen Weg in des Pfarrers Glas und Magen, und so gestärkt verabschiedete Dr. Röder sich schließlich. Künftig würde er alle zwei, drei Wochen vorbeischauen, offenbar mochte er Asbach Uralt, und so wuchsen neben der geistigen Erbauung der Gronewolds zugleich die Umsätze von Fräulein Hütten, wenn auch beides nur in geringem Maße.

Als Lilo an diesem Sonntag nach Hause kam, hatten Rolf und Elisabeth sich soweit wieder beruhigt, dass sie sie nicht schlugen, nicht einmal ohrfeigten und auch sonst keine Maßnahmen verhängten wie Hausarrest oder Taschengeldentzug. Sie waren im Gespräch übereingekommen, dass täglich eine Stunde Einzelunterricht für vier Wochen schon eine sehr harte Strafe waren. Und eigentlich hatten sie Verständnis für ihre Tochter, die jede zweite Woche ihre Nachmittage mit der kleinen Schwester verbringen musste, statt Freundinnen zu treffen. In diesen Wochen fiel für sie auch immer die Jungschar aus, die, von der Gemeindehelferin geleitet, einmal wöchentlich stattfand. Lilo hatte es schwerer als andere, Kontakte außerhalb der Schule aufzubauen und zu halten, da sie nun einmal in die Betreuung von Gundel eingebunden war.

Und genau so erklärte Lilo es ihnen. Sie hatte Freundinnen treffen wollen.

„Siehst du ein, dass es so nicht geht?", fragte Elisabeth. „Du weißt doch selbst genau, was sich gehört und was nicht."

Und Rolf ergänzte: „Du kannst nicht einfach alle Regeln übertreten mit deinem Schwänzen und uns noch anlügen. Wir sind sehr enttäuscht von dir. Wir finden es beide richtig, dass du ab sofort jeden Tag für eine Stunde zu Dr. Röder musst, das geschieht dir ganz recht."

Und dabei beließen sie es.

Am Tag der Konfirmation trug Lilo ein schlichtes, schwarzes Kostüm im Stil von Jaqueline Kennedy, Rock und Jacke kurz und gerade geschnitten, dafür hatte Rolf sich noch einmal an die Nähmaschine gesetzt. Die weiße, vorn gefältete, kragenlose Bluse dazu war gekauft. Rolf war in einen seidig schimmernden, anthrazitfarbenen Anzug gewandet, dazu trug er, recht gewagt, eine silberfarben-violette Krawatte. Elisabeth hatte lächelnd an Erikas Spott über die Beerdigungsgesellschaft anlässlich der ersten Wahlen 1949 denken müssen, als sie sich für ein eierschalenfarbenes Kostüm und eine türkisfarbene Bluse entschied, alles verboten eng anliegend, zum Ausgleich bedeckte der Rock die Knie.

Zuerst wurde Rolf – „Bruder Gronewold" – getauft, und als Pfarrer Röder die Taufformel sagte – „Ich taufe dich im Namen des Vaters und des Sohnes und des Heiligen Geistes“ – und dreimal Wasser aus dem Taufbecken über Rolfs Stirn laufen ließ, da weinten Elisabeth und Lilo vor Rührung. Dann wurde Lilo konfirmiert, und der Pfarrer trug ihren Konfirmationsspruch vor, der ihm reichlich Gelegenheit zu dem salbungsvollen Tonfall gab, den er nur zu gern anschlug: *„Ich bin die Auferstehung und das Leben, wer an mich glaubt, wird leben, ob er gleich stürbe. Und wer da lebet und glaubet an mich, der wird nimmermehr sterben.“* Da weinten dann Elisabeth und Rolf.

Eine Feier im Verwandtenkreis gab es nicht. Elisabeths Familie durfte sowieso nicht kommen, nicht aus Anlass einer Taufe oder Konfirmation, Sinnbild für das „Opium des Volkes“. Rolfs Verwandte waren in Amerika, Susanne irgendwo mit G. unterwegs, der auf Tournee war, und Rolfs Mutter war gegen die Kirche. Sie war es ja gewesen, die durchgesetzt hatte, dass er nicht als Kind schon getauft worden war und sein Leben lang in jedes Formular in die Rubrik Religionszugehörigkeit „gottgläubig“ hatte eintragen müssen, weil er nicht einfach einen Strich machen wollte.

Und so lud Lilo nur ein paar Freundinnen zu sich ein, die wurden aber immerhin mit Elisabeths Kuchen und Torten aufs Köstlichste bewirtet, und die Kaffeetafel bog sich unter dem schönsten Blumen- und Kerzenschmuck, liebevoll ausgewählt und arrangiert von Elisabeth. Schon seit Tagen hatten sie und Lilo kleine Namensschildchen für die Gäste gestaltet, aus lilafarbenem Fotokarton geschnitten und mit weiß-silbernen Weidenkätzchen bemalt und akkurat beschriftet.

Das Konfirmationsgeschenk war eine kleine, handliche, in schwarzes Leder gebundene Bibel. Elisabeth und Rolf hatten lange danach gesucht, denn sie sollte aus besonders weichem Leder und dünnem, edlem Papier sein. Und mit Goldschnitt. Und trotzdem bezahlbar.

Im Oktober erlitt Gundel einen Unfall, und Elisabeth und Rolf gerieten in einen schlimmen Streit.

Das Hofgrundstück hinter dem Haus, zu den Bahngleisen hin, bildete zusammen mit den Nachbargrundstücken rechts und links ein zusammenhängendes, dadurch recht großes Gelände. Der Austritt auf diese drei Hinterhöfe führte von den Kellern aus jeweils auf eine kleinere gepflasterte Fläche direkt am Haus, auf der sich gut Roller fahren oder Rollschuh laufen ließ. Nach hinten zu den Gleisen hin schlossen sich unterschiedlich gestaltete Höfe an. Der Hof der Gronewolds war eine schwarze Schotterfläche, im Hintergrund stand ein großer Schuppen, in dem Holz gelagert wurde, herrlich für Versteckspiele. Das Grundstück rechterhand hatte eine Wiese mit Teppichstangen, zwischen denen Wäscheleinen gespannt waren. Dort konnten die Kinder auf Decken sitzen oder sogar ein provisorisches Zelt bauen, indem sie eine große, alte Decke über die Wäscheleine warfen. Der Hof links war eigentlich kein Hof, sondern ein gepflegtes Gärtchen, das wenig Fläche zum Spielen bot und deswegen von älteren Kindern nicht stark frequentiert wurde, aber dafür einen kleinen Sandkasten aufwies, ein Paradies für kleine Kinder.

Elisabeth hatte keine Bedenken, Gundel unbeaufsichtigt draußen spielen zu lassen. Die drei Hofflächen waren nur über die Keller oder über eine verschlossene Toreinfahrt zu erreichen, Fremde kamen da nicht hin. Und sie schaute genau wie alle Mütter aus den drei Häusern ungefähr alle Viertelstunde aus dem Fenster nach dem Rechten. Und wenn ein Kind zwischendurch irgendetwas brauchte, rief es so lange nach der Mutter, bis die am Fenster erschien und das Geforderte nach unten warf. Es waren so viele Kinder und es wurde so oft nach irgendeiner Mutter gerufen, dass Elisabeth sich gelegentlich fragte, ob die kinderlosen Hausbewohner sich nicht an dem unentwegten Gebrüll störten, der Junggeselle aus dem Erdgeschoss zum Beispiel und seine verwitwete Mutter. Aber es beschwerte sich nie jemand, und Elisabeth dachte manchmal, dass das Leben in einer wenig vornehmen Umgebung auch seine Vorteile hatte, hier gehörte Kinderlärm zum Leben, und niemand schrie nach Recht, Ordnung und Ruhe.

Am Tag des Unfalls war es spätsommerlich warm, man konnte das Kind in leichter Kleidung nach draußen schicken. Elisabeth hatte gerade aus dem Fenster geschaut und sich wieder in die Küche begeben, als sie plötzlich ein durchdringendes Kreischen und Heulen vernahm, trotz der Entfernung über zwei Stockwerke und über die gesamte Tiefe der Wohnung so laut, als schrie ihr jemand direkt ins Ohr. Es war Gundels Stimme, unverkennbar, wenn auch verzerrt offenbar durch blanke Panik.

Elisabeth raste nach hinten zum Fenster, und da sah sie, zwei Stockwerke unter sich, auf der kleinen, gepflasterten Fläche ihre kleine Tochter liegen, halb besinnungslos vor Schmerz und Angst, und quer über den linken Fußknöchel zog sich eine tiefe Wunde, die auseinanderklaffte wie ein Auge. Neben ihr stand, ganz hilflos und offenbar schockiert Axel, der ein Jahr jüngere, sonst äußerst freche Sohn der de Beaulieus, und klammerte sich stumm an seinen Roller. Aus dem Vorderrad ragte lang eine dicke Schraube, blutverschmiert. Elisabeth nahm sich nicht die Zeit, sich anzuziehen. Sie legte nur einen Zettel auf den Küchentisch „Musste mit Gundel zum Arzt“, für Rolf und Lilo, dann schnappte sie sich zwei Handtücher und ihre Schlüssel und raste durch den Keller auf den Hof.

Sie schob Axel beiseite.

„Sch, sch, alles wird gut mein Spätzchen, Mami ist ja da“, redete sie so ruhig sie konnte auf das Kind ein, während sie mit fliegenden Fingern das kleinere der beiden Handtücher zu einem dicken Paket faltete, es auf die Wunde legte und das größere Handtuch darüber knotete, so fest wie möglich. Gundels Schreien ging in Schluchzen und Wimmern über. Elisabeth sah mit Erleichterung, dass das Blut den provisorischen Verband nicht durchtränkte. Sie hatte die Blutung zum Stehen gebracht, vermutlich war kein großes Blutgefäß verletzt worden. Sie merkte, wie ihre Beine zu zittern begannen. Sie musste sich hinsetzen, neben ihre Tochter, nur einen Moment, gleich würde sie wieder aufstehen ...

Wie durch Nebel hörte sie die Stimme von Frau Schönlein: „Keine Sorge, Frau Gronewold. Ich habe Traudel zur Notrufsäule geschickt. Der Krankenwagen muss gleich da sein."

Elisabeth blickte hoch, und da schauten sie auf sie herab, die Nachbarinnen, aus vielen Fenstern, zum Glück waren sie aufmerksam geworden, denn wie hätte sie Gundel transportieren oder mit ihr zur Notrufsäule laufen sollen?

Und dann kamen die Sanitäter und nahmen das Kind mit, und Elisabeth durfte nicht im Krankenwagen mitfahren, sondern nur zwei Fragen beantworten, nämlich was die Wunde verursacht hatte und ob das Kind gegen Tetanus geimpft war. Dann musste sie mit der Straßenbahn zum Krankenhaus, sich dort durchfragen und im Flur warten.

„Durchhalten, durchhalten, jetzt nur nicht zusammenklappen, wir Schnurs sind zäh, hat Mutti immer gesagt." Wieder und wieder murmelte Elisabeth das vor sich hin, bis schließlich ihr Kind aus dem Operationssaal gefahren wurde, schon wieder ganz munter eigentlich, und eine Hand mit gespreizten Fingern hoch hielt.

„Fünf Stiche, Mami. Sie haben fünf Stiche gebraucht. Aber jetzt ist alles wieder heile."

Lange durfte Elisabeth nicht bei Gundel bleiben, es war keine Besuchszeit. Sie konnte sich nur hastig vor dem Krankenzimmer vergewissern, dass Gundel keine Schmerzen hatte, dann musste sie sich verabschieden, und Gundel wurde ins Zimmer geschoben. Eine erschöpft wirkende Schwester klärte Elisabeth auf, dass die Wunde gut zu nähen gewesen sei, man dem Kind eine Tetanusspritze verabreicht habe und es zur Beobachtung und

Wundpflege drei bis vier Tage dabehalten werde. Die Besuchszeiten könne sie dem Aushang an der Pforte entnehmen. Dort werde man auch die Personalien und die Krankenversicherungsdaten aufnehmen. Ob sie noch Fragen habe? Elisabeth schaute aus großen Augen auf die Schwester und schüttelte schließlich langsam den Kopf. So etwas wie Mitgefühl schien sich bei der Schwester zu regen, und sie sagte: „Machen Sie sich keine Gedanken, Ihre Tochter hat es gut bei uns. Das ist hier eine reine Kinderstation, und auf ihrem Zimmer liegen zwei nette, liebe Mädchen. Blinddarm und Gipsbein. Die werden viel Spaß zusammen haben."

Als Elisabeth an diesem Nachmittag nach Hause kam, konnte sie sich kaum noch auf den Beinen halten. Rolf war schon da, in heller Sorge ob des Zettels, den sie ihm hingelegt hatte. Sie sank auf den nächstbesten Stuhl und begann zu erzählen, während Rolf den Bohneneintopf aufwärmte, den Elisabeth gerade gekocht hatte, als Gundel verunglückt war. Rolf nahm sie in den Arm und wiegte sie wie ein kleines Kind hin und her.

„Mein armes Schäpschen, und damit musstest du ganz allein fertigwerden! Oh weh! Jetzt bin ich ja da, und ab morgen lasse ich mir von der Akademie eine Stunde früher frei geben, damit ich es nachmittags noch rechtzeitig ins Krankenhaus schaffe. Ach, Lieselchen, was für ein Schreck! Aber es ist ja noch mal gut gegangen."

Sie hatten die Mahlzeit noch nicht ganz beendet, als es klingelte. Elisabeth ging zur Tür. Da stand Frau de Beaulieu, das wellige Haar offenbar frisch gekämmt. Sie sah ziemlich klein und sehr aufgelöst aus, unterwürfig fast, und Elisabeth musterte sie voller Verachtung und schweigend.

„Es tut mir so leid, was passiert ist", sagte Frau de Beaulieu. „Ich wollte, dass Sie das wissen. Also, dass es mir leid tut. Und Axel auch. Die beiden sind wohl zu nah aneinander vorbei, ja und dann stand die Schraube zu weit vor, und so ist es wohl passiert."

„Ihr Sohn ist mit Sicherheit zu schnell gefahren. Der fährt ja immer wie ein Verrückter", erwiderte Elisabeth.

„Möglich. Wir wissen es nicht. Aus Axel ist nichts herauszukriegen."

Frau de Beaulieu holte eine Tafel Schokolade hinter ihrem Rücken hervor. „Für die kleine Gundel. Als Zeichen unseres Bedauerns."

Elisabeth holte tief Luft. „Der kleinen Gundel wäre besser geholfen, wenn Sie Ihre Kinder anständig erzogen hätten. Und die Schokolade nehmen Sie mal gleich wieder mit. Die kann die Schmerzen meines Kindes auch nicht ausgleichen."

Frau de Beaulieu fuhr zurück. „Ich ... oh! Ich wollte ja nur ... Ich dachte, eine Kleinigkeit ..."

Sie wusste offenbar nicht weiter, drehte sich um und rannte die Treppe hinunter. Elisabeth schloss die Tür, sehr zufrieden mit sich. Es war übrigens eine teure Schokoladensorte gewesen, das hatte sie noch erkennen können.

Sie erzählte Rolf sogleich, wie die kurze Begegnung an der Tür abgelaufen war, innerlich noch ganz erhitzt und durchdrungen vom Stolz der Gerechten. Aber ... Rolf unterstützte sie kein bisschen. Er bestätigte sie nicht einmal. Er fragte nur kurz nach: „Das hast du wirklich gesagt?"

Und als sie nickte, fuhr er sie übergangslos an: „Du gehst dich jetzt sofort entschuldigen. Wo ist dein Benehmen geblieben? Die arme Frau so fertigzumachen. Stell dir nur mal vor, wie die sich jetzt fühlt. Ich erkenne dich nicht wieder, Liesel."

Sie weigerte sich. Sie wollte, dass „die arme Frau" sich genau so fühlte, wie Rolf es vermutete.

„Gut", sagte Rolf, „dann gehe ich runter."

„Aber, Rolf, du kannst dich doch nicht gegen mich stellen!"

„Doch, in dieser Sache ganz bestimmt. Wie konntest du nur!"

Er knallte die Wohnungstür hinter sich zu und sprang die Treppen hinunter.

Elisabeth legte das Ohr an die Wohnungstür, darin war sie trainiert, sie lauschte gern, wenn sich jemand im Treppenhaus unterhielt. Sie hörte, wie im Erdgeschoss die Tür aufging.

„Frau Däbbeleu, ich möchte mich für meine Frau entschuldigen. Sie hat im ersten Schock Dinge gesagt, die sie bestimmt nicht so meint. Es tut mir leid, Sie fühlen sich sicher herabgewürdigt. Das soll nicht so sein. Bitte nehmen Sie es meiner Frau nicht übel, sie wird sich beruhigen. Ja, das wollte ich bloß richtigstellen."

Elisabeth war fassungslos. Was glaubte denn Rolf wohl, wie sie sich fühlte? Alles hatte sie ganz allein bewältigen müssen, alles, den Anblick der Verletzung und der Panik ihres blutenden Kindes, und war von Sanitätern und Krankenhauspersonal bloß behindert und abgewimmelt worden, und da interessierte sich ihr Mann, ihr eigener Mann, für die Gefühle einer Nachbarin? Und er redete, als seien sie nicht ein Fleisch! Sondern Gegner, auf verschiedenen Seiten stehend. Und erniedrigte sie vor der Nachbarin. Faselte von deren Herabwürdigung. Und wenn die anderen jetzt auch an ihren Türen lauschten, was sollten die denken?

Ihn zur Rede zu stellen, war nicht Erfolg versprechend, er suhlte sich ja geradezu in seiner Selbstgerechtigkeit, der Verräter. Sie musste sich etwas anderes überlegen.

Frau de Beaulieu sagte gerade: „Ach, das verstehe ich doch. Die Kinder sind einem ja immer am nächsten, und wenn so was passiert, leidet man ja mit und überlegt nicht jedes Wort. Danke, dass Sie angeschellt haben. Soll ich jetzt vielleicht die Schokolade …"

„Ach, bitte geben Sie die doch lieber Ihren Kindern. Wenn ich meiner Frau damit noch komme, das wäre wohl zu viel."

Elisabeth hörte Rolf die zwei Treppen hoch steigen, langsamen und schweren Schrittes. Sie schnappte sich das Buch, in dem sie gerade las, rannte ins Schlafzimmer, warf es auf ihr Bett, raffte Rolfs Bettzeug zusammen und legte es im Wohnzimmer auf die Couch. Dann schloss sie sich im Schlafzimmer ein.

Rolf rüttelte kurz an der Schlafzimmertür – hörte sie da ein leises Lachen? – und ging wortlos weg.

Kurz danach kam Lilo nach Hause. Elisabeth hörte, wie Rolf in den Flur trat. Leises Gemurmel. Sie legte das Ohr an die Schlafzimmertür. Offenbar erklärte Rolf Lilo, was mit Gundel passiert war. Dann hörte sie die Wohnzimmertür gehen, und dann ein wütendes Auftreten. Lilo schrie lauthals: „Ach, ist es wieder so weit? Dann könnt ihr ja gleich ins Krankenhaus gehen und Gundel fragen, zu wem sie will, wenn ihr euch scheiden lasst!"

Schnelle Schritte ins Kinderzimmer, dann knallte die Tür zu.

„Wie redest du denn mit mir?", brüllte Rolf.

Lilo drehte den Schlüssel der Kinderzimmertür um.

„Du hast hier nicht die Tür zu knallen!" Rolf rüttelte an der Kinderzimmertür, offenbar vergeblich.

Von Lilo war kein Ton zu hören.

„Hysterischer Weiberhaufen", hörte sie Rolf murmeln, als er zurück in die Küche ging, vermutlich um aufzuräumen und abzuwaschen.

Das geschah ihm recht. Sollte er sich doch allein behelfen, sollte er nur, sollte er!

In den nächsten Tagen schlichen Elisabeth und Rolf umeinander herum. Begegneten sie sich in der Küche oder auf dem Weg ins Bad, presste Elisabeth nur die Lippen zusammen, warf den Kopf in den Nacken – das konnte sie richtig gut – und ging wortlos ins Schlafzimmer zurück, bis sie hörte, dass die Bahn wieder frei war. Sie wechselte in die Spätschicht und besuchte Gundel vormittags, Rolf besuchte sie nachmittags, meist zusammen mit Lilo. Wie die beiden ihren Streit bereinigt hatten, wusste Elisabeth nicht. Lilo war aufbrausend, aber unkompliziert, sie vergaß ihren Zorn immer rasch.

Nach zwei Tagen klopfte Lilo sachte bei ihr an und bat um Einlass.

„Willst du nicht wieder gut sein mit Papi?", fragte sie und setzte sich neben ihre Mutter aufs Bett. Da erzählte Elisabeth, was Rolf ihr angetan hatte.

Lilo war ganz verlegen, sie wirkte, als habe sie es so genau nicht wissen wollen. Offenbar hatte Rolf sie nicht unterrichtet, ihr seine Sicht der Dinge nicht geschildert.

„Frau Däbbeleu ist doch eigentlich ganz nett, sie ist bloß anders als wir", sagte Lilo nun.

„Kind, darauf kommt es doch gar nicht an. Dein Vater hat nicht zu mir gehalten, als ich völlig fertig war wegen Gundels Unfall. Ich war ja am Boden, und er geht hin und entschuldigt sich für mich bei dieser …"

„Und gab es denn wirklich gar nichts zu entschuldigen? Vielleicht hat er dich nur vertreten beim Entschuldigen. Weil du zu fertig warst."

Gerührt zog Elisabeth ihre ältere Tochter an sich. „Was bist du doch für ein gutherziges Mädchen. Immer das Beste im Menschen sehen, das ist meine Lilo."

Lilos Fürsprache hatte Elisabeth nicht umgestimmt, aber ihre harte Haltung aufgeweicht, und als dann am dritten Tag Rolf anklopfte und fragte, wann man denn wieder normal zusammenleben könne, Gundel werde ja am nächsten Tag aus dem Krankenhaus entlassen, beschloss Elisabeth, dass Rolf damit einstweilen genug eingelenkt hatte, und schloss das Schlafzimmer wieder auf.

Gundel war seit ein paar Tagen wieder zuhause, da zerbrach Elisabeths und Rolfs Vertrauen in die neue Welt- und Wirtschaftsordnung des Westens, in der sie sich so sorglos und halbwegs bequem, wenn auch nicht ohne Bedenken und Kummer, eingerichtet hatten. Denn plötzlich steuerte die Welt im

Höllentempo auf ihre Selbstzerstörung zu, auf einen Dritten Weltkrieg, Folge des Kalten Krieges zwischen den beiden Machtblöcken USA und Sowjetunion.

Kennedy hielt am Abend des 22. Oktober eine Rede, um ein Uhr mitteleuropäischer Zeit. Da schliefen Rolf und Elisabeth. Am nächsten Tag hörten sie es im Radio, es gab Sondersendungen, und die Nachrichten waren voll davon. Und plötzlich starrte die Welt auf die Gefahr eines Nuklearkriegs und dessen ungeheuerliche Folgen.

Kennedy sprach von einem Konflikt, „bei dem selbst die Früchte des Sieges nur Asche auf unseren Lippen wären“, von „der Welt vor dem Abgrund der Vernichtung“, von „Kosten“ und „Verlusten“, die niemand einschätzen könne, von „Opfern“ und „Gefahren“.

Von der ganzen Rede drangen fast nur diese Worte zu Elisabeth durch. Asche auf unseren Lippen? Die Welt vor dem Abgrund der Vernichtung? Opfer? Was sollte das bedeuten?

Es ging um Kuba, wie der Nachrichtensprecher erläuterte.

Seit Fidel Castro zusammen mit seinem Bruder Raoul Castro und Che Guevara den Diktator Batista vertrieben und in großem Stil US-Vermögen enteignet und verstaatlicht habe – woraufhin sich die kubanische Oberschicht nahezu geschlossen ins amerikanische Exil begeben habe –, sei eine Annäherung der beiden Staaten aus amerikanischer Sicht ausgeschlossen gewesen. Stattdessen hätten die USA ein Handelsembargo verhängt, und Kuba habe diplomatische Beziehungen zur Sowjetunion aufgenommen.

Elisabeth und Rolf lasen zwar täglich die Neue Ruhr Zeitung und hörten mehrmals am Tag die Radionachrichten, aber die politischen Geschehnisse um Kuba hatten sie nur am Rande mitbekommen und gleich wieder vergessen, weil sie glaubten, das beträfe sie nicht. Irgendeine ferne Insel vor den Toren Amerikas halt. Jetzt erinnerte sich Elisabeth plötzlich an den Versuch von Exilkubanern, Kuba durch die Invasion in der Schweinebucht zurückzuerobern. Und dass damals gemunkelt worden war, dass die Aktion von der CIA gedeckt worden sei.

Und nun teilte Kennedy der Weltöffentlichkeit mit, dass die Sowjetunion auf Kuba, keine zweihundert Kilometer vor Florida gelegen, Mittelstreckenraketen aufgestellte hatte. Diesen Verdacht hätten die amerikanischen Geheimdienste seit längerem, und nun sei es durch Aufklärungsflüge gesichert. Aber, so Kennedy, die Sowjetunion, zuletzt sogar der sowjetische Außenminister Gromyko hätten stets bestritten, dass es erstschlagsfähige Waffen seien, hätten vielmehr behauptet, dass es sich um die sowjetische Unterstützung Kubas beim Ausbau von dessen Verteidigungsfähigkeit handele. In Wirklichkeit aber seien es eindeutig Erstschlagwaffen.

Elisabeth flüsterte: „Um Gottes Willen! Wenn Kennedy dazu eine Radioansprache für die ganze Welt hält, muss es sehr, sehr ernst sein!“

Rolf war noch mit den sowjetischen Lügen beschäftigt: „Ist klar! Keine Atomraketen auf Kuba. Und niemand hat die Absicht, eine Mauer zu bauen. Hilf Himmel! Das darf nicht wahr sein!“, sagte er heiser. „Das kann Krieg geben, und das wird ein Krieg, den niemand überlebt.“

„Ein Atomkrieg, meinst du? Wirklich? Ach, komm, das kann doch niemand wollen. Das riskiert Amerika nicht. Und Russland auch nicht. Die können doch nicht die gesamte Weltbevölkerung umbringen.“

„Die hoffen wohl, dass nur der Teil umgebracht wird, der auf der anderen Seite steht, und gehen das Risiko für ihre eigenen Leute ein. Glaubst du denn, da schert sich irgend jemand um uns? Das ist Politik, Machtpolitik, da sind die Menschen egal. Rund um uns herum sind Atomwaffen stationiert, wenn die hochgehen ...“

„Ja, ich weiß, die Russen sollen ja auch welche in der DDR haben. Oh Gott! Mutti! Aggi!"

„Wir auch, Liesel. Wenn es sie gibt, sind sie auf uns gerichtet. Was dann kommt, wenn die losgelassen werden, das können wir uns gar nicht ausmalen. Hiroshima. Nagasaki. Diese Bilder, weißt du noch? Wir sind ja auch noch umzingelt von amerikanischen Atomraketen, in England und Italien und in der Türkei, alles mögliche Angriffsziele, alles fast nebenan. Und die Strahlung macht nicht an den Grenzen Halt. Und was aus meinem Bruder und seiner Familie in Amerika wird, wenn das alles hoch geht, will ich mir gar nicht vorstellen. Alabama, das ist ja nicht so weit von Kuba weg."

„Wieso eigentlich sind die Amerikaner der Meinung, sie dürften rund um Russland Mittelstreckenraketen stationieren, in der Türkei zum Beispiel, aber Russland darf keine in der Nähe von Amerika haben? Was meinst du, Rolf? Das klingt doch irgendwie widersprüchlich."

„Weil die Amis immer denken, dass sie vorgeben, was weltweit läuft. Seit Jahren sind die in Vietnam, niemand weiß, mit welchem Recht. Halten sich für die Weltbestimmer, und das wird uns jetzt vielleicht zum Verhängnis."

„Aber wir können nichts machen."

„Nein, das ist ja das Gemeine. Man kann nichts machen. Mit uns wird gemacht. Das kennen wir ja schon bis zum Überdruss."

Kennedy teilte in seiner Rede der Öffentlichkeit seine Gegenmaßnahmen mit: Er hatte die US-Streitkräfte in erhöhte Einsatzbereitschaft versetzt und Armee-Einheiten nach Guantanamo, einem US-Navy-Stützpunkt auf Kuba, verlegt. Er hatte zweihundert Kriegsschiffe rund um Kuba in Stellung gebracht und angekündigt, alle etwaigen Schiffe mit Offensivwaffen an Bord, die Kuba ansteuerten, aufzubringen. De facto kündigte er damit eine Seeblockade Kubas an.

Er drohte für den Fall, dass die Sowjetunion von Kuba aus eine Atomrakete auf irgendein westliches Land abschieße, mit einem „umfassenden Vergeltungsschlag“ der USA gegen die Sowjetunion.

Er rief den Weltsicherheitsrat an für eine Sondersitzung.

Er bot Chruschtschow einen Austausch der Standpunkte vor jedem Forum an, das hierfür nützlich sein könne, forderte ihn jedoch zugleich ultimativ auf, die Raketen aus Kuba abzuziehen, als einzigen Weg für eine friedliche Lösung.

„Einziger Weg für eine friedliche Lösung? Das ist doch nichts anderes als eine Drohung mit dem atomaren Erstschlag, Liesel. Wenn das geschieht, ist alles verloren.“

Elisabeth nickte nur stumm.

Elisabeth und Rolf verbrachten die folgende Woche innerlich zitternd und hingen atemlos, wann immer es ging, am Radiogerät. Die Situation eskalierte in höllischem Tempo.

Am 23. Oktober ließ Chruschtschow verlauten, dass er die Blockade nicht akzeptiere. Am 24. Oktober begann die Seeblockade dennoch. Alle sowjetischen Schiffe mit Kurs auf Kuba drehten daraufhin ab.

Elisabeth und Rolf atmeten auf.

Die Stationierung der Raketen auf der Insel selbst wurde allerdings fortgesetzt.

Elisabeth und Rolf gerieten wieder in Angst und Schrecken.

Am 25. Oktober tagte der Weltsicherheitsrat, ohne greifbares Ergebnis, abgesehen davon, dass die US-Delegation der Weltöffentlichkeit eindeutige Aufklärungsfotos von den Raketenstellungen präsentierte.

Am 26. Oktober erhielt Kennedy ein schriftliches Angebot Chruschtschows, die Raketen abzuziehen, falls die USA eine Invasion von Kuba ausschlössen. Kennedy stimmte zu.

Elisabeth und Rolf waren erleichtert.

Dann kam der schlimmste Tag, der 27. Oktober, da überschlugen sich die Ereignisse.

Erst versuchte ein Passagierschiff der DDR mit fünfhundert Urlaubern an Bord den Blockadering zu durchbrechen. Kennedy persönlich ordnete schließlich an, das Schiff passieren zu lassen.

Gott sei Dank!

Am selben Tag wurde ein sowjetisches U-Boot von einem US-Zerstörer zum Auftauchen gezwungen. Das sowjetische U-Boot führte einen Nukleartorpedo mit, und es war nur der Weigerung eines der drei Offiziere, Wassili Alexandrowitsch Archipow, zu verdanken, dass der Torpedo nicht abgefeuert wurde. Ein solcher Angriff hätte zweifellos die ganze Welt umgehend und unausweichlich in einen Atomkrieg gestürzt.

Kurz darauf erreichte Kennedy ein weiteres Schreiben Chruschtschows, worin dieser verlangte, dass die USA zusätzlich zu ihrem Nichtangriffsversprechen nun auch noch die Mittelstreckenraketen aus der Türkei abziehen müsse.

Elisabeth und Rolf hielten wieder den Atem an.

Und schließlich wurde ein amerikanisches Aufklärungsflugzeug über Kuba von einer Abwehrrakete abgeschossen, der amerikanische Pilot kam ums Leben.

Elisabeth und Rolf versetzte das in pure Panik.

Kennedy untersagte vorerst einen Gegenangriff.

Wieder entspannten sich Elisabeth und Rolf etwas, bis auf Weiteres.

An diesem Punkt der Ereignisse hatten sie, zerrieben zwischen ihren wechselnden Gefühlen, zwischen Angst und Entspannung, nur noch wenig Hoffnung, dass es eine friedliche Lösung geben könne, wenngleich die Konfliktparteien zwischendurch immer wieder besonnene Reaktionen zeigten. Denn es verdichteten sich die Gerüchte, dass Kennedy jederzeit den Erstschlag anordnen werde, wenn Chruschtschow nicht endlich einlenke.

Sie schliefen beide nur noch kurz und leicht, immer wieder aufgeschreckt durch Visionen des Weltuntergangs, die in der Stille der Nächte noch schwärzer ausfielen als bei Tag. Sie richteten sich mehr und mehr auf einen Nuklearkrieg ein und kauften Jodtabletten für Lilo und Gundel. Handeln war das einzige, was ihren Zustand einigermaßen lindern konnte, zumindest vorübergehend. Sie führten ein langes Gespräch mit den Schönleins und stimmten im Einzelnen ab, was geschehen sollte, falls sie beide den bevorstehenden Krieg nicht überleben sollten, wohl aber die Kinder. Schönleins versprachen, sich in diesem Fall um Lilo und Gundel zu kümmern, sofern sie selbst davonkommen würden. Dasselbe versprachen Elisabeth und Rolf den Schönleins für deren Kinder Traudel und Olaf. Elisabeth wollte um jeden Preis vermeiden, dass Lilo und Gundel in der DDR aufwüchsen, und Berlin kam ebenfalls nicht in Betracht. Die Kinder kannten ihre Berliner Großmutter praktisch nicht, und Susanne mit ihrer Lebensgestaltung schied sowieso von vornherein aus.

Elisabeth und Rolf legten ihre Anordnungen bezüglich der Kinder auch schriftlich nieder, schrieben außerdem an Aggi und Frieda und baten um Verständnis für ihre Entscheidung. Und schließlich sprachen sie bei Pfarrer Dr. Röder vor, damit der ihren letzten Willen beglaubigte.

„Seit der Flucht habe ich dieses Gefühl nicht mehr gehabt, jeden Moment umkommen zu können“, sagte Elisabeth zum Pfarrer, „nur dass es damals kaum zwei Tage dauerte, und jetzt geht es so lange hin und her.“

Und Rolf ergänzte: „Geht mir genauso. Ich habe seit der Gefangenschaft nie Angst um mein Leben ausgestanden, und jetzt steuern wir vielleicht in einen Dritten Weltkrieg.“

Dr. Röder schaute die beiden nachdenklich an und sagte schließlich: „Gottes Wege sind unergründlich. Man muss auf ihn vertrauen. Er teilt uns immer nur das Maß zu, das wir tragen können, wenn wir auf ihn und seine Weisheit bauen. Sehen Sie mich an. Mein Auge habe ich im Krieg verloren. Ich kenne den Gefechtslärm, das Schreien der Verwundeten, das elende Sterben im Graben. Dann wurde ich selbst getroffen. Kopfdurchschuss. Aber ich habe überlebt. Und im Militärkrankenhaus habe ich meine Gattin kennengelernt und sofort gewusst: Das ist sie, das ist meine künftige Frau. Nach vierzehn Tagen waren wir verlobt. Das ist auch so eine göttliche Fügung gewesen. Wir haben uns gefunden, als die Not am größten war. Beten Sie, dass die Politiker zur Vernunft kommen. Und wenn nicht, liegt es in Gottes Hand. Dann beten Sie, dass er Ihnen Kraft gibt für alles, was kommt. Es ist sein Wille."

‚Es liegt in Gottes Hand, das hat Aggi damals auch gesagt und gebetet', dachte Elisabeth. ‚Wenn ich Gott doch nur blind vertrauen könnte!'

Am 28. Oktober ließ Chruschtschow die Welt über Radio Moskau wissen, dass die sowjetischen Raketen von Kuba zurückgezogen würden, da die Amerikaner sich verpflichtet hätten, keine Invasion auf Kuba vorzunehmen. Das Passagierschiff aus der DDR, das im Hafen von Havanna lag, wurde von Ostberlin aus zum Heimathafen zurückbeordert.

Als Elisabeth und Rolf das am 29. Oktober im Radio hörten, lagen sie einander etliche Minuten lang in den Armen. Noch größer als ihre Erleichterung war ihre Erschöpfung. Sie hatten das Gefühl, sich nie mehr davon erholen zu können. Aber immerhin waren sie einem grauenhaften Schicksal, das sich beinahe hinter ihrem Rücken und ohne ihr Zutun vollzogen hätte, noch eben entronnen. Ebenfalls ohne ihr Zutun.

„Gottes Wille", sagte Rolf.

„Vielleicht haben wir etwas übertrieben", sagte Elisabeth.

20.) Essen 1967

Es war mal wieder so einer dieser Tage. Lilo hatte von einer Vision geredet, etwas von einem Trauerbrief, der bald kommen werde. Wie damals vor elf, zwölf Jahren, als Rolfs Vater gestorben war. Was für ein Unsinn!

Elisabeth putzte die Fenster, sie hatte viel Energie für so etwas heute, und sie putzte mit dem Schmutz, dem Kohlenstaub und dem Ruß auch etwas von ihrer Verärgerung über Lilos Fantastereien weg. Meine Güte, Lilo war jetzt zwanzig und führte sich auf wie eine Dreizehnjährige! Es war kein Tag zum Sterben, Kaiserwetter hatten sie heute. Der Himmel war stahlblau, die Sonne schien, wenn sie auch noch nicht ums Haus gekommen war, sodass sie das Fensterputzen nicht hinderte. Bis die Sonne auf das Glas scheinen würde, wäre es getrocknet. Die Luft erwärmte sich sacht, es war Mai. Eine Ahnung von Sommer lag darin, der noch eine Weile auf sich warten lassen würde, noch unentschlossen, aber schon in Andeutungen von Wärme und Licht vorhanden.

„Veronika, der Lenz ist da, die Mädel singen trallala ...“, stimmte Elisabeth an. Wie immer klang der Gesang falsch, das wusste sie und hörte es selbst. Der Ärger verschwand aber, und sie wurde von so etwas wie einem wilden Glücksgefühl erfasst. Weil der Sommer schon um die Ecke schaute.

Und zugleich spürte sie, dass ihr heute im Grunde ihres Herzens irgendwie wehmütig zumute war, sie wusste nicht recht, warum. Es beeinträchtigte jedenfalls den Jubel in ihrem Inneren nicht.

Sie hielt einen Moment inne und dachte bewegt an den mittlerweile dreistimmigen Gesang in ihrer Küche jeden Sonntag beim Abwasch und an den meisten anderen Tagen auch, eigentlich sang immer irgendwer und oft genug gleich mehrere zusammen, mehrstimmig oder im Kanon:

Herr, bleibe bei uns,
Denn es will Abend werden,
Und der Tag hat sich geneiget.

Nur den israelischen Kanon, den Gundel in der Jungschar der Gemeinde gelernt hatte, verbat Elisabeth sich, weil er ihr zu sehr ans Herz griff:

Herr, bringe wieder unsere Gefangenen, wie du die Bäche wiederbringst vom Mittagslande. Amen.

Nicht ohne freudige Rührung dagegen entsann sie sich der vielen Gottesdienste, in denen sie, unten im Gemeindesaal sitzend, von der Empore herab ihren Mann und ihre beiden Töchter im Kirchenchor singen gehört hatte, Tenor, Alt und Sopran. Sie ging immer in die Kirche, wenn der Chor sang. Die Kantorin war gut, sie brachte den – freilich recht kleinen – Chor dazu, wie mit einer Stimme zu singen, ganz klar und präzise, und das klang wie Engelsgesang, aus dem Elisabeth immer Gundel herauszuhören meinte. Der Chor sang natürlich auch an allen Heiligen Abenden, und noch immer geschah es gelegentlich, nach all den Jahren noch, dass ihr und den Kindern Rolfs Geburtstag erst einfiel, wenn die übrigen Chormitglieder ihm gratulierten. Und jedes Mal nahmen sich alle drei dann fest vor, das Versäumnis im nächsten Jahr wettzumachen.

Sie hatten Gundel nun doch nicht in den berühmten Steeler Kinderchor geschickt, aus dem Sänger wie die Kammersängerin Anneliese Rothenberger hervorgegangen waren, obwohl die Lehrerin und die Kantorin dazu geraten hatten, und auch Susi, per Brief. Und Silke. Der Kirchenchor musste reichen, alles andere lenkte nur von der Schule ab. Und Flausen, wie Susi sie hatte, wollten sie dem Kind nicht in den Kopf setzen.

Gundel war eine überragende Schülerin. Nach einem Schuljahr im Essener Westen, zu Ostern vor vier Jahren, war sie endlich auf die Volksschule gleich gegenüber gekommen, auf die Liesel jetzt beim Fensterputzen schaute. Damals hatte Rolf die Ausbildung beendet und gleich eine gut dotierte Stelle beim Kreiswehrersatzamt angetreten. Endlich musste Elisabeth nicht mehr arbeiten, endlich konnte Lilo von ihren schwesterlichen Pflichten entbunden werden. Mit sechzehn. Sie hatte nach der Realschule eine Frauenfachschule besucht und nach dem Fachabitur studierte sie jetzt Sozialpädagogik. Sie gab, sehr zu Gundels Missvergnügen, den Eltern manchen Erziehungstipp, um nicht zu sagen, sie gab den Ton an in Gundels Erziehung. Aber so war es ja im Grunde auch schon gewesen, als sie noch jede zweite Woche nachmittags die Verantwortung für die kleine Schwester gehabt hatte. Jetzt stritten die Schwestern häufig. Und liebten sich doch.

Gundel war keine eineinhalb Jahre auf der neuen Schule, da schlug ihre Lehrerin vor, sie eine Klasse überspringen zu lassen. Die Lehrerkonferenz genehmigte das nach einem Blick auf die letzten zwei Zeugnisse, auf denen nur Einsen zu finden waren. Elisabeth und Rolf fielen vor Stolz fast auseinander, nur Gundel war verzweifelt. Sie liebte diese Lehrerin, Frau Langbein, sie wollte nicht von ihr lassen. Und sie kannte den Kalender gut genug und konnte gut genug rechnen, um zu wissen, dass sie nach dem Sprung in die vierte Klasse nur noch ein halbes Jahr hätte, bevor sie wieder wechseln müsste, dieses Mal zum Gymnasium.

„Bitte, bitte, ich will nicht in die andere Klasse“, hatte sie gebettelt, „da schreibe ich bestimmt auch nicht mehr nur Einsen.“

Aber Elisabeth und Rolf hatten nicht eine Sekunde daran gedacht, das Ansinnen der Lehrer zurückzuweisen. Sie gaben es nicht zu, aber letztlich empfanden sie es beide so, dass vom Glanz ihrer Tochter ein reichlicher Teil auch auf sie fiel.

Gundel ließ nicht locker und versuchte, sie beide damit zu überzeugen, dass sie nach nur einem Jahr in der vierten Klasse gewiss den Anschluss auf dem Gymnasium nicht bekommen und schlechte Noten nach Hause bringen werde.

Schließlich sagte Rolf: „Die Lehrerkonferenz hat es so beschlossen. Da können wir gar nichts machen. Du gehst nach den Herbstferien in die neue Klasse. Und Ende der Debatte."

Und so verbrachten Frau Langbein und Gundel die Herbstferien damit, täglich den Unterrichtsstoff durchzunehmen, der für den Anschluss an die vierte Klasse fehlte. Und Gundel ging ab Herbst 1964 in die Klasse von Herrn Winterscheid, der seine Schüler bei Unbotmäßigkeiten auch schon mal schlug, aber nur Jungen.

„Siehst du", sagte Rolf zu Elisabeth, „auch Pädagogen schlagen, so falsch kann es nicht sein."

Ostern 1965 war Gundel dann mit neun Jahren aufs Gymnasium gekommen, auf eines, das Frau Langbein empfohlen hatte, im Süden der Stadt. Sie musste morgens um viertel nach sieben die Straßenbahn erwischen, um pünktlich um zehn nach acht dort zu sein, aber natürlich war sie, vom jahrelangen Straßenbahnfahren mit Lilo durch die Stadt trainiert, ohne Weiteres imstande, die täglichen Fahrten hin und zurück mit Umsteigen am Bahnhof allein zu bewältigen.

Am Tag der Aufnahme hatte Elisabeth sie begleitet. Zum ersten Mal sah sie ein Gymnasium von innen. Ein altes, düster-rotes Gebäude, hohe Räume und sehr breite Treppen innen. Und sie betrat zum ersten Mal eine Schulaula, einen Saal mit an die fünfhundert Plätzen und einer erhöhten Bühne samt seitlich aufstehendem Rednerpult. Dort stand eine große, dürre Blondine mit auftoupiertem Haar. Mittleres Alter, chice Frisur, chice Kleidung, Stöckelschuhe, vor der Brust verschränkte Arme. Im Saal unterhalb des Rednerpults tummelten sich an die achtzig Mädchen in Gundels Alter oder vielmehr um ein Jahr älter, Gundel war ja erst neun. Liesel war zutiefst eingeschüchtert durch die Kostbarkeit der Ausstattung, denn die Aula war mit honiggoldenem Holz getäfelt, Eiche vermutlich, und wies auch Eichenparkett auf, selbst auf der Bühne. Die dunkelrote Polsterung der Bestuhlung unterstrich das Vornehme des Saals. Ähnliche Räume kannte Elisabeth nur in Form von Kinosälen, aber die waren nicht halb so edel und zudem dunkel. Diese Aula dagegen hatte sehr hohe Fenster, durch die so viel Licht einfiel, dass jeder Anflug von Schäbigkeit auch dem unaufmerksamen Betrachter nicht verborgen bleiben konnte. Aber da gab es nichts Schäbiges. Elisabeth versuchte, um ihre Beklommenheit niederzukämpfen, sich einfach vorzustellen, dass sie im Gottesdienst säße. Das war ihr vertraut, und genau wie dort hatte sie hier ja im Grunde keine Aufgabe, außer zuzuhören und ihrer kleinen Tochter beizustehen. Gut gekleidet waren sie und ihre Tochter sowieso, wie immer. Die Blondine am Rednerpult stellte sich als Direktorin der Schule vor, genauer gesagt: Oberstudiendirektorin, darauf legte sie anscheinend wert, sie betonte jede Silbe. Die Dame war Elisabeth nach den ersten Worten so unsympathisch wie nur möglich. Typ frustrierte, vertrocknete Jungfer, aber hochklassig, immer bestens zurechtgemacht, das war ihre Meinung über die, und mitleidig drückte sie Gundel an sich. Hoffentlich hatte ihr Kind mit der nicht viel zu tun. Die Ansprache selbst nahm sie kaum auf, hinterher würde sie Rolf fast nichts von dem wiedergeben können, was die Direktorin gesagt hatte. Es ging erst um Willkommen und dann um Fleiß und Disziplin und Strenge, alles Dinge, die Elisabeth nicht unsympathisch und erst recht nicht fremd waren, wenn es um Erziehungsfragen ging. Aber dieses Scharfe, Verkniffene, Hölzerne in Auftritt und Stimme, das missfiel ihr.

Dann wurden die Schülerinnen in vier Klassen aufgeteilt, die vier künftigen Klassenlehrerinnen standen am Saaleingang und riefen die Namen auf. Als Gundels Name – Gundula Gronewold – fiel, war Elisabeth erleichtert, dass die Lehrerin, der ihre Tochter zugeordnet wurde, das genaue Gegenbild zur Direktorin darstellte. Alles an ihr wirkte herzlich und weich und dazu anmutig, und befreiten Herzens ließ Elisabeth Gundel mit dieser Lehrerin ziehen und fuhr nach Hause.

Sie bemerkte aber in den folgenden Tagen plötzlich ihre Scham über den Stadtteil, in dem sie wohnten. Das war bei Lilo noch anders gewesen, aber da kannte sie sich mit den Verhältnissen in Essen ja auch noch nicht so gut aus. Inzwischen wusste sie, dass es in Altenessen eben diese übel beleumundete Wohngegend im nördlichen Teil gab, und so schärfte sie Gundel ein: „Wenn du gefragt wirst, in welchem Stadtteil du wohnst, sagst du ‚Altenessen-Süd'. Hörst du? Ganz wichtig: ‚Altenessen-Süd', nicht ‚Altenessen'."

Und sie gewöhnte sich selbst an, wann immer sie ihre Adresse aufschreiben musste, als Absender zum Beispiel oder auf ein Formular, die notwendige Stadtteilangabe in Altenessen-Süd zu ändern, so dass sie jetzt in „4300 Essen-Altenessen-Süd" lebte.

Das dann zu lesen, nachdem sie es niedergeschrieben hatte, erfüllte sie jedes Mal mit einem kleinen Triumph. Der schliff sich nie ab.

Der Blick beim Fensterputzen auf die Volksschule gute zwei Jahre später hatte für Elisabeth etwas Nostalgisches. Damals, als Gundel noch auf diese Schule gegangen war, war sie braver gewesen. Doch seit ihrem Wechsel zum Gymnasium war sie in vielem schwierig geworden. Natürlich war Elisabeth ebenso wie Rolf stolz auf sie, immerhin war sie jetzt schon in der Quarta, der dritten Gymnasialklasse, und lernte sogar Englisch und Latein. Und schrieb weiterhin Einsen, ihre Zeugnisse waren voll davon. Aber sie wollte eben mit ihren mittlerweile elf Jahren auch alles mitmachen, was ihre um ein Jahr älteren Klassenkameradinnen bereits durften. Zum Beispiel an der städtischen Oper mitsingen. Das Opernhaus hatte für die aktuelle Inszenierung der Oper „Boris Godunow" begabte Kinder bei den Schulen angefordert, die Oper hatte einen Part mit Kinderchor. Gundels Musiklehrerin hatte sich für Gundel eingesetzt: „Da darf Ihre Tochter einfach nicht fehlen, sie singt doch von allen am schönsten!"

Aber das Kind wäre an ein, zwei Abenden in der Woche spät und womöglich übermüdet nach Hause gekommen und wäre am nächsten Tag nicht voll aufnahmefähig für den Schulstoff gewesen. Das war nicht zu verantworten, Lilo sagte das auch.

Und so waren der Steeler Kinderchor und Boris Godunow gestrichen, und Gundel musste sich mit dem Kirchenchor des Gemeindehauses zufriedengeben. Aber einfach war sie eben nicht mehr, sie hatte sich wegen der Oper ziemlich bockig aufgeführt und sich mit Elisabeth regelrecht angelegt. Zu Kreuze gekrochen war sie erst, nachdem Elisabeth mehrere Tage lang nicht mit ihr gesprochen hatte. In der Zeit danach erzählte sie Elisabeth täglich, während sie beide am Küchentisch hockten, mit vor Begeisterung und Schmerz brennenden Augen, was ihre Klassenkameradinnen von den Aufführungen berichteten und vorsangen. Das ging monatelang so, bis Elisabeth überzeugt war, dass es sich um Gundels subtile Art handelte, sich für ihren Verlust zu rächen.

Dafür aber, wie als Ausgleich, hatte Frau Langbein vor einem halben Jahr Gundel eine Geige geschenkt, eine Dreiviertel-Geige, geeignet für ein größeres Kind. Gundel hatte einen losen Kontakt zu ihrer geliebten Lehrerin aufrechterhalten und sie ab und zu zu Hause besucht. Ein Geigenbauer, mit dem die Lehrerin befreundet war, hatte die Geige gefertigt, und Frau Langbein war eigens mit Gundel zu ihm gefahren, damit das Kind aus den Händen des Meisters persönlich ihr neues Instrument in Empfang nehmen konnte. Seither sparten Elisabeth und Rolf sich das Honorar für den Geigenlehrer vom Munde ab. Einmal in der Woche, jeden Samstag, kam er für eine Stunde, die kostete fünfunddreißig Mark, dazu kamen noch die Kosten für die Noten, und damit sich das lohnte, wurde peinlichst darauf geachtet, dass Gundel jeden Tag eine halbe Stunde übte. Es klang schon ganz nett, dachte Elisabeth bei sich, aber so genau konnte sie das nicht beurteilen.

Es klingelte. Ein Telegramm aus Sommersdorf. Das konnte eigentlich nichts Gutes ...

„Vati soeben verstorben."

Den Rest las sie nicht mehr.

Oskar war tot. Oskar, der sie an Kindes statt angenommen hatte. Oskar, der ihr eigentlicher Vater, ihr Wahlvater gewesen war, den sie geliebt hatte. Oskar, den sie seit neun Jahren nicht mehr gesehen hatte. Oskar, tot mit siebenundsechzig Jahren, vor kurzem hatte er die Rente eingereicht.

Elisabeth starrte auf das Fenster, das sie gerade eingeseift hatte, und schloss es sanft, so, wie es war. Das Sanfte daran erstaunte sie. Dann setzte sie sich an den Küchentisch, auf ihren liebsten Platz, auf den, den sie auch zu den Mahlzeiten immer einnahm oder wenn sie mit Lilo oder Gundel schwatzte, auf dem Stuhl kniend, das Gesäß auf die Füße abgesenkt. Lilo hatte das übernommen und Gundel auch. Da saß Elisabeth nun also und hatte plötzlich, so, als habe jemand oder etwas jede Energie und Wärme aus ihr gesogen, Beine aus Gummi und ein frierendes Herz.

Herr, bleibe bei mir, auch wenn ich nicht immer bei Dir bleibe!

Wie hatte sie gehofft in den letzten vier, fünf Jahren, dass die deutsche Teilung einer Normalität weichen würde, sicherlich nur in Maßen, aber doch weichen. Oder wenigstens aufweichen. Nichts war geschehen. Sie hatte nicht nach Sommersdorf gedurft. Oskar hatte nicht in den Westen gedurft. Und wie gern hätte sie ihn teilhaben lassen an ihrem Leben nach dem letzten Wiedersehen bei Aggi 1958!

Aber so lagen die Dinge nicht, und nun musste sie sich damit abfinden, dass ihr geliebter Wahlvater nicht mehr miterleben konnte, wie sich ihr Leben unterdessen entwickelt hatte. Und sie musste damit fertig werden, dass sie ihn niemals wiedersehen würde. Endgültig. Niemals. Das Niemals erschien ihr in seiner ganzen Ungeheuerlichkeit schlichtweg unmöglich, und sie hätte so gern geweint, um das Ungeheuerliche und das Endgültige wegzuschwemmen. Doch weinen war auch unmöglich.

Es wunderte sie eigentlich, dass es noch so weh tat. Dass sie imstande war, einen frischen Schmerz zu fühlen oder auch den alten Schmerz immer wieder zu erneuern. Dass der Tod ihr noch zusetzen konnte. Sie war es doch inzwischen gewöhnt, dass alles vorüberging, das Glück wie das Unglück, und eben auch das Leben. Einfach so.

Sie würde nicht einmal zur Beerdigung dürfen, und als sie sich das mit einem Mal vergegenwärtigte, empörte es sie, statt ihren Kummer zu vertiefen. Empörung. Ein besseres Gefühl. Viel besser als der immerwährende Jammer, dem sie nicht länger ausgeliefert sein wollte.

Ihre Hoffnung, dass trotz der deutschen Teilung Verbesserungen im Ost-West-Verhältnis möglich sein könnten, hatten nach der beigelegten Kubakrise wiederholt Nahrung bekommen und sich dann doch immer wieder zerschlagen.

Zunächst war Kennedy bei Gelegenheit seines Staatsbesuchs nach Berlin gekommen, im Juni 1963, nicht zuletzt auf Wunsch von Berlins Oberbürgermeister Willy Brandt, und hatte eine von den Westdeutschen bejubelte und weltweit beachtete Rede gehalten, die allerdings wenig Versöhnliches hatte. Scharf hatte er den Mauerbau und die Vorenthaltung von Freiheitsrechten für ein Viertel der Deutschen angegriffen und damit natürlich die DDR-Bürger gemeint. Er hatte ein geeintes Deutschland beschworen und ein geeintes Europa in Frieden, Freiheit und Gerechtigkeit und Berlin des unverbrüchlichen Stolzes der Amerikaner versichert, weil es als Frontstadt dem Kommunismus standhielt. Die Ausführungen waren in dem mehrmaligen Ausruf gegipfelt: „Ich bin ein Berliner!"

Das klang schön und sah auch schön aus, wie da Kennedy und Brandt, die beiden Charismatiker, die anziehendsten Politiker der Welt, jedenfalls Elisabeths Empfinden nach, nebeneinander vor dem Schöneberger Rathaus standen. Letztlich nötigte der Auftritt Elisabeth, die beim ersten Hinhören innerlich zunächst den Jubel der Berliner geteilt hatte, dann aber doch nur ein Achselzucken ab. Denn er nutzte niemandem und er bewirkte auch nichts. Die Politik der DDR, ihre Bürger nicht in den Westen zu lassen und Westdeutsche durch Hinhalten und willkürliches Ablehnen der Anträge auf Aufenthaltsgenehmigung möglichst fernzuhalten, änderte sich nicht. Nur die Grenzübergänge zwischen Ost- und Westberlin waren Ende 1963 nach mehr als zwei Jahren vollständiger Abriegelung für Westdeutsche geöffnet worden, natürlich nie mehr für Ostdeutsche.

Kennedy war vier Monate danach in Dallas ermordet worden, das war schrecklich, ging Elisabeth aber nur für kurze Zeit nah, und das vor allem deswegen, weil die Wochenschau im Kino und die Zeitungsbilder gezeigt hatten, wie Kennedys Frau Jacqueline panisch versuchte, auf das Heck der offenen Staatskarosse zu kriechen, anscheinend um dem Mörder zu entkommen.

Mehr Hoffnung als auf Kennedy setzte Elisabeth auf Ludwig Erhardt, der im Oktober 1963 Adenauer in Kanzleramt nachfolgte und sofort begann, mit der DDR-Führung über Reiseerleichterungen zu verhandeln. Doch der Erfolg ließ auf sich warten. Je nachdem, wie die DDR-Führung die Stimmung im eigenen Land einschätzte, wurden mal mehr, mal weniger Aufenthaltsgenehmigungen für Westdeutsche erteilt oder abgelehnt. Nach Sommersdorf ins Sperrgebiet reisen zu dürfen, stand sowieso nie zur Diskussion.

Und mittlerweile, schon seit 1966, regierte der CDU-Politiker Kiesinger als Kanzler gemeinsam mit der SPD, und Willi Brandt war Außenminister. Aus Sicht von Elisabeth bewegte das alles nichts. Die Familie blieb geteilt wie das Land.

Als Gundel an diesem Tag im Mai 1967 nach Hause kam, stand Elisabeth vom Küchentisch nicht auf. Sie hatte nicht gekocht heute, nur still und traurig dagesessen, und als sie jetzt Gundels fragenden Blick bemerkte, wies sie nur wortlos auf das Telegramm.

„Er war doch mein Vater", brachte sie schließlich hervor. „Ich habe ihn immer als Vater gesehen, und ich habe ihn so lieb gehabt!"

Als sie Gundel anschaute, die neben dem Stuhl stand und sich an sie drückte, als sie ihren hilflosen Gesichtsausdruck bemerkte, fiel ihr wieder ein, dass das Kind den Großvater nur einmal gesehen hatte, damals als Zweijährige in Magdeburg, bei einer Begegnung von wenigen Stunden, nur auf einen Sonntagsbesuch. Sie kannte ihn gar nicht. Was wusste ihre Tochter schon vom Großvater? Und was vom Vergehen, vom Tod mit ihren elf Jahren?

Getrennt von ihrer Familie hatte Elisabeth die letzten Jahre zugebracht, und nun ließ der Tod des Vaters, der erste Tod in ihrer Familie, ihr all die Zeit sinnlos und vergeudet erscheinen. Ja, sie war um Lebenszeit gebracht worden, um viele Jahre ohne die Geborgenheit und Liebe ihrer Eltern, schließlich um die Möglichkeit, ihrem Vater in der Todesstunde beizustehen. Und nicht einmal ihrem Kind konnte sie begreiflich machen, wie ungeheuerlich dieser Zustand war.

Der Besuch von Rolfs Mutter im vorigen Jahr kam ihr in den Sinn und stieß ihr jetzt übel auf. Der eigene Vater hätte sie auch bald besuchen dürfen, Rentner durften in den Westen. Und nun war er vorher gestorben. Der Besuch der Schwiegermutter dagegen war Elisabeth noch auferlegt worden, er war fast von der ersten Stunde an misslungen.

Elfriede hatte sich selbst eingeladen.

Auslöser für ihren Wunsch war, dass Susi und ihr Josef auf einen Sprung in Essen vorbeigeschaut hatten, sie waren auf der Durchreise gewesen, es hatte ihnen wohl gefallen und sie hatten Elfriede davon erzählt. G. hatte ein Engagement in der Nähe oder eine Schallplattenaufnahme, so genau hatte Elisabeth nicht hingehört, als Rolf den Besuch angekündigt hatte.

Wie immer bog sich der Tisch unter den diversen Kuchen, die Elisabeth zu Ehren des hohen Gastes gebacken hatte, immerhin eines mittlerweile weltberühmten Kammersängers, der sogar in New York aufgetreten war, das lag in Amerika. Doch der Sänger hatte wenig Zeit, kaum eine Stunde. Schon in der Diele hielt er eine Schallplatte hoch, die er vor einigen Jahren aufgenommen hatte, es war „Die Hochzeit des Figaro“ von Mozart. Mit ihm in der Hauptrolle, das verstand sich.

„Eine der da-Ponte-Opern“, erläuterte er.

Für Elisabeth allerdings war das keine Erläuterung. Wer oder was war „da Ponte“?

„Die weibliche Hauptrolle heißt bekanntlich Susanna“, fuhr G. fort, „das ist ja schon so etwas wie ein Zeichen.“

Bekanntlich? Und ein Zeichen? Wofür? Konnte er Susi inzwischen doch heiraten? Würde es bald eine Hochzeit des „Figaro“ mit „Susanna“ geben?

G. holte Luft und begann völlig überraschend zu singen, und das noch im Flur der kleinen Wohnung, so laut, wenn auch wohlklingend, dass man es mindestens im ganzen Haus, vielleicht in der gesamten Straße hören musste:

Sie leben und weben in Trug und Verstellung,
Für sie ist nichts heilig,
Nichts fesselt ihr falsches, ihr treuloses Herz.
Das Weit're, das Weit're verschweig ich,

Doch weiß es, doch weiß es die Welt, ja,
Das Weit're, das Weit're verschweig ich,
Doch weiß es, doch weiß es die Welt.

Elisabeth warf einen hastigen Blick auf Susanne. Was sollte das sein? Etwa Eine Ode an die Geliebte? Wohl doch eher eine Schmähung oder etwa nicht? G. hatte wahrhaftig Sinn für wohlausgesuchte, passende Texte!

Doch Susanne strahlte ihren Josef einfach nur mit einer so bedingungslosen Hingabe an, dass es Elisabeth anrührte. Vor allem weil sie beides für falsch hielt. Die Hingabe. Und die Bedingungslosigkeit. Zum ersten Mal tat Susanne ihr leid.

„Bitte tretet doch ein zum Kaffee", sagte nun Rolf und wies einladend auf die halb geöffnete Wohnzimmertür.

„Für euch", sagte G. und drückte Lilo die Schallplatte in die Hand.

‚Hilf Himmel, dieser Gesang, wie laut', dachte Elisabeth, während sie sich gen Wohnzimmer wandte, ‚die Leute!'

Plötzlich wurde sie unsicher, ob sie den zweiten Teil ihres Gedankens nicht sogar ausgesprochen hatte, denn Susi schaute sie leicht befremdet an.

Die Leute! Bestimmt fühlten die sich gestört. Lauter Gesang, lautes Benehmen, unmöglich in diesem Haus.

Der Besuch zog die Anschaffung eines Plattenspielers für Lilo und Gundel nach sich. Und als Rolf das Klaus und Ursel schrieb, kamen aus Amerika regelmäßig fantasievolle Kinder-Schallplatten aus ganz bunt durchgefärbtem Vinyl, und Comic-Helden mit gequetschten Enten- und Mäuse-Stimmen sangen darauf die ulkigsten Lieder.

Das traf genau Gundels Geschmack, die mittlerweile Lilo in dem Bezug der zahlreichen Comic-Hefte von Herrn Schönlein nachgefolgt war. Und so spielte sie auf dem neuen Plattenspieler mal amerikanische Ulk-Kinderlieder ab, mal Figaros Hochzeit.

Elisabeth hörte sich die Oper mit Gundel an. Der Arie, die G. in ihrem Flur gesungen hatte, ging das Rezitativ des Figaro voraus, der sich betrogen glaubte: *Oh, Susanna! Susanna! Welchen Schmerz du mir machest!* Erschüttert lauschte Elisabeth diesen Worten, G. sang sie so tief fühlend – ein noch empörtes erstes *Susanna*, und dann ein zweites, leiseres, zart und zurückgenommen in seiner Verzweiflung, dieser Ausdruck schien so gar nicht zu dem immer so dominant, geradezu dröhnend auftretenden G. zu passen. Und wie dreizehn Jahre zuvor das Lied des Atlas verfolgte jetzt der Schmerz des Figaro über Susanna sie, tagelang, nachts noch hörte sie dieses furchtbare zweite *Susanna.*

Der Stippvisite von Susi und G. folgte der Besuch der Schwiegermutter auf dem Fuße, und Elfriede hatte Zeit und blieb vier Wochen. Was eigentlich wenig war, wenn man bedachte, dass sie ihren Sohn und ihr älteres Enkelkind seit dreizehn Jahren nicht gesehen hatte und ihr jüngeres noch nie.

Elfriede war alt geworden und wirkte auch alt. Sie war auch schmaler geworden mit den Jahren, besonders im Gesicht. Und natürlich waren ihre Bewegungen jetzt gemessener, ebenfalls dem Alter geschuldet, doch verstand sie es, selbst die neue Langsamkeit als etwas betont Nobles, Kultiviertes zu zelebrieren, so, als umgäbe sie noch der Glamour von ehedem. Es sollte wohl niemand auf die Idee kommen, dass sie vielleicht einfach nur etwas hinfälliger wäre als früher.

Rolf holte sie vom Bahnhof ab, Elisabeth bereitete ein frühes Abendessen vor, und als Elfriede die Wohnung betrat, begrüßte sie ihre Schwiegertochter mit einem kurzen Nicken und wies Rolf an, ihre Koffer ins Schlafzimmer zu bringen. Denn, so stellte sie sogleich klar, es verstand sich, dass die jungen Leute nicht die alte Mutter mit ihrem empfindlichen Rücken auf der Couch schlafen lassen würden. Die könnten sie ja selbst benutzen.

Elisabeth fühlte zum ersten Mal nach, wie Erika Sörensen empfunden haben musste, als seinerzeit nach dem Krieg die Flüchtlingsfamilie das Regiment in ihrem Schleswiger Haushalt übernommen hatte. Denn sie gab sofort nach. Die Couch im Wohnzimmer ließ sich zu einem wenn auch schmalen Doppelbett ausklappen, sie waren jung, die Schwiegermutter war alt, was sollte sein? Und so würde Elfriede vier Wochen lang das komfortable Doppelbett im Schlafzimmer für sich allein beanspruchen, während Elisabeth und Rolf sich mit einem Meter vierzig für sie beide zusammen zufriedengeben mussten.

Allerdings sollte Elisabeth rasch klar werden, dass mit diesem ersten Einknicken vor den Wünschen von Elfriede zugleich die Pflöcke dafür eingeschlagen waren, wer ab sofort Herrin in ihrem Haus zu spielen beabsichtigte und wer sich unterzuordnen hatte.

Doch zunächst einmal begrüßte Elfriede ihre beiden Enkeltöchter, die aus ihrem Zimmer in den Flur gekommen waren und etwas verlegen vor der eleganten Erscheinung knicksten, sogar Lilo, die Neunzehnjährige. Elfriede streckte beiden nacheinander die Hand hin.

„Das ist ja schön, dass ich euch endlich mal sehe! Seid ihr denn auch brave Mädchen und gute Christenkinder?"

Christenkinder? Elisabeth glaubte nicht richtig gehört zu haben. Die Schwiegermutter hatte doch jegliche Religiosität immer abgelehnt. Und nun tat sie so, als sei sie gläubig? Oder war sie es vielleicht sogar inzwischen wirklich? Und was sollte das überhaupt sein, ein „gutes Christenkind"? Und was sollten die beiden Mädchen mit einer solchen Frage anfangen? Sie schwiegen natürlich betreten, und rasch sprang Elisabeth ein: „Lieselotte und Gundula machen uns viel Freude", sagte sie. „Das können wir ja alles bei Gelegenheit in Ruhe besprechen. Jetzt gibt es erst einmal Abendbrot."

Und sie dirigierte Elfriede ins Wohnzimmer, wo sich wieder einmal die erlesensten Salate und Brotbeläge auf dem Tisch türmten.

Es fiel ihr wohl auf, dass Elfriede die kleine Wohnung mit den modernen, doch sichtlich billigen Möbeln abschätzig musterte. Die Schwiegermutter selbst lebte in antiken Möbeln, da kam einiges an Werten zusammen, und ihre Wohnung, die sie seit dem Tod von Gustav nur noch gelegentlich mit Susi teilte, war weitaus geräumiger als die hier von Rolf und Elisabeth.

„Arm, aber sauber, sagt man wohl, nicht wahr?"

Elfriede versuchte es wie einen Scherz klingen zu lassen, doch die Äußerung durchfuhr Elisabeth, als habe man ihr ein Messer ins Herz gestoßen.

„Na, das ist ja mal charmant", sagte Rolf, und Elisabeth fand, dass das ausgesprochen zurückhaltend formuliert war. Doch wozu den Besuch mit einem Missklang beginnen? Sie wies auf einen Sessel: „Nimm Platz bitte und lass es dir schmecken!"

„Heute ist die Küche kalt geblieben, wie? Nun ja, man darf nicht zu viel erwarten."

„Am Wochenende essen wir immer mittags warm", sagte Rolf. „Du solltest unbedingt von dem köstlichen Kartoffelsalat probieren, das Rezept ist von Liesels Mutter. Oder hier, den Waldorfsalat. Liesel hat den ganzen Nachmittag in der Küche gestanden."

Es war ein befremdlicher Start. Elfriede war und blieb reserviert, beteiligte sich kaum an der Unterhaltung und nahm nur etwas Waldorfsalat, ohne ihn zu kommentieren. Schließlich gähnte sie und kündigte an, nun zu Bett gehen zu wollen. Wie die Dinge lagen, bedeutete das nun, dass das Bettzeug ausgetauscht werden musste und Elisabeth und Rolf zu entscheiden hatten, was sie am nächsten Tag anziehen würden, um es schon einmal aus dem Kleiderschrank zu nehmen und im Wohnzimmer bereitzulegen.

Elisabeth war froh, dass sie mittlerweile einen elektrischen Kühlschrank hatte, in den sie die Reste vom Abendbrot einräumen konnte. Sie musste die verderblichen Sachen im Sommer nicht mehr in den Keller tragen, drei Etagen hinunter und bei Bedarf wieder hinauf. Seufzend räumte sie auf. Immerhin hatten Rolf und die Töchter gut zugegriffen und sich an den Köstlichkeiten, die Elisabeth aufgetischt hatte, redlich gefreut.

Es zeigte sich tatsächlich, dass Elfriede fortan alles zu bestimmen trachtete. Wann man frühstückte, was man frühstückte zum Beispiel: „Ach, nein, Kinder, nichts vor zehn. Marmelade vertrage ich nicht. Wurst auch nicht. Mein Arzt sagt, ich soll nur Schinken essen, am besten Lachsschinken ohne Fettrand. Und bitte keine Margarine! Allgäuer Emmentaler bekommt mir nicht, nur der echte Schweizer."

Und so ging es weiter.

Zum Mittag nur Hühnerbrust, den Rest vom Huhn vertrug sie nicht. Schweinefleisch auch nicht, ebenso wenig Hackfleischgerichte oder welche mit Speck. Ja, Wildgerichte wären noch angegangen, zur Not auch Rind. Aber nur vom Magersten.

Der einzige bekömmliche Fisch war Lachs. Also der teuerste.

Und als Elisabeth ihr schließlich resigniert Spinat mit Ei und Kartoffeln vorsetzte, schaute sie auf und sagte: „Mehr bin ich euch nicht wert?"

Schließlich ging Rolf dazwischen.

Er tat Elisabeth inzwischen richtig leid. Sie war selbst erstaunt, dass das Benehmen der Schwiegermutter ihr noch ein bisschen Raum für Mitgefühl mit Rolf ließ. Das Mitgefühl war angebracht. Täglich nach der Arbeit musste er sich Elisabeths Klagen über seine Mutter anhören, schließlich waren die beiden Frauen tagsüber allein. Und Elfriede schickte Elisabeth den halben Tag lang bald hierhin, bald dorthin, dieses und jenes besorgen. Sie weigerte sich mitzugehen („Meine Beine!“), sie lehnte es ab, Elisabeth zu helfen, saß in der Küche und klagte.

Zu den Mädchen mochte Elisabeth sie auch nicht abschieben, denn Elfriede bedrängte die beiden bloß mit ihrem brandneuen Missionierungsdrang. Sie war die ergriffenste Christin geworden, die sich denken ließ. Schließlich sagte Elisabeth: „Also, Lieselotte ist konfirmiert, geht in den Gottesdienst und singt im Kirchenchor. Gundula singt auch im Kirchenchor, besucht den Kindergottesdienst und liest in ihrer Freizeit in der Kinderbibel. Was also willst den beiden noch beibiegen, was sie nicht schon wissen beziehungsweise praktizieren? Ein für alle Male, du hast hier keine Aufgabe mehr, was christliche Erziehung angeht.“

„Deshalb musst du mich nicht gleich so anfahren.“

„Ich habe dich nicht angefahren.“

Nun beschwerten sich beide Frauen gleichzeitig bei Rolf, und der fand wohl, dass er genug der Klagen gehört hatte. Er war rasch fertig mit der Sache, indem er sich in scharfem Ton an seine Mutter wandte, und nur an seine Mutter: „Hör zu, du bist unser Gast hier. Wir haben dich gern hier, aber ich erwarte, dass du meiner Frau nicht das Leben schwermachst. Pass dich bitte an. Das gilt übrigens auch für das Essen. Wenn dir nicht gefällt, was es hier gibt, kauf selbst ein, was du brauchst, und koch selbst für dich. Oder geh aus zum Essen. In meinem Haus wird meine Frau nicht drangsaliert.“

„Drangsaliert? Das ist ja ... Dass ich mir das sagen lassen muss, von meinem eigenen Sohn! Ich reise ab. Hol bitte meine Koffer vom Schrank.“

Rolf hatte offenbar vor, jetzt richtig laut zu werden, denn er schloss mit Nachdruck die Küchentür, wohl damit die Töchter nichts hörten. Und er wurde laut.

„Das wirst du nicht tun! Und wenn ich dich einsperren muss! Du wirst sofort aufhören, unausstehlich zu sein, und dich die restliche Zeit hier vernünftig benehmen!“

Überrascht sah Elisabeth Elfriede beim Zusammenschnurren zu.

Die verbleibenden drei Wochen ließen sich aushalten. Die Gardinenpredigt hatte ihre Wirkung nicht verfehlt, Elfriede war angezählt.

Und sie entdeckte außerdem zu Elisabeths größtem Glück, dass sie für ihr Leben gern fernsah. Sie hatte in Berlin keinen Fernseher, aber hier eröffnete sich für sie eine neue Welt. Rolf hatte vor einigen Monaten ein Schwarz-Weiß-Gerät angeschafft, ein Sonderangebot von QUELLE, sogar die Fernsehtruhe dazu, genau passend zur Schrankwand aus Nussbaum, war bezahlbar gewesen. Und so stand das Ungetüm in einer bislang wenig genutzten Ecke des Wohnzimmers, und Elfriede saß fortan spätestens am Nachmittag auf der allmorgendlich wieder rückgebauten Schlafcouch und schaute sich an, was die drei Programme zu bieten hatten, beginnend mit dem Kinderprogramm. Letzteres schuf sogar eine gewisse Nähe zu Gundel, die ihre Chance gekommen sah und sich oft stundenlang danebensetzte und mit ihrer Großmutter James-Krüss-Sendungen und „Die kleinen Strolche“, „Lassie“, „Fury“ und „Flipper“ schaute und sogar manchen Kinderfilm. So lange und häufig durfte sie sonst nie schauen, Lilo, die Sozialpädagogik-Studentin, teilte ihr für gewöhnlich die erlaubten Sendungen zu. Das Arrangement verschonte Elisabeth vor Einmischung in ihre Haushaltsverrichtungen und Gundel vor christlicher Erbauung, denn Elfriede schaute schweigend und ohne ihre Enkelin zu beachten. Sie stand nur auf, um das Programm zu wechseln, von den Nachmittagssendungen im Ersten und Zweiten zu den Regional- und Heimatsendungen am frühen Abend im Dritten. Großmutter und Enkeltochter saßen da ganze Nachmittage beisammen, in stillem, einvernehmlichem Genuss vereint.

Elisabeth sandte manches Dankgebet gen Himmel, und so hatte Elfriede wenigstens eine verlorene Seele in diesem Haus näher zum Herrn gebracht.

Über das Essen mäkelte sie fortan auch nicht mehr. So verging der Besuch ohne nennenswerte weitere Verwerfungen, abgesehen davon, dass Lilo jeden Tag verfluchte, den Elfriede bei ihnen verbrachte. Sie ertrug das exaltierte und frömmelnde Gebaren ihrer Großmutter und deren Selbstbezogenheit kaum und ließ sie das, kaum bemäntelt, auch spüren.

Elfriede konnte es zum Abschied nicht lassen, den beiden Mädchen das dringliche Versprechen abzunehmen, dass sie gute Christenkinder werden würden, dazu nahm sie Gundel herzlich in die Arme. Und Elisabeth bescheinigte sie, dass sie sich ja „sehr bemüht“ hätte.

Dann war sie weg, zusammen mit Rolf, der sie zum Bahnhof begleitete. Und drei weibliche Wesen sanken auf die Wohnzimmergarnitur und atmeten durch.

„So“, sagte Elisabeth, „jetzt koche ich uns erstmal einen schönen Kakao, und dann lassen wir den lieben Gott einen guten Mann sein und machen uns einen spitzenmäßigen Tag. Nur Faulenzen.“

Sie erwähnte nicht, dass sie in ihren Kakao ein Pinnchen Rum goss. Den hatte sie sich jetzt verdient.

„Die hat doch bloß Schiss vor dem Tod“, meinte Lilo, als Elisabeth mit dem heißen Kakao zurückkam. „Deshalb ist sie auf einmal so fromm geworden. Vorsichtshalber, falls es Gott doch gibt. Scheinheilig ist die, wenn du mich fragst!“

„Schiss sagt man nicht“, erwiderte Elisabeth.

„Och, ich hab mich eigentlich ganz gut mit ihr vertragen“, sagte Gundel.

„Ja, du bist ja auch ein braves Kind“, meinte Lilo und äffte die Großmutter nach: „Ein gutes Christenkind! Außerdem hast du den ganzen Tag fernsehen dürfen. Tja, damit ist es jetzt wohl Essig."

Als Rolf vom Bahnhof zurück kam, teilte Elisabeth ihm mit, dass er künftig nach Berlin oder sonst wohin fahren müsse, um seine Mutter zu sehen, einen Besuch in Essen werde es nicht mehr geben. Er grinste nur, aber es war ein einvernehmliches Grinsen.

Er wusste ja selbst genau, wie seine Mutter war.

Im kommenden Herbst nun hätte der Besuch von Frieda und Oskar angestanden, jetzt musste Frieda allein kommen. Wenn sie denn kommen würde. Mit der Ausreisegenehmigung würde es keine Schwierigkeiten geben, auch Frieda war inzwischen Rentnerin. Aber Elisabeth war unsicher, ob ihrer Mutter so kurz nach dem Tod des Vaters nach Reisen zumute war.

Sie selbst hatte vor drei Jahren zum ersten Mal in ihrem Leben Urlaub gemacht und war mit Rolf und Gundel ins Sauerland gefahren. Im Jahr zuvor hatten sie die damals siebenjährige Gundel mit der städtischen Kinderlandverschickung nach Holland fahren lassen. Rolf war nämlich vom Kreiswehrersatzamt nach einem Jahr in die Zusatzversorgungskasse gewechselt und rechnete Renten für Angestellte der Stadt Essen aus. Und die Stadt bot ihren „Bediensteten", wie Rolf sie immer bezeichnete, nahezu kostenlose Ferien für deren Kinder.

Im Kreiswehrersatzamt hatte Rolf übrigens noch aus tiefster pazifistischer Überzeugung, wie er sagte, so manche Akte eines Wehrpflichtigen verschwinden lassen, wenn der ihn zu sehr dauerte, weil er auf keinen Fall zur Bundeswehr wollte. Nun sah er bei der Rentenstelle seine Aufgabe darin, heiratswillige Frauen davon abzuhalten, sich ihre Rente auszahlen zu lassen.

„Die haben ja keine Vorstellung, wie sie sich in die Hand ihres Mannes begeben", sagte er zu Elisabeth. „Da winkt das schnelle Geld, die hohe Summe, und alles geht für die neue Wohnung drauf. Und schwups, stellt sich der Mann vielleicht als Halunke oder Schlendrian heraus, und die Frau ist von ihm abhängig, weil sie nichts mehr hat. Rente weg, Rentenauszahlung weg, Ruin. Ich führe denen das immer vor Augen und sage, sie sollen noch zwei-, dreimal darüber schlafen, und wenn sie dann den Antrag immer noch stellen wollen, kriegen sie das Geld natürlich, aber unvernünftig ist es doch."

Im Gegensatz zu Rolfs Aktionen beim Kreiswehrersatzamt, die Elisabeth immer eine Heidenangst vor Entdeckung eingejagt hatten, gefiel ihr sein Vorgehen bei der Zusatzversorgungskasse. Rolf war eben modern und fand, dass Frauen etwas eigenes haben und nicht von Männern abhängig sein sollten.

Im selben Sommer, in dem Gundel in Holland war, fuhr Lilo mit den Pfadfindern, denen sie sich angeschlossen hatte, für fast kein Geld ins Sauerland in ein Pfadfinderheim und schwärmte nach ihrer Rückkehr so davon, dass Elisabeth und Rolf sich entschlossen, alsbald mit Gundel auch dorthin zu fahren, denn das Heim bot auch billige Familienferien an. Im Sommer 1964 war es dann so weit gewesen: die erste gemeinsame Urlaubsreise zu dritt. Abgesehen von der Fahrt nach Magdeburg, die Elisabeth in jenem schrecklichen Jahr vor dem Umzug nach Essen mit den beiden Kindern gemacht hatte, waren die Kinder nie in den Genuss einer gemeinsamen Reise mit ihren Eltern gekommen, und Lilo würde auch keine mehr erleben. Sie war ein Teenager, zu erwachsen für Ferien mit den Eltern, und fuhr zur gleichen Zeit nach Schottland.

Es mussten Koffer gekauft werden, nicht zu viele und nur leichte, denn die Reise musste mit Bus und Bahn und vielen langen Fußmärschen bewältigt werden. Die Wahl fiel auf zwei Koffer aus Pappe, mit Lederecken verstärkt, ganz ähnlich denen, mit denen Rolf beinahe zwei Jahrzehnte zuvor in Schleswig aus dem Zug gestiegen war. Es wurden fast nur leichte Sachen eingepackt, und auch davon wenige. Dafür packte sie zwei Tuben mit Flüssigwaschmitteln ein. Die wetterfesten Jacken mussten sie auf der Reise anziehen. Und ausschließlich Schuhe fürs Haus sollten mit, da sie sowieso nur wandern würden und nirgendwo einkehren, wo es vornehm zuging, wenn überhaupt. Die einzig benötigten vernünftigen, festen Schuhe zogen sie auf der Reise an. Bis Dortmund konnten sie durchfahren, ab da ging es weiter mit dem Bummelzug nach Altena, von dort mit dem Bus nach Mühlenramede, schließlich mit einem anderen Bus nach Rosmart, das war die dem Pfadfinderheim nächstgelegene Ortschaft. Zum Heim führte ein zwei Kilometer langer Weg, nur ein kleinerer Teil davon war asphaltiert, das letzte Stück war ein steiniger Feldweg, der sich in der Mitte zu einer grasbewachsenen Nabe auftürmte. Trotz dieser Beschwernisse und der Last des kleineren der beiden Koffer hatte Elisabeth noch Sinn für die Schönheit der Landschaft: Hügelig war es hier, der Weg war von Wiesen gesäumt, auf denen Kühe grasten und auf einer Koppel ein paar Pferde. Immer wieder zerschnitten Buschreihen die Landschaft, und in nicht weiter Ferne sah man Waldstücke.

„Die werden wir bestimmt erwandern“, sagte Rolf. „Und riech mal, wie würzig die Luft hier ist. Riecht nach frischem Holz und Gras. Ist dir auch der blaue Himmel aufgefallen? Ganz anders als bei uns. Der Grauschleier vom Ruhrgebiet ist weg.“

Das stimmte ja! Jetzt bemerkte sie es überhaupt erst! Was für ein Blau!

Und sie kam sich ein bisschen vor wie in einem Western, so auf einem steinigen Weg balancierend, den billigen Koffer in der Hand, umgeben von Gras, Kühen und Pferden.

Gundel war ganz begeistert von der Pferdekoppel, hopste vor Freude und versuchte sofort, wenn auch erfolglos, eines der Pferde anzulocken mit etwas Gras, das sie unter dem Zaun ausriss. Pferde kannte sie sonst nur vom Martinszug und Kühe nur aus Bilderbüchern.

Und da lag es, ihr Urlaubsquartier, rechts vom Weg in einer kleinen Senke.

Das Heim bestand aus einem unauffälligen, weißen Haupthaus aus Stein und einem angebauten, grün gestrichenen Holzhäuschen mit Spitzdach, das aussah wie ein Hexenhäuschen. Die Familienunterbringung außerhalb der Pfadfinderferien war so organisiert, dass sechs Familien gleichzeitig dort Urlaub machten, jede Familie in einem Zimmer mit Stockbetten. Waschräume und Toiletten wurden von allen geteilt, ebenso die Gemeinschaftsküche. Mit diesem Arrangement war Elisabeth mit einer Seite ihres Herzens hochzufrieden, ersparte die Übernachtung im selben Zimmer mit Gundel ihr doch für zwei herrliche Wochen die Avancen von Rolf. Andererseits wollte sie natürlich sichergestellt wissen, dass die Waschräume nach Geschlechtern getrennt benutzt wurden, und das galt auch für die Kinder, wenn es nach ihr ging. Und ganz unsicher war sie sich, wie das gemeinsame Wirtschaften und Kochen mit fünf anderen Hausfrauen ausfallen würde. Andererseits hatte sie damit ja noch Erfahrungen aus der Zeit, als sie noch mit Aggi im elterlichen Haushalt gewohnt hatte.

Alles verlief erstaunlich glatt. Es gab unterschiedliche Waschräume für jedes Geschlecht, und die anderen Frauen, samt und sonders aus dem Ruhrgebiet, stellten sich als unkomplizierte, handfeste Personen heraus, die ebenso wie Elisabeth ohne Umschweife frisch ans Werk gingen, wenn es ums Zubereiten von Mahlzeiten ging. Rasch beschloss man, der Einfachheit halber täglich reihum eine der Frauen bestimmen zu lassen, was und wie gekocht wurde, während die übrigen zuarbeiteten. Elisabeth war überrascht, wie viel leichter die Arbeit von der Hand ging, wenn alle nach einem gemeinsamen Plan zusammenwirkten. Und hier wurde gesungen wie in ihrer Küche in Essen auch. Aber das Beste war das Schwatzen, denn die anderen hatten auch bewegte Leben gehabt und wussten daraus zu erzählen, und so kam es Elisabeth immer vor, als würde sie zur gleichen Zeit kochen und in einem Roman lesen.

Aufgabe der Männer war es, ins zwei Kilometer entfernte Rosmart zu laufen, um im kleinen Dorfgeschäft einzukaufen oder wahlweise die Kinder zu beschäftigen, soweit sie überhaupt der Beschäftigung bedurften. Denn nur ein paar Schritte entfernt lag ein Bauernhof, der den Kindern jede Menge Kurzweil bot. Und so lernte Gundel den ersten Kuhstall und den ersten Hühnerhof ihres Lebens kennen, sah beim Melken zu, trank die noch warme Milch, gold schimmernd vor Fett, direkt aus der Schöpfkelle und fischte Eier aus dem Stroh des Hühnerhauses. Die Bäuerin war sehr kinderlieb und erklärte mit nie erlahmender Geduld alles rund um die Tiere und deren Haltung. Die Kinder durften auch dabei sein, wenn die Kühe nach dem Melken auf die Weide und abends zum Melken in den Stall getrieben wurden. Und eben auch beim Melken selbst. Das Beste aber war die Schüssel Möhren, die die Bäuerin jeden Tag kostenlos herausgab, denn auf der Pferdekoppel stand Flora, eine alte, graubraune Stute, die das Gnadenbrot erhielt, und die kam gemächlich zum Zaun, wenn die Kinder mit der Schüssel erschienen, und nahm eine Möhre nach der anderen aus ihrer Hand entgegen.

„Ich glaube, sie freut sich und sie kennt uns schon, und heute hat sie mich sogar angelächelt“, erzählte Gundel beim Mittagessen.

Die Freundlichkeit der Bäuerin war nicht ganz und gar uneigennützig, denn in den Bewohnern des Pfadfinderheims hatte sie gute Abnehmer für die frische Milch und die Eier, die der Hof produzierte. Den Bauern lernten sie alle nie kennen, er bestellte das Feld und winkte nur manchmal von Weitem, wenn sie daran vorbeiliefen.

Manchmal sammelten die Kinder Himbeeren, die überreichlich von allen möglichen Büschen in der Umgebung zu ernten waren, und Elisabeth hatte noch von ihrer Mutter gelernt, wie man daraus einen leuchtend roten, unsagbar aromatischen Sirup kochte. Das war freilich eine ganz andere Sache als das dünn-rötliche Zeug aus dem Kaufladen, das nach Zucker und künstlichem Aroma schmeckte!

Und die Pilze! Einer der Männer kannte sich aus, und auf den wilden Wiesen wuchsen schon die ersten Champignons. Champignons waren zu Hause eine unerschwingliche Köstlichkeit, in Elisabeths Küche gab es so gut wie nie welche, und wenn doch, kamen sie aus der Dose und wurden den seltenen Gästen aufgetischt. Rolf traute sich an die Pilzernte hier auf den Sauerländer Wiesen nicht heran, der Champignon war zu leicht mit dem giftigen Knollenblätterpilz zu verwechseln, aber da sie unter den Männern einen Experten hatten, aß er von den Pilzgerichten wie alle, und niemand fiel tot um.

Spätestens nach dem Mittagessen brachen alle gemeinsam zu längeren Wanderungen auf. Befremdet bemerkte Elisabeth, dass alle anderen Frauen Hosen trugen, manche sogar echte Knickerbocker. Sie selbst wäre nie auf die Idee verfallen, etwas anderes als Röcke oder Kleider zu tragen. Aber gut, so waren sie nun einmal, die modernen Zeiten. Und sie musste vor sich zugeben, dass die Hosen viel besser zu den flachen, bequemen Schuhen passten, die man beim Laufen durch die Wälder und auf steinigen Feldwegen vernünftigerweise trug.

Auf den Wanderungen zeigten sich die Früchte von Rolfs naturwissenschaftlichem Interesse und der Lektüre von manchem Wissenschaftsmagazin, das er sich ab und zu gönnte. Alle Bäume wusste er zu benennen, und er erklärte den Kindern, dass die Wege so federnd weich waren wegen der vielen Nadelbäume, die es hier gab und die mit ihren abgefallenen Nadeln dicke Schichten auf den Wegen bildeten. Aber das Sensationellste war, dass er auch Raubvögel zu benennen wusste, Bussarde, Milane, Turmfalken, und dass er die Kinder während des gesamten Weges damit beschäftigen konnte, nach Raubvögeln Ausschau zu halten und sie zu bestimmen, nach der Silhouette, der Flugbewegung und dem Schrei.

Ab und zu gab es auch Tageswanderungen, zum Beispiel zu einer Talsperre, einer Burg, dann verzichteten sie auf warmes Mittagessen und verzehrten Mitgenommenes, das die Männer in Rucksäcken durch den Wald trugen.

Bei Regenwetter quengelten manche der Kinder, nicht so Gundel. Denn auf halber Treppe zu den Familienzimmern befand sich im Haus eine ganz großartige Bibliothek mit Kinder- und Jugendbüchern. Elisabeth hatte davon schon vorher durch Lilo gehört und darauf verzichtet, die Koffer der Familie mit Büchern für Gundel zu beschweren. Das Kind war mindestens so vernarrt in Bücher, wie sie es in ihren jungen Jahren gewesen war, und wenn es seine Nase in ein Buch steckte, sah und hörte man für Stunden nichts mehr von ihm. Und auch im Ferienhaus saß sie bei Regen den ganzen Tag auf dem Treppenpodest und las.

Elisabeth war recht traurig, als sich der Urlaub zum Ende neigte und sie sich von der schönen Natur, dem gemütlichen Haus und den so umgänglichen anderen Paaren verabschieden musste, wenngleich sie sich auf Lilo freute, die zur gleichen Zeit mit einer Freundin durch Schottland trampte, nur mit Rucksack und einem kleinen Zelt auf dem Rücken. Elisabeth hoffte, dass alles gut gehen werde. Trampen und wildes Campen, beides schien ihr nicht ungefährlich. Aber Lilo war entschlossen gewesen, sämtliche Warnungen in den Wind zu schlagen, und hatte sich in den Zug gesetzt. Das Geld für Bahn und Fähre hatte sie durch Nebenarbeiten zusammengespart.

Im Sauerland endete der Urlaub damit, dass man sich verabredete fürs nächste Jahr.

Und in der Tat fuhren sie einen Sommer später wieder hin, und es war genau so schön.

Das Jahr darauf hatten sie auslassen müssen, denn die Anschaffung des Kühlschranks, einer Waschmaschine und schließlich des Fernsehers – alles ein Segen für den Besuch der Schwiegermutter – hatten sämtliche Rücklagen aufgezehrt.

Und nun stand für diesen Sommer, nicht lange vor dem geplanten Besuch ihrer Mutter, der dritte Urlaub im Sauerland an. Dieses Mal würden sie im Hexenhäuschen schlafen und eine eigene Waschgelegenheit haben. Das war Elisabeth nur recht, denn mit den Jahren war sie zunehmend genant geworden und zog sich selbst vor anderen Frauen nur widerwillig aus.

Es machte ihr allerdings ein wenig Kopfzerbrechen, dass Gundel, die ja nun immerhin auch schon elf Jahre alt war, immer wieder nachfragte, ob denn „Christian" auch da sein werde. Christian war der Sohn einer der Familien, aus Wattenscheid, vier Jahre älter als Gundel. Also schon fünfzehn. Und das konnte bedeuten, dass er schon „das eine" im Kopf hatte. Die Fragen ihrer Tochter beunruhigten sie. Das Kind war doch nicht etwa drauf und dran, sich schon für Männer zu interessieren? Immerhin hatte Elisabeth kürzlich bräunlich-rote Streifen in Gundels Schlüpfer entdeckt und den untauglichen Versuch ihrer Tochter bemerkt, die mit Wasser zu entfernen. Sie hatte dem Kind erklärt, dass es jetzt jeden Monat einige Tage lang „unten raus" bluten werde und man das Blut auffangen müsse. Gegen die Schmerzen würde eine Wärmflasche helfen. Dann hatte sie Gundel den Gebrauch der Damenbinde erklärt, eines in ein Netz eingelegten Wattestreifens, und des Bindengürtels, den man sich umschnallen musste und an dem man die Enden der Binden mit Hilfe der vorn und hinten angebrachten Clips „unten rum" befestigte.

„Puh, das wäre nun auch geschafft", sagte sie zu Rolf, „ich habe unsere Tochter aufgeklärt."

Zu Gundel sagte sie, um sie auf den Urlaub vorzubereiten: „Du hältst dich besser von Christian fern. Der ist vier Jahre älter als du, in dem Alter werden Jungen unangenehm und wollen Sachen von dir, die du nicht willst, glaub mir. Ich weiß auch gar nicht, was du immer nach dem fragst. Der ist nichts für dich, beschäftige dich lieber mit den anderen Mädchen."

Sie konnte förmlich den Trotz in Gundels Gesicht heraufziehen sehen. Das Kind zweifelte neuerdings öfter an ihren Worten. Und wenn man bedachte, wie ihre Gedanken sich immer um diesen Christian drehten, musste man aufpassen, dass sie nicht mannstoll wurde. Sie sollte bloß nicht frühreif werden unter dem Einfluss ihrer älteren Schwester. Die erzählte neuerdings von einem Thomas, den sie demnächst mal an einem Nachmittag zu Besuch dahaben werde. Gut, sie würde im nächsten Februar einundzwanzig werden, volljährig also, man konnte ihr einen Freund nicht verbieten. Aber die schädliche Wirkung solch einer Beziehung auf Gundel war absehbar.

„Komm mir ja nicht mit einem Kind an", hatte Rolf zu Lilo gesagt, und damit war der Fall für ihn wohl erledigt. Aber Elisabeth machte sich weiter die größten Sorgen.

Noch bevor sie in den Urlaub fuhren, kam ein Brief von Elisabeths Mutter. Es blieb dabei: Sie würde Ende September für vier Wochen nach Essen kommen.

21.) Essen 1970

Die Welt war aus den Fugen. Das Land hatte den Verstand verloren. Und der Irrsinn feierte Triumphe. Ihr Mann war anscheinend durchgedreht, ebenso die beiden Töchter. Sie selbst litt unter Wechseljahresbeschwerden.

Das zusammen bildete so ungefähr Elisabeths Lebensgefühl in diesem Spätsommer. Es war ein schwieriges Jahr.

Wenn man die Nachrichten einschaltete, sah man jetzt seit längerem schon langhaarige Gammler durch die Straßen laufen, Studenten wohl zumeist, in großen Scharen. Elisabeth gewöhnte sich nicht daran, obwohl das schon zwei, drei Jahre so ging. Was waren die aufgeregt, was waren die verbissen! Sie trugen Transparente, hakten einander manchmal unter und hüpften rhythmisch oder skandierten im Chor:

„Bürger, runter vom Balkon, unterstützt den Vietcong!“ oder „Bürger, lasst das Eisbein sein, kommt herunter, reiht euch ein!“

Was wollten die bloß? Vietcong? Das war doch in Vietnam? Also weit weg. Was hatten die denn damit zu schaffen?

Diese aufgerissenen Münder, die Zornesfalten auf der Stirn, diese Ekstase, das war Elisabeth unheimlich. Die sahen alle so aggressiv aus. Wenn sie nicht gerade lachten. Und so ungewaschen. Man musste sich vorsehen, da nicht hineinzugeraten. Nicht dass solche Aufzüge – man nannte sie neudeutsch „Demos“ – je in ihrem Stadtteil stattgefunden hätten. Dabei hätten die Forderungen der Teilnehmer doch gerade hier sehr gut gepasst, denn die Studenten wollten, soweit Elisabeth es verstand, nicht nur irgendwelche so genannten Befreiungsbewegungen andernorts unterstützen, sondern auch die westdeutsche Gesellschaft umkrempeln, und zwar gemeinsam mit den Arbeitern. Und Altenessen war der klassische Arbeiterstadtteil. Mehr soziale Gerechtigkeit fordern, sicher, wer konnte dagegen sein? Dass auch Arbeiterkinder vernünftig gebildet und ausgebildet werden sollten, klar, das war ja auch ihre Meinung, sie hatten schließlich Lilo zum Studieren und Gundel aufs Gymnasium geschickt. Aber es gab doch inzwischen sogar im Ruhrgebiet eine Universität, in Bochum, mitten im Kohlerevier Deutschlands, mitten zwischen all den Bergleuten, seit 1962 schon, ganz gegen den Zeitgeist. Da waren sie doch, die gleichen Bildungschancen für die Arbeiter. Und die Schulen waren längst kostenfrei, sogar die Schulbücher wurden gestellt, und die Universitäten kosteten auch nichts mehr. Es gab sogar staatliche Zuschüsse für ärmere Studierende, Lilo hatte davon profitiert.

Sie fragte Herrn Schönlein danach, der musste es wissen, er war schließlich Arbeiter. Was hielt er von all dem?

„Das sind Studenten. Die leben im Elfenbeinturm. Von unserem Leben haben die doch keine Ahnung. Das denken die sich so schön mit der Revolution und so. Kein Privateigentum an Fabriken, so was eben. Sieht man ja drüben, wie toll das wird. Sollen sie doch dahin gehen. Wir Arbeiter werden doch von den Gewerkschaften ganz gut vertreten. Gute Arbeitsbedingungen, nur noch vierzig Stunden die Woche, ganz ordentliche Löhne. Und jetzt haben wir ja sogar einen sozialdemokratischen Bundeskanzler. Was wollen die denn noch, diese langhaarigen Affen? Wir Arbeiter tun uns doch nicht mit denen zusammen, wir haben mit denen nichts gemeinsam. Und dann noch Gewalt, das verurteile ich.“

Immer wieder gab es Berichte über Anschläge, gegen den Springer-Verlag zum Beispiel, der die BILD-Zeitung herausbrachte. Studenten oder angebliche Studenten hatten Brandsätze gegen das Springer-Verlagshaus geworfen, Auslieferungslaster der BILD-Zeitung in Brand gesetzt. Das jagte Elisabeth heillose Furcht ein, vor einem Zerfall des Landes, vor immer mehr Gewalt.

Elisabeth las die BILD nicht, aber sie hatte gelesen und gehört, mit welcher Feindseligkeit und Niedertracht diese Zeitung gegen die Demonstranten gehetzt hatte. Die aggressiven Schlagzeilen beleidigten täglich ihr Auge, wenn sie am Zeitungskiosk vorbeiging. Da war von „hart durchgreifen“ und sogar von „ausmerzen“ die Rede gewesen, solche Worte kannte man zur Genüge. Einer der Studentenführer, ein gewisser Rudi Dutschke, ein besonders laut auftretender Kerl, war irgendwann offenbar regelrecht zur Hassfigur der BILD geworden. Elisabeth lehnte beides ab, die Anschläge der Studenten sowieso, aber auch die mehr oder weniger unverhohlenen Gewaltaufrufe der BILD. Was dabei herauskam, hatte man im vorigen Jahr im April gesehen. Da hatte ein Hilfsarbeiter Dutschke aufgelauert und hatte ihm in den Kopf geschossen, Dutschke hatte nur knapp überlebt. Und schon kurz nach dem Tod ihres Vaters, am 2. Juni 1967, hatte ein Polizeibeamter bei einer Demonstration einem friedlich mitlaufenden Studenten in den Kopf geschossen. Von hinten. Und war freigesprochen worden. Obwohl der Student gestorben war. Notwehr! Von hinten in den Kopf! Und der arme Kerl hatte überhaupt nichts gemacht. Elisabeth konnte es nicht fassen. Was waren das für Juristen?

Die Frage stellten sich die jungen Protestierenden auch, und bald hatte Elisabeth andere Parolen in den Nachrichten gehört:

„Unter den Talaren der Muff von tausend Jahren“, hieß es da in den Sprechchören. Gemeint waren die Professoren, aber nicht nur. Überall, so beklagten die Demonstrierenden, waren die Strukturen verkrustet, saßen die alten Nazis noch in den alten Funktionen: an den Hochschulen, in der Verwaltung, in der Justiz, sogar in der Politik.

„Stimmt das?“, fragte sie Rolf. „Habt ihr da überall noch die Nazis sitzen?“

„Woher soll ich das wissen? Das würde ja keiner zugeben. Aber überleg doch mal: Wie sollte man denn die Bundesrepublik aufbauen ohne ausgebildete Verwaltungsleute und Juristen?“

„Naja, in der DDR ging es ja auch.“

„Das sagt die Richtige! Gerade deine Familie leidet doch am meisten unter den Verhältnissen da. Außerdem siehst du doch tagtäglich, wie gut das klappt. Da drüben funktioniert ja einfach alles ganz prima. Da sollen die mal hingehen."

„Ja, so ähnlich hat es Herr Schönlein auch gesagt."

Man hörte außerdem, dass diese jungen, verirrten Leute in Sünde zusammenlebten, gleich gruppenweise. Die waren doch bestimmt nicht verheiratet! Die Details mochte Elisabeth sich lieber nicht ausmalen. Sie war auf jeden Fall gegen so etwas, gegen die Sünde, gegen das Ungewaschene und gegen das freche Auftreten und Fordern. Das ziemte sich alles einfach nicht. Und es war auch dumm, wenn sie Herrn Schönlein richtig verstanden hatte, denn die Arbeiter reihten sich eben nicht ein und machten gemeinsame Sache mit denen. Noch nie hatten so viele junge Leute sich so abscheulich zusammengerottet, zielgerichtet und lärmend, und „das Bürgertum", was immer sie darunter verstanden, dermaßen provoziert mit ihren Blockaden, Demonstrationen und verbalen Angriffen. Provokation war doch kein Wert an sich! Aber, natürlich, man konnte sie deswegen nicht einfach abknallen. Und noch viel weniger konnte man einen Mörder in Polizeiuniform straflos davonkommen lassen, nur weil man sich der Polizei verpflichtet fühlte und das Opfer der Tat verabscheute. Elisabeth wusste nicht, worauf all das hinauslaufen würde, und am schrecklichsten war, dass ihr alle Seiten zuwider waren, das Auftreten der jungen Generation und das Handeln der älteren Generation in Gestalt der BILD und der Justiz. Das war nun herausgekommen in all den Jahren des Aufbaus und der Entbehrungen? So ein Land?

Die Sache mit den Nazis beschäftigte neuerdings auch Gundel, aber anders als bislang. Sie nahm gerade den Nationalsozialismus in der Schule durch, eben war sie in die Obersekunda gekommen und wurde jetzt von den Lehrern gesiezt.

Im Frühjahr war sie konfirmiert worden. Rolf selbst, der inzwischen Presbyter in der Kirchengemeinde war, hatte die Reihe der Konfirmandinnen und Konfirmanden durch die Kirche nach vorn zum Altar geführt, im Nadelstreifenanzug. Die Sörensens waren aus diesem Anlass zu Besuch gekommen, auch mit Silke, nach all den Jahren, mehr als elf inzwischen, hatte es ein Wiedersehen gegeben. Von Lilo hatte Gundel das Buch *Sternkinder* geschenkt bekommen, es handelte von jüdischen Kindern in Nazideutschland und beschrieb aus der kindlichen Sicht die Verfolgung, Deportation und Vernichtung der Juden. Von Silke hatte es *Das Tagebuch der Anne Frank* gegeben. Gundel mit ihren vierzehn Jahren und als Konfirmationskind war alt genug, zu erfahren, was sich damals zugetragen hatte und was man den Juden und ihren Kindern angetan hatte. Sie hatte diese Bücher mit größter Anteilnahme gelesen, so ähnlich wie schon zuvor *Onkel Toms Hütte*. Bewegende Erzählungen über bewegende Schicksale, bewegend zu lesen, jedoch ohne Berührung zu ihrem Leben. Doch jetzt, durch den Geschichtsunterricht, kam seit ein paar Tagen noch ein ganz anderer Zungenschlag in die Sache. Gundel hatte Fragen an ihre Eltern. Die hatten versucht zu antworten. Antworten zu finden, so gut es ging. Es war nicht gut genug gegangen.

„Das müsst ihr doch mitbekommen haben, dass die jüdischen Geschäfte angegriffen wurden, verschandelt, zerstört? Dass die Juden aus allen Berufen und Ämtern zurückgedrängt wurden? Öffentlich gedemütigt? Dass mehr und mehr Juden verschwanden, deportiert wurden in Konzentrationslager? Dass sie vernichtet werden sollten?“

Was hattet ihr damit zu tun? Das war die unausgesprochene Frage hinter diesen Vorhaltungen.

„Das müsst ihr doch mitbekommen haben, dass alle, die einer anderen Partei oder den Gewerkschaften angehörten, verfolgt wurden? Eingesperrt wurden? Gefoltert? Ins KZ kamen?“

Was hattet ihr damit zu tun?

„Wieso waren so viele für den Krieg? Warum waren sie dafür, Polen zu überfallen? Die ganze Welt anzugreifen? Wieso wollten die den totalen Krieg?"

Was hattet ihr damit zu tun?

„Wie war das mit den Verbrechen der Wehrmacht? Ihr müsst doch gehört haben, dass es nicht bloß ein Eroberungskrieg war, der gegen Polen und Russland geführt wurde? Sondern ein Vernichtungskrieg? Ein Abschlachten von Zivilisten, weil die zu Untermenschen deklariert wurden? Wo du doch selbst in Polen gelebt hast, Mami? Und du im Krieg warst, Papi?"

Was hattet ihr damit zu tun?

Und, vor allem: Was habt ihr dagegen unternommen?

Frage um Frage prasselte auf Elisabeth und Rolf ein, und Elisabeth musste sich ermahnen, sie nicht unverschämt zu finden. Rechtfertigen sollte sie sich vor ihrer vierzehnjährigen Tochter? Es war allerdings nicht zu überhören, dass es Gundel ernst war, sie sprach anders als damals über die *Sternkinder* und *Das Tagebuch der Anne Frank*. Es ging nicht um fremde Schicksale, sondern es ging sie an, so fragte sie. Und sie hatte ja recht, so zu fragen. Sie hatte einen Anspruch darauf, zu erfahren, was sich damals zugetragen hatte und warum. Es gehörte zur Geschichte ihrer Familie, das sah Elisabeth wohl ein. Aber wie sollte man einer Vierzehnjährigen die Verhältnisse in einem totalitären Reich, dem so genannten tausendjährigen, erklären? Ohne ihr allzu viel Sicherheit für ihr eigenes Leben zu nehmen? Wie die eigene Verstrickung erklären? Ohne ihre Verachtung auf sich zu ziehen? Nein, einen gewissen Verlust an Sicherheit konnte sie nicht vermeiden, fand sie schließlich. Wer konnte schon für die Zukunft Garantien abgeben?

Sie versuchte es so: „Wir wussten auch nicht alles. Zum Beispiel hatten wir keine Ahnung von den Konzentrationslagern und was da geschah. Aber wir bekamen schon mit, dass die Juden verschwanden, Meseritz war ja auch irgendwann ‚judenfrei'. Wir wussten nicht, was den Juden passierte, wenn sie abtransportiert wurden. Wir wussten aber, dass jeder, der sich auflehnte oder etwas Falsches sagte, Gefängnis riskierte. Und so wie die Nazis sich aufführten, konnten wir da keine menschliche Behandlung erwarten. Aber unabhängig davon wollte natürlich sowieso keiner ins Gefängnis. Darum hatten wir alle Angst, etwas zu sagen. Man musste höllisch aufpassen."

Rolf ergänzte: „Es stimmt, viele waren für Hitler und auch viele für den Krieg. Aber so wie im Ersten Weltkrieg war es nicht, als die deutschen Soldaten lachend in den Tod zogen, fröhlich aus den Zügen winkten und riefen: ‚Weihnachten sind wir wieder zurück.' Tja, im Sarg waren sie zurück, wenn überhaupt! Dieser Krieg war anders. Es war wirklich ein Vernichtungskrieg im Osten, der kam aus dem Rassenhass, der damals herrschte. Wir wussten darüber nicht alles, aber ich habe mich damals mit meinem Trupp sofort den Russen ergeben, um niemanden totschießen zu müssen. Wir waren beide gegen den Krieg, und wir waren wahrhaftig nicht die einzigen, aber man konnte nichts sagen, sonst wäre man sofort abgeholt worden."

„Aber der totale Krieg, was war mit dem?", fragte Gundel, und dabei klang ihre Stimme ein wenig kratzbürstig. Elisabeth verschränkte die Arme vor der Brust: „Das waren doch nur handverlesene Gäste im Sportpalast. Eine Art Propagandaschau, sorgfältig inszeniert vom Propagandaminister. Das war 1943, schon nach den ersten verheerenden Niederlagen, als die Klügeren den Krieg schon verloren gegeben hatten. Du musst nicht glauben, dass das die Stimmung in der Bevölkerung widerspiegelte."

Rolf fiel ein: „Aber man konnte nichts machen. Ich habe mal mit siebzehn oder achtzehn ein paar Kommunisten gekannt und denen ein-, zweimal geholfen, Handzettel in den Straßen von Berlin zu verteilen. Damals fand ich ihre Ansichten noch gut.

Ich wurde eines Besseren belehrt, viel später, als ich die Russen kennengelernt habe in der Gefangenschaft. Was die uns angetan haben, war verbrecherisch, glaub mir. Dabei hatte ich denen vertraut, als ich mich ergeben habe."

„Ja, der Krieg hatte fürchterliche Folgen für uns alle", sprang Elisabeth ihm bei. „Ich musste fliehen, das weißt du ja. Heute gehört Meseritz zu Polen. Vor dem Krieg nicht, jedenfalls nicht die Stadt. Und dann kam die deutsche Teilung und trennte unsere Familie."

„Aber war das nicht bloß gerecht? Nach allem, was die Deutschen den Polen, den Russen und all den anderen angetan hatten? Und den Juden?"

„Gerecht nennst du das?" Rolfs Stimme überschlug sich. Er sprang auf. „Gerecht? Dass sie ganz Deutschland zerbombt haben, manchmal nur so aus Spaß, weil sie Bomben übrig hatten? Dass die Russen unsere Frauen vergewaltigt haben und gemordet und geplündert, was das Zeug hielt? Wie die Tiere! Kein bisschen besser als die Wehrmacht! Dass sie die Kriegsgefangenen drangsaliert und ausgebeutet haben und jahrelang nicht freigelassen? Die deutsche Teilung? Gerecht? Das?"

Türschlagend verließ er die Küche.

„Du hast da einen Punkt berührt ...", sagte Elisabeth und kaute an ihrer Unterlippe. Dann erzählte sie Gundel von Rolfs Gefangenschaft. Und schließlich von der eigenen Flucht, zwei, drei Sätze nur, mehr ging nicht.

Nun war es an Gundel, aufzuspringen. „Wie konntet ihr wegsehen? Wie konntet ihr euch weismachen, es gäbe keine Unterdrückung, wo ihr die doch selbst gefürchtet habt? Ihr wusstet ganz genau, in welchem Staat ihr gelebt habt und was der mit den Juden gemacht hat und welchen Krieg der führte. Und jetzt tut ihr, als wärt ihr Opfer. Erzählt von eurem Leiden. Aber ihr gehört zum Land der Täter! Ihr seid Täter. Nicht Opfer. Dreht das nicht um!"

Dann rannte auch sie türschlagend hinaus.

Es war ja ein Irrsinn! Der Irrsinn feierte Triumphe!

Und da draußen liefen diese Langhaarigen umher und sagten dasselbe.

In den nächsten Tagen gingen Rolf und Elisabeth sehr behutsam mit Gundula um. So, als wollten sie um deren Vergebung werben. Ab und zu empörte Elisabeth sich über sich selbst. Es war doch gerade umgekehrt: Gundel war über die Gefühle und Blessuren ihrer Eltern getrampelt.

In ihrer jugendlichen Einfalt wusste sie zwar nicht, welche Spuren die letzten Kriegsmonate und das Jahr danach in ihren Eltern hinterlassen hatten. Das wollte Elisabeth ihr durchaus zugute halten. Aber ihre Tochter zeigte auch wenig Bereitschaft, zu verstehen. Konnte man denn nicht zumindest vom eigenen Kind ein wenig Einfühlung erwarten? Denn sie waren Opfer, eindeutig Opfer.

Die Geschehnisse während der Flucht waren Elisabeth immer gegenwärtig, bösartige Tiere im Rudel, die ihre Erinnerung besetzt hielten und von ihrem Seelenfrieden fraßen. An manchen Morgen, wenn sie erwachte, waren sie schon da, feixend und gehässig, entschlossen, sie durch den Tag zu verfolgen. In manchen Nächten, wenn sie schlief, blieben sie wach, höhnisch, siegesgewiss, und wüteten durch ihre Träume. Sie wuchsen in jeder Silvesternacht zu Ungeheuern heran, spieen Feuer und brüllten, dass ihr die Ohren zerspringen wollten. Von Zeit zu Zeit zogen sie sich zurück, aber sie führten ein Eigenleben und waren durch nichts zu zähmen, nicht in irgendwelche Schranken zu weisen, durch all die Tränen nicht und nicht durch all die Wut.

Und auch nicht durch das Leben an der Seite von Rolf. Denn er war Teil der Erinnerung an jene Tage. Und er kämpfte mit seinen eigenen Dämonen. Sie hörte ihn stöhnen im Traum und sah ihn schlafend frieren. Er war so einsam wie sie, während sie nebeneinander lagen, einfach so. Die Geborgenheit, die Elisabeth in einem anderen Leben, einer anderen Ehe vielleicht hätte empfinden können, gab es in ihrem Leben, so wie es nun einmal war, nur in brüchig.

„Da kann man nichts machen", sagte Rolf.

Lilo attackierte Elisabeth auf andere Weise. Sie war kürzlich zu Besuch gewesen, um ihre Großmutter Frieda zu sehen, die seit drei Jahren immer im Spätsommer für ein paar Wochen bei ihnen wohnte, so auch jetzt.

Lilo war vor mehr als einem Jahr ausgezogen, direkt zu ihrem Freund Lorenz, mit dem sie inzwischen verheiratet war. Die Sache mit Thomas vor drei Jahren hatte sich damals rasch zerschlagen. Elisabeth hatte ihn noch kennengelernt, als er einmal Lilo besucht hatte. Was für ein Aufhebens Lilo um diesen Besuch veranstaltet hatte! Es müsse gewährleistet werden, dass sie mit ihm das Kinderzimmer für sich hatte, hatte sie verlangt. Gundel hatte es räumen müssen, und Lilo hatte sich ausbedungen, dass sie es den ganzen Nachmittag nicht beträte. Das konnte ihr so passen. Womöglich würden die beiden unsittliche Dinge treiben, wenn man sie unbeaufsichtigt ließe. Das wäre ja für die Eltern sogar strafbar, Kuppeleiparagraf oder so ähnlich nannte man das. Also wartete Elisabeth, nachdem das junge Paar im Zimmer verschwunden war, eine halbe Stunde, dann machte sie ein Tablett mit Tee und Keksen fertig – selbst gebacken, versteht sich – und schickte Gundel damit ins Zimmer.

„Frag erst, ob du ihn duzen darfst", schärfte sie ihr noch ein und schob sie zur Zimmertür, hinter der sie natürlich lauschend stehen blieb.

„Guten Tag, ich heiße Gundula", hörte sie ihre jüngste Tochter sagen. „Darf ich du sagen?"

„Du kannst mich von mir aus auch Majestät nennen“, antwortete eine warme Männerstimme.

‚Warm die Stimme, kalt die Worte‘, dachte Elisabeth. ‚Was für ein herablassendes Gehabe vor einer Elfjährigen, widerlich. Bei dem wird Lilo nicht bleiben.‘

Sie stieß sich außerdem daran, dass der junge Mann nicht, wie es sich gehörte, zuerst den Eltern seiner Freundin die Aufwartung machte. Stattdessen war er einfach so vorbeigeschneit, hatte sie, die Mutter, kurz begrüßt und war dann mit seiner Liebsten in deren Zimmer verschwunden. Die Welt war aus den Fugen, aber mit dem Kerl würde sie sich sowieso nicht länger beschäftigen müssen, soviel war gewiss.

Und so kam es auch. Lilo hatte ihn verlassen. Eine Zeit lang hatte Thomas sie anschließend noch verfolgt mit Briefen und, als sie die Annahme verweigerte, Karten geschickt, damit sie lesen müsse, was er ihr zu sagen hatte. Schließlich war Rolf persönlich zu dem jungen Mann gefahren und hatte ihn aufgefordert, seine Tochter in Ruhe zu lassen. Das hatte gewirkt.

Nicht lange danach war Lorenz in Lilos Leben getreten. Als sie von der Tagung, auf der sie ihn kennen gelernt hatte, zurück kam, sagte sie: „Den werde ich heiraten.“

Rolf bemerkte skeptisch: „Oh, so kurz entschlossen? Das kann man doch so schnell nicht wissen. Ist er so nett?“

„Ich finde den eigentlich nicht mal nett. Er ist anmaßend und weiß alles besser. Es geht auch nicht um Liebe, noch nicht, jedenfalls nicht so was wie Verliebtsein auf den ersten Blick. Ich weiß einfach, dass der Mann mir bestimmt ist, ich kann es sehen. Ich habe es sofort gesehen.“

„Na, wir werden es ja erleben, aber wir freuen uns auf jeden Fall, wenn du recht behältst“, sagte Elisabeth. Lilo und ihre Visionen immer!

Nicht lange vorher war ein Fernsehteam an Lilos Fachhochschule erschienen und hatte die Studentinnen interviewt zu ihrer

Lebensplanung, und Lilo war die einzige gewesen, die gesagt hatte: „Ich heirate nicht. Ich bleibe unabhängig.“

Sie hatten es alle zusammen im Fernsehen gesehen. „Wir wollen niemals auseinander geh‘n“ hieß die Sendung, und Lilo hatte so wunderhübsch ausgesehen mit ihren aufmerksamen, klugen Augen, den hohen, ausgeprägten Wangenknochen, den vollen Lippen und den glänzend braunen, langen Haaren, wenn man das alles auch nur in Schwarz-Weiß sehen konnte. Und häufig schlug sie die Augen nieder, wenn sie lächelte, das wirkte bescheiden und wissend zugleich und auf jeden Fall sehr, sehr einnehmend. Doch über das, was sie sagte, war Elisabeth entsetzt gewesen. Keine Heirat? Keine Enkel? Und das bei ihrer kindernärrischen Lilo? Was für eine Enttäuschung!

Und nun also Lorenz. Also doch.

Elisabeth und Rolf mochten ihn gleich. Ein hoch aufgeschossener, sehr dünner Mann mit schon zurückweichendem, dunklem Haar und Nickelbrille auf einer kleinen, schmalen Nase. Ein überaus freundliches Gesicht, das gern lächelte und lachte. Er war umgänglich und zeigte deutlich, dass er an seinen künftigen Schwiegereltern und allem, was sie dachten und sagten, hoch interessiert war. Besserwisserisch zeigte er sich ihnen gegenüber nicht. Aber er war so unerhört gebildet, vor allem kulturell, er studierte schließlich Kunst in Düsseldorf bei einem berühmten Künstler namens Joseph Beuyss, von dem Elisabeth und Rolf freilich noch nie etwas gehört hatten. Der machte merkwürdige Sachen mit Schmalz, das er in Zimmerecken und sonst wohin schmierte und ausstellte. Das verstanden sie nicht. Zusammengeschmiertes Schmalz sollte Kunst sein? Dennoch fühlte Elisabeth sich Lorenz gegenüber, vielleicht weil sie ihn oft nicht recht verstand, immer ein wenig unterbelichtet. Er wusste eben so viel, und sie bemühte sich, ihm zu gefallen, vor allem im Geschmacksdingen.

Über die Couch im Wohnzimmer hatte Elisabeth ein großes Ölgemälde in schwarzem Holzrahmen gehängt, das einen Weg durch einen herbstlichen Wald zeigte, keine Totalansicht, sondern ganz nah, als habe der Maler auf dem Weg gestanden und rechts und links nur die ihn säumenden Stämme und belaubte Zweige in Herbstfarben wahrgenommen und auf die Leinwand gebracht. Darum wohl hatte der Maler Hochformat gewählt. Der Mann ihrer Tante Martha aus Meseritz, der Säufer, hatte das Bild gemalt und Rolf und Liesel zur Hochzeit nach Schleswig geschickt. Es hatte den Umzug nach Essen unbeschadet überstanden, nahezu als einziger Gegenstand. Elisabeth liebte es sehr und schaute es oft an. Sie fühlte sich immer direkt ins Bild gezogen, so, als ginge sie selbst durch diesen Wald. Und die Herbstfarben leuchteten so hell und warm zugleich. Aber es war eben eine Laienarbeit. Was also würde Lorenz, der Kenner, dazu sagen? Auf keinen Fall wollte Elisabeth in Verdacht geraten, ähnlichen Geschmacksverirrungen aufzusitzen wie ein Teil ihrer Nachbarn, die röhrende Hirsche oder kitschige Madonnen über ihre Sofas hängten.

„Das ist ja ein sprechendes Bild!“, sagte Lorenz gleich, als er das Wohnzimmer betrat. „Es zieht einen direkt in den Wald hinein, so, als ginge man auf dem Weg mit.“

Das war der Moment, in dem Elisabeth Lorenz in ihr Herz schloss, wenn auch die Befangenheit vor seinem überlegenen Geschmack sie nie ganz verlassen sollte.

Immerhin in Sachen Literatur konnte sie mithalten. Immer noch las sie in jeder freien Minute, und kürzlich hatte sie Christa Wolf entdeckt. Für alle Zeiten würde das ihre Lieblingsschriftstellerin sein, nachdem sie *Der geteilte Himmel* gelesen hatte, das wusste sie schon jetzt. Das war doch ein Thema, das sie mit Lorenz teilen konnte, denn belesen war er auch noch. Und politisch gebildet. Und musikalisch, spielte Klavier und Gitarre.

Nur dass er Lilo Lilli nannte, irritierte sie ein bisschen, und es gefiel ihr gar nicht, dass Gundel das alsbald übernahm.

Eines Abends im vorigen Jahr war Lilo dann länger als vereinbart fortgeblieben.

„Sie ist zweiundzwanzig, was will man ihr Vorschriften machen?“, hatte Elisabeth Rolf zu beruhigen versucht, der mittlerweile wie ein Tiger durch die Wohnung lief.

Rolf schnaubte: „Die hat ja keine Vorstellung, was für Sorgen man sich macht. Oder es ist ihr egal. Bestimmt ist sie bei ihrem Lorenz, und da wird es nicht nur anständig zugehen. Diese ...“

Um halb zwei schließlich ging der Schlüssel.

„Wo kommst du her?“ Rolf schoss in den Flur, die Hand schon erhoben.

„Von Lorenz.“

„Du ... du ...“, Rolf stotterte vor Wut, „du Protestuierte!“

Ehe Elisabeth es sich versah, fielen Rolfs Fäuste auf Lilos Gesicht und Körper nieder, und als Lilo ins Kinderzimmer floh, setzte er ihr nach und prügelte sie auf Gundels Bett.

„Was ... “ Gundel schreckte hoch und schaute verstört auf ihre ältere Schwester, die auf ihren Beinen lag.

„Rolf!“, schrie Elisabeth. „Hör doch auf, du schlägst sie ja tot!“

Wortlos drehte Rolf ab und verschwand im Schlafzimmer. Elisabeth hörte ihn leise schluchzen.

„Das war‘s dann wohl“, sagte Lilo, völlig ruhig, und ging, ohne Furcht zu zeigen, Rolf nach, um ihren Rucksack aus dem Schrank zu holen.

„Das wirst du nicht machen!“ Rolf sprang auf und rannte in den Flur, wo er die Wohnungstür verschloss und den Schlüssel einsteckte. Es war Lilos Schlüssel.

„Ach du liebe Güte, glaubst du denn, du kannst mich hier ewig einsperren? Gehe ich heute Nacht nicht, gehe ich morgen.“

Und das tat sie. Sie legte noch einen Zettel auf Rolfs Frühstücksplatz in der Küche: *Es heißt übrigens Prostituierte.*

Dann war sie fort, um mit Lorenz ein sündiges Dasein zu führen.

„Daran bist du schuld", sagte Elisabeth zu Rolf.

Gottlob war Lilo seit nun zwei Monaten mit Lorenz verheiratet, seit vergangenem Juli. Die Verhältnisse waren also endlich geordnet, und die hässliche Szene, die zu Lilos Auszug geführt hatte, war auch vergeben und vergessen, hoffte Elisabeth. Gesprochen hatten sie nie darüber.

Die Hochzeit war ein einziges Hindernisrennen gewesen. Lorenz war katholisch, seine Eltern waren sehr fromm, und eine Mischehe war eigentlich völlig unmöglich. So etwas ging nie gut, und eigentlich gab es derlei auch kaum, und niemals mit kirchlichem Segen. Beide Kirchen führten keine Trauungen von Mischehen durch.

„Was, wenn ihr Kinder bekommt? Sollen die dann katholisch oder evangelisch getauft werden? Das kann fürchterlichen Streit zwischen euch geben, selbst wenn ihr euch jetzt einigt. Hinterher kracht es dann doch." Elisabeth wusste, dass sie mit solchen Worten wohl kaum die jungen Leute von einer Heirat abbringen konnte, und sie wollte es ja selbst auch gar nicht, denn ihr gefiel der Schwiegersohn, den ihre Tochter gewählt hatte. Aber wäre es nicht noch schlimmer, wenn es erst eine Hochzeit und dann ein Kind und dann ein Zerwürfnis über die Religionswahl für das Kind gäbe? Konnte Lorenz nicht konvertieren? Dann hätte es auch eine kirchliche Trauung geben können. Lorenz konnte doch schon mal mit Dr. Röder, dem Pfarrer, sprechen.

„Wir lassen unsere Kinder nicht taufen. Sie sollen selbst entscheiden, wenn sie alt genug sind."

Was sagte Lilo da? Nicht taufen lassen?

„Aber … die Leute! Ihr könnt doch nicht ... Wie stehen die Kinder denn da, wenn sie zum Beispiel in die Schule kommen? Redet doch nochmal mit Papi, der kann ein Lied davon singen."

Aber während sie das sagte, wusste sie schon, dass sie sich nur ein wenig innerlich straffen müsste, um sich an den Gedanken zu gewöhnen.

Nicht so Lilos künftige Schwiegereltern, Katharina und Heinrich. Als die hörten, dass Lilo nicht zum Katholizismus konvertieren würde und es deswegen keine Trauung durch die einzig wahre und ewige Kirche geben würde, ja sogar überhaupt keine kirchliche Trauung, sagten sie ihre Teilnahme ab. Sie seien nicht bereit, eine Hippie-Hochzeit durch ihre Anwesenheit aufzuwerten, ließen sie ihren Sohn und dessen Verlobte wissen.

Als Rolf davon hörte, beschloss er, dass er Lorenz nicht zumuten werde, nur seine Schwiegereltern dabei zu haben, nicht aber die eigenen Eltern. Also erschienen auch die Eltern der Braut nicht. Rolf und Heinrich waren als Trauzeuge vorgesehen gewesen, nun mussten andere gefunden werden. Es kam nämlich sonst niemand zur Hochzeit, weil nicht gefeiert werden sollte. Stattdessen wollte das Brautpaar eine vierwöchige Hochzeitsreise nach Bornholm machen. Für eine Feier blieb da kein Geld übrig.

Zwei Trauzeugen waren aber vorgeschrieben.

Das junge Paar bat also zwei Nachbarinnen, Schwestern, die sich im Haus von Lorenz eine Wohnung teilten, die Trauzeugenrolle zu übernehmen, was die auch hoch erfreut zusagten. Und alle waren halbwegs zufrieden, abgesehen von Katharina und Heinrich, die weiter über die Wahl ihres Sohnes und die Umstände seiner Eheschließung schmollten.

Am Tag der Hochzeit öffneten zwei verweinte Schwestern in Bademänteln Lilo und Lorenz die Tür. Sie hätten sich so zerstritten, sagten sie, dass sie jetzt unmöglich zu dieser gemeinsamen Unternehmung aufbrechen könnten.

Und so mussten ein Taxifahrer, der mit seinem Wagen vor dem Standesamt stand, und ein professioneller Fotograf, der ebenfalls vor dem Standesamt auf Kundschaft lauerte, um ihren Beistand gebeten werden. Den erbrachten die beiden zwar, aber sie ließen sich natürlich auch fürstlich dafür bezahlen. Immerhin machte der Fotograf noch eine sehr hübsche Aufnahme des Paares, die Elisabeth sich gleich aufhängte, nachdem die beiden jungen Leute ihr berichtet hatten, was sich am schönsten Tag ihres Lebens zugetragen hatte. Sie prusteten beide dabei und überboten sich mit den ulkigsten, buntesten Schilderungen, offenbar hatten sie sich entschlossen, die Sache von der komischen Seite zu nehmen.

Die Hochzeitsreise nach Bornholm zumindest war dann aber ohne Pannen verlaufen, war im Gegenteil ganz wunderbar gewesen, wie man hörte. Auch davon gab es ein sehr schönes Foto, wie beide Hand in Hand über den Strand von Duodde liefen, barfuß, und Lilo in einen grasgrünen Pullover, kunstvoll in verschiedenen Mustern von Elisabeth gestrickt. Auch dieses Foto hängte Elisabeth auf.

Und nun war Elisabeths Mutter Frieda zu Besuch, es war ein schöner Spätsommertag, und Lilo und Lorenz waren zum Mittagessen und Kaffeetrinken gekommen. Es hatte sich herausgestellt, dass Lorenz über die Maßen gern aß und begierig war auf Elisabeths köstliche Gerichte und Kuchen, von denen er sich reichliche Mengen einverleibte, ohne jemals zuzunehmen.

Er war noch immer Student mit seinen jetzt siebenundzwanzig Jahren, Lilo sorgte mit einer Anstellung als Vorschullehrerin für das Auskommen beider. Ihr Anerkennungsjahr hatte sie im Asozialen-Kindergarten im Altenessener Norden abgeleistet, ausgerechnet.

An diesem Nachmittag verabschiedete Rolf sich vorzeitig. Er hatte inzwischen auch noch den Posten des Missionsbeauftragten der Gemeinde übernommen. Heute Nachmittag wollte er die Missionsbüchsen bei Gemeindemitgliedern einsammeln.

Als Elisabeth mit ihrer Mutter, ihren beiden Töchtern und ihrem Schwiegersohn schon im Flur stand und sich anschickte, Lilo zum Abschied zu umarmen, brach es aus der plötzlich heraus: „Warum habt ihr mich eigentlich immer geschlagen?“

„Wie bitte?“ Elisabeth glaubte, nicht richtig zu hören.

„Warum ihr mich geschlagen habt.“

„Kind, was …? Wie kommst du jetzt darauf?“

„Es ist alles wieder hochgekommen, schon als Papi mich aus dem Haus geprügelt hat, letztes Jahr. Und jetzt will ich von dir wissen: Warum habt ihr mich geschlagen?“

Elisabeth spürte, wie sie hochrot wurde, sie wusste nicht, ob aus Zorn oder Scham.

Da schaltete sich ihre Mutter ein: „Das gehört sich nicht. Man macht seiner Mutter nicht solche Vorhaltungen. Wirklich, das geht nicht.“

„Nein?“ Lilo hatte offenbar nicht vor, lockerzulassen. „Halb tot geschlagen habt ihr mich. Holzlöffel sind auf mir zersprungen. Ich musste mir die Hände unter den Po schieben, wenn ich mich setzen wollte. Ihr müsst mich gehasst haben. Wer sein Kind liebt, der schlägt es doch nicht. Ich will wissen, warum! Gehasst habt ihr mich!“

Sie weinte jetzt hemmungslos. Lorenz streichelte sie über den Rücken und versuchte, sie in seine Arme zu ziehen.

„Komm, wir gehen jetzt besser.“

„Nein, lass mich! Sie soll mir antworten! Warum?“

Aber Elisabeth wusste keine Antwort. Sie wollte nichts hören und wollte nichts wissen.

„Ihr geht jetzt wohl“, sagte sie. „Du hast ja gehört, was die Omi gesagt hat. Das muss ich mir nicht bieten lassen.“

Laut weinend rannte Lilo ins Treppenhaus.

„Sei doch still“, rief Elisabeth ihr hinterher, „die Leute!“

Sie hörte Lilo noch schluchzen, als die beiden jungen Leute schon zwei Treppen tiefer waren und die Haustür erreicht hatten. Das würden jetzt natürlich alle Nachbarn mitbekommen. Die hätten also schon einmal ihr Sonntagnachmittagsvergnügen.

Gundel ging still in ihr Zimmer. Frieda schüttelte nur stumm den Kopf und ging ins Wohnzimmer. Elisabeth ging in die Küche.

‚Endet es so?', dachte sie. ‚Zerbricht jetzt meine Familie?'

Sie fühlte sich plötzlich wie ausgeleert. Was würde bleiben, wenn beide Töchter sich abwendeten? Wer wäre sie dann noch?

Und dann füllte sich die Leere doch wieder. Mit Zorn.

Sie sprachen alle nie mehr über diesen Vorfall. Als Elisabeth abends Rolf davon erzählte, voller Empörung, sagte er nur:

„Ich spreche mal mit Lilo. Vielleicht versteht sie es dann besser."

Der Besuch ihrer Mutter war Elisabeths einziger Lichtblick dieses Jahres, jedenfalls beinahe.

Als Frieda vor drei Jahren zum ersten Besuch gekommen und aus dem Zug geklettert war, hätte sie sie fast nicht mehr erkannt. Die Mutter war alt geworden in den Jahren, die sie hart arbeitend in einer Landwirtschaftlichen Produktionsgenossenschaft verbracht hatte, alt und grau, fast weiß, vielleicht auch wegen Oskars Tod. Und mindestens drei Zentimeter kleiner als früher war sie, Elisabeth überragte sie um einiges, dabei war sie selbst gerade mal einen Meter sechzig groß. Frieda hatte auch ordentlich zugenommen, was ihr aber gut stand. Sie war jetzt sehr füllig, doch ihr Gesicht war dadurch ebenfalls runder geworden und weicher. Aggi ähnlicher denn je. Und weil sie immer fröhlich und liebevoll aus ihren blauen Augen schaute, wärmte sie Elisabeths Herz, wann immer ihr Blick auf sie fiel. Frieda kleidete sich immer noch genau so wie früher in Meseritz, mit hoch geschlossenen Blusen oder Pullovern in gedeckten Pastelltönen, über die sie graue Trägerröcke zog. Und wie eine Wolke standen die kurzen, dauergewellten, grauweißen Haare um ihr Gesicht und formten es noch etwas runder und weicher.

Im Gepäck hatte sie immer Walnüsse aus ihrem Garten, im Ofen getrocknet, und selbst eingekochte Erdbeermarmelade, auf die Gundel so versessen war, dass sie manchmal ein ganzes Glas auslöffelte. Ohne Brot.

Frieda sagte nicht viel während ihrer Besuche und bemühte sich, niemandem zur Last zu fallen. Nur von Aggi und Paul erzählte sie häufig, auch mal von Röschen. Und endlich konnte sie das Leben in der DDR frei schildern: die immer noch nicht behobenen Engpässe bei allen Waren, auch Lebensmitteln, die exorbitant hohen Preise für Dinge, die nicht zur Grundversorgung gehörten, die Qualitätsmängel, die ständigen Erhöhungen des Arbeitssolls. Und über die Wahlen erzählte sie, die ihrer Meinung nach eine Farce waren. Zettel falten nannte man das, man konnte nicht abstimmen, sondern nur den Wahlzettel mit der vorgegebenen Liste der Kandidaten falten und in die Urne werfen. Das galt als Ja-Stimme. Anzukreuzen war da nichts, keine Auswahl und schon gar kein Nein. Wer das sinnlos fand, konnte sich einer Wahl auch nicht wirklich entziehen, dafür war die soziale Kontrolle durch die Betriebskollektive und Hausgemeinschaften zu groß. Darum fielen die Ergebnisse auch immer so beeindruckend aus. Die regelmäßig 0,2 Prozent, die nicht auf die vorbestimmten, auf dem Wahlzettel gelisteten Kandidaten entfielen, kamen von den wenigen, die sich getraut hatten, nicht wählen zu gehen, selbst wenn man sie abzuholen versuchte. Ihre nicht abgegebenen Stimmen zählten als Neinstimmen.

In den Briefen, die Elisabeth und Frieda einander über die innerdeutsche Grenze geschickt hatten, war von all dem natürlich nicht die Rede gewesen, weil man ja nie wusste, wer mitlas. Sie war erstaunt, wie stark das demokratische Leben in der DDR abwich von dem in der Bundesrepublik. Sie hatte immer gedacht, es handele sich um gefälschte Auszählungsergebnisse, wenn die Resultate verkündet worden waren.

„Naja, die Kandidaten müssen sich, bevor sie auf die Liste kommen, schon vorstellen und rechtfertigen, in den Betrieben und LPGs, aber sag mal was gegen die Vorgaben der Partei. Das gibt jede Menge Ärger, und man hat Nachteile. Und dann hört man sogar von Leuten, die aus politischen Gründen im Gefängnis gelandet sind. Öffentliche Herabwürdigung der staatlichen Ordnung, Beeinträchtigung gesellschaftlicher Tätigkeit, so heißen die Vorwürfe zum Beispiel. Und man kann sicher sein, die Staatssicherheit kriegt gemeldet, wer in einer Betriebsversammlung widerspricht."

„Unglaublich", sagte Rolf. „Da hat sich ja dann nicht viel geändert im Vergleich zu Nazideutschland. Wieder so was auf deutschem Boden! Alles Verbrecher, wenn du mich fragst. Einer wie der andere."

„Aber da sind doch auch andere Parteien im Parlament, wie kommt das denn?", fragte Elisabeth.

„Die stehen mit auf der Liste, sorgfältig ausgewählt von der SED, die ja am besten weiß, wer und was der Bevölkerung gut tut."

Ab und zu unternahm Frieda etwas mit Gundel, Schaufensterbummel – eine Sensation für die DDR-Rentnerin – oder Spaziergänge durch den Kaiser-Wilhelm-Park mit allem Drum und Dran einschließlich Enten füttern und den Schachspielern zuschauen. Gundel liebte diese Nachmittage und genoss den Besuch ihrer so freundlichen, liebevollen Oma sehr.

Und weil Frieda oft so still, immer anspruchslos und immer guter Dinge war, hatte auch Rolf sie gern um sich.

Friedas Auftreten gegen Lilos Attacke an diesem Tag wich ganz und gar von ihrem sonst so zurückhaltenden Benehmen ab, und Elisabeth war ihr dankbar. Zum ersten Mal hatte ihre Mutter offen und vehement Partei für sie ergriffen. Indirekt natürlich auch für sich selbst, denn sie hatte selbst ihren drei Töchtern gegenüber wahrlich nicht mit Schlägen gegeizt. Streng, aber gerecht, so hatte Elisabeth diese Erziehung immer beschrieben, vor sich und anderen. Aber heute hatte sie erstmals in ihrem Leben das Gefühl, dass ihr Schokolade gegeben worden war um ihrer selbst Willen und nicht weil ihre Schwestern auch welche bekommen hatten.

Ja, es war ein schwieriges Jahr für Elisabeth. Auch in ihre Ehe war ein Missklang gekommen, seit dem Sommerurlaub. Rolf hatte sie vor der gesamten Nachbarschaft gedemütigt, und dieses Mal würde sie das nicht so rasch verwinden wie damals die Sache mit Frau de Beaulieu.

Sie hatten zu dritt mit Gundel Urlaub im Westerwald gemacht, in einer Ferienwohnung nahe Montabaur, die sie schon aus dem Vorjahr kannten. Eine junge Kollegin von Rolf, Frau Ölschläger, letztes Jahr noch Fräulein Mertz, hatte den Ort und die Wohnung empfohlen. Ihre Eltern besaßen selbst ein Haus in der nächsten Stadt, und so hatte es sich angeboten, dass sie die Familie Gronewold im Auto in den Westerwald mitnahm. Es waren schöne Urlaube gewesen im letzten und in diesem Jahr, wenn auch die nächste Einkaufsmöglichkeit in einem kleinen Ort namens Selters vier Kilometer entfernt lag. Den Weg machte Rolf mit Gundel mehrmals wöchentlich zu Fuß hin und zurück. Ansonsten wanderten sie alle gemeinsam, machten Ausflüge oder saßen faul auf dem Balkon der Ferienwohnung und schauten in die Landschaft oder lasen. Die Wohnung hatte auch einen Fernseher, und im letzten Sommer hatten sie fasziniert und ein wenig ungläubig dabei zugesehen, wie ein amerikanisches Raumschiff auf dem Mond aufgesetzt hatte und ein Mensch in einem dicken, weißen Anzug mit einer Art Taucherhelm über die Mondoberfläche halb geschwebt, halb gehüpft war. Zum Ende des Urlaubs wurden sie dann von Frau Ölschläger wieder abgeholt.

In diesem Jahr hatten Elisabeth und Rolf besprochen, ihr die Benzinkosten unbedingt vollständig zu ersetzen, und als die Kollegin sie zuhause absetzte und Elisabeth und Gundel schon vor der Haustür standen, versuchte Rolf, Frau Ölschläger einen Zwanzigmarkschein in die Hand zu drücken. Doch die wehrte ab: „Kommt nicht in Frage. Ich war ja sowieso im Westerwald, um meine Eltern zu besuchen."

Sie ignorierte die hingehaltene Banknote und stieg aus, um beim Kofferausladen behilflich zu sein. Da – Elisabeth traute ihren Augen nicht – trat Rolf ganz nah an sie heran, klopfte ihr auf den Rücken und tätschelte ihre Schulter: „Nun nehmen Sie das Geld bitte an. Wir können uns doch nicht immer umsonst von Ihnen chauffieren lassen."

Er benahm sich, als hätte er ein Verhältnis mit der Dame, Gott bewahre, und alle Welt konnte zuschauen. Mit Sicherheit standen die Nachbarn hinter den Gardinen. Und womöglich benahm er sich nicht nur so, sondern hatte tatsächlich eines. Er hatte schließlich einen starken Trieb, wovon Elisabeth ein Lied singen konnte. Und seit einiger Zeit hatte er immer lange betteln müssen, bevor Elisabeth das eine oder andere Mal seufzend das Nachthemd hoch geschoben und in den Topf mit dem Melkfett gegriffen hatte, und war immer seltener zum Zuge gekommen. Genau davor hatte ihre Mutter sie ja vor ihrer Heirat gewarnt: Würde sie ihren Mann abweisen, würde der sich jemand anderen suchen.

Elisabeth drehte sich auf dem Absatz um, ergriff die Hand ihrer Tochter und zerrte sie ins Haus. Danach sprach sie tagelang nicht mit Rolf. Er tat ganz hilflos, wollte immer nur wissen, was er denn gemacht hätte. Schließlich sagte sie es ihm. Und er ... lachte schallend. „Dafür hast du mich seit Tagen geschnitten? Das darf doch nicht wahr sein!"

„Alle Nachbarn haben es gesehen, wie du mir Hörner aufgesetzt hast, alle!“

„Hörner aufgesetzt, das ist ja lächerlich. Jetzt hör schon auf, mein Schäpschen, drei Tage schmollen reichen ja wohl für dieses Nichts. So ein Quatsch aber auch!“

Nach und nach verhielt sie sich wieder normal, besonders, als ihre Mutter zum Besuch eintraf, aber ein innerer Vorbehalt blieb. Was, wenn doch?

Und seit einiger Zeit hatten sich ihre schlimmsten Befürchtungen, was Gundel betraf, bewahrheitet.

Schon im letzten Jahr hatte Gundel gefragt, ob sie sich schminken dürfte. Da war sie dreizehn gewesen! Den Zahn hatte Elisabeth ihr gezogen, mit vernichtenden Worten: „Meine Tochter läuft nicht herum wie ein Straßenmädchen.“

„Was ist ein Straßenmädchen?“

„Das verstehst du noch nicht.“

„Dann sag es doch nicht.“

Ja, der Widerspruchsgeist ihrer jüngeren Tochter, mit der sie immer in so besonderer Weise verbunden war, ließ sich nicht mehr überhören. Aber, nun ja, Elisabeth war aufgeklärt genug und hatte schließlich auch mit der älteren Tochter ausreichend Erfahrung gesammelt, um zu wissen, dass solche Frechheiten zum Backfischalter dazugehörten. Da hieß es ruhig und konsequent bei seiner Linie bleiben. Die Sache mit dem Schminken an sich besorgte sie schon mehr, denn das Kind wollte sich ja wohl kaum anmalen, nur um sich im Spiegel zu bewundern oder von den Eltern bewundert zu werden wie ein Kleinkind. Sie wollte eindeutig Männer oder Jungen beeindrucken, soviel war klar. Und den Dreh, ihr das auszutreiben, fand Elisabeth nicht so schnell.

Auch Rolf war alarmiert, zumal Gundel nun auch noch nach den knallbunten, weiten, superkurzen Kleidern verlangte, die jetzt alle trugen unter dem Einfluss eines rehäugigen, klapprigen Mannequins mit raspelkurzem, weißblonden Haar namens Twiggy. Diese Fähnchen waren Umstandskleidern ähnlich, nur in kurz. Man nannte sie „Hänger“. Jetzt, da Gundel vierzehn war, kauften sie ihr zähneknirschend eines in Orange mit froschgrünen Kringeln, nicht so sehr kurz, und sie musste flache Schnürschuhe aus Cord dazu tragen. So wurde der Eindruck des Aufreizenden zumindest abgemildert. Aber Gundel war eindeutig auf Männerfang aus.

Dagegen war der letzte Sauerlandurlaub, den sie in Horst im Hexenhäuschen gemacht hatten, trotz Gundels Schwärmerei für Christian einigermaßen glimpflich verlaufen, was aber an Christian lag, denn der zeigte kein Interesse an ihr. Zusammen mit mehreren Kindern und Jugendlichen hatten die beiden allerdings stundenlang in dem Versammlungs- und Festraum des Haupthauses gehockt und diese modernen Schallplatten gehört, die Christian samt einem Kofferplattenspieler mitgebracht hatte. Besonders eine Musikgruppe von vier jungen Engländern hatte es ihm angetan. Gundel zeigte Elisabeth und Rolf begeistert die Plattenhüllen, als sie einmal im Festraum vorbeischauten. Um Gottes Willen! Was waren das für Frisuren? Viel zu lange Haare, die in die Stirn fielen.

„Überhaupt kein Herrenschnitt, was soll das sein“, sagte Rolf. „Und diese knallbunten Klamotten, wie Frauen, furchtbar!“

Dann hörten sie die ersten Klänge und schraken zusammen, sichtbar.

„Das ist ja grauenhaft, dieses Hot-Hot!“, rief Rolf aus.

Man hörte nur ein rhythmisches Schlagen und irgendein jaulend wimmerndes Instrument und dann, naja, zugegeben nicht ganz unangenehme Stimmen, die im Chor sangen.

„Wie kannst du dein Talent so verschleudern?“, sagte Elisabeth. „Du singst so schön und spielst Geige, und jetzt hörst du dieses Gejaule und Getrommel. Sowas können wir nicht dulden.

Du musst dich entscheiden. Entweder du hörst das weiter, und wir beenden den Geigenunterricht. Oder du lernst weiter Geige, dann musst du diesen Lärm sein lassen."

„Aber hör doch mal, da spielen auch Geigen." Gundel setzte die Nadel neu auf, und sie hörten Gitarrenzupfen, dann eine warme, sanfte, doch durchaus selbstbewusst klingende Stimme irgendetwas in Englisch singen, und plötzlich setzte ein Cello ein, wunderschön, dann Geigen. Der Gesang wurde mehrstimmig. Die Melodieführung war bei aller Schlichtheit ungewöhnlich, aber verführerisch, einschmeichelnd. Das war wirklich schön.

„Das ist schön", sagte Rolf. „Wie heißt das?"

„Schie is liewing houm", sagte Gundel. „Und die singen auch in Deutsch. Habt ihr vielleicht schon mal gehört: *Komm gib mir deine Hand* und *Sie liebt dich, yeah, yeah, yeah.* "

„Yeah, ist klar. Komm Lieselchen, hier können wir nichts ausrichten."

„Yeah", sagte Elisabeth, „gaanz uie du uillst, liebe Rolf." Sie schaffte es, *Rolf* mit einem perfekt rollenden R nach Art der Engländer auszusprechen. Das kannte sie vom Vokabelabhören mit Gundel. Sie hatte keine Neigung, vor den anderen Jugendlichen mit Gundel zu rechten, und außerdem ahnte sie schon, dass Gundel sich durchsetzen würde. Klassische Musik und dieses Hot-Hot und keine Entscheidung für das eine oder andere.

Und nun, drei Jahre später, war ihr Kind vierzehn, verlangte nach Minikleidern und schleppte Männer an. Nicht direkt nach Hause, aber bis zum Haus. Vor einigen Wochen war sie von der Jungschar heimgekehrt, eigentlich eine rein weibliche Jugendgruppe, aber an diesem Tag begleitete ein junger Mann von vielleicht sechzehn Jahren Gundel bis vor die Haustür. Elisabeth hatte es vom Fenster aus gesehen.

„Was hast du mit dem zu schaffen?“, fuhr sie Gundel an, kaum dass die die Wohnung betreten hatte.

„Nichts, heute waren zufällig ein paar Jungs im Gemeindehaus, und er hatte denselben Heimweg. Kenn den sonst gar nicht.“

„Und dann lässt du dich nach Hause bringen? Von einem, den du nicht kennst? Mit vierzehn! Vor der gesamten Nachbarschaft. Was sollen die Leute von dir denken? Wie ein Straßenmädchen führst du dich auf. Und auf mich fällt das zurück. Das ist doch das allerletzte!“

Sie hatte Gundel eine Ohrfeige versetzt und dann tagelang nicht mit ihr geredet, bis sie sich entschuldigt hatte, erkennbar ohne rechte Überzeugung.

Und seit ein paar Tagen war sie völlig durchgedreht. Sie hatte zu einer Fete gehen wollen - was war das nur für eine merkwürdige, neumodische Art, das Deutsche mit Wörtern aus anderen Sprachen zu durchmischen! Auf Frage hatte Gundel einräumen müssen, dass auch Jungen eingeladen waren. Es verstand sich, dass solch eine Unternehmung unter diesen Umständen nicht in Betracht kam.

„Aber die anderen …“

„Die anderen sind ein Jahr älter, mindestens. Die Sitzenbleiber zwei Jahre. Schmink dir die Fete ab, da gehst du nicht hin.“

Und dabei war es geblieben, obwohl Gundel sich ihrem Klassenlehrer anvertraut hatte und der ihr geraten hatte, beharrlich nachzufragen und dabei genau zu erklären, wo die Fete stattfinden würde, welche Erwachsenen im Haus wären, wer alles genau kommen würde, und den Kontakt zu den einladenden Eltern zu vermitteln. Elisabeth schnappte nach Luft, als sie davon hörte.

„Du trägst unsere Privatangelegenheiten in die Schule?“

Sie beließ es dabei. Beim Verbot auch.

Dieses Mal war es Gundel, die tagelang nicht sprach.

„Was nehmen sich deine Töchter heraus!“, sagte ihre Mutter, als sie es ihr erzählte. So empfand Elisabeth auch. Aber was half das schon?

So ein schwieriges Jahr war das. Selbst die Politik ließ die Bürger im Stich, jedenfalls die Bürger, die die Wiedervereinigung im Blick hatten. Elisabeth sehnte sich nach einer Politik, die auf diese Wiedervereinigung zusteuerte. Endlich Aggi und Paul und Röschen in die Arme schließen, wann immer es auskam. Ohne Anträge, die ja doch nur abgelehnt wurden.

Willy Brandt war im letzten Herbst Kanzler geworden und regierte mit den Freien Demokraten. Zusammen mit Außenminister Scheel von der FDP hatte er kürzlich, am 12. August, an Elisabeths achtundvierzigstem Geburtstag, mit der Sowjetunion einen Vertrag geschlossen. Wandel durch Annäherung nannte sich das. Entspannungspolitik. Elisabeth konnte kaum glauben, was sich in dem Vertrag fand: Die Anerkennung der Oder-Neiße-Linie als Grenze der DDR zu Polen, die konnte sie ja noch verschmerzen. Gut, das ehemals deutsche Meseritz fiel also endgültig an den Ostblock. Was hatte sie schon noch damit zu schaffen? Niemand, an dem ihr lag, wohnte noch da.

Ihre Mutter hatte immer mal berichtet, dass die deutschstämmigen Bürger von Meseritz sich über die polnischen Verhältnisse, die Misswirtschaft, den Mangel beschwerten.

„Ich habe kein Mitleid mit denen“, sagte sie dann jedes Mal. „Die hätten ja nach Westen gehen können, in die sowjetisch besetzte Zone Deutschlands. Alles aufgeben, wie ich. In der DDR ist es ja wenigstens etwas besser. Aber im Osten bleiben und Pole werden, war halt bequemer, und wer es lieber bequem hatte, soll jetzt sehen, wie er zurechtkommt.“

Dann hörte Elisabeth, dass Brandt und Scheel in demselben Vertrag auch die innerdeutsche Grenze anerkannten und von dem Vorhaben der deutschen Wiedervereinigung Abstand nahmen. Ein Schlag in die Magengrube. Jeder Mut verließ Elisabeth.

„Das geht doch nicht“, sagte sie zu Rolf.

„Ja, furchtbar! Aber was soll man machen?“

„Das geht doch nicht“, sagte Elisabeth auch zu Frieda, als die zum jährlichen Besuch eintraf.

„Wirklich schlimm, damit kann doch die westdeutsche Bevölkerung nicht einverstanden sein. Da müsste man doch was machen können.“

„Und was?“

„Ihr dürft euch doch äußern hier, demonstrieren und so, macht das doch mal!“, sagte Frieda.

„Das ist nichts für mich. Die Ostverträge sind außerdem sowieso umstritten, viel einflussreichere Leute protestieren schon.“

Und jetzt, im Spätsommer, waren Gespräche der Bundesregierung mit der DDR-Führung im Gange. Schon im März hatte es einen Besuch von Brandt in der DDR gegeben, und die Erfurter Bevölkerung hatte dem Bundeskanzler vor dessen Hotel zugejubelt, mit „Willy!-Willy!“-Rufen, und dann war er auf den Balkon getreten, und neben ihm hatte der Vorsitzende des Ministerrats der DDR, Willi Stoph, gestanden. Der wusste nicht recht, ob die Rufe nun ihm galten oder dem hohen Besuch aus dem Westen. Oder er tat zumindest, als wisse er es nicht.

Und nun also weitere Gespräche mit der DDR-Führung, und nach dem ersten Ostvertrag mit der Sowjetunion war jetzt schon klar, was herauskommen würde, nämlich eine Verfestigung der bestehenden Verhältnisse.

Als das Jahr sich dem Ende zuneigte, war Frieda abgereist. Das Verhältnis zu Gundel war kühl. Das Verhältnis zu Lilo kalt. Das Verhältnis zu Rolf heikel. Und Elisabeth wurde von immer mehr und immer heftigeren Hitzewallungen heimgesucht.

Im Dezember besuchte Brandt Warschau, es ging auch hier um

die Anerkennung der Grenze zwischen Polen und der DDR.

Am 7. Dezember schaltete Elisabeth zusammen mit Rolf die Abendnachrichten ein. Sie sah Willy Brandt auf das Ehrenmal für die Toten des Warschauer Ghettos zuschreiten, dicht hinter ihm Walter Scheel. Ein Kranz für die Opfer wurde niedergelegt, im Auftrag des Bundeskanzlers der Bundesrepublik Deutschland. Brandt trug den natürlich nicht selbst. Er wartete, bis der Kranz richtig lag. Er trat auf den Kranz zu. Er ordnete die Schleifen. Er trat ein paar Schritte zurück – und fiel auf die Knie. Führte die Hände vor dem Leib zusammen. Senkte den Kopf, nur ganz leicht. Der Ausdruck seines Gesicht war sehr ernst, nicht unbedingt traurig, eher selbstversunken, wie im Gebet.

Elisabeth erschrak, sie wusste nicht, warum. Sie schaute auf Rolf. Der sah ganz erstarrt aus.

„Was ist das?“, fragte er.

„Ich weiß es ja auch nicht“, erwiderte Elisabeth. „Das ist ... das ist ...“

Sie schwiegen beide eine Weile.

„Er weiß, dass eine Kranzniederlegung nicht reicht“, sagte Rolf schließlich.

Und in Elisabeth stieg mit einem Mal eine Ahnung von irgendetwas auf. Von etwas Unermesslichem. So unermesslich, dass es ihr immer unaussprechlich gewesen war. Und dann, ganz allmählich, meinte sie zu verstehen: Da in Warschau ging es nicht nur um einen Kampf der Systeme, westlich und östlich der innerdeutschen Grenze. Nicht nur um „Wandel durch Annäherung“, wie es immer hieß. Nicht ums Fordern, und schon gar nicht um ihre persönlichen Belange. Sondern um Demut. Um das Offenlegen und Begreifen der ungeheuerlichen Verbrechen. Um die Sehnsucht nach Vergebung.

Ohne Begreifen, Demut, Bitte um Vergebung wäre alles sinnlos, alle Annäherung, aller Wandel. Es würde lange dauern, sehr lange.

Dieser Kniefall ergriff sie, rührte zugleich an ihr innerstes Sehnen und an die Schande all der Jahre.

Alles, alles, was sie erlitten hatten, sie und Rolf und seine Eltern und ihre und Aggi und Paul, war nicht wie eine Naturgewalt über sie gekommen. Sie selbst waren es, die das zu verantworten hatten. Sie und alle Deutschen.

Sie begann plötzlich zu weinen und wusste nicht, warum. Vielleicht war es das erlittene Leid, ihres und das der vielen anderen, vielleicht war es die unerfüllte Sehnsucht, vielleicht war es die Aussichtslosigkeit. Oder im Gegenteil eine neue Hoffnung. Aber, soviel war gewiss, all das, was es auch sei, war durchdrungen von Scham. Diese Scham war jetzt ganz und gar ihre. Und war doch noch immer nicht genug. So wenig wie all die Tränen, so wenig wie all die Wut.

22.) Zwischenstück
Gundula: Jugend

Meine Schwester Lilo und ich wurden gehalten wie höhere Töchter des viktorianischen Zeitalters. Darum dauerte mein Gefühl, bei meinen Eltern geborgen zu sein, kaum bis ins Teenageralter hinein an. Es erlosch in der Nacht, als mein Vater Lilo auf mein Bett prügelte. In dieser Nacht beschloss ich, meinen Eltern nichts mehr zu geben. Ich war dreizehn Jahre alt.

Mehr als meine Schwester und früher als sie war ich am anderen Geschlecht interessiert. Meine Mutter spürte das und unternahm alles, es zu unterbinden. Nachdem ich als Vierzehnjährige nicht auf eine Schülerfete gedurft hatte, weil dort auch Jungen eingeladen waren, versuchte ich kurz danach noch einmal, die Toleranz meiner Eltern auszuloten. Ich berichtete ihnen, dass ein Junge von achtzehn Jahren, der zwei, drei Häuser weiter wohnte, allmorgendlich denselben Weg zur Straßenbahnhaltestelle einschlug wie ich und sich angewöhnt hatte, auf mich zu warten und dann mit mir zusammen die vier, fünf Minuten zu gehen, manchmal mich bei der Hand haltend.

„Das kommt überhaupt nicht in Frage, das gibst du auf“, sagte meine Mutter. „Der ist achtzehn, der will auf jeden Fall mehr von dir.“

Am Morgen danach begleitete mich mein Vater zur Haltestelle, um, wie er sagte, dem jungen Mann den Kontakt zu mir zu untersagen. Mir blieb die Peinlichkeit erspart, das tatsächlich mitzuerleben, denn aus irgendeinem Grund blieb der Junge an diesem Morgen weg und an allen folgenden auch. Es war mein erster Liebeskummer, oberflächlich noch und rasch verwunden. Aber schon den wollte ich meinen Eltern nicht mehr geben.

Das war endgültig.

Anders als meine Schwester focht ich die Konflikte mit meinen Eltern nicht aus, sondern floh in Verstellung und Lüge.

Bis ich einundzwanzig Jahre alt war, verheimlichte ich sämtliche Beziehungen zu Männern vor meinen Eltern, danach verheimlichte ich ihnen lange, wie weit diese Beziehungen gingen. Ich schützte, wenn ich verabredet war, Schularbeiten mit einer Schulfreundin vor und arbeitete mit dieser Freundin zusammen komplizierte Umwege aus, die es, würde ich ertappt, halbwegs plausibel erscheinen ließen, dass ich auf dem Weg zu ihr oder von ihr weg wäre. Meist schaute ich bei solchen Gelegenheiten dann auch noch kurz bei ihr vorbei, um sicherzugehen, dass nicht in der Zwischenzeit einer meiner Eltern bei ihr vorgesprochen hätten.

Meine ersten Liebeserfahrungen, den ersten ernsthaften Liebeskummer, den ersten Sex – unwissend, unkundig, ungelenk , eine Gewalterfahrung, Verharren in einer unglücklichen Beziehung mit einem ungeeignetem Partner, das alles machte ich mit mir selbst aus, vertraute mich allenfalls meinen Freundinnen und manchmal Lilo an. Nie meinen Eltern, nie meiner Mutter. Und doch saß beziehungsweise hockte ich mit ihr an vielen Tagen weiterhin in der Küche, und wir schwatzten über all die Dinge, die uns beide angingen. Aber nie über das, was mich wirklich bewegte, was nur noch mich allein anging und was eine andere Jugendliche mit einer anderen Mutter vertrauensvoll besprochen hätte. Ich verstehe bis heute nicht, dass es meine Mutter nicht wunderte, dass nie, nicht einmal von einem männlichen Wesen in meinem Leben die Rede war zwischen meinem vierzehnten und meinem einundzwanzigsten Lebensjahr.

Am 1. Januar 1975 wurde ich volljährig, da war ich gerade neunzehn geworden, im Dezember 1974. Mit Wirkung zum Jahreswechsel wurde das Volljährigkeitsalter von einundzwanzig auf achtzehn Jahre abgesenkt. Ich zog noch im Frühjahr aus, in ein Bochumer Studentenheim. Dass ich in Bochum Jura studierte, hing damit zusammen, dass meine Eltern mir zum Studienbeginn einen Auszug nicht gestattet hatten. So kam mein Wunschstudium, Ernährungswissenschaften, nicht in Frage, denn das wurde nur in Kiel oder München angeboten, zu weit weg also von Essen. Da ich nicht Lehrerin werden wollte und mir vor dem Anatomiestudium bange war, weswegen Medizin ebenfalls nicht in Betracht kam, studierte ich Jura. Darauf hatte mein Vater zudem stets gedrängt, er wünschte sich für mich den Eintritt in den höheren Dienst der Essener Stadtverwaltung. Eine bessere akademische Laufbahn konnte er sich für mich nicht vorstellen. Mehr aus Ratlosigkeit denn aus Gehorsam oder Neigung folgte ich seinem Wunsch und änderte meine Entscheidung nie, obwohl ich sie bereute. Ich war siebzehn, als ich mit dem Studium begann, meinen Eltern waren meine neuen Ausbildungsumstände gänzlich fremd, und ich fand mich letztlich auch nicht zurecht in der völlig unbekannten, eher bedrohlichen Welt eines Hochschulstudiums und Universitätsbetriebes.

Andererseits fühlte ich mich mit neunzehn stark genug, um mein Elternhaus einzutauschen gegen die relative Geborgenheit eines Studentenwohnheims mit Gemeinschaftsküche, Gemeinschaftsesszimmer und gemeinsamen Sanitäranlagen.

Das Zimmer hatte eine Grundeinrichtung, das hieß, ein Bett, ein Schreibtisch mit Bücherregal und Stuhl, ein Einbauschrank. Den Rest, den ich brauchte, einen Sessel, eine Stehlampe, einen kleinen Beistelltisch, Bettwäsche, Handtücher, Kleidung, brachte ich selbst ein. Für den Transport griff ich auf die Hilfe eines älteren Kommilitonen zurück, der einen Renault 4 besaß, er studierte im zweiten Bildungsgang, war eigentlich Sozialarbeiter.

„Der ist verheiratet, Mami, keine Bange, der hilft mir nur."

Als ich, nachdem der Sozialarbeiter und ich alles im Wagen verstaut hatten, mit den letzten Kleinigkeiten die Treppe hinabzuspringen begann, aufgeregt, grußlos, achtlos, hörte ich von der

Wohnungstür aus die plötzlich ganz zart und dünn klingende Stimme meiner Mutter: „Auf Wiedersehen, mein Spätzchen!“

Und ich begriff mit einem Schlag, dass mit meinem Fortgehen nicht nur für mich ein ganz neuer Lebensabschnitt begann.

Spannend war er für mich, doch schmerzlich für meine Mutter, verbunden mit einer neuen Stille, die erst überwunden werden wollte. Dieses Neue war für sie, anders als für mich, nicht im Geringsten der verheißungsvolle Anfang von etwas. Sondern zunächst einmal nur ein Verlust.

Ich lief die Treppe wieder hoch und umarmte sie lang, und zum ersten Mal ahnte ich, dass fortan nicht mehr die Mutter das Kind trösten und wiegen würde, sondern das Kind die Mutter. Dass nicht ihre Handlungen Macht über mich hatten, sondern meine über sie.

Doch es gelang mir zunehmend schlecht, mich innerlich von den Zwängen meiner Erziehung zu befreien. Darüber war ich selbst erstaunt. Irgendwann hatten meine Ängste sich so weit verselbständigt, dass ich mitten in der Nacht, wenn ich im Wohnheim mit meinem Freund im Bett lag, hochschreckte und zum Fenster rannte in der Vorstellung, meine Eltern könnten dort plötzlich auftauchen, Einlass verlangen und mich wegen meines liederlichen Lebenswandels zur Rechenschaft ziehen. Dann wäre alles verloren. Eine genauere Vorstellung hatte ich nicht. Heute vermute ich, dass ich mich selbst verloren glaubte, würde ich die uneingeschränkte Billigung meiner Eltern verlieren.

An diesem Punkt angekommen vertraute ich mich Lilo an, meiner furchtlosen Schwester, die sofort anbot, meinen Eltern die schlechte Nachricht zu überbringen, dass ihr Küken mit einundzwanzig einen Freund gefunden hatte. Dies war das Alter, in dem meine Mutter meinem Vater begegnet war. Bei Licht betrachtet erschien es mir dann aber doch ein wenig albern, Lilo als Überbringerin der Neuigkeit, die objektiv schon lange keine Neuigkeit mehr war, einzusetzen.

Es ging auch erstaunlich leicht, meine Eltern wollten Wilfried sofort kennenlernen, und beide waren – völlig zu Recht – dermaßen angetan von ihm, seinem Charme, seiner Zugewandtheit und Herzlichkeit, dass ich manchmal dachte, meine Mutter sei selbst in ihn verliebt.

Daraus ergab sich ein anderes Problem. Denn als die Beziehung zerbrach, brauchte ich Monate, bis ich wagte, meinen Eltern das einzugestehen.

Und als ich meinen späteren ersten Mann kennenlernte, wartete ich bis sechs Wochen vor der Hochzeit, bis ich ihnen überhaupt erstmals von ihm erzählte.

Die Hochzeit für die wenigen Gäste – elf Erwachsene und zwei Kinder – richteten sie aber dennoch klaglos aus und räumten dafür ihr kleines Sparbuch ab, was ihnen gewiss nicht leicht fiel. Und überhaupt verhielten sie sich ganz und gar reizend mir und meinem Mann gegenüber. Es kam keine Vorhaltung über ihre Lippen. Dennoch lernte ich nie, auch daraus nicht, ihren Vorstellungen über mich meine eigenen entgegenzusetzen.

Die andere wesentliche Erwartung, von der ich mich unter Druck setzen ließ und die meine Jugend vergällte, betraf meine schulischen Leistungen. Seit ich in der Grundschule eine Klasse übersprungen hatte, waren meine Eltern zerfressen von einem grenzenlosen Ehrgeiz mich betreffend. Ich sollte den bedienen, als ihr Aushängeschild. Schon das Überspringen der Klasse war für mich eine schlimme Erfahrung, denn ich wollte das alles nicht, wollte mich nicht trennen von den Klassenkameradinnen und der Klassenlehrerin. Und ich hatte bereits im Grundschulalter die Überzeugung meiner Eltern übernommen, dass ich nur fehlerlos von Wert sei, und fürchtete, durch den Aufstieg in die höhere Klasse den Anschluss zu verlieren und nicht mehr immer nur Einsen schreiben zu können.

Ich schrieb trotzdem weiterhin Einsen, überwiegend jedenfalls.

Irgendwann, etwa ab der Mittelstufe des Gymnasiums, begann meine Mutter etwas von mir zu erwarten, was ich nicht erbringen konnte: Nachdem ich sowieso bei jeder einzelnen Klassenarbeit die Beste sein sollte, verstieg sie sich schließlich dazu, dass ich die Einzige sein müsse, die eine Eins schrieb. Hatte noch eine andere Schülerin eine Eins, zeigte sie sich enttäuscht, und meine Leistung war nur noch halb so viel wert. Da bot Lilo mir eines Tages vor meiner Mutter an, mir fünf Mark auszuzahlen, wenn ich einmal, einmal nur eine Fünf schreiben würde. Das befremdete mich bloß, ich konnte damit nichts anfangen, und erst viele Jahre später begriff ich, was sie damit hatte ausdrücken wollen.

Vor jeder Klassenarbeit hielt ich mir in meiner Nervosität den Bauch vor Schmerzen; mein Wunsch, keinen Fehler zu machen, wurde zur Angst vor Fehlern.

Bis heute bin ich in vielem von einem Perfektionismus getrieben, der mich unablässig quält. Und manchmal auch die Menschen in meiner Umgebung.

Makellose Tugend und makellose Leistungen waren also die wesentlichen Anforderungen meiner Eltern, die sich durch meine Jugend zogen. Bis heute frage ich mich, wenn ich mir vergegenwärtige, wie meine Nichten und Neffen aufgewachsen sind, warum meine Eltern meiner Schwester und mir nie gezeigt haben, dass sie in erster Linie an unserem Glück interessiert waren. Zweifellos waren sie es, sie liebten uns, waren weder gefühlskalt noch unsensibel. Allerdings fantasielos. Vermutlich deswegen und mehr noch aus innerer Not verwechselten sie ihre Vorstellungen von einem gelungenen Leben ihrer Töchter mit deren Glück.

Und außerdem waren sie anders als Lilo außerstande, ihre Kinder die eigenen erlittenen, entsetzlichen Schicksalsschläge nicht entgelten zu lassen. Sie waren außerstande, sie von den

Folgen der eigenen Traumata zu verschonen. Von all diesen Tränen. Von all dieser Wut.

Es wurde besser, viel besser, als meine Eltern begannen, sich mehr und mehr ihren Enkeln, Lilos Kindern, zuzuwenden. Sie entspannten sich, und ich entspannte mich schließlich auch.

Doch erst nach dem Tod unserer Mutter sollten Lilo und ich endlich herausfinden, welcher Fluch sie wirklich gejagt hatte all die Jahre, ihr Leben lang. Die Entdeckung sollte mehr Fragen aufwerfen als beantworten und uns ratlos zurücklassen.

TEIL 3 – Elisabeth

23.) Düsseldorf, Juli 1974

Elisabeth klopfte an, öffnete die Tür zum Wöchnerinnenzimmer und steckte vorsichtig den Kopf durch den Türspalt.

„Na, meine Große? Wie geht es dir denn?“

Lilo lag auf dem Bett und schaute auf. Sie sah ihre Mutter und verzog sofort das Gesicht wie zum Weinen.

„Nu, nu, du hast es doch hinter dir. Was ist denn los? War es so schlimm?“

Elisabeth trat ein, Rolf hinter sich herziehend.

„Hallo, Sportsfreund“, sagte der zu Lilo, „Mutter und Sohn wohlauf, wie man so schön sagt?“

Wie hatten sich Elisabeth und Rolf auf diesen Augenblick gefreut! Und gleich würden sie ihr erstes Enkelkind sehen, es war ein Junge. Lilo und Lorenz hatten ihn Konstantin genannt.

„Konstantin, war das nicht ein Papst?“, hatte Elisabeth nachgehakt, als Lilo und Lorenz ihnen mitgeteilt hatten, wie das Kind heißen würde, wenn es ein Junge würde. „Ich dachte, ihr wärt gar nicht christlich. Und dann so ein katholischer Name?“

„Der ist römisch“, erwiderte Lorenz. „verschiedene römische Kaiser hießen so.“

„Außerdem haben wir nie gesagt, dass wir nicht christlich sind“, fiel Lilo ein, „wir lassen das Kind nur nicht taufen.“

„Aha.“ Elisabeth verstand die beiden einfach nicht. Das war doch bloß eine eitle Attitüde, so ein Wunsch, anders zu sein, modern.

Und dann war es ein Junge geworden. Konstantin der Erste, wie Rolf lachend gesagt hatte, als sie die gute Nachricht erhielten.

Die Bedingungen einer Geburt heutzutage erstaunten Elisabeth. Es gab zwar den großen Kreißsaal wie früher auch, mit den

Vorhängen zwischen den einzelnen Gebärstühlen, mit der öffentlichen Geräuschkulisse der Schmerzen, mit Schreien und Stöhnen, mit Ärzten, die zwischen den Kreißenden hin und her wechselten, alles wie früher auch.

Aber inzwischen konnte man eine Geburt mit wehenfördernden Mitteln einleiten, um sie zu beschleunigen, und davon hatten die Ärzte auch bei Lilo Gebrauch gemacht, ab acht Uhr am Morgen. Das Mittel verstärkte die Wehen erheblich, und auch die Schmerzen. Zwar gab es mittlerweile die Möglichkeit, mit Hilfe einer Spritze das Gefühl unterhalb der Lendenwirbelsäule auszuschalten. Doch nicht bei Lilo, wie sich herausstellte. Irgendein Kanal in ihrem Rücken war zu eng, genauer hatte Elisabeth das nicht verstanden. Ihre Tochter musste also ohne Betäubung, dafür unter den Bedingungen wehentreibender Mittel gebären. Und das nur, weil an diesem Tag das Endspiel der Fußballweltmeisterschaft stattfand, Deutschland gegen die Niederlande, und die Ärzte um vier Uhr zu Hause vor dem Fernseher sitzen wollten. Das hatten sie Lilo und Lorenz zwischendurch immer mal wieder wissen lassen, im Vorbeigehen sozusagen.

Lorenz hatte Elisabeth und Rolf telefonisch auf dem Laufenden gehalten, von der Telefonzelle der Klinik aus, in der Zeit, die er vor dem Kreißsaal zu verbringen hatte. Ja, zum Glück hatten die beiden jetzt ein Telefon, Lorenz und Lilo hatten auch eines.

„Man fühlt sich da, als ob man nur stört, sogar die werdende Mutter stört", hatte Lorenz gesagt, „so, als ginge es nur um die Bedürfnisse der Ärzte."

Um halb drei, als die Geburt unmittelbar bevorstand, holte die Hebamme Lorenz in den Kreißsaal, das hatte er sich ausbedungen, manche Väter machten das jetzt so. Als Elisabeth gehört hatte, dass Lorenz in der entscheidenden Geburtsphase an Lilos Seite sein würde, hatte sie das fast ein wenig verstört. Dass so etwas überhaupt möglich war heutzutage! Aber sie wusste nicht recht: In diesen wichtigen, fürchterlichen, schmerzensreichen, hässlichen Momenten den eigenen Mann an der Seite haben? Bei so einer Frauensache wie einer Geburt mit all dem Blut und dem Gemergel untenrum? So etwas Intimes mit einem Mann teilen, und sei es der eigene? Sie war nicht sicher, wie sie entschieden hätte, hätte sie seinerzeit dieselbe Gelegenheit gehabt. Nein, vermutlich hätte sie keinen vertrauten Zeugen für diesen Vorgang brauchen können. Höchstens ihre Mutter. Niemals ihren Mann. Aber ihr hatte sich diese Frage ja auch nicht gestellt.

Pünktlich zu Beginn der Vorberichterstattung zum Endspiel war Konstantin zur Welt gekommen, mit etwas Glück würden die Ärzte es also noch bis nach Hause schaffen, bevor das Spiel angepfiffen wurde.

Und nun, zwei Tage nach Konstantins Geburt, hatte Lorenz nach einem freien Tag wieder zur Schule gemusst, an der er als Kunsterzieher unterrichtete. Dafür standen jetzt Elisabeth und Rolf am Bett ihrer älteren Tochter, die sich zum Weinen anschickte und plötzlich auch wirklich zu schluchzen begann.

Rolf setzte sich zu ihr aufs Bett, ganz vorsichtig, und legte seine immer warme Hand auf ihre. Die kleine, streichelnde Bewegung, die sie alle so gut kannten, aus dem Handgelenk rechts-links-rechts-links wischend, irgendwie gedankenverloren, beruhigte Lilo sichtlich, und Elisabeth setzte sich auf den Stuhl am Bett und zog Lilos andere Hand zwischen ihre Hände.

„Jetzt erzähl mal“, sagte sie, strich über Lilos nasse Wange und fühlte sich ein bisschen wie als junge Mutter am Kinderbettchen ihrer kranken Tochter.

„Die haben mich hier behandelt wie irgendein Material, das sie bearbeiten müssen. Wie in einer Fabrik. Und Konstantin durfte ich vorgestern nur einmal sehen zum Stillen und gestern einmal ganz früh, da haben sie ihn mir gebracht. Und jetzt sind meine Brustwarzen entzündet, und jetzt soll ich nicht stillen, jetzt bringen sie ihn gar nicht mehr. Es ist ja gleich schon wieder Abend. Ich will mein Kind sehen!“

„Was?“ Rolf sprang auf. „Du hast dein Kind seit gestern früh nicht mehr zu sehen bekommen? Weil die das hier so bestimmt haben? Das wollen wir doch mal sehen.“

Er wandte sich zur Tür.

„Lass mich das mal machen“, sagte Elisabeth und erhob sich. „Einen Mann werden die hier abwimmeln. Da können sie leicht behaupten, du hättest keine Ahnung von Säuglingspflege und Wochenbett. Wo ist die Säuglingsstation?“

Die Bettnachbarin von Lilo, die dem Gespräch bisher stumm gefolgt war, deutete durch die Tür nach links und bemerkte knapp: „Gott sei Dank, dass Sie das regeln, man ist ja zu schwach, sich zu wehren.“

„Lorenz hat es gestern auch schon versucht, immer wieder, aber sie haben ihn abblitzen lassen“, warf Lilo ein.

Elisabeth fand die Säuglingsstation auf Anhieb, ebenso die Säuglingsschwester, eine junge, schnippisch wirkende Person mit, wie ihr schien, recht frechem Gesicht. Sie fuhr gleich auf sie los: „Ich bin die Mutter von Lieselotte Goldscheidt, Zimmer acht, und wenn Sie meiner Tochter nicht sofort ihren Sohn bringen, mache ich hier einen derartigen Krach, davon erholen Sie sich in Tagen nicht. Was ist das denn für ein herzloser Verein hier, tagelang Mutter und Kind zu trennen, weil die Mutter nicht stillen soll! Unmenschlich!“

„Moment, ich ... ich ... hole eben die Ärztin“, stotterte die Schwester.

„Das können Sie sich sparen. In fünf Minuten ist mein Enkel bei meiner Tochter im Zimmer. Dafür muss kein Arzt mit mir sprechen. Unglaublich, so was!“

Zurück bei Lilo ließ sie sich wieder auf dem Stuhl nieder, bemerkte nur kurz: „Konstantin kommt gleich“ und packte das

Willkommensgeschenk für ihren Enkel aus, einen Beißring aus Silber.

„Danke", sagte Lilo, „für das hier und für das andere auch und überhaupt für alles."

Sie weinte schon wieder, aber nur ein bisschen und wohl auch nur vor Erleichterung.

Dann trat die Schwester mit dem Neugeborenen ein. Sie hielt es so, dass Elisabeth und Rolf keinen Blick erhaschen konnten.

„Würden Sie bitte den Raum verlassen! Hygienevorschrift, und außerdem brauchen Mutter und Kind Ruhe."

„Ach", schaltete Rolf sich ein, „Sie interessieren sich für die Belange von Mutter und Kind?"

„Raus!", fauchte die Schwester mit erhobener Stimme.

„Na, von Ruhe für Mutter und Kind kann bei dem Tonfall wohl nicht gerade die Rede sein", sagte Elisabeth und schloss betont leise die Tür. Von außen. Sie hatten das Kind nicht sehen können, doch stillschweigend beschlossen, es nicht auf weitere Streitigkeiten im Zimmer ankommen zu lassen. Es stimmte ja: Mutter und Kind brauchten Ruhe. Also warteten sie im Flur auf eine bessere Gelegenheit.

Zwanzig Minuten später trat die Schwester wieder aus dem Zimmer. „Das tut mir nun Leid, die Besuchszeit ist um, Sie müssen gehen."

„Ja, aber nicht ohne einen Blick auf unseren Enkel", erwiderte Rolf.

Und Elisabeth ergänzte: „Anschließend werden wir uns in Ruhe von unserer Tochter verabschieden, wie es sich für eine Familie mit frischem Zuwachs gehört. Wir sind hier nicht im Gefängnis."

Schweigend und mit hochrotem Kopf zeigte ihnen die Schwester das Kind.

Elisabeth erkannte ihren Enkel sofort. Dieses Kind war wie sie. Es sah aus wie sie. Und sie beide hatten eine Verbindung, die sehr alt war. Und sehr groß.

‚Was bilde ich mir da bloß für einen Unsinn ein!', schalt sie sich innerlich. Da schlug Konstantin die Augen auf, dunkle Augen, und obwohl ihr klar war, dass ein Neugeborenes seinen Blick noch nicht an etwas oder jemandem festmachen konnte, wusste sie in diesem Augenblick, dass ihr Enkelsohn auf sie schaute und in sie hinein und dass er sie auch erkannt hatte.

„Es ist perfekt", flüsterte Rolf, „so niedlich, und es hat einen dunklen Haarschopf, wie du."

Elisabeth schluckte.

„Lass uns mal reingehen", sagte sie schließlich und wischte sich über die Augen.

An Lilos Bett überschlugen sie sich beide mit Lobpreisungen und Schwärmereien aller Art, dann gerieten sie noch ein bisschen in das übliche Krankenhausgerede über das Essen und die Ärzte, bis Lilo schließlich sagte: „Ach, bevor ihr geht: Die Ärztin hat mich gefragt, ob wir Vorfahren in Asien haben. Konstantin hat nämlich einen Mongolenfleck."

„Mongolenfleck?", hörte Elisabeth Rolf fragen. „Was soll das sein?"

„Eine Art blaues Muttermal über dem Gesäß, sieht aus wie eine Bohne. Die Ärztin sagt, so was haben nur Asiaten, zum Beispiel eben Mongolen, manchmal auch arabische Völker oder Türken oder Indianer."

„So was haben wir nicht in der Familie", sagte Rolf, „da muss es eine andere Erklärung geben."

Nach kurzem Schweigen warf er einem schelmischen Blick auf Elisabeth und ergänzte schließlich breit grinsend: „Obwohl, wenn ich es recht bedenke ... deine blauschwarzen Haare haben schon etwas von einer Chinesin."

Lilo lachte, erstmals, seit sie eingetreten waren: „Papi, die Farbe kommt doch schon lange vom Friseur."

„Stimmt ja, natürlich", lächelte Rolf. „Ich habe mich schon eine Weile gewundert, dass sie nicht mehr ganz so tiefschwarz sind wie damals. Als wir noch jung waren. Tja, jetzt sind wir alt und Großeltern."

Er knuffte Elisabeth zärtlich in den Oberarm.

Elisabeth war wie erstarrt. Sie fror innerlich. Asiaten? Araber?

Als sie auf die Straßenbahn warteten, sagte Rolf: „Was für ein Unsinn! Mongolen! Türken! Indianer! Tsss ..."

Elisabeth zögerte. „Ich muss dir was erzählen, was du nie, nie weitersagen darfst. Vor allem unseren Töchtern nicht, versprich mir das!"

„Lieselchen, so ernst, was ist denn da los? Na, nu sag schon!"

„Zu Hause, in Ruhe."

Nach dem fürchterlichen Jahr 1970 war es schließlich wieder aufwärts gegangen, und Elisabeth fühlte sich in diesem Sommer 1974 fast glücklich. Sie hatten jetzt ihr Auskommen, denn Rolfs Gehalt musste nur noch für zwei ausreichen. Lilo war ja schon länger unabhängig und wurde jetzt, da sie Mutter geworden war, von Lorenz versorgt. Gundel studierte seit letztem Oktober in Bochum Jura, und Elisabeth und Rolf bekamen für sie ein sehr großzügiges Stipendium einer Begabtenstiftung. So konnten sie sogar Gundels Taschengeld erhöhen.

Ab und zu hatten die Schönleins um ein Darlehen gebeten. Herr Schönlein kam mit seinem Lohn nie richtig aus, und so fragte er öfters bei Rolf an. Traudel war zwar auch schon verheiratet und Olaf in der Lehre, irgendwas mit Autos reparieren, aber es reichte trotzdem hinten und vorne nicht, und nachdem die Schönleins mehrfach um Verlängerung gebeten hatten und der Betrag auf achthundert Mark angewachsen war, erließ ihnen Rolf schließlich die Schuld.

„Die beiden haben sich immer so nett um Lilo und Gundel gekümmert, wenn Not am Mann war“, sagte Rolf zu Elisabeth, und sie stimmte ihm aus vollem Herzen zu.

„Allein die vielen Mickey-Mouse- und Fix-und-Foxi-Hefte“, ergänzte sie, „wenn wir die hätten kaufen müssen ...“

Und so ging Rolf schließlich zu Herrn Schönlein und sagte: „Ach bitte, behalten Sie doch das Geld. Im Moment haben wir das Glück, dass wir es entbehren können, und wenn es mal umgekehrt auskommt und wir Pech haben, bin ich sicher, sie helfen uns auch aus.“

Herr Schönlein war trotzdem beschämt, und es schlich sich ein leiser Missklang in die nachbarlichen Beziehungen, eine Befangenheit, die dieser Beschämung entsprungen war, unmerklich.

Die Sörensens waren ihnen nach der Konfirmation von Gundel letztlich fremd geblieben, und der Kontakt, auch der per Brief, brach irgendwann ab. Allerdings war Gundel im Folgejahr einer Einladung nach Schleswig gefolgt, es war ihre erste Zugreise allein, und Elisabeth hatte ihr diese Reise ein bisschen geneidet. Es wurde in der Familie so viel über Schleswig geredet, das war ein Sehnsuchtsort für alle Familienmitglieder, und ausgerechnet Gundel, die an die Stadt kaum eine Erinnerung hatte, fuhr dorthin. Und auch das Ungebundene des Alleinreisens rührte bei Elisabeth an ein altes Verlangen, das so ungestillt war wie ungebrochen, ohne dass sie genau gewusst hätte, worauf es sich eigentlich richtete. Aber das Kind war eben eingeladen worden, und sie nicht.

Gundel kam glühend vor Begeisterung zurück und erzählte vor allem Elisabeth, während sie beide in der Küche auf den Stühlen hockten, von Dingen, die sie schon kannte, aber auch von solchen, die ihr unbekannt waren. Im Museum im Gottorfer Schloss hatte Gundel insgesamt fünf Stunden zugebracht und sich jedes einzelne Fundstück aus der Wikingerzeit angeschaut, dazu alle möglichen Gegenstände und Räume aus dem fürstlichen Leben späterer Jahrhunderte und sogar die Schlosskapelle. Erika Sörensen hatte nach kaum einer Stunde aufgegeben und war nach Hause gefahren. Gundel hatte ihre Entdeckungstour ungerührt allein fortgesetzt. Elisabeth kannte das Schloss nur von außen, sie hatte wie zuvor auch ihre Tochter noch nie ein Museum besucht, da konnte sie nicht mithalten, nur zuhören.

Begegnen konnten Mutter und Tochter sich bei Gundels Erzählungen über den Dom, der für Elisabeth vor vielen Jahren ihr wichtigster Ort der Kraft gewesen war, damals in einem Leben, an das die Erinnerung mehr und mehr verblasste.

„Hast du auch den Brüggemann-Altar gesehen, steht er überhaupt noch da?“, fragte sie.

„Ja, den habe ich ganz lange angeschaut. Es ist so viel darin, all die vielen Gesichter, ich weiß nicht, wie ich es ausdrücken soll.“

„Das ganze Leben?“

„Ja, genau, das ganze Leben.“

„Ja, siehst du, das habe ich damals auch immer gedacht, als ich nach Schleswig kam und Papi noch in Gefangenschaft war. Aber weißt du, was fehlte? Glück. Und das gehört doch auch zum Leben.“

„Glück ist doch da, aber in anderer Form. Glückliche Mienen passen ja auch nicht in eine Passionsgeschichte. Aber du findest da Gottes Trost.“

„Trost?“

„Ja, genau. Es malt sich ja auf den Gesichtern fast nur Leid und Verzweiflung ab. Oder Bosheit. Und Brutalität. Aber dann gibt es so viele Figuren, die erbarmungsvoll gucken. Pontius Pilatus zum Beispiel. Und die Jünger bei der Grablegung. Und im Erbarmen liegt immer auch Trost. Und dann natürlich die Auferstehung, darin zeigt sich doch Gottes Erbarmen, und das ist das eigentliche Glück aller Menschen.“

‚Manchmal ist sie mir ganz fremd mit solchen Gedanken, woher nimmt sie so was?‘, dachte Elisabeth. ‚Und dabei sprechen wir so gut und nah miteinander.‘

Laut sagte sie: „Wie hast du das eigentlich alles so genau sehen können? Man kommt ja gar nicht so nah heran, und der Altar ist doch riesig, mehr als zehn Meter hoch, wenn ich nicht irre.“

„Tante Erika hat mir ein Opernglas mitgegeben. Und da lagen Broschüren mit Detailvergrößerungen und Erläuterungen.“

„Aha, ihr modernen, jungen Leute immer! Müsst allem auf den Grund gehen!“

Nach dieser Schleswigreise hatte Gundel zwar keine weitere Beziehung zu Sörensens gepflegt, wohl aber zu Silke, die sie bei der Gelegenheit auch in Neumünster besucht hatte, und daraus hatte sich ein enger brieflicher und manchmal auch telefonischer Kontakt entwickelt, fast eine Freundschaft, soweit Elisabeth es beurteilen konnte. Ihr war das nur recht. Der sittlich-moralische Beistand der Patentante, sie war tief gläubige Christin und engagiertes Gemeindemitglied, würde Gundel immer nützen und hoffentlich auch leiten.

Im selben Jahr noch war Gundel mit Rolf nach Berlin gereist, um Elfriede zu besuchen. Die beiden kamen mit der sensationellen Neuigkeit zurück, dass Susanne sich von Josef G. getrennt hatte. Nach siebenundzwanzig Jahren hatte dessen Frau einer Scheidung noch immer nicht zugestimmt, und da hatte es Susi wohl gereicht. Sie wollte nicht ihr ganzes Leben als Liebschaft ohne Aussicht auf Legitimierung vergeuden, wie sie sich ausgedrückt hatte, verließ G. und ging einfach in ihren erlernten Beruf als Zahnarzthelferin in Berlin zurück. Sie wohnte immer noch bei Elfriede. Die beiden Damen mussten Gundel wohl ungeheuer freundlich empfangen und tüchtig verwöhnt haben, sie erzählte mit leuchtenden Augen davon.

Rolf und Gundel hatten auch die Gelegenheit genutzt, einen Blick auf Ostberlin zu werfen. Der Grenzübertritt durch den Bahnhof Friedrichstraße hatte sich unkompliziert gestaltet, aber im Osten der Stadt fühlten sich beide unwohl. Selbst Rolf war gleich eingeschüchtert, als ein Verkehrspolizist auf sie zugetreten war und nach ihren Ausweisen gefragt hatte und danach, was sie hier machten. Er habe mal vor dem Krieg im Osten der Stadt gewohnt, hatte Rolf geantwortet, und wolle versuchen, das Haus wiederzufinden. Der Polizist hatte sie, nicht einmal unfreundlich, weiterziehen lassen, aber Rolf und Gundel gestanden sich schließlich ein, dass sie zu viel Angst hatten, um sich hier länger aufzuhalten, und so kehrten sie rasch um.

„Der Krieg, der Russe, weißt du …“, hatte Rolf etwas verlegen zu Gundel gesagt.

„Ich finde es da hässlich“, hatte Gundel später Elisabeth erzählt. „Breite Straßen, aber alles schnurgerade und kahl, und dazu menschenleer, überhaupt kein Grün, und alle Häuser sehen gleich aus, also die neuen. Die alten sind so oll. Wie kann man da wohnen?“

„Sie können es sich weiß Gott nicht aussuchen“, hatte Elisabeth geantwortet.

Was Elisabeth richtig Auftrieb gegeben hatte in den letzten Jahren, war die Rückkehr von Klaus und Ursel aus Amerika. Erst war Klaus allein zurückgekommen, 1971, sozusagen als Vorhut, er hatte im Odenwald eine Stelle als Englisch-, Deutsch- und Musiklehrer an einer weiterführenden Schule gefunden. Nach ein paar Monaten, wenn eine Wohnung gefunden wäre, vielleicht auch eine Stelle für Ursel, sollte die Familie nachkommen.

Natürlich besuchte Klaus sofort seinen Bruder und dessen Familie, kaum dass er deutschen Boden betreten hatte, und brachte jede Menge Schwung und wieder den Duft der großen, weiten Welt mit. Nachher kam es Elisabeth so vor, als sei ein Sturm durch ihr Zuhause gefegt, habe alles, Menschen und Sachen, einmal in die Höhe gewirbelt, durchgepustet und dann im Weiterziehen wieder an den angestammten Platz zurücksinken lassen.

Elisabeth hatte auf die Ankündigung des Besuchs erst mit Unsicherheit reagiert. Sie hatte das jetzt immer öfter und immer stärker: das Gefühl, nicht zu genügen. Alle waren gebildeter, weltgewandter, geschmackvoller als sie, alle, immer. Was sie zu bieten hatte, die Wohnung, die Tischdekoration, das Essen, die Weinauswahl – inzwischen nur noch aus dem Supermarkt, Fräulein Hütten hatte aufgeben müssen – und die Konversation, das alles war gewiss nicht das Richtige für ihren Schwager, den weit gereisten Kenner, der würde sich bei ihnen nicht wohlfühlen, nie im Leben.

Zu Rolf sagte sie: „Der will das doch gar nicht, das alles hier. Das ist ihm nicht gut genug. Schon der Wein, ich weiß nicht ..."

Rolf schaute nur verständnislos. „Liesel, mein Bruder will uns besuchen, nach elf Jahren. Der kommt nicht für den richtigen Wein. Der will uns sehen. Freust du dich denn gar nicht?"

„Doch, schon. Und welchen Wein kaufen wir jetzt? Wir haben von so was doch keine Ahnung."

„Meine Güte, du bist mir vielleicht ne Marke!"

Und dann nahm sie alle Gardinen zum Waschen ab, und nach dem Waschen hängte sie sie feucht so auf, Falte für Falte in vollkommenem Ebenmaß mit diesen durchsichtigen Gardinennadeln gesteckt, dass sie aussahen, als seien sie aus einer Art Gardinenbruch gewonnen. So war es schon besser. Sie wienerte den Steinboden mit Bohnerwachs, bis er sie fast blendete. Viel besser. Sie bürstete alle Polster, reinigte alle Teppiche mit Schaum. Perfekt. Rolf lachte nur. Er hatte gut lachen, er hatte ja nicht einzustehen für die Haushaltsführung der Gronewolds. Auf sie fiel ja alles zurück. Fast hätte sie ihn gebeten, neu zu tapezieren, darin war er ein Meister, aber sie ahnte, dass er ein solches

Ansinnen nicht einmal einer Antwort würdigen würde, und fragte dann doch nicht.

Der Besuch von Klaus in Essen war dann aber einfach nur wunderbar. Er konnte so interessant erzählen: von Amerika, von seiner Familie und von der neuen Schule im Odenwald. Und genau wie früher war er lebhaft, witzig, wendig und ungemein unterhaltsam. Er mochte die Wohnung, die er noch von seinem letzten Besuch vor der Auswanderung im Gedächtnis hatte, sie war ja schließlich unverändert. Das galt auch für Elisabeths Koch- und Backkünste, und sogar dem Wein sprach er offenbar gern zu.

„Meine Güte, bei euch kann man ja vom Boden essen“, sagte er als erstes, kaum dass er das Wohnzimmer betreten hatte, und streckte sich gleich behaglich im Sessel aus. Elisabeth begann sich zu entspannen und die Gegenwart ihres Schwagers zu genießen. Und mit Freude sah sie Rolf strahlen, ja geradezu leuchten im Angesicht seines kleinen Bruders.

Eine fremde Welt öffnete sich für sie durch die Erzählungen des weit Gereisten. Über den Universitätsbetrieb. Über den amerikanischen Alltag, vor allem die Ernährung – kein Graubrot, kein Schwarzbrot. Über die privaten Telefongesellschaften, die einander Konkurrenz machten, da organisierte kein Amt das Telefonnetz. Über die unvermeidliche, berufsbedingte Mobilität der Menschen und wie deswegen tiefer gehende Freundschaften vermieden wurden. Über die Alten und Schwarzen, die sich mit dem Einpacken von Einkäufen an den Supermarktkassen Geld hinzuverdienen mussten. Man staunte ja überhaupt, dass es in Amerika praktisch keine sozialen Sicherungssysteme gab, zum Beispiel keine staatliche Krankenversicherung.

„Und wenn sie von unserem Sozialversicherungssystem hören, glauben sie es nicht, weil es für einen Amerikaner nichts geben kann, was es nicht zuerst in seinem Land gibt“, sagte Klaus.

Und dass die Amerikaner völlig entspannt Auto führen, ohne Platzhirschgebaren, während er in Deutschland, jetzt eben zum Beispiel auf der Fahrt vom Odenwald ins Ruhrgebiet, immer wieder erlebt habe, dass sofort irgendwer mit Schaum vor dem Mund an seinem Autoheck klebe, wenn er sich mal Zeit lasse.

Das war so interessant!

Das Faszinierendste an seinem Besuch waren jedoch die technischen Neuerungen, mit denen er sie vertraut machte. Als erstes packte er ein Gerät aus, das sich Kassettenrekorder nannte, dazu ein Mikrofon mit Ständer. Von Tonbändern hatten sie ja schon gehört, aber diese hier waren Miniaturausgaben in so kleinen, verschlossenen Plastikgehäusen, Kassetten genannt, und mit dem Mikrofon konnte man Geräusche oder Sprache aufnehmen, das wurde dann alles auf den Miniaturbändern gespeichert, und dann konnte man das mit demselben Gerät auch abspielen, denn der Rekorder hatte dafür einen Lautsprecher. Elisabeth, Rolf und Gundel erschien das wie ein Wunder, und es war ihnen auch ein bisschen unheimlich, zumal Klaus das Mikrofon beim Abendessen auf den Tisch stellte und auf den Aufnahmeknopf drückte. Aber nach wenigen Minuten hatten sie alle vergessen, dass ihr Gespräch aufgenommen wurde, und als Klaus nachher Teile der Aufnahme abspielte, hörten sie eigentlich nur eine lebhafte, vielstimmige Unterhaltung, ziemlich durcheinander und unverständlich, und sich überbietende Stimmen und Gelächter.

„Das schicke ich Ursel nach Amerika“, sagte Klaus, „damit sie einen Eindruck bekommt, wie es hier zugeht.“

Das Tollste war aber eine Schmalfilmkamera, mit der er kurze Szenen aus dem Familienleben aufnahm. Sie mussten sich erst ein bisschen daran gewöhnen, dass ein grelles Lampenlicht ihr Wohnzimmer so ausleuchtete, dass sie blinzeln mussten. Doch dann entstanden immerhin einige Aufnahmesequenzen vom Abendbrottisch, also dem reich eingedeckten, hochgekurbelten Couchtisch. Die Familie saß drum herum und versuchte, das gleißende Licht und das Surren der Kamera zu ignorieren. Der Film war ebenfalls für Ursel bestimmt. Ein wenig künstlich fielen die Aufnahmen allerdings aus, alle außer Klaus bewegten sich einfach nur affektiert.

Klaus hatte auch bespielte Filme mitgebracht, vom Familienleben in Mobile, Alabama, und auch von Fahrten durch die weite Landschaft. Er fuhr eine Leinwand aus, die er ebenfalls im Gepäck hatte, und auf die projizierte er seine Filme.

„Da gibt es ja gar keine Abwechslung“, sagte Gundel, „man fährt wohl stundenlang durch immer dieselbe Steppe, ist ja furchtbar!“

„Was meinst du mit furchtbar?“, fragte Klaus und hielt ihr das Mikrofon unter die Nase.

„Also, jetzt wollen wir erst einmal essen“, schaltete sich Elisabeth ein, bevor Gundel antworten konnte.

Dann sagte Gundel es aber doch: „Langweilig!“

Elisabeth schaute ängstlich auf Klaus, ob der vielleicht beleidigt wäre. Aber er lachte nur: „Gut erkannt. Ganz schön schwierig, wach zu bleiben, wenn man da stundenlang durchfährt auf schnurgerader Straße und immer dasselbe sieht.“

Andere Filmsequenzen hatten Elisabeth ein wenig niedergedrückt wie schon zuvor einige Fotos, die aus Amerika gekommen waren. Denn sie zeigten Ursel im Badeanzug, tief dekolletiert, oder unter dem Weihnachtsbaum auf dem Teppich sitzend im hautengen Etuikleid, oben so tief ausgeschnitten, dass man den Brustansatz sehen konnte, und unten sehr kurz, so dass die elegant parallel zur Seite geschlagenen Beine gerade noch den Blick auf den Schlüpfer verdeckten.

„Also, wer sieht jetzt jünger aus?“, hatte sie Gundel gefragt, damals, als die Fotos aus Amerika gekommen waren.

„Du natürlich“, hatte das brave Kind geantwortet.

„Und wer ist jetzt schlanker, Ursel oder ich?“, fragte sie jetzt am Abend nach der Filmvorführung Rolf. Und der antwortete wie erwartet: „Du natürlich, mein kleines Wieselchen!“

Und sie war es halbwegs zufrieden, fürs erste.

Doch als der Film vorgeführt worden war, hatte Klaus ganz stolz gesagt: „Ja, nicht wahr, Ursel ist sehr, sehr attraktiv, auch jetzt noch mit Ende Vierzig.“

Und da hatte Rolf zustimmend und anerkennend genickt. Das hatte sie nicht übersehen und würde es so leicht auch nicht vergessen. So etwas hatte Rolf über sie nie gesagt.

Da half es nicht viel, dass er ihr jetzt ein halbherziges Kompliment machte, nach dem sie erst hatte fischen müssen. Es war einfach nicht genug, was man ihr sagte und gab, einfach nie genug. Und nie stellte es sie zufrieden.

Bald danach waren Rolf und Klaus für eine Woche nach Berlin gereist, hatten die Stätten ihrer Kindheit aufgesucht – Rolf sogar ohne Angst, jetzt, wo Klaus dabei war – und hatten die Mutter und die Schwester besucht.

Rolfs Koffer waren von Elisabeth gepackt worden. Sichtlich belustigt und etwas irritiert hatte Rolf ihr nach der Reise berichtet, dass Klaus sich vor Lachen ausgeschüttet habe, als Rolf den Koffer aufgeklappt hatte: An jedem Sakko, an jedem Hemd und an jeder Krawatte waren Schildchen befestigt, die Elisabeth mit den Wochentagen beschriftet hatte. Sie hatte einfach sichergehen wollen, dass ihr Mann ihr keine Schande machte. Und um das zu erreichen, hatte sie es für nötig gehalten, dafür zu sorgen, dass er immer zu jedem Sakko das passende Hemd und die passende Krawatte trug. Das war am einfachsten zu bewirken, indem jedes Teil die Zuordnung zu einem Wochentag erhielt.

Lustig? Wohl kaum, eher praktisch. Sie konnte jedenfalls nicht darüber lachen. Und Rolf, der freche Kerl, grinste breit, zog sie aber dann in seinen Arm.

„Lass doch, Rolf“, sagte sie.

Im Herbst 1972 waren Ursel und die Söhne nachgekommen, nach fast einem Jahr. Klaus hatte an seiner Schule für Ursel eine Stelle als Kunstlehrerin gefunden, nur ein paar Stunden in der Woche, aber doch erstaunlich, da sie kein Studium aufzuweisen hatte, sich lediglich künstlerisch betätigt hatte. Für die Stelle hatte es trotzdem gereicht.

Zum Besuch nach Essen kamen aber dann nur Klaus, Ursel und Armin, der jüngere Sohn. Michael, der inzwischen ein junger Mann war und in Mobile begonnen hatte, Kriminologie zu studieren, hatte sich seinen Eltern nur auf ihren Druck hin und unter Protest angeschlossen bei ihrer Umsiedlung nach Europa. Seine amerikanische Freundin hatte er mitgenommen nach Deutschland, und die beiden blieben in der Wohnung, die Klaus für die Familie im Odenwald gefunden hatte, während der Rest der Familie nach Essen fuhr.

„Wie bitte?“, sagte Elisabeth zu Rolf, „die lassen den mit seiner Freundin in ihrer Wohnung?“

„So sind die Zeiten“, erwiderte Rolf.

Gundel und den ein Jahr jüngeren Armin bekamen die Erwachsenen bei diesem ersten Wiedersehen nur selten zu Gesicht, die beiden Jugendlichen verzogen sich meist in Gundels Zimmer und hörten Musik vom Plattenspieler oder vom inzwischen auch für Gundel erworbenen Kassettenrekorder.

Elisabeth und Ursel führten Küchengespräche, und plötzlich bemerkte Elisabeth, dass sie sich richtiggehend angefreundet hatten. Diese Freundschaft trat wie ein Wunder in Elisabeths Leben, das sie doch ohne Freundschaften hatte führen wollen, seit sie aus Schleswig weggemusst hatte. Und nun tat es mit einem Mal so gut, jemanden zu haben, mit dem man sich austauschen konnte über den Alltag, den Haushalt, die Kinder, die Sorgen. Es tat sogar gut, an Ursels Sorgen teilzuhaben, das linderte wahrhaftig ihren eigenen alten Schmerz, der sie überallhin begleitete, und in dem Sinne schien ihr die Volksweisheit, dass geteiltes Leid halbes Leid sei, eine neue, ungeahnte Bedeutung zu erlangen. Denn Ursels Erzählungen nahmen Elisabeth in eine ihr völlig neue Gemeinschaft auf, die Gemeinschaft der Beladenen, und sie fühlte sich umfangen, verstanden und gewärmt, weil sie nicht mehr allein war.

Es war Ursels größter Kummer, dass Michael, der ältere Sohn, sich von seinen Eltern abwandte, weil er ihnen übel nahm, dass sie ihn gezwungen hatten, mit nach Deutschland zu kommen. Da es sein Studienfach Kriminologie in Deutschland nicht gab, musste er hier Jura studieren. Das war freilich etwas ganz anderes als Kriminologie. Es langweilte ihn zu Tode. Und er wollte sowieso nach Amerika zurück. Amerika war seine Heimat, mit Deutschland hatte er nichts zu schaffen. Er sehnte sich nach seinen Freunden, auch seine Freundin würde bald zurückreisen müssen. Klaus hatte ihm gesagt, er könne ja nach Amerika zurückkehren, aber den Flug müsse er selbst finanzieren. Flüge waren sehr, sehr teuer. Und für seinen Lebensunterhalt in Amerika würde er selbstverständlich auch selbst einzustehen haben. Ursula war verzweifelt vor Angst, dass die Härte, ja Unerbittlichkeit ihres Mannes sich schädlich auf die Beziehung ihres ältesten Sohnes zu beiden Eltern auswirken könnte, und sie weinte sich viele Male bei Elisabeth aus. Die wusste letztlich auch keinen Rat, konnte nur zuhören und Trost durch Anteilnahme spenden. Der Mann hatte das Geld, der Mann hatte das Sagen, da konnte man nichts machen.

„Natürlich werde ich ihm von meinem Einkommen etwas zustecken“, sagte Ursel.

„Sag mal, kann Klaus euren Ältesten überhaupt leiden?“, fragte Elisabeth.

Nach der Abreise der amerikanischen Verwandten bestellten sie einen Telefonanschluss, damit sie sich endlich unkompliziert austauschen konnten, die beiden Brüder und die beiden Freundinnen. Nach drei Monaten kam das Telefon, es war gar nicht mal so groß wie die alten Apparate mit der riesigen Gabel für den Hörer. Es war flach und kleiner als ein Din-A4-Blatt, und den Hörer legte man einfach in eine Mulde über der Wählscheibe. Sie hatten die Wahl gehabt zwischen Orange und Olivgrün und hatten natürlich das gedecktere Grün gewählt, sie waren ja auch nicht mehr ganz jung.

Die beiden Brüder und ihre Frauen begannen zu viert Urlaub zu machen, in Berlin oder im Odenwald. Elisabeth lebte auf, zumal sie während dieser Urlaube keinerlei hausfrauliche Fähigkeiten unter Beweis zu stellen hatte. Man wohnte im Hotel, jedenfalls in Berlin. Im Odenwald war Ursel die Gastgeberin.

Und mehr und mehr nahm die Idee Form an, sich mit Aggi und Paul auf Raststätten der Interzonenautobahn illegal oder auch in Ost-Berlin oder Ungarn legal zu treffen. Das Problem lag nur darin, auf welchem Weg man sich verabreden sollte. Brieflich besser nicht. Und niemand im Osten hatte Telefon. Über Frieda vielleicht, wenn sie zu Besuch war? Sie schoben es immer wieder auf.

Reisen in die DDR kamen für Elisabeth und Rolf überhaupt nicht mehr in Betracht, obwohl man sich inzwischen sicher sein konnte, ein Visum zu bekommen, wenn man eins beantragte. Das lag aber wiederum nur daran, dass der tägliche Mindestumtausch, also der Betrag, der in D-Mark abzuliefern war und für den man im Verhältnis eins zu eins DDR-Mark ausgezahlt bekam, kontinuierlich gestiegen war, im Jahr 1973 schließlich auf zwanzig Mark am Tag, ein unerschwinglicher Betrag für Rolf und Elisabeth. Die vorübergehende Absenkung auf dreizehn Mark im Jahr 1974 machte da kaum einen Unterschied.

Elisabeth hatte sich mittlerweile damit abgefunden, dass sie Aggi erst dann regelmäßig zu Gesicht bekommen würde, wenn die das Rentenalter erreicht hätte. Alles andere war zu schwierig.

An eine Wiedervereinigung glaubte Elisabeth nicht mehr. Die Ostverträge waren unterzeichnet, die innerdeutsche Grenze und die DDR anerkannt. Vor kurzem in diesem Jahr 1974, nicht lange vor Konstantins Geburt, war Schmidt Kanzler geworden, nachdem Brandt über einen DDR-Spion in seinem Kanzleramt gestolpert war. Ausgerechnet.

Und Schmidt änderte nichts an der Ostpolitik, natürlich nicht.

Elisabeth war sich inzwischen jedenfalls sicher: Es würde keine Wiedervereinigung geben, niemals. Und aus irgendeinem Grund, den sie nicht recht verstand, ließ diese Erkenntnis einen seltsamen Frieden über sie kommen, der sich unvertraut anfühlte, ihr aber wohltat, weil er zumindest in einer Hinsicht den Aufruhr ihrer Seele besänftigte.

Sie hörte auf, sich für Politik zu interessieren. Was hatte die schon mit ihr zu tun? Sie ging trotzdem immer mit Rolf wählen, jedes Mal. Rolf SPD, Elisabeth FDP. Jeder eine Stimme für die sozialliberale Koalition.

Bei all dem hatte Elisabeth das Gefühl, dass es gute Jahre gewesen waren seit 1970, ihrem Schreckensjahr. Sie hatte seither nicht ein einziges Mal geweint, außer bei rührseligen Filmen. Es wurde besser. Sie hatte ein gutes Leben jetzt. Und heute begann noch einmal ein ganz neues Leben, das Leben als Oma, als Omilies.

24.) Essen, Oktober 1976

Es war aufregend. Sie ging zwischen den noch ungeöffneten Umzugskisten umher und inspizierte mit Rolf zusammen ihr neues Zuhause.

„Wo sind denn hier die Öfen?“, fragte sie, plötzlich erschrocken.

„Überraschung!“ Rolf strahlte sie an. „Hier gibt es eine Druna-Heizung, ganz etwas Modernes, schau mal!“

Er nahm sie an der Hand und führte sie in die Diele. Dort öffnete er eine gekachelte Tür. Eine Kammer mit einem Ofen darin.

„Ein Ofen für die ganze Wohnung, siehst du, und von dieser Kammer führen Heizungsrohre in jedes Zimmer, so wird mit nur einem Ofen alles gleichzeitig beheizt.“

„Auch das Bad?“ Bisher hatten sie immer mit ungeheizten Badezimmern leben müssen, in Schleswig und in Altenessen auch.

„Ja, schau mal, ich zeig dir, wie es funktioniert.“

Eifrig wie ein kleiner Junge, der seine Schätze vorweist, zeigte Rolf Elisabeth die in die Wände eingelassenen Lüftungsgitter, die die Enden der Heizungsrohre in jedem Zimmer verdeckten, jede dekorativ umrahmt von Kacheln.

„Von hier kommt die Wärme, und mit den Klappen kannst du einstellen, wie warm es werden soll, je nachdem, wie weit du sie öffnest.“

„Das ist ja … dann muss ich also nur noch einmal einheizen?“

„Das ist der Sinn, mein kleines Schäpschen. Freust du dich?“

„Ach, ist das schön! Und das Bad ja sogar mit Fenster! Und Teppichboden überall, nie mehr bohnern! Außer in Bad und Küche natürlich. Und dich muss ich wirklich noch einmal loben, du hast hier Großes geleistet. Es ist ja alles ganz toll.“

Rolf hatte vor ihrem Einzug die ganze Wohnung tapeziert. Es gab da jetzt so eine neue Art Tapeten, sehr schwer zu verarbeiten, wenn man sie exakt kleben wollte, „auf Stoß“ nannte Rolf das. Die hatten ein aufgeschäumtes Muster, rein weiß schimmernd auf cremefarbenem Grund, und solche Tapeten zierten jetzt die Wände. Außer im Gästezimmer, für das sie eine Tapete mit einer Art Rupfenstruktur gewählt hatten. Ja, es gab jetzt kein Kinderzimmer mehr, das dritte Zimmer sollte als Gästezimmer und Esszimmer für größere Zusammenkünfte dienen, sodass man für die Mahlzeiten nicht mehr den Couchtisch hoch- und wieder herunter kurbeln musste. Wenn sie nur zu zweit aßen, würde die Küche reichen. Ins Gäste- und Esszimmer hatten sie noch die alte, aufklappbare dunkelgrüne Couch gestellt, auf der sie während des Besuchs von Rolfs Mutter geschlafen hatten. Und für Rolf kam ein Sekretär hinein, denn er arbeitete jetzt immer öfter auch an den Wochenenden, weil er seiner Rentenberechnungen anders nicht mehr Herr wurde. Er war eben nicht der Schnellste, und jeder Rentenantrag erforderte seitenlanges Rechnen nach einer komplizierten Formel, der zufolge er aus Jahren und Jahrzehnten Dienstzeit des jeweiligen Antragstellers jedes Jahreseinkommen einzeln in Rente umrechnen musste, und manchmal füllte er für eine einzige Berechnung ein ganzes DIN-A4-Heft mit seinen Zahlenkolonnen, vierzig Seiten in der ihm eigenen engen, akkuraten Schrift.

Und weil er dafür immer länger brauchte oder auch weil immer mehr Anträge zu bearbeiten waren, so genau erklärte er das Elisabeth nicht, konnte er ein Arbeitszimmer in der Wohnung gut gebrauchen.

Bis auf die Besuchercouch hatten sie die alte, dunkelgrüne Polstergarnitur des Wohnzimmers entsorgt und durch eine Sitzgruppe in Schilfgrün ersetzt, die einen samtigen Bezug mit Rautenstruktur aufwies und in der Form weniger kantig war als die alte. Und weil das Wohnzimmer größer war als ihr früheres und außerdem eine geräumige Nische für den Fernseher gegenüber aufwies, konnten sie noch einen Ohrensessel für Rolf hineinstellen. Es war ein urgemütliches Ungetüm, und Elisabeth hatte es ausgesucht, nicht Rolf, darauf hatte sie bestanden.

„Lorenz sagt immer, man soll nicht so geordnete Muster nehmen“, hatte sie gesagt und im Möbelhaus ein Exemplar angesteuert, das mit einem ausgesprochen wilden, grünen Muster aus Blättern und Ranken auf cremefarbenem Grund aufwartete, und Rolf hatte sich gleich darein verliebt.

Über die neue, schilfgrüne Couch gegenüber der Nische mit dem Ohrensessel und dem Fernseher würden sie das geliebte Bild des Herbstwaldes hängen. Und schon jetzt, während es noch unter seinem künftigen Platz an der Wand auf dem Boden stand, sorgte es dafür, dass Elisabeth sich gleich heimelig fühlte.

Das beste aber war, dass sie jetzt im Bad fließend warmes Wasser hatten. Statt des Elektroboilers, den man immer eine Stunde lang vorheizen musste, bevor man Badewasser einlassen konnte, gab es hier einen Gasboiler, und das warme Wasser kam direkt aus der Leitung. Sich endlich warm waschen zu können, was für ein unglaubliches Glück!

Und die Wohnung hatte sogar einen Balkon. Der zeigte nach hinten, auf eine Rasenfläche; in loser Gruppierung und in gehörigem Abstand begrenzten dreigeschossige Häuser das Gelände, sämtlich baugleich in der jetzt überall verbreiteten Schuhschachtel-Form. So hatten sie auch hier kein richtiges Vis-à-vis, sondern schauten zuerst auf grünen Rasen und ein paar Büsche.

„Der Ahornbaum wird mir aber doch fehlen“, seufzte Rolf.

„Ach, der hat die Wohnung bloß dunkel gemacht“, erwiderte Elisabeth.

Wie hatte sie Rolf zugesetzt nach Gundels Auszug! Sie wollte einfach nicht länger in Altenessen leben, dem Arbeiterstadtteil mit dem schlechten Ruf. Sie wollte etwas Besseres, etwas, das passender war für einen städtischen Angestellten im mittleren Dienst. Rolf hatte sie nicht verstanden. Was war falsch mit dem Stadtteil und ihrem Leben dort? Nichts, fand er. Und der Kaiserpark in fußläufiger Nähe, das war doch etwas von Wert, das mochte er nicht aufgeben. Und den Ahornbaum auch nicht. Und die alte Baumreihe vor dem Sportplatz gegenüber. So hatte er argumentiert und sich ihr widersetzt. Aber schließlich hatte sie ihren Willen bekommen, und er hatte eine städtische Wohnung ergattert, nicht ganz so günstig wie die Sozialwohnung in Altenessen, aber immer noch außerordentlich günstig. Rolf fand, dass der neue Stadtteil, Holsterhausen, nicht viel anders aussah als der alte, vielleicht hier und da etwas niedrigere Häuser, vielleicht mehr Rasen und Büsche, doch vor allem weniger Bäume. Kein Park. Immerhin war die nächste Straßenbahnhaltestelle nicht weit weg, und die Linie führte direkt zum Rhein-Ruhr-Zentrum am Stadtrand von Mülheim, einer vor drei Jahren eröffneten, überdachten Einkaufsmeile mit mehr als fünfzig Geschäften. Ein Paradies für Elisabeth, deren größtes Freizeitvergnügen Schaufensterbummel waren, das kam gleich nach ihren geliebten Büchern und dem Schwatz mit Nachbarn. Und für Rolf war wenigstens der Grugapark im Nachbarstadtteil zu Fuß zu erreichen, wenn er da auch ziemlich lange laufen musste und nur gegen Eintrittsgeld hinein konnte.

Ihnen standen herrliche Zeiten bevor, da war sich Elisabeth ganz sicher.

Und so ging sie staunend mit Rolf durch die Wohnung, mehrfach, um sie ganz in Besitz zu nehmen, und lief immer wieder auf den Balkon, der von der Herbstsonne tüchtig beschienen wurde.

Das Auspacken erledigte sie genussvoll, beinahe feierlich, ganz gegen ihre sonst rasch zugreifende, praktische Art. Jede alltägliche Verrichtung erschien ihr hier neu und staunenswert, nahm etwas geradezu Weihevolles an und wollte gewürdigt werden.

„Wir müssen uns noch den neuen Nachbarn vorstellen, wenigstens nebenan“, sagte sie zu Rolf, als das Gröbste am frühen

Abend erledigt war und Rolf in den Ohrensessel sank.

„Nie hat man seine Ruhe!“ Dabei grinste er aber und erhob sich auch schon.

Es öffnete ihnen Frau Seiler. Elisabeth konnte nicht glauben, was sie sah. Eine Frau ungefähr ihres Alters. Keine Kittelschürze. Adrette Bluse, adretter Rock. Sorgfältig ondulierte Haare. Eine goldene Kette, eine goldene Armbanduhr! Im Haushalt! Eine erstklassig wirkende, gepflegte Erscheinung. Und sie beide standen da in Freizeitkleidung, nicht gerade abgerissen, aber doch schmucklos und jedenfalls deutlich unter dem Niveau der Nachbarin.

Stotternd stellte Elisabeth sich vor, danach Rolf, der kein bisschen stotterte, sondern den Kopf schief legte und aufs Charmanteste lächelte.

„Entschuldigung, wir ...“, fügte Elisabeth an, „wir packen noch aus, da sind wir noch nicht so ...“

Frau Seiler streckte die Hand aus: „Dann also willkommen im Haus. Wenn Sie mal Fragen haben oder etwas brauchen, klingeln Sie einfach an. Wir freuen uns. Ach! Horst! Kommst du mal?“

Und so lernten sie auch Herrn Seiler kennen. Hose mit Bügelfalten, weißes Oberhemd, darüber eine edel schimmernde Strickjoppe. Und Krawatte!

„Ja, dann also, auf gute Nachbarschaft!“, trompetete Rolf, und Elisabeth zog ihn rasch in die sicheren Wände der eigenen Wohnung zurück.

Es würden Jahre folgen, in denen Elisabeth, Frau Seiler als Vorbild vor Augen, von Rolf immer neue Ausstattungen für die Wohnung und für sich verlangen würde. Einen Orientteppich. Eine goldene Armbanduhr, ein goldenes Armband, einen weißgoldenen Ring mit Saphir und Diamanten. Schließlich eine Nerzjacke, nachdem sie im Winter ein solches Stück an Frau

Seiler gesehen hatte. Und Rolf seufzte und schob auf, was sich ohne Ehekrise aufzuschieben ließ, um noch etwas anzusparen, und dann seufzte er noch einmal und zahlte. Es waren immer ausgesuchte Stücke, die in keiner Weise dem allgemeinen Geschmack folgten, das war Elisabeth wichtig. Sie wollte das Besondere. Und so war die Nerzjacke, die sie schließlich für dreitausend Mark erstand, braun und nicht silbergrau. Und hatte einen Reverskragen. Danach war sie dann zufrieden und verlangte nie wieder etwas.

„Ich weiß nicht, was du hast", sagte Rolf eines Tages. „Erst ist es dir nicht vornehm genug da in Altenessen, jetzt ist es dir zu vornehm hier in Holsterhausen, was willst du denn nun?"

Wenn sie das nur selbst wüsste.

Ihr ganzes Glück war der erste Enkel, Konstantin. Er hatte bewirkt, dass die junge Düsseldorfer Familie oft nach Essen kam, immer zum Mittagessen, immer verspätet. Sie bekamen es mit der Organisation einfach nicht hin.

„Meine Güte, wenn wir damals so unorganisiert gewesen wären, hätten wir die Schneiderstube gleich schließen müssen", sagte Elisabeth irgendwann einmal zu Lilo.

„Damals hielten Kinder ja auch nicht so auf, man hat die nicht weiter beachtet, sie liefen eben so mit", entgegnete Lilo. „Und wir zerren und schlagen unser Kind auch nicht, wenn es nicht pariert."

Elisabeth kniff die Lippen zusammen.

Ab und zu fuhr Elisabeth ihrerseits nach Düsseldorf, um den jungen Leuten zu helfen, und es kam auch vor, dass sie mit Rolf das Wochenende dort verbrachte. Sie räumten auf, wuschen ab, kümmerten sich um die Wäsche, kochten, beschäftigten sich mit dem Kind und entlasteten so die jungen Eltern.

Eines Tages fand Elisabeth heraus, zufällig und ganz nebenher, dass sie inzwischen singen konnte, ohne es zu bemerken. Lilo hatte kurz nach der Geburt mal beiläufig gesagt, als sie das Kinderzimmer verließ: „Sing du ihn doch mal in den Schlaf, ich habe noch eben in der Küche zu tun."

Dabei hatte sie offenbar für den Moment vergessen, wie sich der Gesang von Elisabeth für gewöhnlich anhörte. Elisabeth hatte sich aber gedacht, dass der kleine Kerl, ihr Ebenbild und Seelenverwandter, die Darbietung gewiss völlig unkritisch entgegennehmen würde, Hauptsache jemand war da, schaukelte die Wiege und summte irgendwas.

Schlafe, mein Prinzchen, schlaf ein, ...

Da war es, rein und klar.

Lilo drehte sich auf dem Absatz um.

„Was war das denn? Seit wann kannst du singen?"

„Ja, ich weiß auch nicht." Elisabeth war selbst ganz erschrocken.

Aber nun war es so, sie hatte es irgendwie gelernt und tat es fortan bei jeder Gelegenheit, mit Lilo und Lorenz, für Konstantin, mit Rolf zusammen.

In einem Polenstädtchen ...

Es ging aber nur einstimmig. Fiel Lilo mit der zweiten Stimme ein oder gar Lorenz mit der dritten, musste sie kapitulieren.

In den Kirchenchor ging sie trotz der neu entdeckten Sangeskünste nicht. Im Gegenteil überzeugte sie Rolf, mit dem Umzug jegliches Ehrenamt für die Kirche einzustellen. Er war nun nicht mehr Presbyter, nicht mehr Missionsbeauftragter, nicht mehr Kirchenchorsänger.

„Das schaffst du ja auch nicht mehr mit deinen Nierensteinen", sagte Elisabeth und wusste selbst, dass das kürzlich aufgetretene Steinleiden keinerlei Beschwerden verursachte, die Rolf an irgendetwas hätten hindern können. Den Widerspruch, zu dem er ansetzte, lächelte sie weg, ein bisschen verlegen. Aber sie hatte Rolf eben so furchtbar gern um sich nach Feierabend und an den

Wochenenden, und in dem kleinen Enkelkind hatten sie ja beide eine Aufgabe, die sie ausfüllte.

Überhaupt verschob sich ihre Aufmerksamkeit mehr und mehr nicht nur vom Gemeindeleben in Altenessen hin zum zurückgezogenen Leben in Holsterhausen, sondern auch von Gundel – die in Bochum vor sich hin studierte, Geige spielte und an den meisten Wochenenden nach Hause kam – hin zu Lilo und ihrer Familie, nach Düsseldorf. Das war etwas Erfreuliches, und da fühlte Elisabeth sich gebraucht. Gundel wurde ihr ein bisschen langweilig, ihr Leben schien so gleichförmig, es gab da keine Höhen und Tiefen. Und dann war es auch sehr merkwürdig, dass sie, die doch in ihrer Backfischzeit dermaßen auf Männer geschielt hatte, sich jetzt wohl anschickte, eine alte Jungfer zu werden, denn sie erzählte nie etwas von einem Mann. Dabei musste es unter ihren Kommilitonen doch eine reiche Auswahl geben, Jura war ein Männerstudium, Studentinnen also in der Minderheit, und Gundel war recht hübsch und intelligent.

Selbst Klaus hatte manchmal mit seiner Nichte geflirtet, jedenfalls in der Zeit, als er noch allein zu Besuch gekommen war.

Was für eine Freude nun aber, dass Klaus mit Ursula verheiratet war, Elisabeth kam es wie ein Geschenk vor, wie ein unverdientes Glück. Sie lieh Ursel jetzt sehr oft ihr Ohr, sie telefonierten in kurzen Abständen. Telefonate waren freilich ein teures Vergnügen, vor allem Ferngespräche kosteten viel, sie zählten nach Minuten. Aber da Elisabeth und Rolf nie essen gingen und auch nicht mehr ins Kino, seit sie den Fernseher hatten, und da sie sich nichts leisteten – nun ja, abgesehen natürlich von Teppich, Schmuck und Nerzjacke –, musste das drinsitzen. Ursel war in den größten Nöten. Denn Michael hatte seine Eltern und Deutschland tatsächlich verlassen, schon vor drei Jahren: Nach nur einem Jahr im verhassten Deutschland hatte er das Geld für den Rückflug und einen Neustart in Alabama mit Nebenjobs zusammengebracht. Und wie von Ursel vorhergesagt, hatte er mit seinen Eltern gebrochen und sich nicht mehr gemeldet. Das hatte Ursel eine tiefe Wunde geschlagen, die sich nicht schloss, nicht schließen konnte.

„Er hat mir zum Abschied hingeworfen, sein Vater wäre ein Machtmensch und Unterdrücker, eine einzige Katastrophe, und ich hätte meinen Mann verteidigt und nicht meinen Sohn. Aus seiner Sicht stimmt das ja wohl auch. Jetzt haben wir nicht einmal seine Adresse."

„Ach Urselchen, der Sturm wird sich legen mit der Zeit, du wirst sehen. Spätestens wenn das erste Enkelkind unterwegs ist. Was sagt eigentlich Armin zu all dem?"

„Armin ist ein Papakind, auf seinen Vater lässt er nichts kommen. Er stand nie besonders eng mit Michael."

„Und Klaus? Will er nicht mal nachforschen, vielleicht über Michaels Freundin von damals?"

„Ach, du weißt ja, wie Klaus ist, Michael hat schon recht mit seinem Urteil. Man darf den Namen Michael in seiner Gegenwart nicht nennen."

„Hab Geduld, Urselchen, dein großer Junge hat ja auch einiges aufzuarbeiten, das wissen wir beide. Und dann kommt er schon zurück."

Es wunderte Elisabeth, wie Klaus agierte. Er war doch sonst so leichthin, nahm der Welt und seinen Mitmenschen so rasch nichts krumm, hatte Humor, warum nur diese Härte gegen den Erstgeborenen?

„Es ist wirklich nicht seine Art, stimmt", sagte Rolf. „Vielleicht hat er sich die Härte angewöhnt im Umgang mit Michaels Behinderung. Aber verstehen kann man es nicht."

„Kannst du nicht mal mit ihm reden, von Bruder zu Bruder?"

„Ach, Schäpschen, du weißt doch selbst genau, dass so was nie gut geht, so eine Einmischung von außen."

„Außen?"

Weiterhin fuhren sie regelmäßig zu viert in den Urlaub, im Auto von Klaus und Ursel, und regelmäßig betrachtete Elisabeth hinterher eingehend die Abzüge der Fotos, die Klaus mit seiner Kamera, natürlich einer Spitzenkamera, aufgenommen hatte, besonders die, auf denen sie neben Ursel zu sehen war. Es war inzwischen schon ein Ritual, kaum dass die Fotos in der Post waren und sie den Umschlag aufgerissen hatte, sie nahm es selbst schon nicht mehr ganz ernst: „Also, wer sieht jetzt jünger aus?“

„Also, wer ist jetzt schlanker?“

„Du natürlich, Mami!“

„Du natürlich, Lieselchen!“

Und waren Rolf und Gundel zur gleichen Zeit dabei, sprachen sie es im Chor: „Du natürlich!

Und dann lachten sie sich schlapp, hielten sich die Bäuche, und Elisabeth konnte nicht anders als einzustimmen.

Sie war das allerschönste Kind, das man in Polen find't ...

Drei Jahre nach Konstantin, im August 1977, wurde Lydia geboren. Wieder konnte Elisabeth sich über neue Sitten wundern. Zwar war im Kreißsaal alles wie immer einschließlich der Anwesenheit von Lorenz in der letzten halben Stunde. Aber inzwischen gab es „Ruhming in“ oder wie das hieß, das bedeutete, Lilo musste das Neugeborene überhaupt nicht mehr abgeben, Lydia blieb im Wöchnerinnenzimmer.

„Ist dir das nicht zu unruhig?“, fragte Elisabeth bei ihrem ersten Besuch im Krankenhaus.

„Kein bisschen, und wenn doch, muss ich bloß an die ersten Tage mit Konstantin denken, dann bin ich geheilt.“

Lydia war aber auch zu hübsch und niedlich. Und ein ganz ruhiges Kind.

„Sie hat direkt etwas Ernstes, fast Entrücktes“, sagte Elisabeth, „so wie Gundel damals.“

„Und so wunderschön. Die wird die Männerherzen reihenweise knicken“, sagte Rolf, und Elisabeth war nicht ganz sicher, ob er es scherzhaft oder ernst meinte.

Elisabeth hatte sich im gleichen Maß von der Politik abgewandt, wie ihre Hoffnungen auf eine Wiedervereinigung schwanden. Aber in diesem Herbst, wenngleich ihre Aufmerksamkeit noch durch das zweite Enkelkind gebunden war, kam selbst sie an den Bildern nicht vorbei, die ihr von jedem Zeitungskiosk, aus jeder Nachrichtensendung entgegenstarrten. Eine Mörderbande aus jungen Leuten ging um, die – genau wie damals die demonstrierenden Studenten – behaupteten, sie wollten die deutsche Gesellschaft umwälzen und müssten deshalb zuerst dem faschistischen Staat die scheindemokratische Maske vom Gesicht reißen. Die jungen Terroristen ermordeten hohe Staatsbeamte und Wirtschaftsmagnaten, jetzt hatten sie den Arbeitgeberpräsidenten entführt, um einige führende Kampfgenossen aus den Gefängnissen freizupressen. Kanzler Schmidt ließ sich nicht erpressen. Das kostete den Arbeitgeberpräsidenten das Leben.

„Wie furchtbar“, sagte Elisabeth zu Rolf, „wenn ich mir das vorstelle, die arme Witwe, was für ein grässliches Schicksal!“

„Ja, wirklich schrecklich, und es macht so hilflos und wütend. Vielleicht sollte man die Terroristen im Gefängnis einfach umbringen, dann wäre mit solchen Aktionen Schluss.“

„Rolf! Das kannst du doch nicht sagen! Das ist inhuman. Man soll nicht so werden wie die, unmenschlich, das wollen die doch nur. Das meinen sie doch mit ‚Maske herunterreißen‘. Also wirklich. Wir waren uns doch immer einig, dass der Staat nicht töten darf.“

„Aber in so einem Falle?“

Später sickerte durch, dass in den geheimen Beratungen, die Schmidt anlässlich der Entführung des Arbeitgeberpräsidenten einberufen hatte, der bayerische Ministerpräsident angeblich einen ähnlichen Vorschlag gemacht hatte: den Terroristen ein Ultimatum setzen und jeweils einen Inhaftierten hinrichten, wenn die Entführer es verstreichen ließen.

„Ich kann den nicht leiden", sagte Elisabeth zu Rolf. „Der ist ziemlich skrupellos, aber das traue ich ihm nun doch nicht zu."

Es war ja auch nur ein Gerücht.

Ein halbes Jahr später kam die Nachricht, dass Herr Schönlein gestorben war. Er war keine sechzig Jahre alt geworden. Lilo hatte ihn ein letztes Mal gesehen, als sie kurz vor dem Umzug nach Holsterhausen noch einmal in der Altenessener Wohnung gewesen war. Das war eineinhalb Jahre vor seinem Tod gewesen.

„Da ist was", hatte sie anschließend zu Elisabeth gesagt. „Ich kann es sehen. Irgendetwas Inneres ist krank."

Lilo hatte, davon war inzwischen selbst Elisabeth überzeugt, eindeutig seherische Fähigkeiten. Ihre Visionen quälten sie, denn es waren samt und sonders solche von Katastrophen, oft von Naturereignissen. Die Bilder suchten sie nachts heim, und am nächsten Tag sah sie sie dann in den Abendnachrichten dieselben Bilder. Von Feuersbrünsten, Überschwemmungen, Flugzeugabstürzen und untergegangenen Schiffen. Und manchmal konnte sie eben auch sehen, ob jemand krank war. Und wie ernst es war.

Nur Rolf und Lorenz taten das ab. Es waren zufällige Übereinstimmungen, wenn man sie fragte.

Elisabeth jedenfalls hatte Herrn Schönlein zum Abschied gesagt: „Meine Tochter hat ein Gespür für Krankheiten, sie kann sie bei einem Menschen sehen, und sie sagt, dass Sie zum Arzt gehen sollten, sich untersuchen lassen. Etwas Inneres vielleicht."

Und dann war Herr Schönlein doch nicht zum Arzt gegangen. Und dann war bei der Arbeit plötzlich Blut aus seinem Mund geschossen. Viel Blut. Er starb nach wenigen Stunden im Krankenhaus. Magendurchbruch.

„Die Druckerschwärze, wenn du mich fragst“, sagte Lilo dazu. „Einen Liter Milch am Tag trinken gegen das giftige Zeug, das ist ja wohl lachhaft.“

Frau Schönlein wurde nun ein weiteres Sorgenkind von Elisabeth. Sie hatte kein Geld, die Witwenrente war so schmal, dass sie sich kaum die Miete leisten konnte. Traudel, die ältere Tochter, hatte kein Einkommen. Sie war verheiratet, nur der Mann arbeitete. Olaf, der jüngere Sohn mit seinen dreiundzwanzig Jahren, war zwar Jungarbeiter, war aber auch schon ausgezogen, wollte demnächst eine Familie gründen und musste selbst sehen, wo er blieb mit seinem Geld. Und so verdingte sich Frau Schönlein mit ihren dreiundfünfzig Jahren, von denen sie dreißig als Hausfrau verbracht hatte, als Hauswirtschafterin und Kindermädchen in anderen Haushalten.

„Das ist so schwer“, sagte sie, „mir ist so gar nicht nach anderen Menschen, die sind mir alle unerträglich.“

„Aber ist es denn für Sie nicht auch eine gute Ablenkung?“, fragte Elisabeth.

„Mich kann nichts ablenken. Um es geradeheraus zu sagen, mein Leben ist zu Ende. Es hat keinen Sinn mehr, seit mein Mann gestorben ist.“

„Das ist aber ein schweres Wort, Frau Schönlein. Ich kann nachfühlen, dass es sehr, sehr schlimm für Sie ist. Aber es gibt doch noch so viel anderes. Sie haben zwei erwachsene Kinder. Vielleicht demnächst Enkel. Glauben Sie mir, mit Enkeln kehrt der Lebensmut zurück. Ich weiß, wovon ich spreche.“

„Nicht bei mir, liebe Frau Gronewold, nicht bei mir. Ich kann ohne meinen Mann nicht sein. Alles ist bloß noch sinnlos.“

Solche Gespräche erschütterten Elisabeth zutiefst. Zu Rolf sagte sie: „Es muss doch für jeden von uns etwas anderes geben außer dem Ehepartner. Ich möchte mir ein Leben ohne dich auch nicht vorstellen. Aber wenn es mich trifft, wenn du vor mir gehen musst, glaube ich nicht, dass ich alles, was ich dann noch habe, unwichtig finden würde."

„Jeder ist anders", sagte Rolf, „und Frau Schönlein war schon immer etwas schwermütig."

„Tja."

Trotzdem versuchte Elisabeth so unermüdlich wie vergeblich, Frau Schönlein Trost zuzusprechen. Frau Schönlein jedoch konnte Trost einfach nicht brauchen.

Als Elisabeth und Rolf zum ersten Mal die jungen Eltern mit beiden Enkeln in der Düsseldorfer Wohnung besuchten, zusammen mit Gundel, die nun auch endlich das wunderhübsche neue Baby besichtigen wollte, erzählte Lorenz abends nach ein, zwei Gläsern Wein – Konstantin war schon in seinem Bettchen und Lydia schlief sowieso in ihrer Wiege – von seiner Kindheit. Elisabeth und Rolf wussten wohl, dass Lorenz' Eltern Katharina und Heinrich in Dortmund zwei Reformhäuser besaßen, und sie hatten mitbekommen, dass sich auch Lilo und Lorenz sehr gesund ernährten mit viel Vollkorn und Rohkost. Aber was sie an diesem Abend hörten, ließ sie verstummen.

Lorenz, Jahrgang 1943, war in Heiligenstadt geboren und hatte seine ersten Lebensjahre, zugleich die letzten Kriegs- und ersten Nachkriegsjahre, auf dem Hof von Verwandten in Thüringen verbracht, zusammen mit seiner Mutter und seinem älteren Bruder Jörg. Sein Vater Heinrich aber hatte dieses erste Reformhaus in Dortmund, und dorthin sollte die restliche Familie über kurz oder lang nachkommen. Ein zweites Reformhaus kam hinzu. Und weil der Vater bei der Erweiterung und dem Betreiben zweier Reformhäuser die Mutter gut gebrauchen konnte und der schon ältere Jörg nicht weiter störte, wurde der kleine Lorenz allein in Thüringen zurückgelassen, bei den Verwandten. Und als er den Verwandten nach einigen Monaten lästig wurde, schickten sie ihn mit Zustimmung der Eltern in ein Waisenhaus, wo er mehr als ein Jahr lang blieb, bis Katharina und Heinrich ihn endlich nach Dortmund nachholten.

Elisabeth fühlte sich, während sie Lorenz zuhörte, als würde sie langsam und quälend in Stein verwandelt. Sie wollte weinen, aber es ging nicht. Sie war gänzlich starr, kein Muskel gehorchte ihr. Noch nie seit der Bombardierung ihres Flüchtlingstrecks und seit Rolfs Erzählungen von der Gefangenschaft hatte sie ein so wildes, uneingeschränktes Mitgefühl für einen Menschen empfunden. Rolf neben ihr schluckte nur und schüttelte den Kopf, immer weiter und weiter. Gundel hatte die Hände vor den Mund geschlagen, man konnte nicht sehen, nur erahnen, was sie empfand. Es war totenstill in der Küche dieser gemütlichen, warmen Düsseldorfer Wohnung.

Schließlich sagte Elisabeth, während nun doch eine zaghafte Träne über ihre Wange rann: „Die haben dich ins Waisenhaus geschickt? Ich kann das nicht glauben. Es muss doch Platz sein für jedes Kind im Leben seiner Eltern. Ich hätte meinen Kindern ein Lager unter dem Tisch gemacht, wenn ich in so einer Situation gewesen wäre, aber ich hätte keines hergegeben, nie."

Nun schluchzte sie endlich, während Rolf, dem auch die Stimme immer wieder versagte, ergänzte: „Wir haben das ja sogar so gemacht, also unseren Kindern provisorische Lager errichtet, als es so auskam. Also als es nicht anders ging. Aber sie wegzugeben ... Das ist doch ... was du erlebt hast ... grauenhaft!"

„Wie konntest du denn danach noch mit deinen Eltern umgehen?", fragte Gundel.

„Naja, ich war klein, und als ich nach Dortmund kam, war alles wieder gut für mich, und durch das Leben in Thüringen und durch die Trennung habe ich eine ganz besondere Beziehung zu meiner Mutter entwickelt. Wir sind später oft zu zweit in den Urlaub gefahren."

„Naja, eine besondere Beziehung“, erwiderte Elisabeth, „aber deine Hochzeit haben sie dann doch boykottiert.“

„Und mich behandeln sie bis heute so schlecht wie möglich, besonders Katharina“, ergänzte Lilo.

Elisabeth sagte nach kurzem Schweigen: „Ich schneide uns mal ein paar Käsewürfel zum Wein, und wenn ich dich auch um ein Glas bitten dürfte, Lorenz!“

„Essen und Trinken halten Leib und Seele zusammen, was?“, sagte Gundel.

Musste Gundel sie denn immer gleich verächtlich machen, bei jeder Gelegenheit?

Die jüngere Tochter war vom Herzenskind zum Schmerzenskind geworden. Als sie einundzwanzig war, war die noch mit Lydia schwangere Lilo mit der Neuigkeit herausgeplatzt, dass Gundel einen Freund habe.

„Aber sagt ihr mal nicht, dass ihr es schon wisst, sie will es euch lieber selbst erzählen. Ist ein toller Mann, blendendes Aussehen, total herzlich, ein Gefühlsmensch. Wir mögen ihn sehr.“

Und Elisabeth und Rolf warteten. Und warteten.

Und schließlich rückte Gundel damit heraus, dass sie einen Kommilitonen kennengelernt hatte und dass sie jetzt mit dem zusammen war.

„Aha, und kriegen wir ihn auch zu Gesicht?“, wollte Rolf wissen.

„Na klar, Väterchen.“

Und sie lernten Wilfried kennen. Und der war ganz großartig, sah schon so anziehend aus mit seinen dunklen, gewellten Haaren, den sprechenden Augen und dem zugewandten, warmherzigen Gesichtsausdruck, über die Maßen freundlich und kommunikativ, er lachte gern und war obendrein witzig.

„Der müsste es sein“, sagte Elisabeth zu Rolf.

„Ja, er ist so liebevoll, auch nicht selbstverständlich für einen Mann“, antwortete Rolf, und Elisabeth ergänzte: „Stimmt, und an dem Mann ist nichts Falsches, der meint es gut mit unserer Tochter. Was bin ich froh!“

Und dann, keine zwei Jahre später, trennte sich Gundel von Wilfried. Das erfuhren sie erst nach Monaten, und auch dann wollte Gundel mit Elisabeth nicht über die Gründe sprechen.

Rolf erklärte sie, sie habe keine Kinder gewollt, Wilfried aber schon.

„Das ist wirklich ein gravierender Trennungsgrund“, sagte Rolf zu ihr, „das geht nicht zusammen“.

Ja, klar, Rolf verstand Gundel. Wie immer. Immer, immer. Derlei besprach man mit seiner Mutter, nicht mit dem Vater. Und überhaupt, es war doch nicht natürlich für eine Frau, keine Kinder zu wollen. Sah Rolf das denn nicht? Hätte er es nicht besser ihr, der Mutter, überlassen, Einfluss auf Gundel zu nehmen?

„Keine Kinder, wo gibt es denn so was“, sagte sie bei nächster Gelegenheit zu Gundel. „Ihr hättet doch heiraten können, das mit den Kindern hätte sich schon ergeben.“

„Heiraten will ich sowieso nicht. Aber wir wollten eigentlich zusammenziehen. Deshalb hatten wir ja die Streitereien über Kinder.“

„Zusammenziehen? Ohne zu heiraten? Das wäre ja ganz und gar unmöglich. Und er wollte wirklich Kinder? Uneheliche Kinder?“

„Mami, danach kräht doch heute kein Hahn mehr.“

„Ich schon.“

Der kleine Disput hatte ihr allerdings die Augen über ihre Tochter geöffnet. Sie tat wohl freiwillig diese ... Dinge. Wie Susanne seinerzeit mit G.

„So ein Früchtchen!“, sagte sie später zu Rolf. „Ehrlos leben wollen, das hat sie von Susi.“

„Ich mache nicht noch einmal den Fehler wie damals bei Lilo", erwiderte Rolf. „Gundel ist alt genug, sie richtet sich ihr Leben selbst ein, wie es ihr passt."

„Aber auf uns fällt es doch zurück! Die Leute, hast du daran mal gedacht?"

„Wie sie schon gesagt hat: Es kräht heutzutage kein Hahn mehr danach."

Und dann heiratete Gundel doch, im September 1980, sie war fast fünfundzwanzig.

„Das wurde aber auch Zeit,", sagte Elisabeth, als sie Gundels Brief bekamen. Gundel hatte ihnen den in den Wanderurlaub nach Bayern geschickt, weil die Hochzeit schon in sechs Wochen sein sollte. Dabei kannten Elisabeth und Rolf den Mann gar nicht, sie hatten nicht einmal gewusst, dass er existierte.

„Das müssen wir wohl so hinnehmen, aus irgendeinem Grund vertraut sie sich uns nicht gern an", sagte Rolf.

Und sie sprangen beide über ihren Schatten und empfingen den jungen Mann sehr herzlich, als sie wieder zu Hause waren.

Er war Anwalt, und Gundel war inzwischen auch schon Referendarin.

„Habt ihr euch so kennengelernt?", fragte Rolf.

„Ach, wir kennen uns schon aus dem Studium und aus der politischen Arbeit", sagte Lothar.

„Politische Arbeit?"

„Ja, wir sind beide in der Deutschen Kommunistischen Partei."

Gundel zuckte zusammen. Diese Eröffnung war ersichtlich nicht mit ihr abgestimmt.

„Was?", fuhr Rolf hoch. „Ich fasse es ja nicht! Kommunistin? Du? Bei unserer Familiengeschichte? Das darf ja wohl nicht wahr sein."

„Das ... das wussten wir ja gar nicht", flüsterte Elisabeth.

„Ich weiß“, sagte Lothar. „Aber ich fand, irgendwer musste es euch sagen.“

„Und um die Offenbarungen zu vervollständigen“, erhob jetzt Gundel die Stimme, „ich bin auch aus der Kirche ausgetreten. Wegen der Kirchensteuer. Und weil ich an all den Kram nicht glauben kann.“

Nun war es an Elisabeth, „was?“ auszurufen. „Na, dann überleg dir mal schön, wie du das Silke beibringst.“

Denselben Satz sagte sie, als Gundel ihr eineinhalb Jahre später am Telefon mitteilte, dass sie sich auch von Lothar getrennt hatte. Der Verlust von Lothar machte Elisabeth nicht viel aus, im Gegensatz zu Wilfried erschien Lothar ihr weniger umgänglich und manchmal geradezu schroff, und obwohl er gern bei ihnen war und sich gern mit ihnen unterhielt, verriet ihr sein meist etwas galliger Humor, dass er anscheinend doch ein wenig auf sie herabsah.

Sie würde ihn also nicht so sehr vermissen. Aber ihre jüngere Tochter war jetzt, mit sechsundzwanzig Jahren schon, eine gescheiterte Frau. Und gescheiterte Tochter hieß gescheiterte Mutter.

Nach den Gründen für die Trennung fragte sie schon gar nicht mehr. Und auch nicht danach, wie es Gundel ging.

„Ich vermute, er hat sie schlecht behandelt“, sagte Rolf, als Elisabeth ihm bekümmert die Neuigkeit berichtete. „Er wirkte nicht so, als wisse er, was ihr eigentlich zusteht.“

„Was ihr zusteht, darüber denke ich lieber nicht nach“, erwiderte Elisabeth. „Wie kann ein junger Mensch sich bloß so verwandeln?“

„Nun lass sie doch mal, Liesel.“

Und schließlich schleppte Gundula einen Töpfer an, eine Urlaubsbekanntschaft, zwei Jahre jünger als sie, feminine Stimme, feminines Gesicht, sehr hübsch und sehr nett. Zu nett, sie traute ihm nicht. Rolf auch nicht. Ebenso wenig Lilo. Seinen Namen wollten sie sich schon gar nicht mehr merken, und sie blieben beim Sie. Trotzdem half Rolf, als der Töpfer nach Essen und mit Gundel zusammenzog, beim Ausräumen des Umzugswagens und Einräumen der neuen Wohnung. Es war ja sowieso schon alles egal, Anstand und Moral waren schon lange zum Teufel.

Immerhin war Gundel jetzt Rechtsanwältin, das war etwas, was man erzählen konnte.

Drei Jahre nach der Geburt von Lydia hatten Rolf und Elisabeth endlich Schleswig wiedergesehen. Lilo und Lorenz hatten lange zuvor einen Bauernhof in der Nähe der Schlei bei Sieseby – keine dreißig Kilometer von Schleswig entfernt – ausgemacht, der Zimmer mit Bad bot, dazu eine riesige Gemeinschaftsküche. Eine richtige Bauernküche war das, mit schwarz-weißem Steinboden und einem sehr großen Herd, der mit Holz befeuert wurde. Man konnte Eier und Milch von der alten Bäuerin kaufen und bekam Gemüse aus ihrem Garten geschenkt, Möhren zum Beispiel samt geliehener Küchenmaschine zum Raspeln und Reiben. Der Hof mit seinem Kuhstall und dem Hühnerhof war ein Kinderparadies, und Konstantin und Lydia waren vor allem begeistert von den Kälbern, die mit ihren Müttern im Stall standen, weil sie noch nicht auf die Weide durften. Andauernd rannten die Kinder in den Stall, laut „Kalli! Kalli!" rufend, und blieben dann doch erst einmal still stehen, in Ehrfurcht erstarrt vor der Größe der Tiere. Und wenn die Kühe abends zum Melken in den Stall getrieben wurden, waren sie natürlich auch dabei und tranken als erste eine Kelle der noch warmen, fetten Milch.

Der Urlaub war billig, er kostete nur fünf Mark pro Person und Nacht. Kleinkinder zahlten nichts. Die beiden jungen Leute hatten deshalb schon häufiger dort Urlaub gemacht, erst mit Konstantin, dann mit beiden Kindern, und nun fuhren sie alle zusammen mit Elisabeth und Rolf dorthin. Elisabeth fühlte sich auf dem Hof wie ein Fisch im Wasser. Landwirtschaft, da kannte sie sich aus, noch von Meseritz her, und im Gemüsegarten führte sie lange, fachsimpelnde Gespräche mit der alten Bäuerin, die verwitwet war und sich aufs Altenteil gesetzt hatte. Seitdem kümmerte sie sich nur noch um die Feriengäste, den Garten und den Hühnerhof. Ihr Sohn und dessen Frau bestellten jetzt den Hof, und wie sie das machten, war der alten Bäuerin nicht recht. Sie hätte sich eine weiblichere, das hieß für sie häuslichere Schwiegertochter gewünscht. Ihre Schwiegertochter dagegen ging mit aufs Feld wie ein Mann. Und der Sohn ließ sie gewähren. Haus, Garten, Melken, Handarbeiten, das war das Reich der Frau. Und nun das. „Lore mach ja nich handebeiten", sagte sie immer wieder kopfschüttelnd. Man verstand sie nicht, diese modernen Zeiten.

Elisabeth konnte sich nur zu gut einfühlen, vor allem wenn sie bedachte, wie Gundel sich entwickelt hatte.

Und dann gab es Ausflüge nach Schleswig. Elisabeth sah die Schlei, schon auf der Autofahrt dorthin. Sie sah Schleswig am Ufer gegenüber liegen, den Dom mit dem gewaltigen, schlanken Hauptturm, den drei kleinen Türmen am anderen Ende und dem roten Dach. Sie besuchte den Dom, trat langsam und andächtig durch das dunkle, romanische Portal und saß lange, sehr lange vor dem Brüggemann-Altar. Sie spazierte durch den Holm mit dem kleinen Friedhof rund um die schneeweiße Kapelle. Sie ging durch den Holm zum Schleiufer. Und nichts hatte sich verändert. Und doch wirkte alles ganz anders. Alles. Denn es verband sich nicht mehr mit der Unruhe, der Angst, der Verzweiflung ihrer jungen Jahre. Sie brauchte diese Dinge nicht mehr, um Entlastung, um Trost zu finden. Sie war es, die sich verändert hatte. Ihr Leben war nicht mehr schwer von Leid und Hoffnungslosigkeit, und ihre Seele lag nicht mehr in Scherben. Sie hatte daraus etwas geformt, eine Gestalt, noch vage und jedenfalls unvollkommen. Aber einigermaßen verlässlich. Und mit einem Mal ergriff ein neues Empfinden Besitz von ihr, das ging weit über die Abwesenheit alter Lasten hinaus. Es war die Gewissheit, dass es mehr nicht geben könne, mehr nicht an Glück, mehr nicht an Erfüllung, mehr nicht an gelungenem Leben.

Sogar der Himmel hier über der Schlei war jetzt nicht mehr von klarerem Blau als der Himmel über der Ruhr.

„Ich liebe dich", hörte sie Rolf neben sich sagen, sie hatte ganz vergessen, dass er auch da war. Er zog ihre Hand in seine Hände, die waren warm wie immer.

„Ich liebe dich auch", sagte sie.

Da hatten sie nur noch wenig mehr als sechs gemeinsame Jahre vor sich.

In diesen Jahren bekam Lilo noch zwei Kinder, Jakob 1985 und Desirée 1986. In diesen Jahren heiratete Gundel und ließ sich wieder scheiden, schleppte schließlich den Töpfer an und zog mit ihm zusammen. In diesen Jahren ging Rolf in den Ruhestand, mit vierundsechzig, mit so schmaler Rente, dass er nebenher arbeiten musste, Haushalte besuchen für statistische Erhebungen.

Sie lernten Bonn kennen, die Hauptstadt der Bundesrepublik, und fanden sie ganz reizend mit ihren Altbauten, Schnörkeln und Pastellfarben.

Rolf lernte fotografieren, kaufte eine sündhaft teure Spiegelreflexkamera und ging nahezu täglich in den Grugapark, um Pflanzen, Bäume und Insekten abzulichten.

Er reaktivierte seine Schachkenntnisse, die seit seinen Jugendtagen geschlummert hatten, kaufte Schachzeitschriften und stellte ganze Partien nach, und schließlich brachte er Konstantin das Schachspielen bei. Konstantin erwies sich erst als gelehrig und eifrig und dann als großes Talent, und Rolf war sehr froh und stolz auf seinen blitzgescheiten Enkel.

Elisabeth strickte und strickte, mit jedem Enkelkind mehr.

Und die Düsseldorfer Wohnung wurde beiden beinahe so etwas wie ein zweiter Lebensmittelpunkt.

Rolfs Prostata machte jetzt manchmal Beschwerden und musste operiert werden, das war 1984. Die Schmerzen anschließend waren höllisch, und mehr als einmal glaubte Rolf, sie nicht länger ertragen zu können. Und dann sagten die Ärzte noch, fast nebenher, sie hätten ein stecknadelkopfgroßes Krebsgeschwür entdeckt, gut abgegrenzt, das mit entfernt worden sei, voraussichtlich würde daraus nichts erwachsen. Voraussichtlich.

Zwei Jahre später, Anfang November 1986, Rolf und Elisabeth trugen ein paar Einkäufe nach Hause, sagte Rolf ganz plötzlich: „Kannst du mal eben meine Tüten nehmen? Mir ist plötzlich so komisch, so ganz schwach und schwindelig. Guck mal, meine Beine zittern."

Es wurde nicht besser zuhause, und am nächsten Morgen ging er zum Arzt, das heißt, er ließ sich mit dem Taxi fahren und schleppte sich in die Praxis.

Und der Arzt, der nichts finden konnte, überwies ihn ins Krankenhaus zur Diagnostik. Aufnahme sofort. Es eilte.

25.) Essen, Januar 1987

Es war ein großes Begräbnis, gewaltig, Elisabeth hatte nicht mit so vielen Menschen gerechnet.

Frau Schönlein hatte sie angerufen, einen Tag vorher, und um Verständnis gebeten.

„Bitte, ich schaffe das nicht, ich kann keine Beerdigungen. Ich schicke Blumen."

Besinnungslos schaute Elisabeth in der Trauerhalle auf den Strauß mit lilafarbenen Blüten. Der Bestatter hatte ihn direkt vor den großen Kranz gelegt, den Lilo und Lorenz hatten aufstellen lassen.

„Schönlein" stand auf einer Schleife, die den Strauß umschloss.

„Danke für Deine Güte und Fröhlichkeit" hatten Lilo und Lorenz auf die Schleife ihres Kranzes schreiben lassen. Sie hatten ihn mit Christussternen bestücken lassen, Rolfs Lieblingsblumen im Winter.

‚Es sind wirklich ungewöhnliche Menschen, die beiden', dachte Elisabeth. Sie saßen neben ihr, zur einen Seite. Die Enkel hatten sie zu Hause gelassen, sie fürchteten, sie zu sehr zu belasten. Zur anderen Seite saß Gundel, mit unbewegtem Blick, tränenlos. Den Töpfer hatte Elisabeth in die hinteren Reihen verwiesen, er war schließlich kein Angehöriger. Dass er mit Gundel am letzten Abend in Rolfs Leben zum Krankenhaus gefahren war, um ihr ein paar Sachen zu bringen, dass Gundel und er sie nach Rolfs Tod nachts gemeinsam aus dem Krankenhaus abgeholt und ein paar Tage bei sich aufgenommen hatten, änderte nichts. Das alles machte ihn nicht zu einem Angehörigen. Er war ein Fremder und blieb ein Fremder, den sie nicht in ihrer Nähe haben wollte.

Gleich hinter ihr saß Aggi, in einer Reihe mit Klaus und Ursel. Auch Armin und dessen junge Frau Wiebke waren gekommen.

Die jungen Leute würden bei Gundel und dem Töpfer für ein paar Tage unterkommen, Aggi, Klaus und Ursel bei ihr. Wiebke kannte Rolf gar nicht, und Armins letzte Begegnung mit Rolf musste an die vierzehn Jahre her sein, da war Armin noch ein Jugendlicher gewesen.

‚Wir sehen aus wie die Krähen, alle so in Schwarz', dachte Elisabeth. Ob das Rolf gefallen hätte? Eher nicht. Zweifellos aber hätte seine Witwe ihm gefallen: Schwarz stand ihr, und sie sah darin schlank aus wie ein junges Mädchen.

‚Also, wer ist jetzt schlanker, Rolf?'

Alle waren sie gekommen. Alle, die wichtig waren, sogar der Kirchenchor aus Altenessen. Die Nachbarn aus Holsterhausen waren da und Rolfs Kolleginnen und Kollegen, die meisten hatte Elisabeth noch nie gesehen, höchstens wenn sie an Heiligabend vormittags eine Platte mit belegten Brötchen – alles selbst belegt natürlich, nicht vom Bäcker oder Metzger – vorbeigebracht hatte, damit die Dienststelle seinen Geburtstag feiern konnte. Das waren immer die Jahre gewesen, an denen sie seinen Geburtstag nicht vergessen hatten.

„Ihr Mann war so lieb", hatte eine der Damen vor der Trauerhalle gesagt und Elisabeths Hände mit ihren beiden ergriffen.

Und dann war da sogar – Frau Schönlein musste sie informiert haben – Frau de Beaulieu, sehr klein, zart, glatte Gesichtszüge auch im Alter, und doch irgendwie verlebt, resigniert oder gar bitter vielleicht, schulterlange, leicht gewellte, jetzt graue Haare, die offenbar seit Jahren keinen Friseur gesehen hatten, wenn überhaupt.

„Ich habe Ihren Mann so gemocht", hatte sie gesagt, „er hat mich immer respektvoll behandelt." Aus dem Augenwinkel sah Elisabeth, dass Gundel die Tränen kamen. Ihre Tochter ging einen Schritt auf Frau de Beaulieu zu, streckte ihr die Hände entgegen und sagte: „Sie können sich nicht vorstellen, wie viel es mir bedeutet, dass Sie gekommen sind und uns das sagen."

Und dann sah das Gesicht von Frau de Beaulieu – sie hob es an zu Gundels Gesicht, und die Wintersonne schien darauf – plötzlich bleich und verwundbar aus.

Das war mehr, als Elisabeth ertragen konnte, und sie drehte sich weg.

Susanne war nicht gekommen. Die wurde sowieso sonderlich mit den Jahren und ging kaum noch aus dem Haus, seit sie im Ruhestand war. Nicht mal zur Beerdigung ihres Bruders.

Klaus hinter Elisabeth weinte sich offenbar die Augen aus dem Kopf, sie hörte ihn unentwegt schnüffeln und sich schnäuzen.

Lilo weinte, Lorenz weinte, wer sollte das aushalten?

Elisabeth weinte nicht. Da war nichts mehr. Sie drückte Gundels Hand.

Dann betrat Dr. Röder den Altarraum. Lilo hatte ihn gebeten, den Trauergottesdienst abzuhalten, und er tat das mit seiner Elisabeth sonst widerwärtigen, doch heute ihr tröstlich erscheinenden, pathetischen Art. Sie bekam aber kaum etwas mit. Schließlich sprach er davon, dass Rolf und er Freunde gewesen seien.

‚Freunde?', dachte sie. ‚Freunde?'

Der spielte sich doch bloß auf!

Und dann beschrieb Dr. Röder Rolf so, wie er ihn erlebt hatte. Großzügig, humorvoll, human, hilfsbereit und so weiter und so weiter. Was man so sagte über einen, der gestorben war. Und plötzlich fügte er an, als sei es ihm eben erst eingefallen: „Er war die Bedürfnislosigkeit selbst."

Es traf Elisabeth ins Mark. War das denn etwas, was als Fazit eines siebzig Jahre währenden Lebens taugte? Bedürfnislosigkeit?

„Das darf auf meiner Beerdigung aber keiner über mich sagen", mahnte sie Gundel später, beim Kaffeetrinken.

„Oh, da besteht keine Gefahr", erwiderte die, sie konnte schon wieder lächeln, wenn auch ein bisschen ironisch vielleicht.

An den schweren Gang hinter dem Sarg her von der Trauerhalle bis zum Grab hatte Elisabeth schon da kaum noch eine Erinnerung. Sie hatte es irgendwie hinter sich gebracht, von ihren Töchtern in die Mitte genommen und abgeschirmt von den weinenden Männern.

Der Altenessener Kirchenchor hatte am Grab gesungen: *Christ ist erstanden, Halleluja, Halleluja!*

Halleluja?

Und dann, zum Schluss, hatte Pfarrer Röder wie ein Racheengel den Zeigefinger in die Luft gereckt, gen Himmel, und ausgerufen:

„Bedenket aber: Einer von uns wird der nächste sein!“

Meine Güte!

Die DDR-Behörden hatten Aggi zur Beerdigung ausreisen lassen, nachdem sie Elisabeths Telegramm mit der vorgeschriebenen Formulierung, die Sterbeurkunde und die Bescheinigung des Bestatters über den Bestattungstermin vorgewiesen hatte. Paul musste zu Hause bleiben.

„Faustpfand“, hatte Aggi gesagt, „damit ich auf jeden Fall zurückkomme.“

Es waren ja keine vier Jahre mehr, nur noch bis August 1990, dann wäre sie im Ruhestand und konnte in den Westen reisen. Aber jetzt hatten sie erst einmal drei wunderbare Tage schwesterlichen Einvernehmens bei Elisabeth. Klaus und Ursel reisten schon am Tag nach der Beerdigung ab, sie mussten zu ihrer Schule zurück und hatten nur einen Abend mit den Schwestern. Sie mochten Aggi und fanden es immer spannend, wenn sie über ihr Leben in der DDR erzählte. Doch an diesem Abend erzählten sie alle nur von Rolf und häuften Erinnerung auf Erinnerung. Vor allem aus Berlin und Meseritz.

Rolf war ein lieber Junge, so hatte sein Vater Gustav es in die Familienchronik geschrieben.

Er war die Bedürfnislosigkeit selbst, hatte der Pfarrer gesagt.

Und dann reiste auch Aggi ab, und Elisabeth blieb allein zurück.

Nein, sie vergaß nicht, was sie noch hatte, und sie sah auch, dass es viel war. Aber dieses Wissen stand neben den neuen Gefühlen, Gefühlen der Verzweiflung, des Haderns, des Grauens vor der Monstrosität und Endgültigkeit des Todes. Es bewahrte sie nicht vor der Leere, nicht vor der Einsamkeit. Sie standen nebeneinander, das Wissen um den Reichtum ihres Lebens und die Empfindung des schmerzhaften Entbehrens. Eines hob das andere nicht auf, sie galoppierten donnernd nebeneinander durch ihr Herz, und unterm Strich tat das Trampeln der zu großen Gefühle einfach nur sinnlos weh.

Sie verlegte ihr Leben zunehmend nach Düsseldorf, da hatte sie zu tun.

Sie fuhr in kürzeren Abständen als früher in den Odenwald oder machte Urlaub mit Klaus und Ursel, einmal auch in Ungarn mit den beiden und Aggi und Paul zusammen. Es war aber schwer, sich zur Nacht ins Einzelzimmer zurückzuziehen und die beiden Paare in ihre Doppelzimmer gehen zu sehen.

Sie intensivierte den Kontakt zu ihrer Nachbarin, Frau Seiler, und den telefonischen zu Frau Schönlein.

Sie ging vom Stricken zum Sticken über und stattete ihre Töchter mit etlichen bunt bestickten Tischtüchern aus.

Sie schloss Bekanntschaft mit anderen Witwen auf dem Friedhof, wo sie Rolfs Grab pflegte und die leere, für sie bestimmte Stelle neben seiner Liegestatt auch.

Erstaunt stellte sie fest, dass es ihr am meisten Trost brachte, wenn Menschen schockiert waren über Rolfs Tod. Wenn sie an der Kasse des Supermarktes, beim Bäcker, beim Metzger gefragt wurde: „Wo ist denn eigentlich ihr Mann?“ und sie dann antworten konnte: „Ja, der ist leider gestorben, ganz plötzlich“ und die Menschen fassungslos reagierten: „Was? So jung? Das ist ja furchtbar!“, dann empfand sie eine eigenartige Befriedigung. Von solchen Situationen erzählte sie gern Ursel, Lilo, Gundel:

„Und die Bäckersfrau war natürlich entsetzt.“

„Und die Fleischverkäuferin war natürlich entsetzt.“

„Und da war die Kassiererin natürlich entsetzt.“

Es war immer dasselbe, es stärkte sie, und manchmal dachte sie sogar, dass ihr die neue Rolle gut stand, sie aufwertete.

Wertschätzung war ihr jetzt wichtiger denn je.

Einmal sagte sie in klagendem Tonfall zu Gundel: „Wenn ich auch unter der Erde liege, werdet ihr bestimmt eine Firma mit der Grabpflege betrauen und es nicht selbst machen.“

Und sie hoffte, dass Gundel widersprechen würde. Was die jedoch nur halbherzig tat: „Mal sehen. Wenn es geht, machen wir das natürlich selbst. Aber Lilo hat die vier Kinder, und ich habe die Kanzlei. Naja. Ich hoffe sowieso, dass sich die Frage nicht so schnell stellt.“

Zu Lilo sagte Elisabeth eines Tages: „Wenn ich mal ein Pflegefall werde, muss ich nicht ins Heim. Gundel nimmt mich dann bei sich auf.“

„Aber, Mami, wie sollte sie? Sie ist Anwältin.“

„Das gibt sie dann auf.“

Gundel gegenüber sprach sie das Thema vorsichtshalber nicht an. Sie setzte darauf, dass Lilo Gundel das Erforderliche vermitteln würde.

Es war ihre Art, solche Dinge, die letzten, zu ordnen. Pflege und Grab.

Ende 1988 war es dann zum Glück vorbei mit dem Töpfer, er hatte eine andere gefunden, jünger und, wie sie vermutete, schlichter als Gundel, und so bekam sie ihre Jüngste jetzt öfter zu Gesicht. Kein Jahr später gab es schon einen Nachfolger, einen Gewerkschaftssekretär namens Wolfram. Wenigstens kein Kommunist, sondern Sozialdemokrat. Aber geschieden mit Kind und, wie ihr schien, etwas herrisch im Auftreten, wenn auch clever, umgänglich und amüsant. Als Mann war er das genaue Gegenstück zu Rolf, nicht leise, nicht zurückhaltend, nicht sanft. Er strotzte vor Vitalität. Sie war nicht sicher, ob sie den genauer kennenlernen wollte. Lilo und Lorenz fanden ihn sehr anziehend, vor allem seinen Mutterwitz. Er brachte noch mehr Leben in ihr Zuhause.

Doch all das wurde überlagert durch die politischen Umwälzungen dieses Herbstes, des Schicksalsherbstes 1989.

Ein sehr großer, beleibter Mann mit hängenden Wangen, schütterem Haar und Brille war seit mehr als sieben Jahren Kanzler, Helmut Kohl. Die Freien Demokraten waren aus der sozialliberalen Koalition ausgeschert und hatten mit den Christdemokraten gemeinsame Sache gemacht und geholfen, Schmidt als Kanzler durch Kohl zu ersetzen. Und so etwas hatte sie gewählt! Den Fehler würde sie gewiss kein zweites Mal machen, sie wählte seit 1983 nur noch die SPD, nie mehr FDP. Kohl schien ihr eitel, schon wie er schaute, wie er auftrat, wie er sprach, so ergriffen von seiner eigenen Bedeutung, furchtbar.

Sie hatte einmal sehr lachen müssen, als ein Satiremagazin ihn „Birne" getauft und ihn unter der Überschrift *Birne will Kanzler werden* mit einem aus dem Kopf wachsenden Birnenstiel abgebildet hatte. Gundel hatte ihr das Heft gezeigt. Und dann war er Kanzler geworden, ausgerechnet er.

Immerhin, das musste sie zugeben, sorgte Kohl in langen Verhandlungen mit der DDR-Führung dafür, dass nach und nach die Selbstschussanlagen an der innerdeutsche Grenze abgebaut wurden. Aber bei Fluchtversuchen waren, seit Kohl Kanzler war, immer noch acht DDR-Bürger erschossen worden.

„Wie kann man auf seine eigenen Bürger schießen lassen, bloß weil sie das Land verlassen wollen? Wie kann man ein ganzes

Land einmauern, um die Menschen am Weggehen zu hindern? Ich verstehe das nicht.“

So hatte Rolf Gundel vorgehalten, vor Jahren schon und immer wieder. Sie hatte es wieder einmal mit Lockangeboten der westlichen Länder an teuer im Osten ausgebildete Menschen erklärt, die eben durch Geld verführbar waren.

„Das kann man nicht zulassen, dass das Land leergekauft wird.“

„Aber sie umzubringen kann man zulassen, ja? Das sagt einem doch der gesunde Menschenverstand, dass das ein unmenschliches System ist.“

Es war immer derselbe Kampf, mal Rolf gegen Gundel, mal Elisabeth gegen Gundel. Er führte zu nichts. Der Unterschied zwischen ihnen war, dass Gundel für eine Ideologie einstand, die sie im Ostblock verwirklicht glaubte und der sie den einzelnen Menschen unterordnete, und sei es um den Preis seines Lebens. Sie und Rolf dagegen gingen vom Individuum und seinen Bedürfnissen, dem Schicksal des Einzelnen aus. Ideologien, Staatsideen dienten ihrer Meinung nach nur als Instrumente, das Zusammenleben der Menschen in einer Gesellschaft und das Zusammenwirken von Staaten zu regulieren.

„Ich glaube, ich hätte mich nie in dich verlieben können, wenn du irgendeine eine Weltanschauung über den einzelnen Menschen und seine Freiheit gestellt hättest“, hatte Elisabeth mal zu Rolf gesagt, und der hatte erwidert: „Ja, es geht nur gut in einer Ehe, wenn man die wesentlichen Grundüberzeugungen teilt.“

Rolf hatte noch erlebt, dass plötzlich ein ganz neuer Ton aus der Sowjetunion kam, nachdem 1985 Gorbatschow Generalsekretär der kommunistischen Partei geworden war. Da war die Rede von „Transparenz“ und „Wandel“ und sogar von einem Verzicht auf die sowjetische Vormachtstellung innerhalb des Blocks der sozialistischen Staaten.

„Was ist da los deiner Meinung nach?“, fragte Elisabeth Gundel.

„Eine vorübergehende Erscheinung“, sagte sie, „das setzt sich nicht durch.“ Am Rande bemerkte sie allerdings noch, dass in ihrer Partei, die sie immer „die Partei“ nannte, die Hölle los sei, es drohe sogar die Spaltung, denn die Zahl der Anhänger von Glasnost und Perestroika wuchs auch dort.

Elisabeth begann sich wieder für Politik zu interessieren. Fassungslos verfolgte sie das Erstarken von Reformbewegungen in Ungarn, Polen und der Tschechoslowakei. Fassungslos, weil die sich das trauten, die Menschen forderten Reformen, öffentlich, immer lauter, immer zahlreicher, und die Russen marschierten nicht ein und walzten alles mit Panzern nieder. Anders als am 17. Juni 1953 in der DDR, anders als am 21. August 1968 in der Tschechoslowakei.

Elisabeth sah Massen von Menschen im Sommer 1989 über die jetzt offenen Länder Ungarn und Tschechoslowakei aus der DDR in den Westen fliehen. Und dann wurden auch die Reformbewegungen in der DDR lauter, wurden schließlich eine offen auftretende Protestbewegung, es gab Demonstrationen, immer montags, erst in Leipzig, dann in zahlreichen anderen Städten, auch in Magdeburg. „Wir sind das Volk“, riefen die Demonstranten, und alle wussten es, die Protestler da draußen in Leipzig und in all den anderen Städten wussten es, die DDR-Führung in Ostberlin wusste es und Elisabeth in Essen vor dem Fernseher wusste es auch: dass es mit jedem Montag ohne polizeiliches oder militärisches Eingreifen unwahrscheinlicher wurde, dass die Aufstände gewaltsam niedergeschlagen würden. Die DDR-Führung traute sich nicht. Und die Rote Armee würde unter Gorbatschow nicht einmarschieren, niemals.

„Was läuft da?“, fragte sie Gundel. „Denkst du nicht auch, dass dein gelobtes Land jetzt untergeht?“

Gundel hoffte es nicht. „Vielleicht müssen sie etwas tun da, also wirklich reformieren. Aber ich gehe mal davon aus, dass die Demonstranten bloß geblendet sind von unserer Konsumwelt. Sollen sie es doch ausprobieren, sie werden rasch merken, was für ein Ausbeutersystem das hier ist. Danach gehen sie zurück und bauen den Sozialismus weiter auf. Oder wieder auf, je nachdem. Vielleicht tatsächlich mit Glasnost und Perestroika."

„Aber Tante Aggi und Onkel Paul können bald hierhin kommen, wenn das so weitergeht. Das wäre doch schön, findest du nicht?"

„Doch, natürlich. Ich würde es euch wünschen. Also euch persönlich."

Elisabeth telefonierte jetzt täglich mit Lilo oder Lorenz, wenn sie nicht sowieso gerade in Düsseldorf war. Weitere Gespräche mit Gundel über die Ereignisse in der DDR vermied sie.

Die Rufe bei den Demonstrationen gingen über in den Ruf „Wir sind ein Volk!", und als sie das hörte, kamen Elisabeth zum ersten Mal die Tränen angesichts der neuen Entwicklung.

Sie tastete nach Rolfs Hand. Rolf war nicht da. Rolf war tot. Er erlebte das hier nicht mehr, so wenig wie ihre Mutter. Sie war allein in ihrer Wohnung, während die Wiedervereinigung zum Greifen nah war.

Allerdings würde ihr eine Öffnung der Grenze auch schon ausreichen.

Am 9. November 1989 fiel die Mauer. Elisabeth schaltete in den Abendstunden den Fernseher ein und sah in die glücklichen Gesichter von DDR-Bürgern, die nach Westberlin strömten. Sie sah den Freudentaumel, sah, wie wildfremde Menschen einander um den Hals fielen, sie sah die meisten weinen. Und sie weinte mit ihnen, dass es sie schüttelte. Sie bekam nicht genug von den Bildern.

Dann, als sie sich einigermaßen gefasst hatte, versuchte sie, Aggi über deren Nachbarin, Frau Bruns, zu erreichen. Aber das war natürlich aussichtslos. Alle Leitungen waren belegt, alle.

Sie feierten in Düsseldorf das fröhlichste Weihnachtsfest, seit Rolf gestorben war. Selbst Gundel war aufgeräumt und entspannt.

„Gesegnete Weihnachten", hatte sie gesagt, als sie eintrat.

Und dieses Weihnachtsfest war gesegnet. So gesegnet.

Im März 1990, Modrow war übergangsweise Ministerpräsident in der DDR, und die ersten demokratischen Volkskammerwahlen standen an, rief Gundel an: „Ich wollte dir nur mitteilen, dass ich aus der DKP ausgetreten bin."

„Nanu?"

„Es ... es war einfach zu viel, was da alles aufgedeckt worden ist. Jetzt auch noch die Zwangsadoptionen. Das kann man mit nichts rechtfertigen. Und ich kann nicht erkennen, dass die Partei, meine ehemalige Partei, sich distanziert. Das sind keine Menschenfreunde."

„Zwangsadoptionen?"

„Hast du das nicht gehört? Systemkritikern, die ins Gefängnis kamen, oder geschnappten Republikflüchtlingen hat man die Kinder weggenommen und sie von linientreuen Parteifunktionären adoptieren lassen. Das … da kann man doch nicht dahinterstehen!"

„Tja, Gott, du hast ja sogar hinter dem Schießbefehl gestanden."

„Da habe ich noch gedacht, das wäre vorübergehend nötig, um das sozialistische System zu verteidigen. Aber das hier … ist sinnlos und widerwärtig. Da kann ich nicht mittun."

„Wie geht es dir denn jetzt?"

„Ich habe das Gefühl, zehn Jahre meines Lebens vergeudet zu haben."

„Ach Kind, so pathetisch. Du hast doch nichts aufgegeben dafür, und für irgendetwas war es bestimmt gut. Du hast daraus gelernt, das ist auch schon etwas.“

„Ja, was glaubst du denn, warum ich so lange studiert habe? Plakate habe ich gemalt, Infostände gemacht, Artikel geschrieben, Versammlungen besucht, Sitzungen abgehalten, alles für die Partei. In der Zeit habe ich kaum etwas fürs Studium gelernt.“

„Aber dafür kannst du jetzt Sitzungen leiten, Artikel schreiben, dich in Diskussionen behaupten. Es war nicht alles sinnlos. Und jetzt gehst du noch einmal durch die Lebensschule, das tut natürlich weh.“

„Ich fühle mich so betrogen und belogen, Mami. Alles war angeblich immer nur Westpropaganda, und jetzt stellt sich alles als wahr heraus. Furchtbar, wofür ich mich da stark gemacht habe. Ich schäme mich so.“

„Ach, Kind, das kenne ich genau. Es führt bloß zu nichts Gutem. Zorn wäre besser.“

Im März kamen auch Aggi und Paul zum ersten Mal zu Besuch.

„Da haben wir ja direkt fünf Monate gewonnen, dass wir uns jetzt schon sehen dürfen, was?“, hatte Aggi augenzwinkernd gesagt, als Elisabeth die Tür geöffnet hatte und sie begrüßte.

Wie hatte Elisabeth sich darauf gefreut, zwei vertraute Menschen so richtig zu verwöhnen! Sie kochte, buk und briet tagelang, der Tisch sollte sich nach langer, langer Zeit mal wieder so richtig biegen.

Sie trat den beiden das Schlafzimmer mit dem Doppelbett ab und zog auf die Gästecouch im Esszimmer.

Und dann war es aber doch ein bisschen enttäuschend. Sie bekam Aggi und Paul nur im Doppelpack. Sie waren förmlich miteinander verschmolzen, ließen sich praktisch nicht aus den Augen. Ging Paul auch nur den Müll hinaustragen, wurde Aggi nach spätestens einer halben Minute unruhig und lief zur Tür: „Ja, wo bleibt er denn?“

Ging Aggi etwas aus dem Keller holen, verhielt sich umgekehrt Paul genau so. Immer hatten die beiden einander im Blick, der sofort suchend wurde, wenn einer auch nur das Zimmer verließ.

Irgendwann hatte Elisabeth das heftige Bedürfnis, zu schreien und mit den Fäusten auf den Tisch zu trommeln. Doch sie riss sich zusammen, schon weil sie nicht als verbitterte Witwe angesehen werden wollte. Und so machte sie gute Miene zum nur aus ihrer Sicht bösen Spiel und versuchte, das Beisammensein mit Aggi zu genießen. Und das war ja auch sehr schön, so alt, wie ihre Verbundenheit war. Reibungslos war ihr Zusammenwirken bei der Tages- und bei der Einkaufsplanung, beim Kochen und Auftischen und Abwaschen. Und da die Besucher mit dem Auto gekommen waren – einem ganz neu erworbenen, gebrauchten Volkswagen, denn den vor etlichen Jahren bestellten, nie gelieferten Skoda hatte Paul sofort nach dem Mauerfall abbestellt –, konnten sie sogar Ausflüge machen, an die Ruhr, den Baldeneysee, die Villa Hügel und natürlich zu Lilo und Gundel. Nur dass Paul immer noch sehr viel redete, zumeist über das Auto, das er „Autochen“ nannte, über Dinge, die man kaufen konnte, und über die Bewunderung seiner Kollegen, die meisten Geschichten Elisabeth schon bekannt. Das war manchmal anstrengend.

Aggi und Paul waren so kindernärrisch wie eh und je. Sie verliebten sich sofort in Konstantin, Lydia, Jakob und Desirée, das heißt, Paul verliebte sich neu und Aggi wieder neu, sie kannte die vier ja noch aus den drei Tagen um Rolfs Beerdigung.

Als Aggi und Paul abgereist waren, spürte Elisabeth schmerzlich die Leere in ihrer Wohnung. Sie bemerkte, dass sie jetzt manchmal daran dachte, das Radio einzuschalten, um die Stille zu vertreiben, und dabei lief es bereits.

‚Die Stille ist tief in mir, das kommt nicht von außen', dachte sie dann. Andererseits tat es ihr wohl, die Wohnung wieder für sich zu haben. Das verblüffte sie. Aber es war so.

Im Juni desselben Jahres kam heraus, dass die DDR etliche dieser jungen Mörder, die nach der Ermordung des Arbeitgeberpräsidenten abgetaucht waren, aufgenommen hatte. Sie waren mit neuer Identität und Vita ausgestattet worden, konnten sich bürgerliche Existenzen aufbauen und wurden so vor der Strafverfolgung durch die westdeutschen Gerichte geschützt. Gundels Kommentar dazu klang nur noch bitter: „Und mir haben sie immer gesagt, die Terroristen schaden uns nur, das sind unsere Feinde, weil sie die politische Stimmung gegen alles Revolutionäre verschlechtern und weil der Staat immer mehr Gesetze erlässt, die unsere Spielräume einengen. Tja, alles gelogen, auch das. Würde mich gar nicht mehr wundern, wenn diese Banden von der DDR aus gesteuert worden wären."

Aber Gundel glaubte trotz allem daran, dass das kapitalistische System überwunden werden müsse durch einen humanen Sozialismus.

„Das wird noch ein Höllentanz mit der Wiedervereinigung, Du wirst sehen", sagte sie. „Der Westen wird die DDR einfach auffressen. Der Kapitalismus ist gefräßig, glaub mir. Über die Sache mit den blühenden Landschaften kann ich nur lachen. Die Betriebe werden sie kapern und kaputt machen. Es wird Arbeitslose geben. Die Mieten werden steigen."

„Kaputt gemacht hat dieses vorzügliche System die Betriebe schon selbst."

Aber zunächst einmal erhielten Aggi und Paul ihre Rente in D-Mark, und ihre Sparbücher wurden eins zu eins von DDR-Mark auf D-Mark umgestellt. Und es gab wieder Werkzeug. Überhaupt alle Waren, immer. Und ein Telefon.

Elisabeth fuhr jetzt beständig das Dreieck zwischen ihrer eigenen Wohnung, der Düsseldorfer Wohnung ihrer älteren Tochter und der Oberhausener Wohnung ihrer jüngeren ab, wo sie ab und zu für zwei, drei Wochen wohnte, um Gundels Katzen zu hüten, wenn die in Urlaub war. Dazu kamen Reisen nach Magdeburg und Reisen in den Odenwald und nach Schleswig, ihr Leben erschien ihr inzwischen manchmal fast etwas zu unbeständig. Es war jedenfalls kein Mangel an Erlebnissen.

Konstantin kam in die Pubertät, und auf das immer turbulente Leben in seinem Elternhaus und auf seine um jedes Kind bemühten, dadurch aber auch sehr präsenten und meinungsfreudigen Eltern reagierte er, der immer so lebhaft gewesen war, mit Maulfaulheit, Rückzug und dem ausschließlichen Tragen blütenweißer T-Shirts und makelloser Jeans. Oft tauchte er für Tage bei Elisabeth unter, und wie früher mit Lilo und mit Gundel konnte sie mit ihm über Lebensart, Wünsche, Schule, Freunde und Hobbys schwatzen, zumeist in der Küche, und er war kein bisschen maulfaul in ihrer Gesellschaft. Er begleitete sie sogar bei ihren Schaufensterbummeln und zum Friedhof, half ihr bei der Grabpflege, ohne ein einziges Wort des Murrens. Und immer noch schien es ihr, ohne dass sie es begründen oder präzisieren konnte, als habe sie ihn schon immer gekannt, ja selbst bevor sie geboren war. Er war so ruhig in allem, so selbstgewiss. Und ihr gegenüber verhielt er sich so liebevoll, umsichtig und fürsorglich. Ein Enkel zum Vorzeigen, dazu mit ausgezeichneten Manieren. Immer war sie stolz, wenn er sich an ihrer Seite beim Einkaufen zeigte oder auf dem Friedhof, und ausgesprochen gern stellte sie ihn jedermann vor, besonders den Eheleuten Seiler von gegenüber und anderen Nachbarn aus dem Haus.

Seinen Großvater Rolf ehrte Konstantin dadurch, dass er in einen Schachverein eingetreten war, er nahm inzwischen an Wettbewerben teil, sogar an den Stadtmeisterschaften.

Jakob war mit seinen fünf Jahren so hübsch, dass Menschen auf der Straße stehen blieben und Lilo und Lorenz darauf ansprachen.

„Mit dem Kind könnten Sie in der Werbung viel Geld machen“, sagten sie zum Beispiel, „wie der Junge auf der Zwiebackpackung.“

Ein Rabauke war er aber auch, es mangelte ihm nicht an Selbstbewusstsein.

„Ein richtiger Junge eben, das hat er von Rolf“, sagte Elisabeth, „das war auch so ein richtiger Berliner Straßenjunge.“

„Hm“, erwiderte Lilo, „Straßenjunge nötigt dir ein Augenzwinkern ab und Straßenmädchen Verachtung?“

Was sollte man dazu sagen? So eine unsinnige Gleichsetzung.

Desirée, das jüngste Kind, war zart und hatte von allen Kindern die meisten gesundheitlichen Probleme. Eigentlich war sie so gut wie immer krank, vor allem die Ohren, die andauernd eitrig entzündet waren und höllisch schmerzten, und schließlich wurde das Kind schwerhörig. Und das arme Ding verstand ja nicht, was da vorging, es erlebte nur, dass es zu krank und zu zart war im Vergleich zu den größeren Geschwistern und oft Schmerzen hatte. Und trotzdem war es eifrig bemüht, mit den Geschwistern Schritt zu halten und war dabei fast immer guter Dinge. Elisabeth musste, wenn ihr Blick auf die Kleine fiel, oft daran denken, wie ihre Mutter sich über Röschen geäußert hatte: „Für das letzte Kind war wohl nicht mehr so viel übrig“, hatte es geheißen.

Sie hoffte, dass Desirée in der Familie einen anderen Platz einnehmen würde als Röschen in ihrer. Denn die war zuerst wenig beachtet worden und am Ende so gut wie vergessen.

Lydia, die Zweitgeborene, war das ruhigste Kind, geradezu reserviert. Sie hielt sich gern für sich, aber mehr und mehr kam es Elisabeth so vor, als sei das weniger eine Familieneigenart wie etwa bei ihr selbst oder bei Gundel als Kind. Sie wurde das Gefühl nicht los, dass Lydia ihre Familie ... nicht recht leiden konnte. Ihre Art, sich abzukapseln hatte etwas Düsteres. Oft – schon als Kleinkind – wehrte sie Umarmungen ab, konnte es aber auch nicht ertragen, den älteren Bruder in der Umarmung von Lilo oder Lorenz zu sehen, wie überhaupt Eifersucht auf die Brüder ein großes Thema war bei ihr.

„Du schaust aber auch mit ganz anderem Blick auf deine Söhne als auf deine Töchter“, sagte Elisabeth zu Lilo. „Da schleicht sich ein Glanz in deine Augen, den sehe ich nicht, wenn du die Mädchen ansiehst. Auf mich wirkt es fast närrisch. Ich wäre auch eifersüchtig an Lydias Stelle.“

Elisabeth gegenüber war Lydia kein bisschen reserviert, sie baute sichtlich auf die Zuneigung ihrer Großmutter und hing mit ganzem Herzen an ihr.

Kurz nach ihrem vierzehntem Geburtstag aber wurde Lydia eine andere. Es schien Elisabeth, als sei die Pubertät über Nacht gekommen, sei in das Kind gefahren, habe von ihm Besitz ergriffen und es in eine fremde Person verwandelt. Elisabeth kannte diese Person nicht und sie wollte sie auch nicht haben. Lydia attackierte vor allem Lilo. Von Lorenz fühlte sie sich noch am ehesten verstanden, doch auch er drang nicht mehr zu ihr durch, wenn sie aufbegehrte, ihre Eltern anschrie, bockte oder türschlagend das Haus verließ. Und von Elisabeth zog sie sich zunehmend zurück, es war offensichtlich, dass ihre Großmutter sie langweilte.

Bald war die Rede von Alkohol, Drogen und Umgang mit fragwürdigen Menschen. Und von Männern.

„Zu jung für so was“, sagte Lilo, und „zu jung für so was“, sagte auch Lorenz und bemühte sich so geduldig wie vergeblich, Lydia begreiflich zu machen, dass sich erwachsen genug für etwas zu fühlen nicht gleichbedeutend sei mit wirklich erwachsen zu sein. Lydia spielte das volle Programm durch: Streit um die Dauer des abendlichen Ausgangs, Streit um die Mithilfe im

Haushalt, Streit um Alkohol und Drogen, Streit um den zu wählenden Tonfall innerhalb der Familie. Letztlich kämpfte sie wohl um ihre Souveränität in einem Elternhaus, in dem es für ihr Empfinden zu viel an Vorschriften, zu viel an Umklammerung, zu viel an Gemeinsinn und viel zu wenig Platz für Individualität gab. Aus der von ihr erlebten familiären Einengung konnte sie sich nur eruptiv lösen, nicht einvernehmlich und nicht einmal, wie Konstantin, durch die Wahl angemessenerer Mittel. Denn diese Mittel standen ihr nicht zur Verfügung. Lorenz verstand das und versuchte, es zumindest durch Abmilderung zu steuern. Das hielt nie lange vor und war spätestens beendet, wenn Lilo in Lydias Gesichtsfeld rückte.

„Sie hasst mich", sagte Lilo einmal zu Elisabeth, „und ich weiß ehrlich gesagt nicht, ob das auf Dauer unser Verhältnis nicht ruiniert. Ob ich das durchhalte, jahrelang womöglich, ohne dass meine Zuneigung zu ihr beschädigt wird."

Es war Elisabeth unmöglich, einen Rat zu finden. Diese Zeiten, in denen Jugendliche sich so aufführen durften, ohne dass drastische Maßnahmen, notfalls Schläge, Einsperren und dergleichen sie begrenzten, waren ihr fremd und der Umgang mit so einer Situation unvertraut.

Schließlich äußerte sie sich aber doch: „Vielleicht liegt es daran, dass sie glaubt, du ziehst Konstantin vor. Man könnte ihr das auch kaum verdenken. Den Weg zu ihr findest du jedenfalls nur mit Liebe."

Lilo starrte sie sprachlos an, Elisabeth wusste nicht recht, warum.

„Weil ihr sie geschlagen habt", meinte Gundel, als Elisabeth ihr davon berichtete.

„Ja, aber das geschah auch aus Liebe. Wir dachten, dass wir das beste für sie tun, damals."

„Klär das mit Lilo. Vielleicht war sie ja auch nur so verblüfft, weil es so pathetisch klingt. Ich meine, ‚nur mit Liebe', was heißt das denn praktisch?"

Noch im selben Jahr musste Elisabeth die Hüfte operieren lassen. Es ging nicht anders, die Schmerzen waren nicht auszuhalten. Ausgerechnet kurz vor Weihnachten war die Operation angesetzt, und so verbrachte sie das Weihnachtsfest dieses in gewisser Hinsicht schwierigen Jahres 1991 im Krankenhaus. Sie hatte jeden Tag Besuch, denn Lilo und Lorenz wechselten sich ab und schickten auch die beiden älteren Kinder an unterschiedlichen Tagen. Auch Gundel kam.

An Rolfs fünfundsiebzigsten Geburtstag, an Heiligabend, waren beide Töchter da, Lilo mit der ganzen Familie. Lilo und Lorenz hatten ihre Flöten mitgebracht, eine Altflöte, eine Blockflöte, eine Piccoloflöte, und sie spielten ein richtiges kleines Weihnachtskonzert, und Gundel und die Kinder sangen mehrstimmig, sogar die beiden Kleinen, so gut sie konnten.

„Lassen Sie doch bitte die Tür auf, dann können alle Patienten das hören", bat Elisabeth die Krankenschwester, die, durch das Spiel und den Gesang angelockt, den Kopf durch die Tür steckte.

„Ach, da werden die sich aber freuen! Gern."

Und dann sangen sie *Es ist ein Ros entsprungen*, ausgerechnet, und Elisabeth rutschte in ihrem Bett nach unten und zog die Bettdecke über den Kopf.

Als Lilo nach Weihnachten wieder auf Besuch kam, sagte sie: „Ich wollte es an Weihnachten nicht erwähnen, aber du hast noch ein gesundheitliches Problem. Mit der Hüfte ist das nicht erledigt, da ist noch etwas. Etwas ist anders mit deinen Augen. Ich sehe eine organische Krankheit. Nicht harmlos. Du musst dich gründlich untersuchen lassen, bei nächster Gelegenheit."

„Richtig, die Ärzte haben mir schon gesagt, dass meine Blutsenkung nicht in Ordnung ist, ich soll dem nachgehen. Meinst du, das ist was Schlimmes?“

„Ich würde es jedenfalls nicht auf die lange Bank schieben.“

Aber erst einmal musste sie in eine Rehabilitationsklinik, und dann kam Aggi für zwei Wochen zu Besuch, um ihr im Haushalt zu helfen und sie ganz gesund zu pflegen. Allein! Es war herrlich, fast wie in ihren Kinder- und Jugendtagen, sie steckten die Köpfe zusammen, kochten gemeinsam – Elisabeth natürlich nur nach ihren Möglichkeiten –, sahen stundenlang zusammen fern und schwatzten von den alten Tagen, von Elisabeths Enkeln und von den Veränderungen in der DDR.

Vier Monate später endlich, Ende Juli, konnte Elisabeth sich durchringen, zum Arzt zu gehen. Es war ein Geschwür im Dickdarm, groß wie ein Hühnerei.

„Sie sollten das sofort operieren lassen.“ Der Arzt griff gleich selbst zum Telefonhörer und machte einen Termin mit der Klinik aus. Ja, eilig, ja, umgehend. Sie hörte in ihrem Schrecken nur mit halbem Ohr hin.

Dann wurde sie operiert, und so verbrachte Elisabeth auch ihren siebzigsten Geburtstag im Krankenhaus. Da war die Operation erst wenige Tage her, und sie fühlte sich so schwach und elend wie sehr, sehr lange nicht mehr. Wenn sie in ihren Handspiegel schaute, sah sie ein verhärmtes, knochiges Gesicht mit tiefschwarzen Schatten unter den Augen. Ein Schmerzgesicht. Und krank, todeswund. Sie hatte Angst.

Es war Krebs. Lymphknoten im umliegenden Darmgewebe waren befallen, man hatte sie mit entfernt. Es kam, so sagte man ihr, unter diesen Umständen nur eine Chemotherapie in Betracht. Sonst würde der Krebs sie umbringen, und zwar unausweichlich und bald. Hier bitte unterschreiben.

Sie rief Gundel an, im Büro. Sie brauchte jemanden mit kühlem Kopf, sie selbst konnte überhaupt nicht mehr denken.

„Natürlich machst du, was die Ärzte empfehlen! Du hast doch gar keine Wahl, wenn ich dich richtig verstanden habe.“

„Aber ich verstehe das nicht. Wieso denn Krebs? Man nimmt doch ab, wenn man Krebs hat! Ich habe doch gar nicht abgenommen!“

„Ach, Mami, oh je! Du willst das nicht wahrhaben, oder? Wer will schon Krebs haben? Du musst jetzt einfach darauf vertrauen, dass die Ärzte wissen, was sie tun.“

„Aber ... Ach, ich weiß auch nicht.“

„Du hast Angst, ja?“

„Ja, natürlich habe ich Angst, was glaubst denn du?“

„Wovor am meisten?“

„Dass ich mich quälen muss.“

„Ich komme gleich mal zu dir, ich kann hier bald weg.“

„Die Besuchszeiten sind schon fast vorbei. Komm morgen.“

„Gut, also auf morgen. Es wird alles gut, du wirst sehen. Du bist da in guten Händen. Du wirst dich nicht quälen. Jetzt machst du erst einmal die Chemo, und dann sehen wir weiter. Man kann ja nur Schritt für Schritt vorgehen im Moment.“

So ähnlich äußerte sich auch Lilo, als sie sie anrief. Und Lorenz auch.

Aber Elisabeth hatte einfach Angst. Furchtbare Angst. Ihr Leben war so wunderbar jetzt, sie wollte es nicht verlieren. Sie wollte die Enkel groß werden sehen. Sie hatte so viel. Das konnte es doch nicht schon gewesen sein.

‚Lieber Gott‘, betete sie ohne rechte Überzeugung, ‚kannst du mich nicht retten? Bitte erspare mir die Qualen und den Tod, bitte!‘

Die erste Gabe der Chemotherapie erhielt sie stationär. Zehn ganze Tage musste sie bleiben. Und wenn ihr der Zustand nach der Operation schon quälend vorgekommen war – jetzt war sie wirklich am Tiefpunkt angekommen. Sie war, wie ihr der Blick in ihren Handspiegel zeigte, nicht nur schwarz unter den Augen, sondern auch grün im Gesicht. Sie war schwach, Welle um Welle einer entsetzlichen Übelkeit kam über sie, im Mund bildete sich ein metallischer Geschmack. Die Besuche ihrer Töchter und Enkel nahm sie wie durch Watte wahr, sie war ganz auf ihren Körper konzentriert, damit beschäftigt, das Gift, das unerbittlich über einen Tropf in ihre Adern floss und sie auf den Tod schwächte, ohne sie umzubringen, irgendwie auszuhalten.

Doch dann ging es besser, irgendwann. Sie konnte aufstehen. Sie nahm Kontakt zu anderen Patientinnen der Station auf, alle krebskrank, manchmal setzte sie sich an ein Bett und sprach mit einer Kranken, reichte ihr Wasser an, versuchte zu trösten.

„Sie ist der Engel der Station“, hörte sie eines Tages eine Schwester zu Lilo sagen. Dabei wusste sie selbst nicht einmal, warum sie das alles tat.

Gundel aber war eine Enttäuschung, wieder einmal. Sie kam zweimal wöchentlich, mittwochs und sonntags.

„Die Patientin im Bett nebenan bekommt jeden Tag Besuch von ihrem Sohn“, klagte Elisabeth einmal und hoffte, Gundel würde verstehen, was sie meinte.

„Vermutlich hat er keinen Beruf.“

„Doch, er leitet ein Altenheim. Und kommt trotzdem jeden Tag zu seiner Mutter.“

„Aber, Mami, du hast doch jeden Tag Besuch. Ich komme, und Lilo auch und die Enkel und Lorenz. Wir versuchen doch alle, was wir können.“

Ihre Tochter verstand sie nicht. Es war nicht genug. Nicht genug! Es stellte sie nicht zufrieden.

Und dann durfte sie raus, nach zehn Tagen, endlich, auf wackeligen Beinen, und zweimal in der Woche würde sich die Prozedur wiederholen, aber immer nur für eine Stunde ambulant und nicht mehr mit solch schlimmen Begleiterscheinungen, hatte man ihr versprochen. Ihre Haare würden auch nicht ausfallen.

Und das Versprechen hielt. Das Schlimmste an allen folgenden Behandlungen waren eigentlich nur noch der Metallgeschmack und die Müdigkeit. Und diese entsetzliche Angst, die war jetzt ihr ständiger Begleiter.

Weihnachten verbrachte sie bei Lilo und Lorenz und den Enkeln, Gundel war auch da. Elisabeth fühlte sich kräftiger und schöpfte wieder Hoffnung. Lydia allerdings machte ihr die größten Sorgen. Sie brach an Heiligabend einen Riesenkrach mit ihren Eltern vom Zaum, schrie eine Weile herum und verließ dann wutentbrannt die Wohnung. Krachend fiel die Wohnungstür ins Schloss. Alle waren wie vor den Kopf geschlagen, die beiden Kleinen weinten, und Lilo und Lorenz schließlich auch. Konstantin ging auf sein Zimmer.

„Nun ist es aber mal gut hier“, sagte Elisabeth schließlich, „wir wollen uns doch trotzdem ein schönes Weihnachtsfest machen. Ich will das jedenfalls. Vielleicht ist es ja mein letztes.“

„Sag doch so was nicht!“, riefen Lilo und Gundel gleichzeitig.

Trotz der Chemotherapie versuchte Elisabeth, ihren Töchtern zu helfen, wo es nur ging. Sie war unvermindert oft in Düsseldorf, griff ihrer älteren Tochter im Haushalt unter die Arme. Sie nahm es auf sich, im Sommer drei Wochen lang Gundels Katzen zu hüten und während dieser Zeit zweimal wöchentlich mit Bus und Bahn von Oberhausen nach Essen zur Chemotherapie zu fahren und wieder zurück, mit all dem Metallgeschmack und der lähmenden Mattigkeit. Und dann, Mitte Oktober, war die Therapie endlich zu Ende.

„Danke, lieber Gott“, seufzte sie, als man ihr sagte, dass sie erst Anfang November wiederkommen müsste zur Nachuntersuchung.

Sie fanden nichts.

Zwei Wochen später fanden sie eine Metastase in der Leber. Elisabeth musste noch einmal operiert werden.

Erst war sie zutiefst erschrocken, natürlich. Und auf einmal, wie aus dem Nichts, stellte sich das Gefühl ein, dass sie keine Angst mehr haben musste. Keine Angst mehr! Sie wollte leben, ja, das schon. Aber sie hatte den Tod nun schon so lange vor Augen, dass er mittlerweile beinahe so etwas wie ein alter Vertrauter war. Kein Freund natürlich, beileibe nicht. Aber auch kein böswilliger Fremder, der, hinter einem Busch verborgen, unerwartet hervorbrechen und sie anfallen würde. Sie hatte ihn kommen sehen, damals, im Sommer des letzten Jahres, als man sie operiert hatte, und seitdem hatte er sie ständig begleitet. Und sie hatte ihm geradewegs ins Gesicht gesehen. Sie war nicht arglos wie Rolf vor sieben Jahren, und jetzt fragte sie sich, ob sie damals nicht besser daran getan hätte, Rolf mit seinem unausweichlichen Sterben vertraut zu machen. Ihr eigener Tod, der ihr – vielleicht – bevorstand, erschien ihr jetzt als ein sanfter Nebel, in den sie einfach hineingehen würde, darin aufgehen, mit allem einverstanden und furchtlos, und vielleicht sogar ein kleines bisschen neugierig. Was hier noch blieb, wenn sie sterben müsste, waren die Abschiede, die ihr bevorstanden, von ihren Töchtern, ihren Enkeln, dem Schwiegersohn. Das schmerzte.

All das hatte Rolf nicht durchlebt, weil er nie erfahren hatte, was auf ihn zukam. Er war nicht vorbereitet gewesen, für ihn war der Tod gekommen wie der Räuber aus dem Gebüsch. Das war nun ihre Schuld. Am meisten reute sie, dass sie die letzten Tage von Rolf mit Belanglosigkeiten angefüllt und vergeudet hatte.

Von all dem sagte sie Gundel nichts, als sie sie anrief, um ihr die schlechte Nachricht mitzuteilen. Sie sagte: „Ich bin ja schon fast abgestumpft. Ich muss gleich nächste Woche ins Krankenhaus. Sagst du bitte Lilo Bescheid? Zweimal kann ich das nicht.

Übrigens hat Frau Seiler bald Geburtstag, und ich schenke ihr doch immer Blumen zum Geburtstag. Ein kleines Tannensträußchen mit Alpenveilchen. Kannst du das jetzt bitte besorgen und ihr bringen, am Dienstag? Da ist der Geburtstag."

„Mami, das ist doch jetzt nicht wichtig."

„Mir schon."

Das Tannensträußchen mit den Alpenveilchen, wenn auch nicht von ihr selbst, sondern von Gundel besorgt und abgegeben, war das letzte Geschenk Elisabeths an irgendjemanden.

Nachdem sie das geregelt hatte, das Grab bestellt, in ihrer Wohnung alles aufgeräumt und geputzt hatte und ihr Bündel geschnürt, schaute sie sich noch einmal in Ruhe in ihrer Wohnung um, in ihrer stillen Wohnung, die jetzt für eine ganze Weile leer bleiben würde. Vielleicht für immer.

‚Wie viel ich doch hatte!', dachte sie. Mehr als vierzig Jahre lang hatte sie mit Rolf leben dürfen, zwei Kinder hatte sie großgezogen, ein ganzes Leben lang hatte sie sich mit Dingen beschäftigen können, die ihr etwas gaben, vor allem mit Literatur.

Schließlich trat sie ins Wohnzimmer und betrachtete lange das Bild über der Couch. ‚Ja, das ist schön, als liefe man auf dem Weg mit', dachte sie. Dann ging sie in die Klinik. Denn es eilte.

26.) Epilog

Drei Tage nach dem Tod unserer Mutter rief meine Schwester mich an.

„Du, ich bereite hier gerade das Gespräch mit dem Pfarrer vor für die Trauerfeier. Und jetzt habe ich hier die Todesanzeige von Omi Frieda gefunden. Da steht, sie ist eine geborene Schnur."

Lilo machte eine Pause.

„Und?", fragte ich.

„Unsere Mutter war auch eine geborene Schnur."

„Ja, ich weiß."

Lilo schwieg weiter.

„Lilli, ich glaube, ich stehe auf der Leitung. Was soll mir das denn sagen?", fragte ich.

„Wenn Omi und Mami denselben Mädchennamen haben, war Omi nicht verheiratet, als unsere Mutter geboren wurde."

Ich setzte mich hin.

„Und das bedeutet", fuhr Lilo fort, „dass wir keine Ahnung haben, wer unser Großvater war."

„Ich ... wofür genau ist das so wichtig, Lilli?"

„Ich habe vier Kinder, Gundi. Dafür ist das wichtig."

„Oh! Okay, dann lass uns das mal systematisch angehen. Ich schreibe an das Geburtenregister in Meseritz und fordere Mamis Geburtsurkunde an. Hoffentlich spricht da noch jemand deutsch, sonst brauchen wir einen polnischen Anwalt, der deutsch oder englisch kann."

Ich schrieb also nach Meseritz, und vierzehn Tage später, da war unsere Mutter schon beerdigt, kam die Geburtsurkunde.

Elisabeth Martha Erika Schnur,
geboren 12.08.1922
Geburtsort: Meseritz
Mutter: Frieda Schnur
Vater: ——————

Ich rief Lilo an, wir telefonierten sowieso ständig in diesen Tagen.

„Vater unbekannt?“, rief sie aus, ungläubig. „Aber das verstehe ich nicht.“

„Was gibt es da nicht zu verstehen? Sie war eben unverheiratet und hat, aus welchen Gründen auch immer, den Vater unserer Mutter nicht angegeben. Vielleicht hat sie ihn gar nicht gekannt? Ein Wanderarbeiter? Ein Erntehelfer von irgendwoher, aufgetaucht und gleich wieder verschwunden?“

„Aber wer in Gottes Namen war dann der ‚schwarze Mann‘, von dem unsere Mutter erzählt hat? Also der, dem sie einmal als Kind begegnet ist und der einmal in die Buchhandlung gekommen ist?“

„Wie soll ich das wissen? Wir müssen Tante Aggi fragen.“

„Hast du mal überlegt“, sagte Lilo, „warum unsere Mutter das ausgerechnet uns gegenüber verschwiegen hat? Ich meine, wir waren doch völlig frei in solchen Dingen, das wusste sie doch. Ich habe mit Lorenz zusammengelebt vor unserer Heirat, und du wolltest mit Wilfried zusammenziehen und hast dann mit Jürgen Tisch und Bett geteilt, und jetzt hast du Wolfram. Ich verstehe das einfach nicht.“ Sie machte eine Pause. Dann fuhr sie fort: „Ihr ganzes Leben muss sie in der Furcht zugebracht haben, dass ihre uneheliche Geburt herauskommt. Das muss man sich mal vorstellen! Mir fällt aber gerade ein, dass unser Vater so etwas angedeutet hat. Er sagte, wenn wir nur wüssten, was sich in Mamis Familie alles zugetragen hätte, würden wir umfallen. Da wäre manches passiert, was absolut nicht in Ordnung wäre. Unvorstellbares. Aber er hätte ihr einen heiligen Eid geschworen, nichts zu sagen.“

„Und was ist mit uns? Was soll man denn anfangen mit solchen Andeutungen von ‚nicht in Ordnung‘ und ‚wenn wir nur wüssten‘... Das ist doch ... Alles kann das sein, dieses Unvorstellbare. Das kann sich auf unseren leiblichen Großvater beziehen. Oder auf ganz etwas anderes. Eine Vergewaltigung unserer Oma. Dass sie sich prostituiert hat. Oder etwas, das gar nichts mit Mamis Herkunft zu tun hat. Vielleicht sogar Missbrauch an unserer Mutter durch Opa Oskar. Das ist Stochern im Nebel! Mann! Das kommt dabei raus, bei der ganzen Geheimnistuerei. Plötzlich gibt es Verdächtigungen, Fantasien über einen, der womöglich völlig unschuldig ist."

„Ich frage mich ja", unterbrach mich Lilo, „wie unsere Mutter wohl durch die Rassegesetze gekommen ist? Ich meine, Vater unbekannt, und sie hatte blauschwarze Haare, ausgeprägte Wangenknochen und eine starke Nase. Und vergiss nicht den Mongolenfleck von Konstantin. Der kommt aus dieser Linie, bestimmt hat das was mit Mamis Vater zu tun."

„Wirklich eine gute Frage. Es hilft nichts, Lilli, du musst Tante Aggi fragen. Tante Aggi ist die einzige, die noch lebt und uns Auskunft geben kann. Boah! Ich bin dermaßen wütend! Alle nehmen sie ihre Geheimnisse mit ins Grab, alle, unsere Oma, unser Vater, unsere Mutter."

Ich selbst hatte zu diesem Zeitpunkt mit Aggi und Paul abgeschlossen. Die Gründe gehören in eine andere Geschichte, nicht hierher. Doch Lilo, Lorenz und die vier Kinder, besonders Konstantin und Lydia, pflegen bis heute lebhaften und liebevollen Kontakt zu ihnen.

Es erforderte fünfunddreißig Jahre und das ganze Beharrungsvermögen meiner Schwester, bis Aggi ein paar dürre Informationen preisgab. Denen zu Folge war der Vater unserer Mutter Lebensmittelhändler gewesen und katholisch. Seine Mutter hatte die Eheschließung mit unserer Großmutter hintertrieben, weil eine Mischehe mit einer Protestantin völlig unmöglich war. Und er hatte seiner Mutter gehorcht und seine schwangere Geliebte im Stich gelassen.

Und das sollte das Familiengeheimnis sein, das zu wahren unser Vater geschworen hatte? Das Unvorstellbare, das Aggi nicht hatte offenbaren wollen, fünfunddreißig Jahre lang? Für das unsere Mutter sich ihr Leben lang so sehr geschämt hatte, selbst vor uns?

Immer wenn Lilo Aggi darauf angesprochen hatte, war sie ausgewichen, in jedem Gespräch: „Hast du gesehen? Die Margeriten blühen ja schon", so oder so ähnlich hatte es immer geheißen. „Lass doch die alten Geschichten!" Und nun wussten wir oder wollte Aggi uns glauben machen, dass unser Großvater, Lukaszczek, der Mann war, der mit Lebensmitteln gehandelt hatte, der katholisch gewesen war und der deswegen oder weil er seiner Mutter gehorchte, unsere Großmutter nie geheiratet hatte.

Oder war er vielleicht ein ganz anderer?

Sicher war nur, dass Frieda den Lebensmittelhändler nicht als Vater angegeben hatte und dass es dafür keinen nachvollziehbaren Grund gab. Sicher war, dass unsere Mutter unehelich geboren war. Sicher war auch, dass das – wie Schuppen fiel es uns von den Augen – mit einem Schlag das Verhältnis unserer Mutter zur Sexualität, ihre Prüderie, erklärte und ihre Aversion gegen unsere Bestrebungen, außereheliche Verbindungen, überhaupt Beziehungen zu Männern einzugehen.

Aber was wir nicht wussten und bis heute nicht wissen: ob sich damit schon der letzte Vorhang vor dem Rätsel um die Herkunft unserer Mutter und die Lebensumstände unserer Großmutter gehoben hat. Glauben können wir es nicht.

Was ich noch berichten kann:

Lilo und Lorenz leben noch immer in Düsseldorf. Im Juli 2020 hätten sie goldene Hochzeit feiern können, hätte nicht eine furchtbare Pandemie jeglicher Feier einen Riegel vorgeschoben. Eigentlich wollten sie sich bei der Gelegenheit kirchlich trauen lassen, nach fünfzig Jahren.

Mein Schwager Lorenz ist zum evangelischen Glauben konvertiert, das ist noch nicht lange her.

Alle Kinder außer Konstantin haben sich aus freiem Entschluss evangelisch taufen lassen.

Lilo und Lorenz leben in einer nach wie vor sehr gebundenen Familie. Alle vier Kinder haben ebenso wie die sechs Enkel einen regen und liebenden Kontakt zu ihnen. Auch Lydia. Und Desirée ist es ganz anders ergangen als Röschen, sie ist voll einbezogen ins Familienleben, und alle, auch die Kinder ihrer Geschwister, hängen sehr an ihr. Ich auch.

Meine Schwester hat mit jedem Kind etwas von ihrer Unerschrockenheit verloren und hat immer mehr Ängste entwickelt. Sie hat aber zumindest ihre entsetzlichen Visionen, statt sich ihnen wehrlos auszuliefern, nutzbar gemacht durch eine spirituelle Ausbildung. Sie ist heute Hypnosemeisterin und bietet Hypnotherapien an. Das hat auch ihr geholfen.

Heillos dagegen sind ihre Wunden, geschlagen durch die Gewalt, die unsere Eltern ihr zugefügt haben. Bis heute weint sie, wann immer sie die Sprache darauf bringt, und das ist oft. Eine Therapie hat sie sich anders als ich nie gegönnt. Sie ist bald fünfundsiebzig Jahre alt und wird ihren Schmerz mit ins Grab nehmen wie unsere Mutter und unsere Großmutter ihren Schmerz und ihre Geheimnisse.

Im Wohnzimmer von Lilo und Lorenz steht die schilfgrüne Couch aus der Wohnung, die unsere Eltern 1976 bezogen haben.

Aggi und Paul sind beide sechsundneunzig Jahre alt und leben in Magdeburg, immer noch in derselben Wohnung. Sie sind bei bester Gesundheit, lebhaft, aufgeschlossen, kommunikativ.

Was aus Röschen wurde, weiß ich nicht. Sie soll noch leben.

Silke, meine Patentante, ist jetzt siebenundachtzig Jahre alt. Sie hat ihr ganzes Leben ohne Partner zugebracht und lebt auch jetzt allein. Die Versuche meiner Mutter, mir Furcht vor ihrem Urteil einzujagen, haben unsere Beziehung nicht nachhaltig beschädigt.

Wir telefonieren oft und sehen uns alle ein, zwei Jahre in Norddeutschland oder im Rheinland, wo ich inzwischen lebe.

Klaus, Ursel und Susanne leben nicht mehr.

Ich bin jetzt sechsundsechzig Jahre alt, älter als meine Mutter, als sie Witwe wurde. Ich bin in zweiter Ehe verheiratet und will keinen anderen Mann mehr für den Rest meines Lebens.

Meine liebstes Album ist immer noch *Seargent Pepper's Lonely Heartsclub Band* von den Beatles. Und eine meiner liebsten Opern ist *Die Hochzeit des Figaro.*

Ich liebe das Geräusch von fahrenden Zügen.

Und Gewitter.

Das Brotmesser meiner Mutter liegt bis heute in meiner Besteckschublade. Es ist mehr als sechzig Jahre alt. Der Holzgriff ist inzwischen von einem hellen Graubraun, wie Kakao, und aufgetrieben vom vielen Abwaschen. Die Sägezähne sind mit den Jahrzehnten vom Schleifen ganz winzig geworden. Im Grunde ist es nicht mehr zu gebrauchen. Aber ich bin meiner Schwester sehr dankbar, dass sie es mir überlassen hat.

Sabine Thomas wuchs im Ruhrgebiet auf und lebt jetzt in Bonn.
Sie war jahrzehntelang als Rechtsanwältin in Duisburg-Rheinhausen tätig. Seit 2013 ist sie auch als Autorin in Erscheinung getreten, zunächst mit Erzählungen aus ihrer Familienrechtspraxis:
Und konnten es einfach nicht fassen, erschienen bei Ullstein und Hörbuch Hamburg,
Hell wie der Mond und stark wie Eisen, erschienen im Drei-Punkte-Verlag.
Ihr Regionalkrimi **Ein alter Schmerz** war für den Literaturpreis Ruhr 2020 nominiert.
Alle drei Bücher sind in der Deutschen Hörbibliothek für Blinde eingelesen.